REDEMANN · KAMPFFLUGZEUGE

Hans Redemann

Kampfflugzeuge

Vom Starfighter zur Hornet

MOTORBUCH VERLAG STUTTGART

Einband und Schutzumschlag: Siegfried Horn
Umschlagbild zeigt eine Tornado. Foto von MBB – München.

Bildquellen: Peter Doll (7), Antonio Florez (1), Harry S. Gann (6), Jean-Michel Guhl (3), William Green (4), Alan W. Hall (2), Gerhard Joos (2), Kiyokazu Matsumoto (1), Klaus Niska (5), Helmut Scherer (1), Peter Shephard (12), Jim Sullivan (1), Mannosuke Toda (2), Robert E. Kling (3). Alle anderen stammen aus dem Archiv des Verfassers.

ISBN 3-87943-581-2

1. Auflage 1978

Satz und Druck: Graphischer Betrieb Ernst Kieser KG, 8900 Augsburg
Bindung: Großbuchbinderei Franz Spiegel, 7900 Ulm
Printed in Germany

Inhaltsverzeichnis

Vorwort

Die Entwicklung des Kampfflugzeugs machte in den letzten zwanzig Jahren beachtliche Fortschritte. Sie läßt sich bis in die Zeit vor dem Ersten Weltkrieg ziemlich genau zurückverfolgen, als Flugzeuge erstmals für militärische Zwecke verwendet wurden. Es folgte ein dem damaligen technischen Entwicklungsstand entsprechender Zeitabschnitt, in dessen Verlauf eine Reihe hervorragender Muster geschaffen wurden. Zu den primären Einsatzaufgaben des »Kampfflugzeugs« gehörte seinerzeit neben der Luftaufklärung auch der Luftangriff und die Luftverteidigung. Man erkannte sehr bald, daß die absolute Luftherrschaft einen entscheidenden Einfluß auf alle Kampfhandlungen am Boden haben würde. Mit der fortschreitenden Entwicklung auf den Gebieten der Triebwerk- und Waffentechnik sowie neuen aerodynamischen Erkenntnissen wuchs das Flugzeug in eine Aufgabenstellung hinein, die bis heute nahezu unverändert geblieben ist.

In den vierziger Jahren war es besonders das Strahltriebwerk, das dem Flugzeugbau völlig neue Möglichkeiten eröffnete. Es konnte sich im Laufe der Zeit immer mehr durchsetzen und das Kolbentriebwerk schließlich ganz verdrängen. Tatsächlich erreichte die diesbezügliche Entwicklung in den fünfziger Jahren ihren ersten Höhepunkt. Während dieser Zeit entstanden u. a. die bekannten Muster Starfighter, Phantom II, Mirage III und MiG-21, die gegenwärtig noch immer im aktiven Truppendienst stehen und erst im Laufe der achtziger Jahre ersetzt werden sollen.

Dem anfänglichen Leichtbaujäger folgte in Ost und West die Entwicklung des relativ komplexen Flugzeug-Waffensystems, das mehrere Aufgaben zu erfüllen hatte. Es erwies sich jedoch als zu aufwendig, und nur die Luftstreitkräfte grösserer Länder waren in der Lage, solche Flugzeuge in beschränkter Stückzahl einzuführen. Man wandte sich daraufhin wieder dem leichteren Kampfflugzeug zu und zwar auf der Basis modernster Erkenntnisse der Aerodynamik und Triebwerktechnik. Das Kampfflugzeug der nächsten Generation unterscheidet sich stark von dem der sechziger Jahre. Es ist nicht nur leicht und schnell, sondern es verfügt auch über außergewöhnliche Manövriereigenschaften und eine hohe Nutzlastkapazität. Ihm allein gehört die Zukunft, denn im Laufe der letzten Jahre gab es diesbezüglich eine Leistungssteigerung, die alle Erwartungen übertraf.

Aufgabe des vorliegenden Buches ist, dem interessierten Leser die Entwicklungsgeschichten der gegenwärtig bekanntesten Kampfflugzeuge so detailliert wie möglich aufzuzeigen. Mit seinen vielen Fotos und Zeichnungen wird es darüber hinaus aber auch dem passionierten Modellbauer eine wertvolle Hilfe bei der Realisierung seiner »Träume« sein.

Abschließend Dank all denen, die dazu beigetragen haben, dieses Buch in einer mehrjährigen Arbeit zu verwirklichen. Es sind dies die Herren Les Daly, Jim Corfield und Toni Cantafio (Northrop), der viel zu früh verstorbene Edward Regan, Geoffrey Norris und Harry Gann (McDonnell Douglas), William MacLaurin (Fairchild), Ed Brookfield und John Polasek, Jr. (Grumman), Jim Roth (Vought), Frank S. Johnson, Rob Mack und Oats Schwarzenberger (General Dynamics), Ben Cook und Bill Miller (Lockheed), Alec Johnston (BAC-Warton), Hans Andersson und John Dahlin (Saab), Alfred Segura (Dassault-Breguet), Klaus Peters (MBB-Ottobrunn), Folkhard Oehlwein und Dieter Gnamm (Panavia), Gerhard Patt und Rolf Christ (Dornier).

Bedanken möchte ich mich aber auch bei einigen Presseoffizieren der Luftwaffe, Marineflieger, US Air Forces in Europe, Royal Air Force Germany und Armée de l'Air, die mich während meiner Arbeit an Ort und Stelle hilfreich unterstützten.

Stuttgart,
Dezember 1977 Hans Redemann

Lockheed F-104 Starfighter

Die Entwicklung des Starfighters geht zurück bis in die Zeit des Korea-Kriegs. Schon während der ersten Tage erkannte man, daß die absolute Luftherrschaft nur mit einem überlegenen Tagjäger zu erringen sei. Die Piloten der US Air Force hatten ziemlich genaue Vorstellungen von dem völlig neuen Flugzeugtyp, und auch bei der Lockheed Aircraft Corporation in Burbank, California, verfolgte man ähnliche Entwicklungstendenzen schon seit 1950. Eine unter der Leitung von Clarence L. (Kelly) Johnson stehende Arbeitsgruppe hatte bereits erste Entwürfe für ein sensationelles Flugzeug mit extrem dünnem und geradem Flügel ausgearbeitet. Ziel dieser Gruppe war eine Konstruktion, die trotz umwälzender Neuerungen keine Fertigungsprobleme stellte. So wurden in den nachfolgenden zwei Jahren Tausende von Projektstudien und Windkanalversuche durchgeführt. Darunter befanden sich anfangs sehr unterschiedliche Ausführungen der Modelle CL-227 und CL-242, die jedoch nicht die erwarteten Ergebnisse brachten. Erst mit dem Modell CL-246 kam man dem neuen Flugzeugtyp näher. Man entschied sich schließlich für den Trapezflügel, der nach dem Durchstoßen der transonischen Zone die besten Auftriebswerte hatte. Bei all diesen Arbeiten fanden besonders die Forschungsergebnisse mit dem Überschall-Versuchsflugzeug Douglas X-3 Stiletto ihren Niederschlag. Berücksichtigt wurden aber auch die aufschlußreichen Ergebnisse aus der Flugerprobung des Überschall-Staustrahlflugkörpers Lockheed X-7 aus dem Jahre 1947.

Bis Dezember 1952 wurde das Modell CL-246 in mehreren Punkten nochmals überarbeitet. Es wies gegenüber allen

Am 28. Februar 1954 startete Testpilot »Tony« LeVier mit der ersten XF-104 (53-7786) in Edwards AFB zum Jungfernflug. Als Chaser diente eine F-94C Starfire.

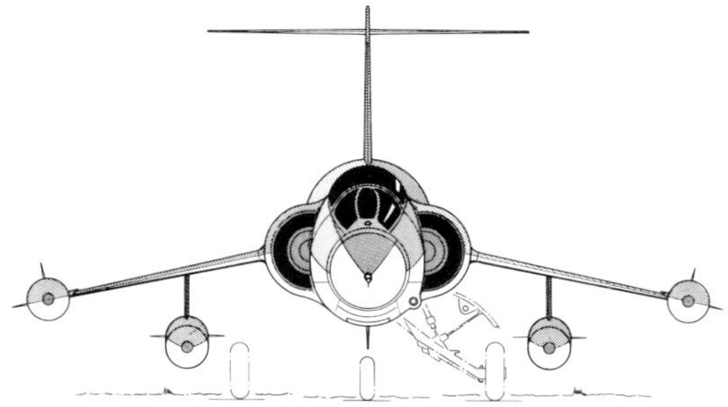

Lockheed F-104G Starfighter

JaboG 32 - Lechfeld, Juli 1975

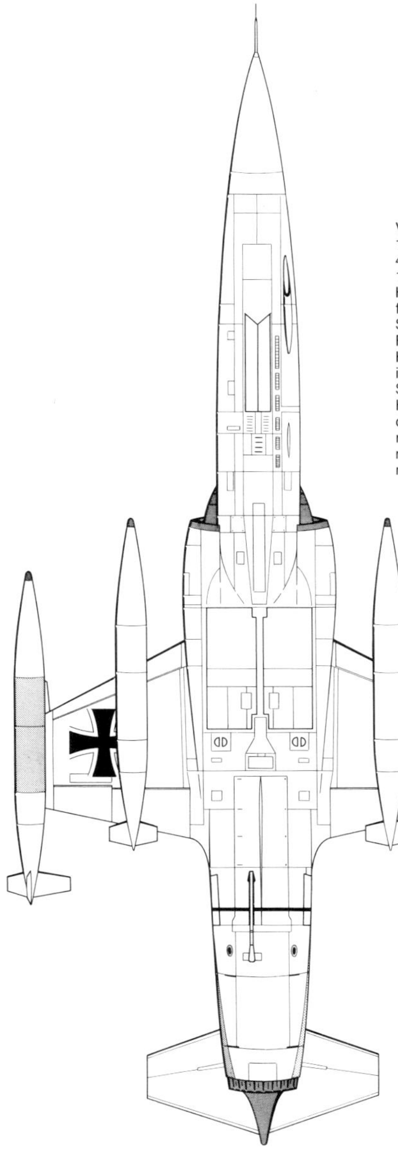

Technische Daten und Leistungsangaben

Verwendung: Jagdflugzeug und Jagdbomber, Triebwerk: 1 General Electric J79-GE-11A (MTU-J1K), Triebwerkleistung: 4745 kp ohne, 7235 kp mit Nachverbrennung, Besatzung: 1 Mann, Spannweite: 6,68 m, Länge: 16,69 m mit Staurohr, Höhe: 4,11 m, Spurweite: 2,68 m, Radstand: 4,59 m, Flügelfläche: 18,22 m², Leergewicht: 6387 kg, Gesamtlast: 7667 kg, Startgewicht: 9360 kg ohne Außenlasten, 13054 kg maximal, Flächenbelastung: 716 kg/m², Leistungsbelastung: 1,8 kg/kp, Höchstgeschwindigkeit: Mach 2,2 in 11000 m Höhe, Mach 1,2 in Bodennähe, Steiggeschwindigkeit: 254 m/s in Bodennähe, Steigzeit auf 12200 m: 2′ 30″, Startstrecke: 1402 m bis 15 m Höhe, Landestrecke: 990 m aus 15 m Höhe, Landegeschwindigkeit: 284 km/h, Einsatzradius: 819 km (Hi-Lo-Hi), Überführungsreichweite: 3510 km, Dienstgipfelhöhe: 18300 m, Bewaffnung: eine 20 mm-Kanone M61A-1 mit 725 Schuß, Kampfmittelzuladung: 2180 kg.

0 1 2 3 m
0 5 10′

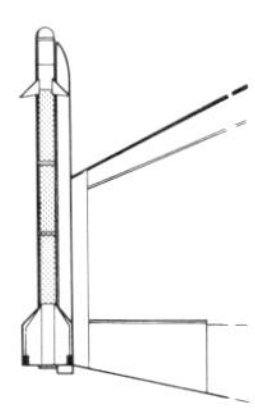

– **Gelboliv - RAL 6014**

– **Basaltgrau - RAL 7012**

– **Silbergrau - RAL 7001**

– **Orange - RAL 2005**

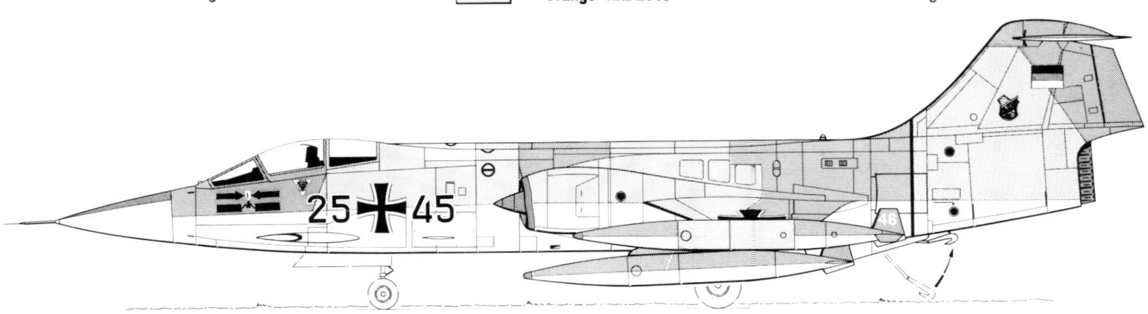

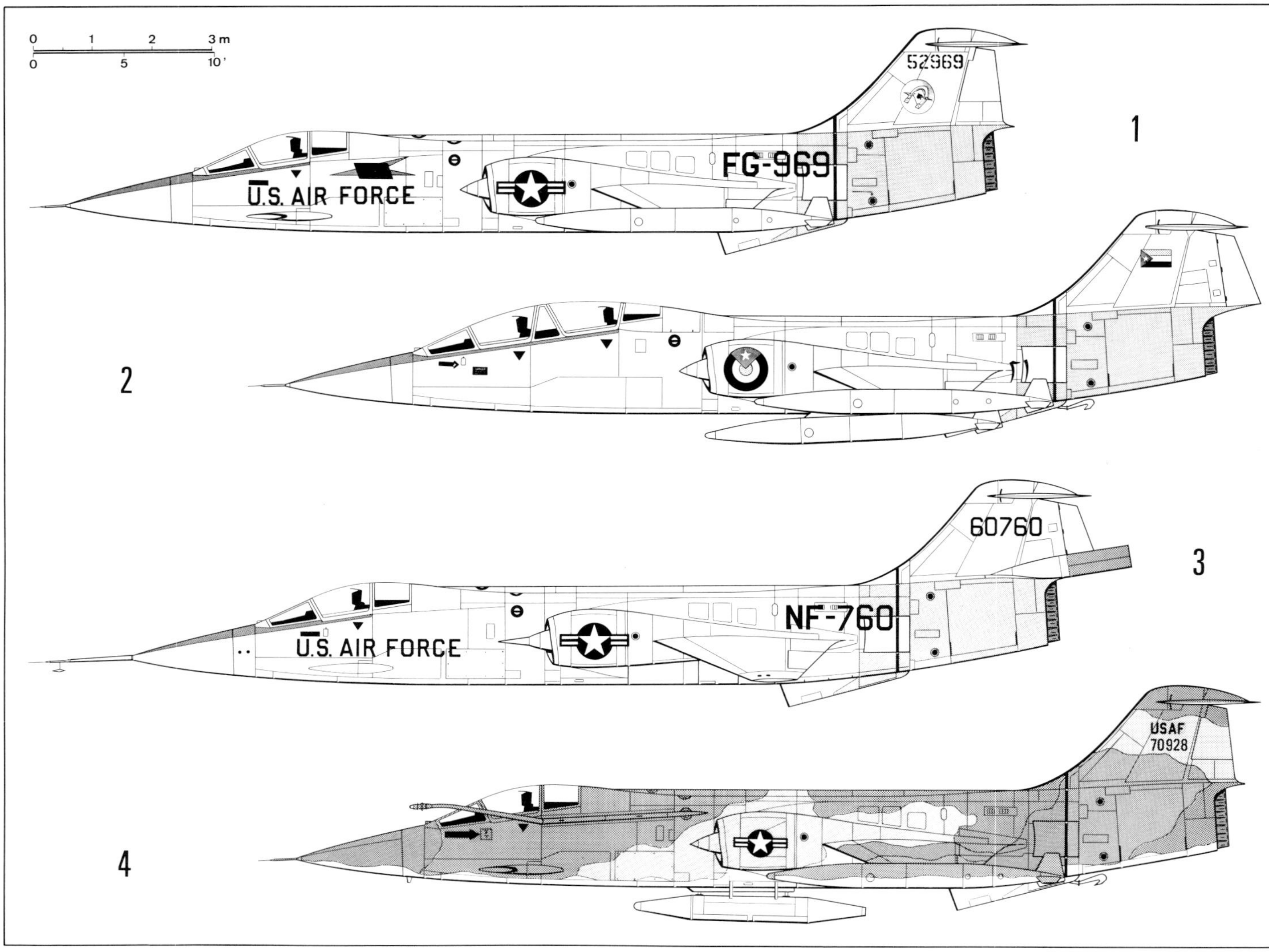

1: *F-104A – US Air Force, 83rd Fighter Interceptor Sqadron, Hamilton AFB 1958.* **2:** *F-104B – Royal Jordanian Air Force, No. 9 Squadron, Prince Hassan AB 1974.* **3:** *NF-104A – US Air Force, Aerospace Research Pilots School, Edwards AFB 1964.* **4:** *F-104C – US Air Force, 479th Tactical Fighter Wing, George AFB 1965.*

vorangegangenen Entwürfen neue Lufteinläufe auf und hatte eine Flügelspannweite von 6,62 m. Außerdem ging man auch wieder vom v-förmigen Windschutz ab, da man annahm, daß für das Zielen mit starren Bordwaffen eine Planscheibe bedeutend besser sei. Mit dem letzten Modell konnte endlich auch das gewünschte Entwurfs-Leergewicht von 5430 kg erreicht werden. Nach weiteren Änderungen und Verbesserungen an der Zelle, denen sich erneut eingehende Versuche in verschiedenen Windkanälen anschlossen, erhielt Lockheed im März 1953 den Auftrag zur Fertigung und Flugerprobung von zwei Prototypen mit der Bezeichnung **XF-104**. Entsprechend den klar umrissenen Forderungen der US Air Force nach einem leichten, schnellen Kampfflugzeug verzichtete man während der Detailkonstruktion auf jedes unnötige Gewicht und kam letztlich auf ein Leergewicht von 5220 kg. Zu den charakteristischen äußeren Merkmalen des neuen Jägers gehörte nicht nur sein ungedämpftes Höhenleitwerk, das man aus Gründen optimaler Stabilitäts- und Flugeigenschaften T-förmig auslegte, sondern auch der als Mitteldecker ausgeführte Doppeltrapezflügel mit einer Spannweite von 6,55 m und einer negativen V-Stellung von 10°. Die Aerodynamiker wählten ein modifiziertes Bi-konvexes Profil mit einer relativen Dicke von 3,3%.

Anfang 1954 näherte sich der erste Prototyp (53-7786) seiner Vollendung. Er wurde nach Edwards AFB überführt und nahm dort mit ersten Rollversuchen die Mustererprobung auf. Am 28. Februar 1954 startete die erste XF-104 unter der Führung von A. W. »Tony« LeVier zu ihrem Jungfernflug. Sie bestätigte in der nachfolgenden Flugerprobung das in sie gesetzte Vertrauen und übertraf sogar die errechneten Widerstands- und Geschwindigkeitswerte. Kurze Zeit später flog unter der Führung von H. R. »Fish« Salmon auch die zweite XF-104 (53-7787). Eine dieser beiden Maschinen erreichte am 23. März 1955 während eines Testflugs die Höchstgeschwindigkeit von Mach 1,79. Als Triebwerk kam bei der 7120 kg schweren XF-104 das XJ65-W-6 von Wright zum Einbau, das einen Nachverbrennungsschub von 4750 kp entwickelte. Am 14. April 1955 ging die zweite XF-104 bei Schießversuchen in der Nähe von Edwards AFB durch Absturz

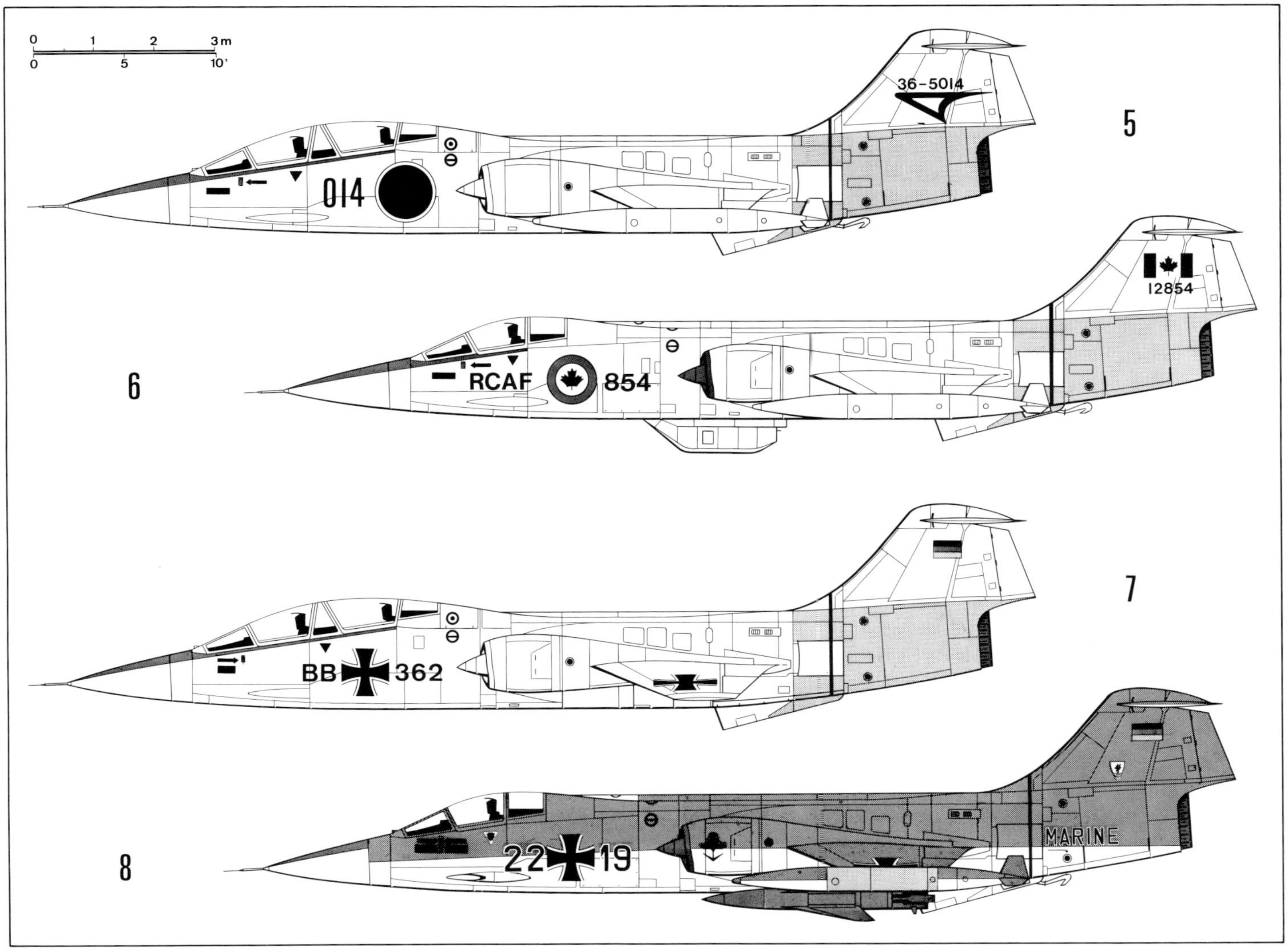

5: *F-104DJ – Japanese Air Self-Defence Force, 205. Staffel, Komatsu AB 1975.* **6:** *CF-104(R) – Canadian Armed Forces, No. 441 Squadron, Söllingen 1965.* **7:** *F-104F – Luftwaffe, Waffenschule 10, Jever 1962.* **8:** *F-104G mit Luft-See-Lenkwaffe Kormoran, Marinefliegergeschwader 1, Schleswig-Jagel 1973.*

verloren, wobei sich »Fish« Salmon jedoch mit dem Schleudersitz retten konnte.

Die Flugerprobung mit dem ersten Prototyp verlief weiterhin zufriedenstellend, und im Oktober 1955 gab die USAF siebzehn Vorserienflugzeuge **YF-104A** (55-2955 bis -2971) für Truppenversuche in Auftrag. Hauptunterschied gegenüber den beiden Prototypen war das schubstärkere Triebwerk des General Electric-Typs J79-GE-3A, das mit Nachverbrennung über 6710 kp entwickelte. Hinzu kam bei der YF-104 ein auf 16,69 m verlängerter Rumpf, eine vertikale Stabilisierungsflosse unter dem Rumpfheck und ein Grenzschicht-Beeinflussungssystem (BLC) zur Auftriebserhöhung. Außerdem wurden die seitlichen Lufteinläufe zur Erzielung optimaler Strömungsverhältnisse mit Diffusorkegeln versehen. Die Bugeinheit des Fahrwerk fuhr im Gegensatz zur XF-104 nach vorn ein, und als Standard-Bewaffnung kam erstmals die von General Electric entwickelte sechsläufige 30-mm-Kanone M.61 Vulcan zum Einbau. An den Flügelspitzen war ferner die Mitnahme von zwei Luft-Luft-Lenkwaffen des Infrarot-Typs AIM-9 Sidewinder 1A möglich. Am 27. April 1955 kam die erste YF-104A (55-2955) bei einem Testflug eine v_{max} von über Mach 2,0.

Unmittelbar nach der Übernahme der YF-104A durch die USAF lief in Burbank die Serienfertigung der **F-104A** an. Am 17. Februar 1956 flog die erste Maschine dieser Version, die in ihrer Ausrüstung und Bewaffnung den abgeänderten Forderungen der USAF nach einem Abfangjäger mit begrenzter Allwettertauglichkeit entsprach. Als erster Verband rüstete die in Hamilton AFB, California, stationierte 83rd Fighter Interceptor Squadron (FIS) am 26. Januar 1958 auf den Starfighter um. Piloten dieser Squadron konnten in der Folgezeit einige aufsehenerregende Weltrekorde aufstellen. Major Howard C. Johnson erreichte mit seiner Maschine am 7. Mai 1958 eine Höhe von 27813 m, und Captain Walter W. Irwin kam am 17. Mai 1958 auf eine Höchstgeschwindigkeit von 2259 km/h. Außerdem konnten am 18. Dezember 1958 mit einer F-104A sieben Steigzeit-Weltrekorde bis 25000 m Höhe neu aufgestellt werden. All diese hervorragenden Flugleistungen täuschten jedoch über gewisse technische Mängel an

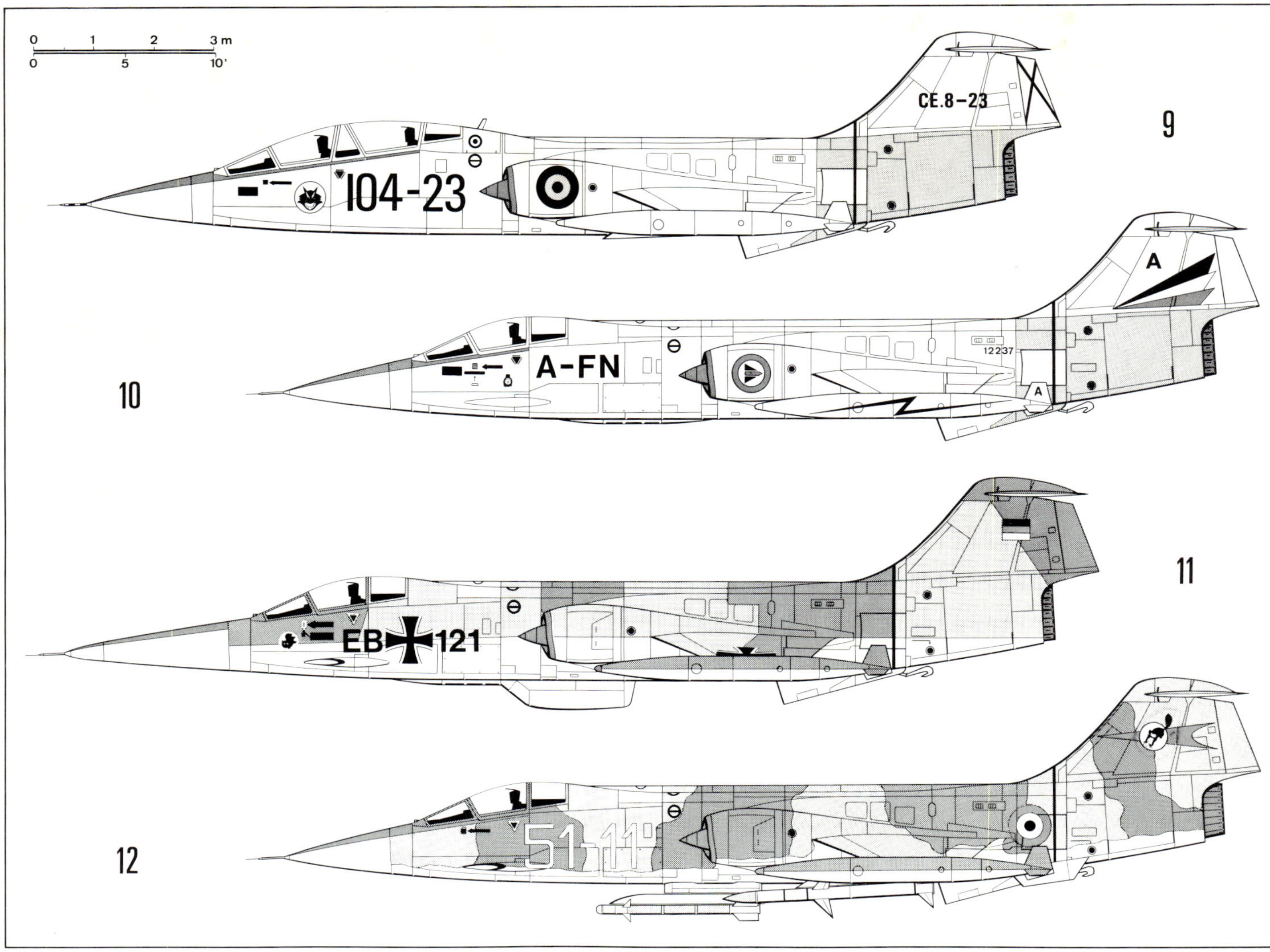

9: *CE.8 (TF-104G) – Ejercito del Aire Español, Escuadron 104, Torrejón 1969.* **10:** *F-104G – Kongelige Norske Flyvåpen, Nr. 333 Skvadron, Bodoe 1967.* **11:** *RF-104G-1 – Luftwaffe, Aufklärungsgeschwader 51 »Immelmann«, Werkserprobung USA 1968.* **12:** *F-104S – Aeronautica Militare Italiana, 51° Stormo CI »Ferrucio Serafini«, Istrana 1973.*

der ersten Serienversion des Starfighters nicht hinweg. Bereits Anfang 1958 mußte die F-104A wegen Schwierigkeiten mit dem J79-Triebwerk, die auch zu einigen Abstürzen führten, gegroundet werden. Alle Maschinen erhielten daraufhin nach einer gründlichen Untersuchung das verbesserte J79-GE-3B und wurden wieder freigegeben.

Allerdings ließ die anfängliche Begeisterung des *Air Defense Command* über den Starfighter nach diesen Vorfällen merklich nach. Lockheed mußte sich sagen lassen, daß einige andere Muster der Century-Series einen weitaus günstigeren Sicherheitsfaktor aufwiesen. Außerdem wurde nun auch die begrenzte Allwettertauglichkeit bemängelt. Dies alles hatte schließlich zur Folge, daß die F-104A Anfang 1960 aus der vorderen Reihe zurückgezogen wurde. Einen Auftrag über achtzehn taktische Aufklärer **RF-104A** hatte die USAF bereits früher wieder zurückgenommen, während eine geplante zweisitzige Version mit der Bezeichnung **TF-104A** gar nicht erst gebaut wurde. Nach der Auslieferung von 153 Maschinen endete die Fertigung der ersten Starfighter-Version. 25 von ihnen übergab man den nationalchinesischen und zwölf weitere den pakistanischen Luftstreitkräften. Für die Zieldarstellung wurden 24 Maschinen entsprechend umgebaut und mit **QF-104A** bezeichnet. Sie kamen bis weit in die sechziger Jahre hinein bei der 3205th Drone Squadron in Eglin AFB, Florida, erfolgreich zum Einsatz und unterstanden dem *Systems Command* der USAF.

Zur Ausbildung von Raumfahrtpiloten wurden bei Lockheed ab 1962 drei F-104A umgebaut. Äußerer Hauptunterschied gegenüber der Standardversion war bei diesen mit **NF-104A** bezeichneten Maschinen ein im Rumpfheck unter +8° 30′ eingebautes Raketentriebwerk LR121-NA-1 (AR-2) von Rocketdyne. Es war regelbar und entwickelte für einen Zeitraum von 100 s einen Maximalschub von 2720 kp. Besonders hervorzuheben ist aber auch die Düsensteuerung, die mit Wasserstoff-Superoxyd (H_2O_2) arbeitete und vom Raketen-Versuchsflugzeug North American X-15 übernommen wurde. Im Juli 1963 startete die erste NF-104A in Palmdale, California, zu ihrem Jungfernflug. Damit begann eine Fluger-

Dieses Bild zeigt die beiden Prototypen des Starfighters – vorn die erste XF-104 (53-7786) und oben die zweite (53-7787).

probung, die sich bis Januar 1965 hinzog. Der *Aerospace Research Pilots School* in Edwards AFB konnten danach aber nur zwei Maschinen zugewiesen werden. Die dritte NF-104A war bereits im Dezember 1963 durch Absturz verlorengegangen. Technische Probleme verzögerten den vorgesehenen Einsatz jedoch weiterhin. Eine Maschine wurde durch die Explosion einer H_2O_2-Leitung im Düsensteuerungssystem während des Fluges schwer beschädigt und mußte repariert werden. Erst im August 1965 konnte das Trainingsprogramm in Edwards AFB aufgenommen werden. Die mit »Mischantrieb« ausgerüstete NF-104A kam bei ihren ballistischen Versuchsflügen auf Höhen von über 36000 m.

Schon Anfang 1956 entstand im Auftrag der US Air Force die zweisitzige und mit Doppelsteuerung ausgestattete **F-104B.** Sie diente in erster Linie für die Umschulung und das Routine-Training von Starfighter-Piloten, konnte aber aufgrund ihrer allgemeinen Ausrüstung auch für taktische Einsätze verwendet werden. Am 7. Februar 1957 flog die erste F-104B (56-3719), der weitere 25 Maschinen folgten. Sie unterschied sich von der A nicht nur durch das Tandemcockpit, sondern auch durch ein nach hinten einziehbares Bugrad und ein vergrößertes Seitenleitwerk. Als Triebwerk kam bei der F-104B, die ein maximales Startgewicht von 10675 kg hatte, das J79-GE-3B zum Einbau. Die meisten Maschinen dieser ersten Zweisitzer-Version wurden anfangs vom *Air Defense Command* übernommen, später jedoch der *Air National Guard* zugewiesen. Als Ergänzung seiner einsitzigen Starfighter erhielt Nationalchina einige F-104B.

Das *Tactical Air Command* (TAC) ließ sich den Starfighter, der ja ursprünglich auch für taktische Aufgaben vorgesehen war, nicht mehr länger vorenthalten. Zusätzlich zu seiner normalen Verwendung als Tagjäger schlug man nun auch Langstreckeneinsätze als Jagdbomber vor. Das TAC fand damit bei Lockheed nicht nur Gehör, sondern auch tatkräftige Unterstützung. So entstand 1956 die neue Version **F-104C**, die zwar auf der A basierte, aber eine ganze Reihe technischer Verbesserungen aufwies. Hauptunterschied war das leistungsstärkere Triebwerk J79-GE-7, das einen Nachverbrennungsschub von 7165 kp entwickelte. An ihren fünf Außenstationen konnte sie eine Vielzahl militärischer Lasten mitführen. Dazu gehörten u. a. neben zwei 750-lb- oder 1000-lb-Sprengbomben auch

52956
FG-956
U.S. AIR FORCE

U.S. AIR FORCE
60739

60790
FG-790
U.S. AIR FORCE

zwei LAU-3/A-Behälter mit je neunzehn 2,75″-Raketen. Die sechsläufige Vulcan-Kanone wurde beibehalten. Außerdem war die F-104C zur Reichweitenverlängerung für die Flugbetankung eingerichtet und auf der linken Rumpfseite mit einer starren, abnehmbaren Betankungssonde ausgestattet. Allerdings lag das maximale Startgewicht dieser Starfighter-Version nun schon bei fast 12500 kg. Sie kam auf eine Höchstgeschwindigkeit von Mach 2,3 und ihre Überführungsreichweite betrug 3040 km. Mitte Juli 1958 flog in Palmdale, California, die erste F-104C (56-0883), von der insgesamt 77 Maschinen gebaut wurden. Am 16. Oktober 1958 übernahm die 831st Air Division des *Tactical Air Command* die F-104C, und als erster Verband rüstete die in George AFB, California, stationierte 479th Tactical Fighter Wing auf den neuen Mehrzweck-Starfighter um. Die Piloten dieses Geschwaders machten sich mit der F-104C relativ schnell vertraut, und schon am 14. Dezember 1959 stellte Capt. Joe B. Jordan mit einer Maschine dieses Typs einen neuen Höhen-Weltrekord auf – 31535 m. Dabei entstand gleichzeitig auch ein Steigzeit-Weltrekord für 30000 m, die er in 15 min 4,92 s erreichte.

1960 erzielte eine Mannschaft des 479th TFW anläßlich des Jagdbomber-Wettbewerbs *William Tell* die höchste Punktzahl. Dies wiederholte sich auch 1962, als Cap. Charles E. Tofferi mit seiner F-104C auf über 19000 Punkte kam und damit vor vier F-100 Super Sabre den ersten Platz belegte. Nachdem bereits im Mai 1962 während der Berlin-Krise erstmals ein Starfighter-Verband (151st FIS) nach Europa verlegt hatte, wurde im Januar 1964 die 476th TFS von George AFB nach Moron AB in Spanien überführt. Die achtzehn F-104C benötigten für ihren 9840 km Nonstopflug, bei dem sie sechsmal in der Luft aufgetankt wurden, genau 10 h 6 min.

25 Starfighter der 479th TFW kamen ab April 1965 erstmals auch in Südostasien zum Einsatz. Sie waren auf dem Luftstützpunkt Da Nang, Südvietnam, stationiert, und ihre Hauptaufgabe war die Luftüberlegenheitsjagd. Mit Bomben und Raketen griffen sie jedoch auch in den Erdkampf ein, teilweise flogen sie sogar Jagdschutz für Bomberverbände. Im Juni 1966 wurden sie nach Udorn, Thailand, verlegt und durch acht weitere F-104C verstärkt. Bis Juli 1967 flogen sie mehr als 8200 Einsätze und verloren insgesamt neun Maschinen, davon zwei durch SAM-Raketen und drei weitere durch Flakbeschuß.

Im Frühjahr 1967 begann die 479th TFW mit der Umrüstung auf die F-4C Phantom II. Sechzehn F-104C wurden daraufhin der Puerto Rico ANG (198th TFS) zugewiesen, die diese Maschinen neun Jahre lang zur vollen Zufriedenheit ihrer Piloten einsetzte. Erst im Juli 1975 wurden sie durch die A-7D Corsair II ersetzt. Damit stand die F-104C fast sechzehn Jahre im aktiven Truppendienst.

Als Starfighter-Trainer für das *Tactical Air Command* leitete Lockheed schon 1957 aus der F-104C die zweisitzige **F-104D** ab. Sie war wie diese mit dem Triebwerk J79-GE-7 ausgerüstet und aus Stabilitätsgründen mit dem größeren Seiten-

Oben: *Für die Ausbildung von Raumfahrtpiloten wurden drei F-104A als NF-104A umgebaut. Hier die 56-0756 mit gezündetem Raketenmotor im Steigflug.*

Bilder linke Seite *(v. o. n. u.)*
Von der Vorserie des Starfighters wurden insgesamt siebzehn Maschinen gebaut. Hier die zweite YF-104A (55-2956).

Als erste Serienversion galt die F-104A, deren Fertigung Ende 1955 begann und nach der Auslieferung von 153 Maschinen endete.

Diese F-104A (56-0790) diente der Systemerprobung eines von Hughes entwickelten Feuerleitgeräts. Aus Stabilitätsgründen erhielt sie das größere Seitenleitwerk.

leitwerk versehen. Den Flugbetankungsausleger behielt man als Rüstsatz bei, auf die Vulcan-Kanone verzichtete man jedoch. Für das Kampftraining konnte die F-104D an ihren fünf Außenstationen ebenfalls eine Vielzahl militärischer Lasten mitführen, darunter auch Kanonenbehälter. Von der F-104D, deren erste Maschine am 15. Oktober 1958 flog, wurden 21 Stück gebaut. Sie kamen anfangs beim TAC zum Einsatz und wurden später von der ANG übernommen. Erst Mitte 1975 zog man die letzten von ihnen aus der vorderen Reihe zurück. Die F-104D, die in ihren Flugleistungen weitgehend der C glich, hatte ein maximales Startgewicht von über 11000 kg.

Das weltweite Interesse, auf das der Starfighter durch seine ausgezeichneten Flugleistungen inzwischen gestoßen war, erreichte im November 1958 einen ersten Höhepunkt. Die Bundesrepublik Deutschland hatte sich seinerzeit für die Beschaffung dieses Flugzeugs als Nachfolgemuster der F-84F Thunderstreak und Sabre 6 entschieden. Der erste Auftrag lautete auf dreißig zweisitzige Trainer **F-104F,** deren erster am 15. Januar 1960 flog. Sie wurden ausschließlich bei Lockheed endmontiert und danach vom Kommando der Schulen übernommen. Sie standen ebenfalls viele Jahre im Truppendienst und gehörten anfangs zum Flugzeugbestand der Waffenschule 10 in Nörvenich, die später nach Jever verlegt wurde. Erst im Mai 1971 zog man die letzten acht F-104F aus der vorderen Reihe zurück.

Die F-Version des Starfighters war wie ihr Ausgangsmuster F-104D mit dem Triebwerk J79-GE-7 ausgerüstet. Sie hatte ein maximales Startgewicht von 11060 kg und kam auf eine Höchstgeschwindigkeit von 2100 km/h. Im Frühjahr 1959 gab die Bundesrepublik Deutschland eine erste Serie von 96 Maschinen der neuen einsitzigen Mehrzweck-Version **F-104G** in Auftrag. Lockheed nahm daraufhin eine Reihe von Konstruktionsänderungen und -verbesserungen vor, um den Starfighter nun auch als Interceptor, Jagdbomber und Aufklärer in Europa einsetzen zu können. Hauptunterschiede waren das schubstärkere Triebwerk J79-GE-11, das Navigations- und Feuerleitsystem NASARR F-15A-41B sowie der raketengetriebene Schleudersitz C-2.

Am 5. Oktober 1960 startete in Palmdale die erste F-104G zu ihrem Jungfernflug, und schon im Mai 1961 wurden die ersten, noch bei Lockheed montierten Ma-

Oben: *Start einer mit Raketenbehältern bewaffneten F-104C der 479th TFW während des Fighter Weapons Meet »William Tell« der US Air Force in Nellis AFB, September 1962.*

Von April 1965 bis Juli 1967 kamen 33 F-104C der 479th TFW in Südostasien zum Einsatz. Hier eine Maschine dieses Typs (56-0914) mit Flugbetankungsausleger und USAF-Sichtschutz.

Bilder linke Seite *(v. o. n. u.):*
24 F-104A wurden für die Zieldarstellung entsprechend umgebaut und mit QF-104A bezeichnet. Sie wurden bis Mitte der sechziger Jahre als Target Drones verwendet.

Bremsschirmlandung der zweiten F-104B (56-3720), von der 26 Maschinen für die US Air Force gebaut wurden.

schinen nach Deutschland überführt. Der deutschen Entscheidung zugunsten der G-Version des Starfighters schlossen sich nach und nach mehrere Länder an: Kanada, Niederlande, Belgien, Italien und Japan. Damit begann ein globales Nachbauprogramm, in dem teilweise mehr als 100000 Menschen beschäftigt waren und das nach wie vor ohne Beispiel ist. Allein an der europäischen Starfighter-Fertigung, die mehr als tausend Maschinen verschiedener Versionen umfaßte, beteiligten sich innerhalb von vier Arbeitsgemeinschaften folgende Firmen: Fokker, HFB und VFW (Nordgruppe), Avions Fairey und SABCA (Westgruppe), Messerschmitt, Dornier, Heinkel und SIAT (Südgruppe) sowie Fiat, Aerfer, Aermacchi, SIAI-Marchetti und Piaggio (Italien). Hinzu kam die Lizenzfertigung des J79-Triebwerks, die von FN, BMW/MTU und Fiat/Alfa Romeo gemeinsam durchgeführt wurde. Nachträglich wurden ab Herbst 1969 von MBB weitere fünfzig F-104G für die Verbände der Luftwaffe und Marineflieger gebaut.

Als erste Einheit rüstete im April 1961 das in Nörvenich stationierte Jagdbombergeschwader 31 »Boelcke« auf den Starfighter um. Es folgten das JaboG 33 in Büchel sowie nach und nach weitere sieben Verbände, darunter auch die JG 71 »Richthofen« in Wittmundhafen und JG 74 in Neuburg/Donau. Außerdem rüsteten im Frühjahr 1963 die beiden Marinefliegergeschwader 1 (Schleswig-Jagel) und 2 (Eggebeck) auf die F-104G um.

Seit vielen Jahren bildet der Starfighter das Rückgrat der NATO-Luftverteidigung in Europa. Er fliegt nicht nur in den Nie-

derlanden, Belgien und Italien, sondern auch in Norwegen, Dänemark, Spanien, Griechenland und der Türkei. Die Luftstreitkräfte der letzteren sechs Länder erhielten ihre Maschinen aus dem amerikanischen Hilfsprogramm (MAP) der US Air Force, das mit der Bestellung von 221 F-104G bereits 1962 angelaufen war. Hinzu kamen noch Pakistan und Nationalchina, die ebenfalls mit MAP-Starfightern ausgerüstet sind. Die F-104G, die wegen ihrer relativ hohen Unfallrate in einigen Ländern äußerst umstritten ist, wird bis Anfang der achtziger Jahre im aktiven Truppendienst bleiben. Erst dann wird sie nach zwanzig Jahren moderneren Mustern weichen müssen.

Mit der Einführung des Starfighters entschied sich die deutsche Luftwaffe gleichzeitig auch für die Aufklärungsversion **RF-104G,** deren erste Maschine im Oktober 1963 flog. Ab Ende 1963 rüsteten die beiden Aufklärungsgeschwader 51 »Immelmann« (Manching/Ingolstadt) und 52 (Leck/Holstein) auf diesen unbewaffneten Starfighter um. Neben der deutschen Luftwaffe erhielt auch die niederländische (No. 306 Squadron in Volkel) und die italienische 132° Gruppo der 3ª Aerobrigata in Villafranca) die RF-104G. Außerdem wurden neunzehn F-104G der norwegischen Luftstreitkräfte (No. 331 Squadron in Bodoe) als Aufklärer umgerüstet.

Der Aufklärungs-Rüstsatz der RF-104G besteht aus drei gleichen TA-7M-Kameras von Oude Delft, die je nach Einsatzart mit 52 mm- oder 70 mm-Objektiven ausgestattet werden können. Bei Starfighter-Aufklärern aus dem Military Assistance

Oben: *Von der zweisitzigen Trainerversion F-104F beschaffte die deutsche Luftwaffe dreißig Maschinen (BB+360 bis BB+389).*

Zwei F-104G des in Wittmundhafen stationierten Jagdgeschwaders 71 »Richthofen« beim Start.

Bilder rechte Seite:
Vom Doppelsitzer TF-104G stellte die deutsche Luftwaffe 104 Maschinen in Dienst. Hier eine TF-104G des Jagdgeschwaders 74 in Neuburg/Donau.

Die griechischen Luftstreitkräfte erhielten im Rahmen des amerikanischen Hilfsprogramms dreißig Starfighter. Hier eine TF-104G (62-2278) der in Tanagra stationierten 335. Staffel auf dem Taxiway des USAFE-Stützpunkts Bitburg.

Program der USAF kommen allerdings drei 70 mm-Kameras des Maurer-Typs KS-67A zum Einbau.
Im Jahre 1967 begann man bei Lockheed auf deutschen Wunsch hin Vorschläge für einen neuen Starfighter-Aufklärer auszuarbeiten. So entstand als Umbau die **RF-104G-1,** von der zwei Maschinen in Palmdale und Manching bis Juni 1968 erprobt wurden. Zur Unterbringung zusätzlicher Aufklärungssensoren wurde die Rumpfspitze der RF-104G-1 um ca. 1 m verlängert. Sie enthielt vorn das bereits vorhandene Feuerleitradar, dem drei konventionelle Luftbildkameras (schräg rechts, senkrecht, schräg links) und das Infrarotgerät folgten. Als wichtigster Aufklärungssensor galt jedoch die an der Rumpfunterseite angeschlossene Zentralgondel mit einem SLAR-Gerät und einer nach vorn blickenden Schrägsichtkamera.
Nachdem sich die Luftwaffe mehr für einen zweisitzigen Starfighter-Aufklärer interessierte, schlug Lockheed noch die aus dem Trainer abgeleitete **RTF-104G** mit der gleichen Kameraausrüstung vor. Sie verblieb jedoch im Reißbrettstadium, und auch die RF-104G-1 wurde nicht gebaut. Die Luftwaffe hatte sich inzwischen für die Beschaffung von 88 Aufklärern des Phantom II-Typs RF-4E entschieden.
Für die Ausbildung und das Routinetraining von Starfighter-Piloten entstand 1962 die zweisitzige Version **TF-104G,** deren erste Maschine im Oktober 1962 flog. Sie gleicht in ihrer allgemeinen Auslegung weitgehend dem Einsitzer. Man verzichtete jedoch auf den Autopiloten und die Vulcan-Kanone. Außerdem wird das Bugrad wie bei der F-104F nach hinten eingezogen. Der interne Kraftstoffvorrat der TF-104G beläuft sich auf 2650 Liter. Sie hat ein maximales Startgewicht von 11480 kg und kann an ihren fünf Außenstationen fast 1200 kg militärischer Lasten mitführen. Als Triebwerk kommt auch bei der TF-104G das J79-GE-11A mit einem Nachverbrennungsschub von 7235 kp zum Einbau.
Das europäische Nachbauprogramm, das Anfang der sechziger Jahre anlief, beinhaltete auch die Fertigung dieser Doppelsitzer-Version. Einschließlich der Maschinen, die von der USAF im Rahmen des MAP bestellt wurden und der von Lockheed gelieferten, wurden insgesamt 224 TF-104G gebaut. Allein die deutsche Luftwaffe erhielt 104 Maschinen dieser Version, von denen 34 in Luke AFB, Ari-

FX91
FX91
FX28
FX28

22
28
MARINE

Oben: *Zwei F-104N der NASA. Mit oberer Maschine (811) verunglückte Chef-Testpilot Dr. Joseph A. Walker beim Zusammenstoß mit der zweiten XB-70 am 8. Juni 1966 tödlich.*

Bilder linke Seite:
Anfang der sechziger Jahre entschied sich auch Belgien für die Beschaffung des Starfighters und führte ab April 1963 die F-104G ein. Hier vier Maschinen der 31ére Escadrille, 10eme Wing des Chasseurs-Bombardiers.

Das Marinefliegergeschwader 1 in Schleswig-Jagel rüstete ab Frühjahr 1963 von der Sea Hawk auf die F-104G um. Hier eine Maschine dieses Typs mit der Luft-Boden-Lenkwaffe AS.20 an der linken Flügelstation.

zona, stationiert sind. Sie dienen dort der achtmonatigen Ausbildung angehender Starfighter-Piloten.
Ende 1959 entschied sich auch Japan für die Beschaffung des Starfighters, und am 29. Juni 1960 wurde ein entsprechendes Abkommen unterzeichnet. Dieses sah die Lizenzfertigung von insgesamt 210 Maschinen mit der Bezeichnung **F-104J** vor. Ihre Herstellung und Erprobung übertrug man einer Arbeitsgemeinschaft, an deren Spitze Mitsubishi stand. Lockheed baute die ersten drei F-104J selbst, deren erste am 30. Juni 1961 flog. Sie wurden danach zerlegt und zusammen mit anderen Baugruppen auf dem Seeweg nach Japan überführt. Auch die F-104J gleicht in ihrer allgemeinen Auslegung und den Flugleistungen weitgehend der G-Version. Als Triebwerk dient ebenfalls das J79-IHI-11A, das bei Ishikawajima-Harima in Lizenz gefertigt wurde. Zur Angriffsbewaffnung der F-104J gehören neben der Vulcan-Kanone vier Luft-Luft-Lenkwaffen des Typs AIM-9B Sidewinder. Als erste Einheiten der japanischen Luftstreitkräfte rüsteten die in Chitose und Nyutabaru stationierten Abfangjäger-Staffeln Nr. 201 und 202 im Juni 1964 auf den Starfighter um. Sieben Verbände fliegen seitdem die F-104J, die nach wie vor zu den Kampfflugzeugen der ersten Garnitur in Japan zählen.
Zusätzlich zu den 210 Maschinen der Version F-104J erhielten die japanischen Luftstreitkräfte ab Mitte 1964 zwanzig zweisitzige Trainer des Typs **F-104DJ**. Bei diesem handelt es sich um eine Exportversion der F-104D mit dem schubstärkeren Triebwerk J79-IHI-11A. Während die

erste Maschine bei Lockheed gebaut und auch erprobt wurde, übertrug man die Fertigung der restlichen neunzehn der japanischen Industriegruppe.

Dem weltweiten Starfighter-Programm schloß sich auch Kanada an, das nach der Aufgabe seines modernen Deltajägers CF-105 Arrow dringend ein Nachfolgemuster der Sabre 6 benötigte. Im Juli 1959 gab die kanadische Regierung ihre Entscheidung bekannt, und schon zwei Monate später unterzeichnete sie ein Abkommen über die Lizenzfertigung von 200 Maschinen. Als Prototyp der **CF-104** galt eine entsprechend modifizierte F-104A (56-0770, später No. 12700), der am 1. September 1960 erstmals flog. Es folgten zwei weitere CF-104 (Nos. 12701 und 12702), die bei Lockheed der Flugleistungserprobung dienten. Mittlerweile war bei Canadair in Montreal auch die Lizenzfertigung der CF-104 angelaufen, und am 14. August 1961 starteten die beiden ersten kanadischen Starfighter (Nos. 12703 und 12704). Bis September 1963 konnten alle 200 Maschinen fertiggestellt werden. Die Royal Canadian Air Force (RCAF) übernahmen im Januar 1964 die letzte CF-104, militärische Bezeichnung **CF-111** lautet. Sie stehen nach wie vor im aktiven Truppendienst und sollen ebenfalls erst Anfang der achtziger Jahre abgelöst werden.

Hauptunterschied des kanadischen Starfighters gegenüber der F-104G ist wegen seiner primären Verwendung als Erdkämpfer das Feuerleitradar NASARR R-24A. Man verzichtete außerdem auf die Vulcan-Kanone und konnte den Kraftstoffvorrat durch den Einbau von Zusatz-

Oben: *Die Luftstreitkräfte Nationalchinas stellten nicht nur die F-104A, sondern später auch die F-104G in Dienst. Hier eine Maschine des 3. Taktischen Jagdgeschwaders.*

Als Nachfolgemuster der RF-84F Thunderflash rüstete neben dem AG 52 auch das AG 51 »Immelmann« auf die RF-104G um.

Bilder rechte Seite:
Die japanischen Luftstreitkräfte stellten zwanzig zweisitzige Trainer der Version F-104DJ in Dienst. Hier eine Maschine der 106. Staffel in Hyakuri AB.

Diese zweite CF-104 (12701) wurde Ende 1960 von Lockheed für Flugleistungsversuche verwendet.

36-5013
013

RCAF 701

tanks um 459 Liter erhöhen. Als Triebwerk kommt bei der CF-104 das J79-OEL-7 zum Einbau, das einen Nachverbrennungsschub von 7165 kp abgibt. Für Aufklärungseinsätze kann die CF-104 an ihrer Rumpfunterseite den 70 mm-Kamera-Rüstsatz VICOM in einer von Lockheed entwickelten Gondel mitführen.

Am 14. Juni 1961 flog in Palmdale, California, der erste kanadische Starfighter-Trainer **CF-104D** (No. 5301). Für die RCAF wurden insgesamt 38 Maschinen dieser Version bei Lockheed gebaut. Sie hat ein maximales Startgewicht von 12345 kg und erreicht ebenfalls doppelte Schallgeschwindigkeit. An ihren fünf Außenstationen kann die CF-104D über 1500 kg Kampfmittel mitführen.

Im Rahmen des europäischen Starfighter-Programms wurde die G-Version auch in Italien gebaut. Bei der Aeronautica Militare stand die F-104G seit März 1963 mit großem Erfolg im aktiven Truppendienst. Seit Frühjahr 1969 wurde sie jedoch mehr und mehr durch die moderne **F-104S** abgelöst, und im März 1976 verfügte die AMI lediglich noch über einige RF-104G.

Bei der F-104S handelt es sich um die jüngste Version des Starfighters, deren primärer Verwendungszweck die Allwetter-Abfangjagd ist. Zwei Prototypen flogen bereits Ende 1966 bei Lockheed, und am 30. Dezember 1968 startete die erste von der Aeritalia gebaute Maschine zu ihrem Jungfernflug. In ihrer strukturellen Auslegung gleicht die F-104S, deren maximales Startgewicht bei über 14000 kg liegt, weitgehend der G-Version. Neu sind vier weitere Außenstationen, zwei

Von dem taktischen Aufklärer RF-104G-1 wurden nur zwei Maschinen gebaut. Hier die erste während der Werkserprobung in Palmdale, California.

Für die italienischen Luftstreitkräfte wurde aus der F-104G die verbesserte F-104S abgeleitet. An der Rumpfstation zwei AIM-9 Sidewinder und an den äußeren Flügelstationen je eine AIM-7 Sparrow.

Lockheed F-104G Starfighter – Marinefliegergeschwader 2, Eggebeck 1973.

Mikojan-Gurewitsch MiG-21MF (Fishbed-J) – Sowjetunion, Rissala/Finnland 1974.

Saab RF-35 Draken (AR-112) – Kongelige Danske Flyvevaben, No. 729 Escadrille, Karup 1975.

Bilder rechte Seite:

Fiat G.91PAN – Aeronautica Militare Italiana, »Frecce Tricolori«, Rivolto, Udine 1976.

Daussault-Breguet Mirage IIIE mit Luft-Luft-Lenkwaffe Matra R.550 Magic – Armée de l'Air, EC 2/4 »La Fayette«, Luxeuil 1977.

2
FRECCE TRICOLORI

SNECMA

FAC
3029
3029

Oben: *Zur Bekämpfung von Seezielen sind die Starfighter der Marinefliegergeschwader 1 (Jagel) und 2 (Eggebeck) mit dem modernen Luft-See-Waffensystem Kormoran ausgerüstet.*

Stabilisierungsflossen am Rumpfheck sowie das Triebwerk J79-GE-19. Letzteres ist mit einer neuen Ejektor-Schubdüse ausgestattet und entwickelt einen Nachverbrennungsschub von 8120 kp. Die Kampfmittelzuladung der F-104S beträgt 3400 kg, zu denen auch zwei Mehrzweck-Flugkörper des italienischen Typs Aspide-1A gehören. Die Aeritalia hat allein für die italienischen Luftstreitkräfte 205 F-104S gebaut. Hinzu kamen noch vierzig Maschinen für die Türkei, die sich außerdem eine Option für weitere achtzehn F-104S sicherte.

Der Starfighter, dessen erster Prototyp vor über 24 Jahren flog, gilt nach wie vor als eines der erfolgreichsten Kampfflugzeuge der Welt. Die fortschrittliche Konstruktion der F-104 brachte den modernen Flugzeugbau einen großen Schritt weiter, und es spricht zweifellos für sie, daß von ihr mehr als 2700 Maschinen der erwähnten Versionen gebaut wurden.

Farbbilder linke Seite:
Dassault-Breguet Mirage F.1C – Armée de l'Air, 1. Serienflugzeug, Centre de Essais en Vol, Istres 1973.

Dassault-Breguet Mirage 5CA – Fuerza Aérea Columbiana.

McDonnell Douglas A-4 Skyhawk

Anfang der fünfziger Jahre befaßte sich die Entwurfsabteilung der zur Douglas Aircraft Company gehörenden El Segundo Division mit einer Vereinfachung des Kampfflugzeugkonzepts und rigorosen Anwendung der Leichtbautechnik. Pionierarbeit auf diesem Gebiet leistete vor allem Chefingenieur Edward H. Heinemann, der sich der sprunghaften Gewichtserhöhung, Komplizierung und Verteuerung von Militärflugzeugen entschieden widersetzte und schließlich zu ihrem erklärten Gegner wurde. Dieser überragende Konstrukteur schweizerischen Geblüts war schon seit 1931 bei Douglas tätig. Für seine großartigen Leistungen auf dem Gebiet der experimentellen Flugtechnik erhielt er 1951 den Sylvanus Albert Reed Award und drei Jahre später sogar die Collier Trophy. Es sei hier nur an das raketengetriebene Mach-2-Flugzeug D-558 Skyrocket (1948) und an den Deltajäger F4D Skyray (1951) erinnert, die beide von ihm stammten.

Sein Meisterstück schuf Heinemann allerdings mit dem bordgestützten Kampfflugzeug A-4 Skyhawk, dessen Entwicklung nach mehreren Projektstudien Anfang 1952 in ein konkretes Stadium trat. Die US Navy erteilte Douglas am 11. Juni 1952 den Auftrag zur weiteren Ausarbeitung des Entwurfs, der als leichtes, einsitziges Hochleistungs-Kampfflugzeug besonders für Tiefangriffe auszulegen war. Sie forderte außerdem eine Höchstgeschwindigkeit von 900 km/h und ein höchstzulässiges Startgewicht von 13600 kg. Schon vier Monate später konnte die Konstruktionsattrappe des neuen Musters besichtigt werden, und nach einigen Änderungen erhielt Douglas den Auftrag zur Fertigung und Erprobung von zwanzig Maschinen, deren erste als Prototyp galt. Dieser startete am 22. Juni 1954 als **XA4D-1** (BuAer No. 137812) unter der Führung von Testpilot Bob Rahn zu seinem Jungfernflug. Es folgte eine zweijährige Mustererprobung durch Douglas- und Navy-Piloten, in deren Verlauf das neue Muster auf Herz und Nieren geprüft wurde. Gleichzeitig konnte Leutnant Gordon Gray mit einer Maschine am 15. Oktober 1955 einen Ge-

Am 22. Juni 1954 flog die erste Skyhawk (BuAer No. 137812). Sie diente nach der Mustererprobung als Attrappe für spätere Versionen.

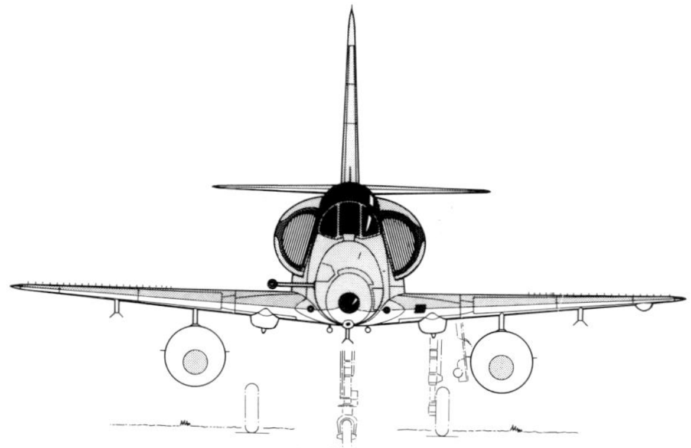

Douglas A-4E Skyhawk

VA-212 „Rampant Raiders", USS Hancock (CVA-19) 1966

Technische Daten und Leistungsangaben

Verwendung: Kampfflugzeug, Triebwerk: 1 Pratt & Whitney J52-P-6A, Triebwerkleistung: 3856 kp, Besatzung: 1 Mann, Spannweite: 8,38 m, Länge: 12,27 m ohne, 12,59 m mit Tanksonde, Höhe: 4,57 m, Spurweite: 2,38 m, Radstand: 3,44 m, Flügelfläche: 24,16 m², Leergewicht: 4469 kg, Gesamtlast: 6644 kg, Startgewicht: 11113 kg maximal, Flächenbelastung: 459 kg/m², Leistungsbelastung: 2,8 kg/kp, Höchstgeschwindigkeit: 1085 km/h im Horizontalflug bei G_{max}, Aktionsradius: 536 km (Lo-Lo-Lo), Überführungsreichweite: 3200 km, Dienstgipfelhöhe: 14600 m, Bewaffnung: zwei 20 mm-Kanonen Colt Mk. 12 mit 400 Schuß, Kampfmittelzuladung: 3720 kg.

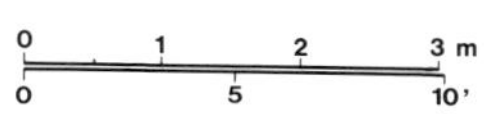

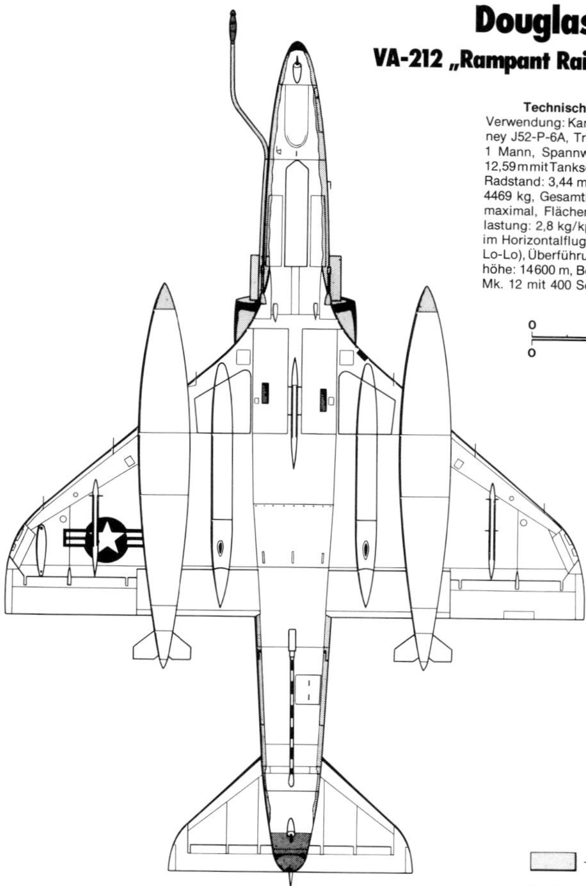

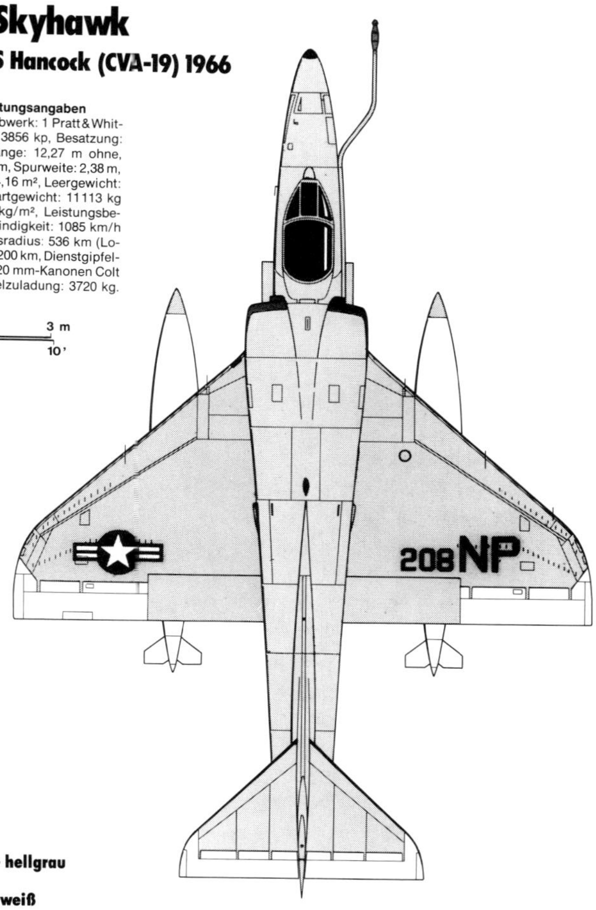

– **FS.36440 – hellgrau**

– **FS.17875 – weiß**

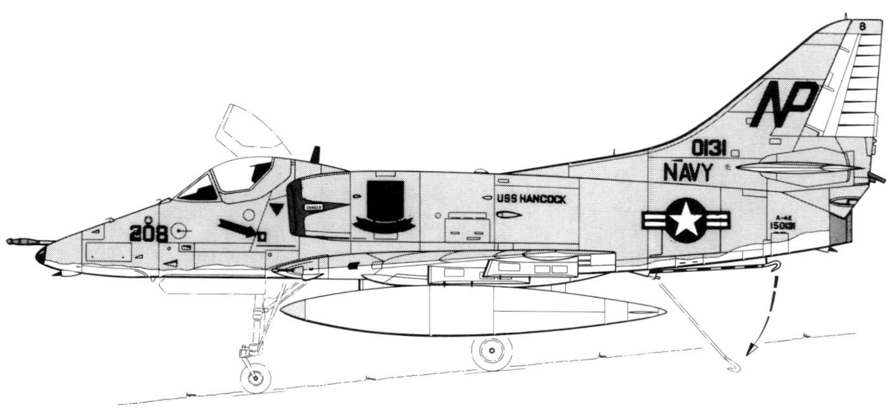

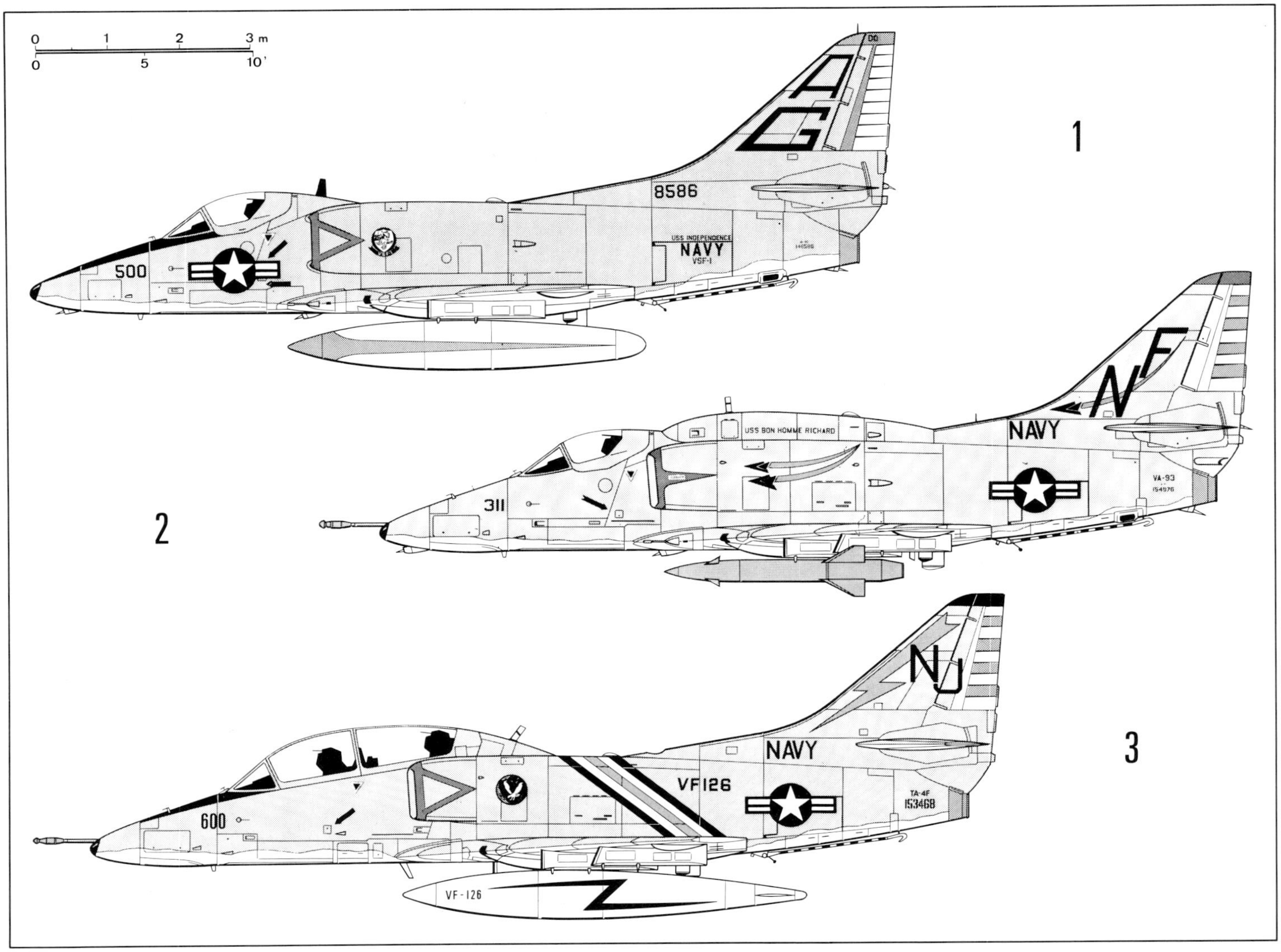

1: *A-4C – US Navy, VSF-1 Fighting Seahawks, USS Independence (CV-62).* **2:** *A-4F – US Navy, VF-93 Blue Blazers, USS Bon Homme Richard (CVA-31).* **3:** *TA-4F – US Navy, VF-126, Readiness Attack Carrier Air Wing 12 (RCVM-12).*

schwindigkeits-Weltrekord aufstellen. Auf dem geschlossenen 500-km-Kurs erreichte er mit einer **A4D-1** (137814) die neue Durchschnittsgeschwindigkeit von 1118,67 km/h. Dieser Rekord, der übrigens in einer Höhe von nur 100 m geflogen wurde, besteht heute noch. Das auch mit Skyhawk bezeichnete Muster wurde als freitragender Tiefdecker mit einem deltaähnlichen Tragwerk ausgelegt. Der strukturelle Aufbau des einteiligen Flügels zeigt einen dreiholmigen Torsionskasten mit integralen Kraftstoffbehältern, deren Fassungsvermögen bei 2120 Liter liegt. Unmittelbar hinter dem Cockpit ist im Rumpf noch ein beschußsicherer 910-l-Behälter eingebaut. Bei der Auswahl des Triebwerks entschied man sich für das Wright J65, bei dem es sich um den Lizenznachbau des britischen Armstrong-Siddeley Sapphire handelte. Der Rumpf der Skyhawk besteht aus drei Hauptbaugruppen: Rumpfvorderteil mit Radom, Rumpfmittelteil mit Cockpit und Lufteinläufen sowie Rumpfheck mit Leitwerk. Als Angriffsbewaffnung dienen zwei, in den Flügelwurzeln starr eingebaute 20 mm-Kanonen Typs Colt Mk.12 mit je 100 Schuß. Das Bugradfahrwerk der Skyhawk hat eine Spurweite von 2,38 m. Alle drei Einheiten werden nach vorn hydraulisch eingezogen; die beiden Haupteinheiten kommen nach einer 90°-Drehung unter dem Flügel zu liegen und werden durch Klappen verdeckt. Da die Skyhawk primär für bordgestützte Operationen entworfen wurde, erhielt sie einen Fanghaken und besitzt somit auch eine höhere Zellenfestigkeit als landgestützte Flugzeuge. Nach zahlreichen Ermüdungs- und Lastwechselversuchen ergab sich für Trägereinsätze eine Lebensdauer von 4000 Stunden. Dieser Wert liegt bei der Verwendung von Landstützpunkten um 50% höher.

Als erste Einheit der US Navy rüstete ab Oktober 1956 die Squadron VA-72 *Blue Hawks* von der Grumman F9F-5 Panther auf die neue A4D-1 Skyhawk um. Sie diente als Versuchsverband und führte im Rahmen des Fleet Indoctrination Program (FIP) eine entsprechende Erprobung durch. Es folgten die VA-113 *Stingers* und Ende 1956 die VA-125 *Rough Riders*. Von der A4D-1, die mit einem 3490-kp-Triebwerk des Typs Wright J65-W-4 ausgerüstet war, wurden insgesamt 165 Maschinen gebaut.

Noch vor der Auslieferung der ersten Skyhawks an die Attack Squadrons der

Diese A-4B (142682) trägt an ihrer zentralen Rumpfstation sechs Übungsbomben. Von dieser zweiten Skyhawk-Version wurden insgesamt 542 Maschinen gebaut.

Navy erhielt Douglas den Auftrag zur Fertigung der verbesserten Version **A4D-2.** Diese unterschied sich von der A4D-1 äußerlich durch ein abgeändertes Seitenruder und einen Luftbetankungsausleger auf der rechten Seite des Rumpfvorderteils. Hinzu kamen strukturelle Verstärkungen und der Einbau des Triebwerks J65-W-16A. Am 26. März 1956 flog die erste A4D-2 oder **A-4B,** wie sie ab September 1962 genannt wurde. Die Staffel VA-34 *Blue Blasters* rüstete ab Anfang 1957 von der Vought F7U-3 Cutlass als erste Einheit auf die A-4B um, von der insgesamt 542 Maschinen gebaut wurden. Neben Israel, deren Heil Ha'Avir einige Maschinen dieser Skyhawk-Version erhielten, erwarben später auch die Luftstreitkräfte Argentiniens 25 überholte A-4B als Ersatz ihrer veraltenden F-86F Sabres.

Das Grundmuster wurde ständig weiterentwickelt, und nachdem die US Navy im Jahre 1957 einige Zusatzforderungen herausgegeben hatte, schlug Douglas die mit einem J52-Triebwerk von Pratt & Whitney und neuen Avioniksystemen ausgerüstete **A4D-3** vor. Diese Version der Skyhawk hätte die Forderungen ohne weiteres erfüllen können, zu denen vor allem bessere Reichweitenleistungen bei schlechtem Wetter und über unwegsamem Gelände gehörten. Es wurde ein auf vier Musterflugzeuge lautender Entwicklungsauftrag erteilt, den die Navy jedoch wegen zu hoher Kosten noch vor Beginn der Fertigung wieder zurückzog.

Sie hielt aber an ihren Forderungen fest und versuchte nun, gemeinsam mit Douglas zu einer annehmbaren Lösung zu gelangen. Man behielt das J65-Triebwerk bei und sah für die nächste, mit **A-4C** (A4D-2N) bezeichnete Version neben einem Autopiloten noch ein Terrainfolge-Radarsystem sowie ein Bombenzielgerät für den Tiefangriff vor. Hinzu kam noch ein raketengestützter Escapac-Schleudersitz für die Rettung des Piloten aus niedrigen Flughöhen sowie Änderungen im Cockpit. Dadurch stieg jedoch das maximale Startgewicht auf über 10000 kg an. Am 21. August 1958 flog die erste von 85 Maschinen dieser Skyhawk-Version, von der bis Dezember 1962 insgesamt 638 gebaut wurden. Mit der Auslieferung der ersten Serienflugzeuge begann Douglas Ende 1959, und schon im März 1960 rüstete die in NAS Cherry Point, Nort Carolina, stationierte VMA-225 *Vikings* auf die A-4C um. Es folgte die Navy-Squadron VA-46 *Clansmen,* die bis dahin die A-4B flog.

Als nächste Skyhawk-Version entstand ab Juli 1959 die weiter verbesserte **A-4E** (A4D-5), denn eine A-4D gab es nicht. Die US Navy hatte sich inzwischen doch für den Einbau des 3850 kp-Triebwerks Pratt & Whitney J52-P-6A entschieden, das ja bereits für die A4D-3 vorgesehen war. Als Erprobungsträger wurden die beiden letzten A-4C-Zellen entsprechend modifiziert, und am 12. Juli 1961 flog die erste Maschine. Zur Verbesserung ihrer Einsatzmöglichkeiten erhielt die A-4E u. a. auch das Mk.9-Bombenzielgerät für den Schleuderwurf. Außerdem konnte ihre Tragfähigkeit an nunmehr fünf Außenstationen auf 3720 kg Kampfmittel erhöht werden. Im November 1962 lieferte Douglas die ersten Maschinen aus und die VA-23 *Black Knights* rüstete als erster Verband um. Ihr folgten Anfang 1963 die VA-81 *Bravos* und die VA-83 *Rampagers.* Von der A-4E wurden bis April 1966 insgesamt 499 Maschinen gebaut. Mehr als hundert erhielten die israelischen Luftstreitkräfte ab 1967, die allerdings einige Änderungen durchführten und sie danach mit **A-4H** bezeichneten. Neben einer Vergrößerung der Seitenflosse wurde auch ein Bremsschirm eingebaut. Außerdem ersetzten sie die beiden 20-mm-Kanonen durch zwei 30 mm-Kanonen des Typs DEFA 552 mit je 150 Schuß. Im Jahre 1964 forderte die US Navy als Ersatz des Trainers Grumman TF-9J Cougar eine zweisitzige Version der A-4E, von der zwei Prototypen (152102 und 152103) gebaut wurden. Sie flogen am 30. Juni und 2. August 1965, und im April 1966 begann die Serienfertigung der mit **TA-4E** bezeichneten Skyhawk, die 210

Oben: *Patrouillenflug von zwei A4D-2N (A-4C) der VA-112 »Broncos« über den verschneiten Bergen Kaliforniens.*

Bilder rechte Seite:
Eine A-4C (149495) der Attack Squadron VA-113 »Stingers«, die Anfang der sechziger Jahre zum CVW-11 gehörte und auf dem Flugzeugträger USS Kitty Hawk (CV-63) stationiert war.

Diese A-4C (147825) der VA-153 »Blue Tail Fly« operierte ab Mitte 1964 vom Flugzeugträger USS Coral Sea (CV-43).

Maschinen umfaßte. Hauptunterschied gegenüber dem Einsitzer war das Tandemcockpit, so daß die Rumpflänge nunmehr bei 12,98 m lag. Als Triebwerk kam bei der über 11000 kg schweren TA-4E das J52-P-8A mit einer Schubleistung von 4220 kp zum Einbau. Wegen zahlreicher neuer Avionikgeräte mußte man den Kraftstoffvorrat des mittlerweile mit **TA-4F** bezeichneten Musters um 380 Liter reduzieren. Am 19. Mai 1966 übernahm die in NAS Leemore, California, stationierte Operational Traning Squadron VA-125 *Rough Riders* die ersten Maschinen dieser Version.

Mit **A-4F** wurde ein neuer Skyhawk-Einsitzer bezeichnet, bei dem ebenfalls das Triebwerk J52-P-8A zum Einbau kam. Am 31. August 1966 flog die erste Maschine und ab Juni 1967 lieferte Douglas die A-4F aus. Sie unterschied sich von allen bisherigen Skyhawk-Einsitzern nicht nur durch eine stärkere Panzerung und einen Zero-Zero-Schleudersitz, sondern vor allem durch einen buckelartigen Avionikbehälter auf dem Rumpfmittelteil. Mit einer Kampfmittelzuladung von 1820 kg kam sie auf eine Höchstgeschwindigkeit von 954 km/h. Durch zusätzliche Spoiler auf der Flügeloberseite konnte man die Landerollstrecke auf 305 m verkürzen. Von der A-4F wurden bis Juni 1968 insgesamt 215 Maschinen gebaut und die Squadron VA-23 rüstete als erste um.

Mit **A-4G** wird die australische Skyhawk-Version bezeichnet, die noch heute im aktiven Truppendienst steht. Sie entspricht weitgehend der A-4E und ist auf dem Stützpunkt Nowra der No. 805 Squadron in New South Wales stationiert. Die Royal Australian Navy verfügt über acht Maschinen dieser Version (N-13 154903 bis 154910), deren erste am 26. Juli 1967 ausgeliefert wurde. Für Trainingszwecke erwarb die RAN noch zwei TA-4G (N-13 154911 bis 154912), bei denen es sich aber im Prinzip um TA-4F handelt.

Zu den 108 Skyhawks, die Israel in den Jahren 1967/68 erhielt, gehörten auch zehn Doppelsitzer mit der Bezeichnung **TA-4H.** Sie glichen ebenfalls weitgehend der A-4E oder besser gesagt der israelischen Standardversion A-4H. Während Douglas eine A-4J nicht fertigte, kam im Mai 1969 die zweisitzige **TA-4J** heraus, die als entfeinerte TA-4F für das Naval Air Advanced Training Command (NAVANTRACOM) in Auftrag gegeben wurde. Schon im Juni 1969 übernahmen die Einheiten VT-21 und VT-22 in NAS Kingsville

CF
MARINES
VMA 211
1
2
3
4

NG
7723
307
RESCUE
USS RANGER
VA-93
NAVY
147723

die ersten Maschinen. Die allgemeine Ausrüstung der TA-4J, bei der anfangs das J52-P-6 und später das J52-P-8A zum Einbau kam, reduzierte man auf ein Minimum. Sie gehört zusammen mit der Rockwell T-2C Buckeye nach wie vor zur ersten Trainergarnitur der US Navy und soll erst in den achtziger Jahren durch ein moderneres Muster ersetzt werden.

Am 16. Januar 1970 übernahmen die Royal New Zealand Air Forces (RNZAF) die ersten Maschinen von zehn **A-4K** (NZ6201 bis NZ6210) und vier **TA-4K** (NZ6251 bis NZ6254). Diese entsprachen bis auf eine abgeänderte Funkausrüstung und einen Bremsschirm weitgehend der A-4F bzw. der TA-4F. Mit der A-4K ist die auf dem Luftstützpunkt Ohakea stationierte No. 75 Squadron ausgerüstet. Die vier TA-4K gehören dagegen zur No. 14 Squadron, die in erster Linie für das Umschulungstraining neuseeländischer Skyhawk-Piloten zuständig ist.

Gemäß einem Vertrag, den Kuwait im September 1974 mit Douglas abschloß, erhalten die Luftstreitkräfte dieses am Persischen Golf gelegenen Landes dreißig **A-4KU** und sechs **TA-4KU,** bei denen es sich um Maschinen der Versionen A-4M und TA-4F handelt. Die Ausbildung der ersten Piloten erfolgte auf der MCAS Yuma, Arizona. Im April 1977 wurden die ersten vier Maschinen via RAF Bentwaters in das Scheichtum überführt, das zwei Skyhawk-Squadrons aufstellen will.

Im Dezember 1969 wurden den Einheiten der Attack Carrier Air Wings Reserve (CVWR-20 und -30) die ersten **A-4L** zugewiesen. Bei diesen handelte es sich um modifizierte A-4C, die man nicht nur mit schubstärkeren Triebwerken, sondern auch mit Buckelbehältern für die erweiterte Avionik ausstattete.

Die relativ niedrigen Beschaffungskosten der von Douglas im Jahre 1969 vorge-

---

Bilder linke Seite:
Im September 1957 übernahm die VMA-211 »Wake Island Avengers« als erste Attack Squadron der US Marines die A-4B.

Diese A-4C (147723) gehörte zur VA-93 »Blue Blazers«, die bis Ende 1965 dem CVW-9 unterstellt war.

Rechts: *Seit 1974 fliegen die »Blue Angels« – das offizielle Aerobatic Team der US Navy – die A-4F Skyhawk.*

schlagenen **A-4M** waren der primäre Grund dafür, daß sich das US Marine Corps für die Indienststellung dieser neuen und kampfstärkeren Skyhawk-Version entschied. Im Gegensatz zur US Navy verwies sie damit die Vought A-7 Corsair II auf den zweiten Platz. Die A-4M Skyhawk II gleicht zwar weitgehend der A-4F, weist aber dennoch eine Reihe von Änderungen und Verbesserungen auf. Allen voran das 5080 kp-Triebwerk J52-P-408A, das mit seinen 20% mehr Schub besonders bessere Steigleistungen und Manövriereigenschaften zuläßt. Außerdem wurde die Klapphaubenverglasung des Cockpits zur Verbesserung der Sichtverhältnisse weiter nach unten gezogen. Zur Standardausrüstung gehört neben einem Zero-Zero-Schleudersitz Escapac IC noch ein Blickfelddarstellungsgerät (HUD) des Elliott-Typs 546 sowie ein Bänder-Bremsschirm. Die Angriffsbewaffnung der A-4M besteht wahlweise aus zwei 20 mm-Kanonen Mk.12 mit 400 Schuß oder zwei 30 mm-Kanonen DEFA 552 mit 280 Schuß. An ihren fünf Außenstationen kann sie bis zu 4516 kg Kampfmittel der verschiedensten Arten mitführen. Einschließlich aller Zusatzbehälter verfügt die A-4M über einen Kraftstoffvorrat von 6840 Liter und ihre Reichweitenleistungen sind beachtlich. So liegt z. B. ihr Aktionsradius für einen Hi-Lo-Hi-Einsatz mit einer Bombenlast von 2000 lb bei 1086 km.

Am 10. April 1970 flog in Palmdale der erste von zwei Prototypen der A-4M, und der Anfangsauftrag des USMC lautete auf fünfzig Maschinen, deren erste am 3. November 1970 ausgeliefert wurde. Die in

Oben: *Ende 1967 rüstete die VA-55 »War Horses« von der A-4E auf die verbesserte A-4F um. Hier drei Maschinen dieser Skyhawk-Version über ihrem Träger USS Hancock (CV-19).*

Bilder rechte Seite:
Das obere Bild zeigt eine TA-4F (152850) mit sechs 500-lb-Bomben, zwei abwerfbaren 1140-l-Zusatztanks und zwei Luft-Boden-Lenkwaffen Bullpup.

Diese TA-4F (154317) gehörte im Juli 1969 zur Combat Maneuvring Squadron VA-43 »Challengers«.

850

AD
311
4317
NAVY
312

Beaufort, South Carolina, stationierte VMA-324 übernahm am 16. April 1971 die ersten vier A-4M. Zur gleichen Zeit befanden sich vier andere Maschinen im NATC Patuxent River, wo sie für BIS-Versuche verwendet wurden. Weitere Aufträge der Marine folgten und es kam teilweise zum Einbau des von Hughes entwickelten Angle Rate Bombing Systems (ARBS).

Im Auftrag der US Navy leitete Douglas aus der A-4M die leichtere **A-4N** ab, deren erste Maschine am 8. Juni 1971 flog. Sie war von Anfang an ausschließlich für den Export vorgesehen, und besonders die Luftstreitkräfte Israels erhielten eine größere Stückzahl. Mit **A-4P** und **A-4Q** wurden modifizierte A-4B bezeichnet, von denen Argentinien 66 Maschinen erhielt.

Anfang 1972 interessierte sich auch das Luftverteidigungs-Kommando der Republik Singapore für die Skyhawk. Einige Monate später wurden aufgrund eines Regierungsabkommens vierzig A-4B entsprechend modifiziert. Diese Arbeiten führte die Lockheed Aircraft Service Co. (LAS) an den ersten acht Maschinen in Ontario, California, durch. Am 20. Juli 1973 flog die erste, nunmehr mit **A-4S** bezeichnete Skyhawk. Alle acht Maschinen wurden zur NAS Leemore überführt, wo man sie in der Folgezeit für die Ausbildung der Piloten verwendete. Die restlichen 32 Maschinen brachte man auf dem Seeweg nach Singapore, wo sie ebenfalls vom LAS modifiziert wurden. Zu den über hundert Änderungen und Verbesserungen gehörte vor allem der Einbau des schubstärkeren Triebwerks J65-W-20.

Oben: *Die in NAS Kingsville stationierte VT-21 ist dem Naval Air Advanced Training Command (NAVANTRACOM) unterstellt. Sie verfügt zweisitzige Skyhawk-Trainer der Versionen TA-4F und TA-4J.*

Als Trainer und Begleitflugzeug dient den »Blue Angels« die zweisitzige Skyhawk-Version TA-4J. Hier eine Maschine dieses Typs.

Bilder rechte Seite:
Die No. 805 Squadron der Royal Australian Navy stellte ab Juli 1967 die A-4G in Dienst. Hier eine Maschine dieses Typs.

Die israelischen Luftstreitkräfte verfügen über mehr als 250 Maschinen der Skyhawk-Versionen A-4E/H/M/N.

NAVY
886

03
05
09

NAVY
500
501
502
503
VT-25

253
NZ6253
TA-4K
DANGER

Oben: *Das Rückgrat der USMAC Attack Squadrons bildet die A-4M. Hier eine Maschine der VMA-324 »Vagabonds« beim Abfeuern von Luft-Boden-Raketen.*

Bilder linke Seite:
Verbandsflug von vier TA-4J der in NAS Chase Field stationierten VT-25.

Das untere Bild zeigt eine der vier TA-4K der Royal New Zealand Air Force (RNZAF).

Außerdem ersetzte man die beiden 20 mm-MK durch zwei 30 mm-Kanonen von Aden. Die vierzig A-4S bilden den Flugzeugbestand der auf dem Luftstützpunkt Changi bei Singapore stationierten Nos. 142 und 143 Squadrons. Für das Umschulungstraining der Besatzungen gab die RSAF noch sechs zweisitzige **TA-4S** in Auftrag, die vom Lockheed Aircraft Service ebenfalls aus A-4B-Zellen abgeleitet wurden. Die TA-4S unterscheidet sich von allen anderen zweisitzigen Skyhawks besonders durch zwei separate, in der Höhe gestaffelte Cockpits. Ansonsten entspricht sie bezüglich Triebwerk, Bewaffnung und Avionik genau der einsitzigen Version. Die erste TA-4S startete am 21. Februar 1975 zu ihrem Jungfernflug. Sie flog anfangs in NAS Leemore und wurde später nach Singapore überführt.

Während der gesamten Entwicklung der Skyhawk schlug Douglas dieses Flugzeug des öfteren auch noch anderen Ländern vor und kam ihnen bezüglich der Ausrüstung weitgehend entgegen. So arbeitete man z. B. eine für Kanada vorgesehene Version mit der Bezeichnung **CA-4E** aus, bei der das britische Triebwerk Rolls-Royce Spey zum Einbau kommen sollte. Sie verblieb jedoch im Entwurfsstadium, denn Kanada hatte sich inzwischen für die Northrop F-5 entschieden.

Ihre militärische Feuertaufe hatte die Skyhawk in Südostasien, wo ab August 1964 insgesamt 32 Squadrons der US Navy und sechs der US Marines mit großem Erfolg eingesetzt wurden. Hier zeigte sich auch mehrfach, daß die Skyhawk ihrem Ruf als robustes Flugzeug vollauf

A-4S
602
02

Oben: *Die RSAF verfügt außerdem über sechs zweisitzige TA-4S. Hier eine Maschine dieses Typs mit Sichtschutz.*

Bilder linke Seite:
Ausschließlich für den Export leitete Douglas im Auftrag der US Navy aus der A-4M die entfeinerte A-4N ab.

Zum Flugzeugbestand der Republic of Singapore Air Force (RSAF) gehören seit Juli 1973 vierzig A-4S.

gerecht wurde. Selbst schwerste Beschädigungen durch gegnerisches Flakfeuer hinderten sie teilweise nicht daran, sicher zum Heimatstützpunkt zurückzukehren. Dieselben Erfahrungen konnten auch die Israelis mit ihren Skyhawks machen.

Wenn die Fertigung dieses Flugzeugs, dessen Entwicklung vor 25 Jahren begann, im Herbst 1978 nach der Auslieferung von über 2900 Maschinen der erwähnten Versionen endet, so muß man dies zweifellos als einen einzigartigen Erfolg bezeichnen. Die Skyhawk erfreut sich bei ihren Besatzungen einer großen Beliebtheit. Nach Aussagen von Piloten der US Navy wird es für die amerikanische Luftfahrtindustrie nicht leicht sein, ein gleichwertiges und ebenso erfolgreiches Nachfolgemuster zu schaffen.

Mikojan-Gurewitsch MiG-21

Die Entwicklung strahlgetriebener Kampfflugzeuge begann in der Sowjetunion gegen Ende des Zweiten Weltkriegs. Pionierarbeit leisteten dabei besonders die Konstrukteure Artem Mikojan und Michail Gurewitsch, die sich bereits durch eine Reihe ausgezeichneter Kolbenmotor-Jagdflugzeuge einen Namen gemacht hatten. Es sei hier nur an die Baumuster MiG-1 bis MiG-5 erinnert, die mit Leistungen westlichen Konstruktionen nur wenig nachstanden. Als Übergangslösung entwickelten Mikojan-Gurewitsch die I-250 (N), einen Versuchs-Jagdeinsitzer mit Mischantrieb. Die 3670 kg schwere Maschine war mit einem 1700 PS-Reihenmotor des Typs Klimow WK-107R und im Rumpfheck mit einem Staustrahlaggregat ausgerüstet. Sie kam bei Testflügen auf 824 km/h und leitete über zum reinen Strahljäger.

Nachdem die Rote Armee bei ihrem Vormarsch nach Westen zahlreiche betriebsreife deutsche Strahltriebwerke der Typen Jumo 004 und BMW 003 erbeutet hatte, konnte die Entwicklung beschleunigt in Angriff genommen werden. Sie begann schon im Februar 1945 mit der I-300 (F), einem Versuchsjäger mit zwei BMW 003 im Rumpfmittelteil und Bugradfahrwerk. Drei Prototypen wurden gebaut, deren erster am 24. April 1946 unter der Führung von Alexander Grintschik flog. Trotz einiger Schwierigkeiten – Grintschik stürzte mit dem ersten Prototyp am 24. Mai 1946 ab – konnte die Mustererprobung der I-300 abgeschlossen werden. Sie wurde danach als **MiG-9** (Fargo) in Serie gefertigt und war ein für damalige Verhältnisse recht guter Abfangjäger. Es existierte auch eine mit MiG-9U bezeichnete Trainingsversion mit zwei Schleudersitzen und ein Erdkämpfer mit schwerer Kanonenbewaffnung. Von der MiG-9 wurden insgesamt 470 Maschinen der erwähnten Versionen gebaut.

Schon im März 1946 begannen Mikojan-Gurewitsch mit den Entwurfsarbeiten für

Als erste Serienversion galt die MiG-21F (Fishbed-C), die in größeren Stückzahlen gebaut und auch exportiert wurde – hier in den Farben der ungarischen Luftstreitkräfte.

Mikojan-Gurewitsch MiG-21MF

Technische Daten und Leistungsangaben

Verwendung: Mehrzweck-Kampfflugzeug, Triebwerk: 1 Tumanski RD-13-300, Triebwerkleistung: 5100 kp ohne, 6600 kp mit Nachverbrennung, Besatzung: 1 Mann, Spannweite: 7,15 m, Länge: 15,76 m mit Staurohr, Höhe: 4,50 m, Spurweite: 2,69 m, Radstand: 4,64 m, Flügelfläche: 23,0 m², Leergewicht: 5500 kg, Gesamtlast: 3900 kg, Startgewicht: 9400 kg maximal, Flächenbelastung: 408 kg/m², Leistungsbelastung: 1,4 kg/kp, Höchstgeschwindigkeit: Mach 2,1 in 11000 m Höhe, 1300 km/h in Bodennähe, Startrollstrecke: 800 m, Landerollstrecke: 550 m, Überführungsreichweite: 1800 km, Dienstgipfelhöhe: 18000 m, Bewaffnung: zwei 23 mm-Kanonen GSch-23 mit 200 Schuß als Rumpfrüstsatz, Kampfmittelzuladung: ca. 2000 kg.

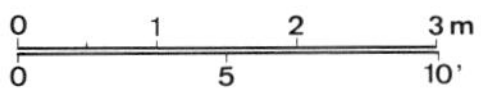

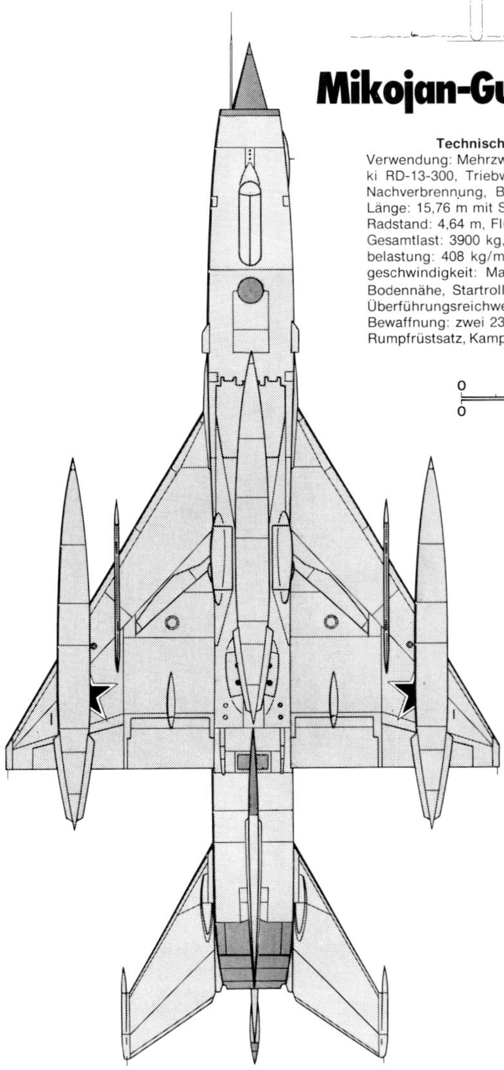

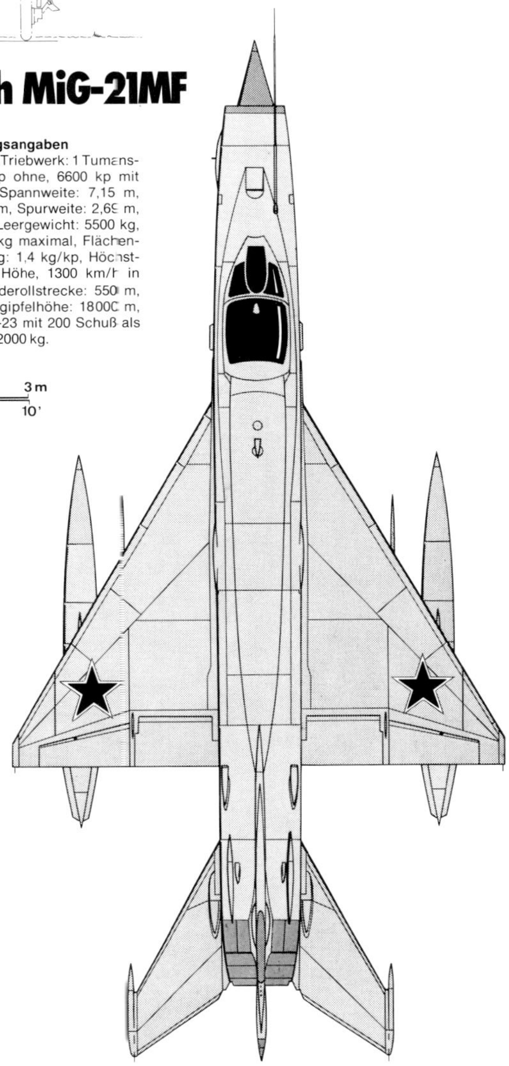

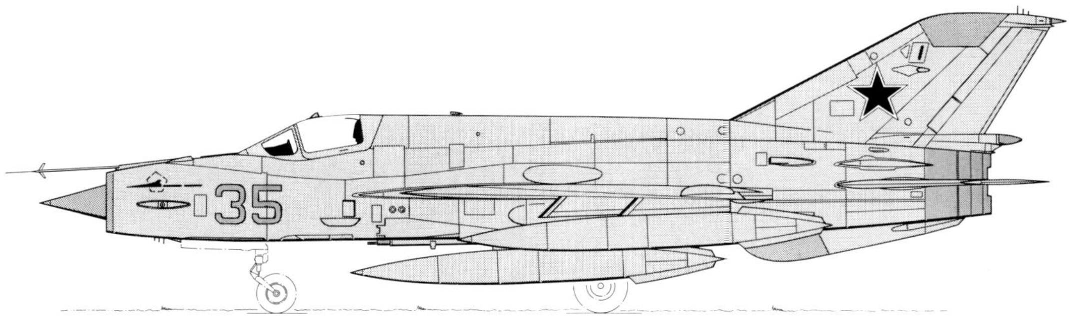

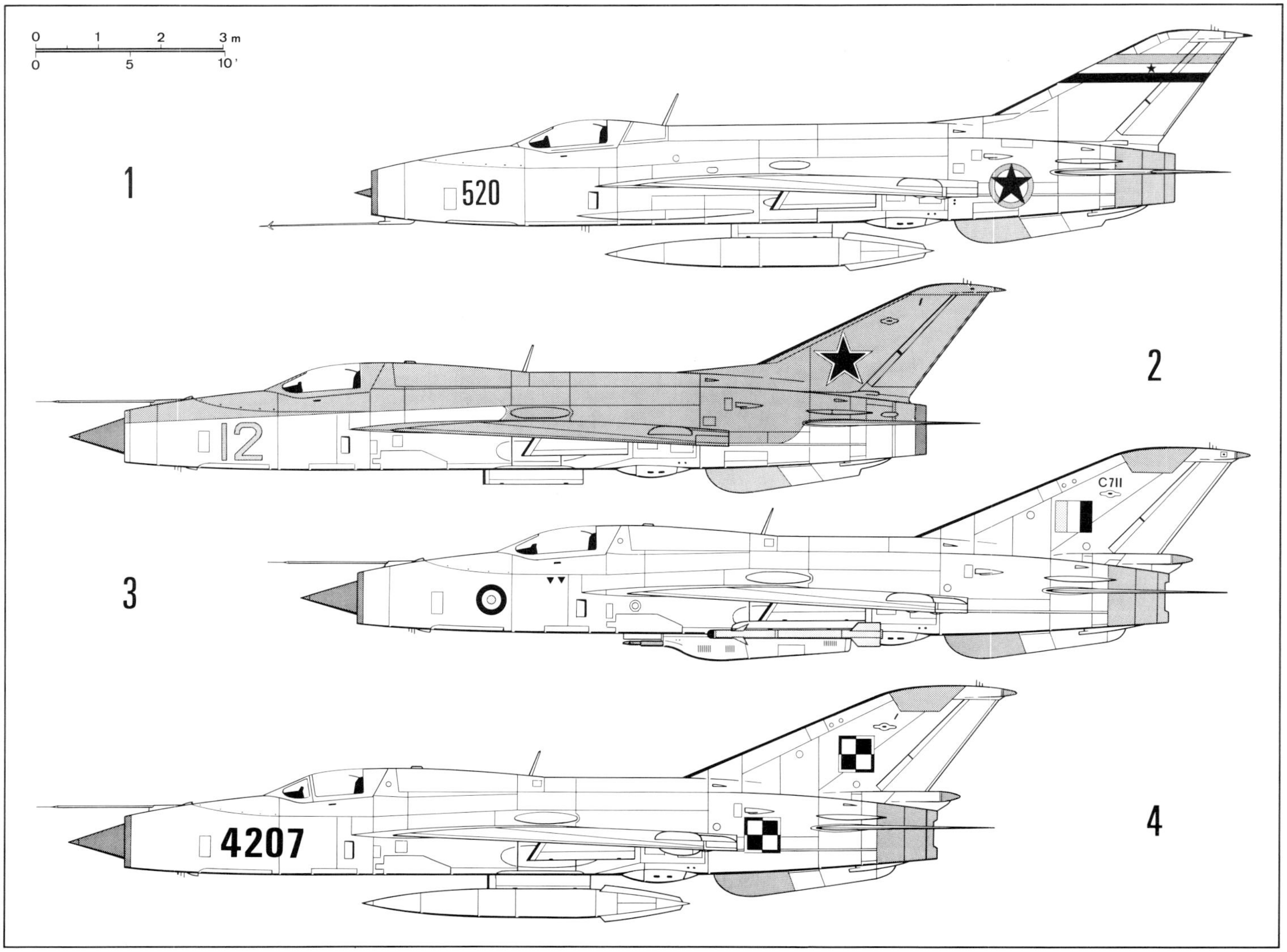

ein neues Jagdflugzeug, das besonders in den fünfziger Jahren berühmt wurde. Es handelte sich um einen kleinen Pfeilflügel-Mitteldecker mit zentralem Lufteinlauf für das britische 2200 kp-Strahltriebwerk Rolls-Royce Nene 2. Am 31. Dezember 1947 startete der erste Prototyp des später mit **MiG-15** bezeichneten Jägers unter der Führung von Viktor Juganow zu seinem Jungfernflug. Es kam zu zahlreichen Änderungen, doch Ende 1948 konnte man den sowjetischen Luftstreitkräften die ersten Serienflugzeuge zuweisen. Die MiG-15 (Fagot) wurde in großen Stückzahlen hergestellt und erst ab 1953 ersetzte man sie nach und nach durch die modernere **MiG-17** (Fresco). Diese unterschied sich von ihrer Vorgängerin nicht nur durch ein schubstärkeres Triebwerk mit Nachverbrennung, sondern vor allem durch stärker gepfeilte Flügel und einen schlankeren Rumpf. Von der MiG-17 wurden ebenfalls mehrere tausend Maschinen verschiedener Versionen gefertigt.

Das nächste Baumuster von Mikojan-Gurewitsch, die **MiG-19** (Farmer), erlangte nur annähernd die Berühmtheit der MiG-15 und MiG-17. Ihre Entwicklung begann 1952, und Ende 1953 flog der erste Prototyp. Als Triebwerkanlage dienten anfangs zwei im Rumpfheck nebeneinander eingebaute Axialturbinen des Typs Mikulin AM-5 mit einem Nachverbrennungsschub von jeweils 3040 kp, die man bei späteren Versionen durch zwei schubstärkere Tumanski-Aggregate RD-9 ersetzte. Die Höchstgeschwindigkeit der MiG-19, die Anfang 1955 von den sowjetischen Luftstreitkräften in Dienst gestellt wurde, wuchs im Laufe ihrer Entwicklung auf Mach 1,35 in 11 000 m Höhe an. Die Serienfertigung der MiG-19 endete 1959 nach der Auslieferung von ca. 850 Maschinen verschiedener Versionen. Lediglich in Rotchina und der CSSR wurde sie in Lizenz weitergebaut. Die MiG-19 war der erste sowjetische Überschalljäger, und sie galt allgemein als Gegenstück zur amerikanischen F-100 Super Sabre. Wenn man bedenkt, daß Mikojan-Gurewitsch schon seit Anfang der fünfziger Jahre an einem Mach-2-Jäger arbeiteten, so dürfte die MiG-19 lediglich eine Übergangslösung gewesen sein.

Aufgrund einer Ausschreibung für einen leichten, einsitzigen Abfangjäger entstand ein Flugzeug, das wie seine berühmte Vorgängerin MiG-15 erneut ein großer Wurf wurde. Vom ZAGI, dem Zentralen Institut für Hydro- und Aerodynamik, wurde nach umfangreichen Forschungsarbeiten ein Deltaflügel mit Höhenleitwerk vorgeschlagen. Mikojan baute jedoch zusätzlich noch einen Erprobungsträger mit normalen, aber stark gepfeilten Flügeln (**Ye-2A** Faceplate). Doch schon nach den ersten Testflügen stellte sich heraus, daß die Deltaflügel-Leit-

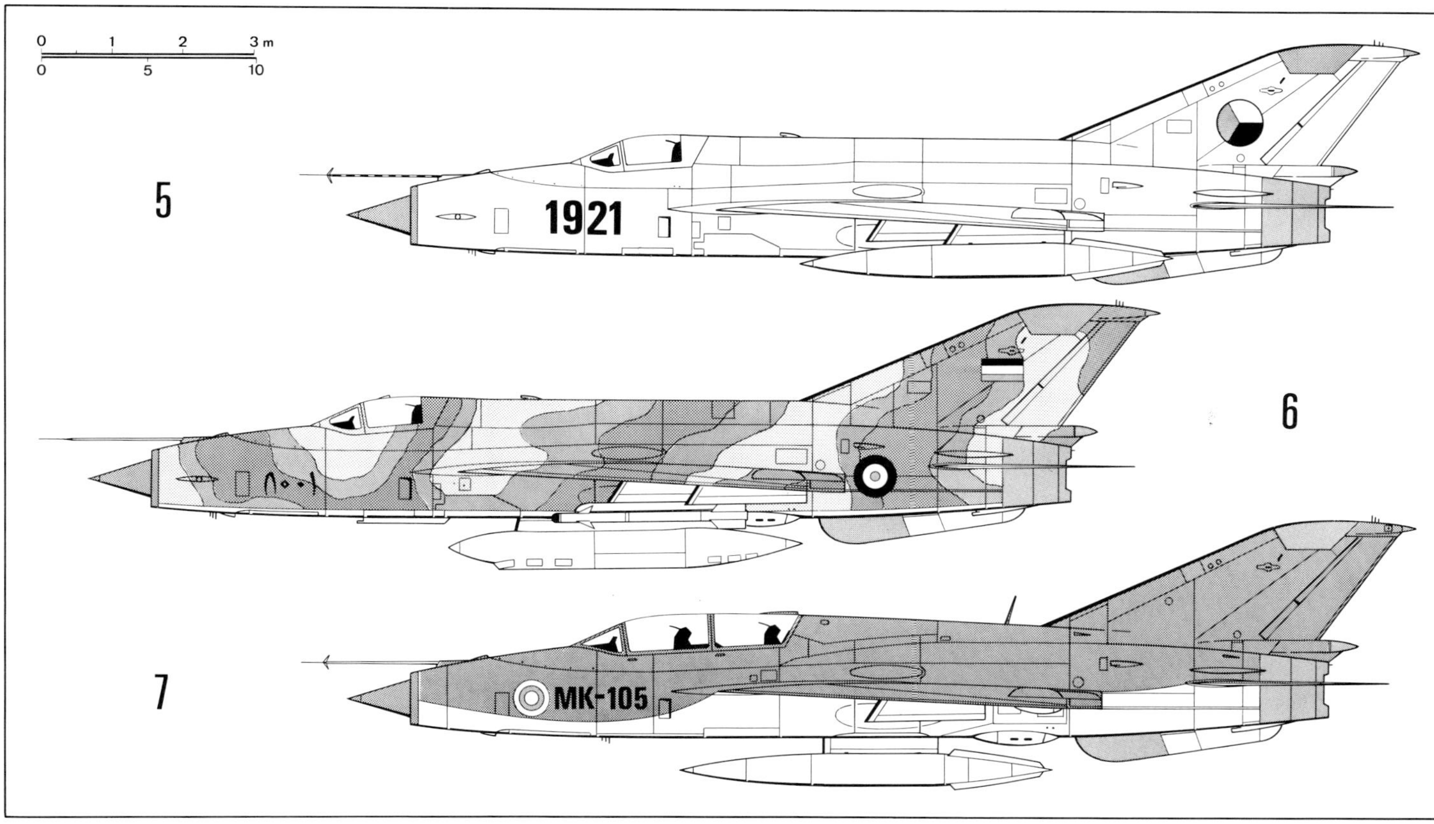

Abb. linke Seite:
1: *MiG-21F (Fishbed-C) – Jugoslawien.* **2:** *MiG-21PF (Fishbed-D) – Sowjetunion.* **3:** *MiG-21FL (Fishbed-E) – Indien.* **4:** *MiG-21PFM (Fishbed-F) – Polen.*

Oben: 5: *MiG-21PFMA (Fishbed-J) – Tschechoslowakei.* **6:** *MiG-21RF (Fishbed-H) – Ägypten.* **7:** *MiG-21U (Mongol-A) – Finnland.*

werk-Version (**Ye-5** Fishbed) ihrem Konkurrenzmuster eindeutig überlegen war. Das war praktisch die Geburtsstunde eines Jagdflugzeugs, das bis heute die gleiche Berühmtheit erlangte wie z. B. die Mirage oder der Starfighter. Noch bevor die Serienfertigung des mit MiG-21 bezeichneten Musters aufgenommen wurde, stellte Oberst Georgi Mosolow mit der **E-66** – einer modifizierten Vorserienausführung – einen neuen Geschwindigkeits-Weltrekord auf. Am 31. Oktober 1959 erreichte er auf der 15/25-km-Meßstrecke 2388 km/h, und eineinhalb Jahre später stellte er am 28. April 1961 noch einen neuen Höhen-Weltrekord auf. Die **E-66A,** mit der Mosolow auf 34714 m kam, war zusätzlich mit einem 300 kp-Flüssigkeits-Raketentriebwerk des neuen Typs GDR Mk. U2 ausgerüstet. Sie wurde 1961 während des Flugtages in Tuschino auch in der Öffentlichkeit vorgeführt und erregte mit ihren außergewöhnlichen Steigleistungen besonders bei westlichen Beobachtern erhebliches Aufsehen. Die E-66A entsprach in ihrem allgemeinen Aufbau weitgehend der standardmäßigen MiG-21, war jedoch mit zwei Stabilisierungsflossen unter dem Rumpfheck ausgestattet.
Ende 1959 kamen die ersten Serienflugzeuge zur Auslieferung an die Verbände der sowjetischen Luftstreitkräfte. Dort wurde sie in den nachfolgenden Jahren zum Standardjäger. Gleichzeitig wurde sie jedoch ständig verbessert und besonders ausrüstungsmäßig auf den jeweils neuesten Stand gebracht. Als erste Serienversion galt der Tagjäger **MiG-21F** (Fishbed-C), der über begrenzte Allwettereigenschaften verfügte und mit einem 5670 kp-Triebwerk des Typs Tumanski R-11-300 oder R-37F ausgerüstet war. Die Bewaffnung der MiG-21F bestand aus zwei 30 mm-Kanonen des Typs Nudelmann-Richter NR-30 mit je 600 Schuß. Ihr maximales Startgewicht lag bei 5730 kg, und in großen Flughöhen erreichte sie doppelte Schallgeschwindigkeit. Am 16. August 1966 flüchtete ein Pilot der irakischen Luftstreitkräfte mit einer MiG-21F nach Israel, wo sie in der Folgezeit gründlich nacherprobt wurde. Für die Indienststellung der ersten Serienversion der MiG-21 entschieden sich bereits Anfang der sechziger Jahre mehrere Länder. Neben Ungarn, Rumänien, Polen, CSSR, DDR, Jugoslawien, Indonesien, Kuba und Finnland ist besonders Indien zu erwähnen, wo dieses Flugzeug von der Hindustan Aeronautics Ltd. (HAL) als Typ 74 in Lizenz gefertigt wurde.
Auch Rotchina bemühte sich Anfang der sechziger Jahre um einen Lizenznachbau der MiG-21F, der von den staatlichen Flugzeugwerken Shenyang durchgeführt wurde. Im Dezember 1964 flog die erste mit **F-8** bezeichnete Maschine, und in den darauffolgenden Jahren wurde dieses

MG-92

MG-47

Bilder vorhergehende Doppelseiten:
Seite 50: *Auch Finnland stellte ab April 1963 die MiG-21F in Dienst. Hier eine Maschine der in Rissala stationierten 31. Staffel.*

Finnland verfügt über insgesamt 24 Maschinen der Version MiG-21F (Fishbed-C), die jedoch mehr und mehr veralten und dringend ersetzt werden müssen.

Seite 51: *Das obere Bild zeigt eine MiG-21PF (Fishbed-D) der DDR-Luftstreitkräfte, aufgenommen aus dem Fenster eines Atlantic-Aufklärers des Marinefliegergeschwaders 3 »Graf Zeppelin«.*

Zu den 250 Maschinen verschiedener Versionen der Luftstreitkräfte Polens gehören auch diese MiG-21PF (Fishbed-D).

Muster bei den Luftstreitkräften eingeführt. Die genaue Stückzahl aller gebauten F-8 ist nicht bekannt, sie dürfte keinesfalls mehr als hundert Maschinen betragen haben. Sechzehn wurden nach Tansania und zwölf nach Albanien exportiert, wo sie noch heute fliegen.
Aus der MiG-21F wurde danach der allwettertaugliche Abfangjäger **MiG-21PF** (Fishbed-D) mit einem neuen Rumpfvorderteil abgeleitet. Im Diffusorkegel des vergrößerten, zentralen Lufteinlaufs baute man das Feuerleitradar ein. Ferner wurde das Staurohr auf die Oberseite des Rumpfvorderteils verlegt. Zu den technischen Besonderheiten der PF gehört wie bei der F die nach vorn zu öffnende, einteilige Cockpithaube. Auf die beiden 30 mm-Kanonen der F verzichtete man zugunsten von zwei Luft-Luft-Lenkwaffen des IR-Typs K-13 (Atoll) an Flügelstationen. Später versah man jedoch mehrere Maschinen dieser Version an der Rumpfunterseite mit dem Waffenrüstsatz GP-9, der aus einer doppelläufigen 23 mm-Kanone GSch-23 mit 200 Schuß besteht. An der Rumpfunterseite erhielt die MiG-21PF zwei zusätzliche Bremsklappen, und außerdem wurde der Rückenwulst hinter dem Führerraum strömungsgünstiger gestaltet.
Als aerodynamischer Erprobungsträger diente eine serienmäßige MiG-21PF, die mit einem maßstäblich verkleinerten Flügel des Überschall-Verkehrsflugzeugs Tupolew Tu-144 ausgestattet war. Diese Maschine, die im Auftrag des ZAGI entwickelt wurde, hatte wegen ihres ogivalen Tragwerks kein Höhenleitwerk.
Erwähnenswert ist noch die aus der MiG-

Oben: *Im September 1971 weilte erstmals eine MiG-21-Staffel der sowjetischen Luftstreitkräfte im Westen. Hier eine Maschine der Version PFMA (Fishbed-J) nach der Landung in Reims.*

Die Luftstreitkräfte der CSSR stellten schon Anfang der sechziger Jahre die MiG-21 in Dienst. Dieses Bild zeigt eine Maschine der Version MF (Fishbed-J) beim Start.

Bilder linke Seite:
Von der MiG-FL (Fishbed-E) fertigte die Hindustan Aeronautics Ltd. als Typ 77 fast 200 Maschinen.

Mit Typ 88 wird die indische Version der MiG-21M (Fishbed-J) bezeichnet. Unter dem Rumpf erkennt man die halbversenkte 23 mm-Kanone.

21F abgeleitete zweisitzige Trainerversion **MiG-21U** (Mongol-A), die aber mit dem Triebwerk der PF ausgerüstet ist und ebenfalls keine Kanonenbewaffnung aufweist. Außer in der Sowjetunion wird diese Ausführung u. a. auch noch von den Luftstreitkräften der DDR, CSSR, Finnlands und Polens geflogen. Sie kann wie die F und PF an ihren Flügelstationen zwei Luft-Luft-Lenkwaffen und unter dem Rumpf einen 490 Liter-Zusatztank mitführen. Der äußerlich wesentliche Unterschied der MiG-21U gegenüber den einsitzigen Maschinen ist die nach rechts öffnende, einteilige Tandemhaube des Cockpits.
Auch mit der zweisitzigen MiG-21U wurden einige neue Weltrekorde aufgestellt, und zwar als **E-33** in der FAI-Klasse für weibliche Piloten. Am 22. Mai 1965 erreichte Natalia Prochanowa die neue Flughöhe von 24336 m, und am 23. Juni 1965 flog Lydia Zaitsewa mit der gleichen Maschine einen Zeitrekord in der konstanten Flughöhe von 19020 m. Darüber hinaus stellte Swetlana Sawitskaja vom Zentralen Aeroclub der Sowjetunion am 6. und 7. Juni 1974 mit einer E-33 vier neue Steiggeschwindigkeits-Weltrekorde auf:

* 3000 m – 59,1 s
* 6000 m – 80,4 s
* 9000 m – 106,7 s
* 12000 m – 155,1 s

Selbst eine serienmäßige MiG-21PF wurde für Rekordzwecke verwendet, und zwar wiederum unter der Führung weiblicher Piloten. Die Maschine nannte sich **E-76** und flog im Jahre 1966 vier neue, von der FAI anerkannte Geschwindig-

keits-Weltrekorde. Es sei hier lediglich Marina Solowjewa erwähnt, die am 16. September 1966 auf der geschlossenen 500-km-Strecke eine Durchschnittsgeschwindigkeit von 2062 km/h erreichte.

1965 kam die **MiG-21FL** (Fishbed-E) heraus, die standardmäßig mit dem R2L-Radargerät und einem größeren Seitenleitwerk ausgestattet war. Von ihr baute allein die Hindustan Aeronautics Ltd. bis 1973 fast 200 Maschinen als Typ 77 für die indischen Luftstreitkräfte. Sie sind mit Luft-Luft-Lenkwaffen K-13A und dem Kanonen-Rüstsatz GP-9 ausgerüstet. Als Triebwerk kommt eine 6280 kp-Version des RD-11 zum Einbau.

Mit Fishbed-F wird die **MiG-21PFM** bezeichnet, die alle Änderungen und Verbesserungen der **MiG-21PFS** in sich vereinigt. Zu ihnen gehört besonders das Grenzschicht-Blassystem SPS, das die Landegeschwindigkeit der Maschine um 40 km/h verringert. Außerdem wurde die Fläche des Seitenleitwerks durch eine Verlängerung des Wurzelprofils um 450 mm vergrößert und eine nach rechts öffnende Klapphaube eingeführt. Die höchstzulässige Geschwindigkeit der MiG-21PFM in Bodennähe beträgt 1100 km/h. Sie wurde auch in der CSSR in Lizenz gefertigt und steht noch im aktiven Truppendienst.

Zu den zahlreichen Überraschungen der Luftparade, die im Juli 1967 in Domodedowo stattfand, gehörte auch eine STOL-Version der MiG-21PFM. Sie war in ihrem um 1220 mm verlängerten Rumpfmittelteil mit zwei Hubtriebwerken ausgerüstet und zeichnete sich durch extrem kurze Start- und Landestrecken aus. Dem Vernehmen nach wurde der mit Fishbed-G bezeichnete Versuchsträger jedoch nicht weiterentwickelt.

Als Mehrzweck-Version entstand Ende der sechziger Jahre die **MiG-21PFMA** (Fishbed-J). Sie basierte zwar weitgehend auf ihrer unmittelbaren Vorgängerin PFM, wies aber dennoch einige interessante Neuerungen auf. Äußerer Hauptunterschied ist vor allem die Rumpfoberkante, die als Verlängerung des Cockpits nunmehr horizontal nach hinten verläuft. Außerdem erhielt die PFMA vier Unterflügelstationen zur Mitnahme der verschiedensten Außenlasten. Die zentrale Rumpfstation ist gegen den Kanonen-Rüstsatz GP-9 austauschbar; es ist jedoch bekannt, daß Maschinen aus der späteren PFMA-Fertigung die GSch-23-Kanone auch halbversenkt und strö-

Oben: *Eine MiG-21MF der sowjetischen Luftstreitkräfte nach dem Start.*

Bilder linke Seite:
Hauptunterschied der MiG-21MF zur PFMA ist das schubstärkere Tumanski-Triebwerk R-13-300. Hier eine Maschine dieses Typs mit den Kennzeichen der sowjetischen Luftstreitkräfte.

Diese fünf MiG-21MF weilten im August 1974 zu Besuch auf dem finnischen Luftstützpunkt Rissala.

mungsgünstig verkleidet im Rumpf mitführen. Als Haupteinsatzaufgabe der MiG-21PFMA gelten Abfangjagd und die Luftüberlegenheitsjagd über dem Gefechtsfeld, während sie sekundär für die Gefechtsfeldabriegelung und den Erdkampf verwendet werden kann.
Mit dem halbversenkten Kanonen-Rüstsatz wurde sie **MiG-21M** (Fishbed-J) genannt und bei der Hindustan Aeronautics Ltd. in Indien als Typ 88 in Serie gefertigt. Am 14. Februar 1973 übergab man den indischen Luftstreitkräften die erste Maschine. Sie gilt als Nachfolgemuster der veralteten MiG-21FL und Ergänzung von fünfzig MiG-21PFMA, die von der Sowjetunion direkt geliefert wurden.
Mit Fishbed-H wird die **MiG-21R** bezeichnet, die als taktischer Aufklärer aus der PFMA abgeleitet wurde. Gemäß ihrem Verwendungszweck kann sie an der zentralen Rumpfstation einen Mehrzweckbehälter mit verschiedenen Kameras sowie Infrarot- und ECM-Sensoren mitführen.
1970 stellten die sowjetischen Luftstreitkräfte die MiG-21MF in Dienst. Sie gilt als Weiterentwicklung der PFMA und wird im Westen ebenfalls mit Fishbed-J bezeichnet. Hauptunterschied ist das schubstärkere Tumanski-Triebwerk R-13-300. Auch aus der MiG-21MF, die nach wie vor im aktiven Truppendienst steht, leitete man einen taktischen Aufklärer ab. Es handelt sich um die **MiG-21RF** (Fishbed-H), deren Kameraausrüstung der MiG-21R entspricht.
1971 begann die Auslieferung der jüngsten Serienversion **MiG-21SMT** (Fishbed-K), die in ihrem allgemeinen Aufbau auf der MF basiert. Der buckelartige Rücken-

wulst wurde geringfügig vergrößert, und wie ihre Vorgängerin kann die SMT an ihren Unterflügelstationen bis zu vier Luft-Luft-Lenkwaffen des Typs K-13/-13A mitführen. Sie wurde auch von den Luftstreitkräften verbündeter Staaten in Dienst gestellt und löst dort mehr und mehr ältere Versionen der MiG-21 ab. Genaue Stückzahlen sind allerdings nicht bekannt. Mit Fishbed-L wird eine Ableitung der MiG-21MF bezeichnet, die mit einem Kurzstrecken-Navigationssystem ausgestattet ist.

Als erste zweisitzige Trainingsversion der MiG-21 galt die MiG-21U oder Mongol-A. Erheblich verbesserte Flugeigenschaften und -leistungen weist dagegen die Version **MiG-21US** (Mongol-B) auf. Sie entspricht in ihrer allgemeinen technischen Konzeption weitgehend der MF und erhielt zusätzlich ein einziehbares Periskopvisier für den hintensitzenden Fluglehrer. Da die **MiG-21UM** (Mongol-B) mit vier Unterflügelstationen versehen ist, kann sie auch als Kampftrainer eingesetzt werden. Sie ist mit dem 6600 kp-Triebwerk Tumanski R-13-300 ausgerüstet und steht ebenfalls im aktiven Truppendienst.

Die MiG-21 dürfte nach wie vor das am meisten verwendete Überschall-Mehrzweckkampfflugzeug des Ostblocks sein. Sie wird jedoch besonders in der Sowjetunion in zunehmendem Maße von verschiedenen Versionen des modernen Schwenkflügelers MiG-23 (Flogger) abgelöst. In den Ländern der dritten Welt wird sie dagegen bis weit in die achtziger Jahre hinein noch zur ersten Garnitur gehören. Finnland, das in den sechziger

Diese MiG-21U (Mongol-B) dient den Luftstreitkräften der DDR als Besatzungs- und Kampftrainer.

Finnland verfügt über vier Doppelsitzer der frühen Version MiG-21U (Mongol-A). Hier eine Maschine der in Rissala stationierten 31. Staffel.

Das untere Bild zeigt eine MiG-21U der finnischen Luftstreitkräfte mit einem Zweifarben-Sichtschutz in Dunkelbraun/Olivgrün und hellgrauen Unterseiten.

Jahren 28 MiG-21F in Dienst stellte, will diese so bald als möglich durch ein modernes Nachfolgemuster ersetzen. Dabei soll es sich nach offiziellen Angaben um eine direkte Weiterentwicklung der MiG-21 handeln, an deren Entwurf man seit einigen Jahren arbeitet. Die Finnen bezeichnen dieses Muster mit **MiG-X**, das spärlich durchgesickerten Informationen zufolge ein der schwedischen Saab 37 Viggen ähnliches Flugzeug darstellen soll und dem man die Typenbezeichnung MiG-29 zugeordnet hat.

Militärisch gesehen gehört die MiG-21 auch in den nächsten Jahren zu den weltbesten Kampfflugzeugen. Wie ihre Vorgängerinnen MiG-15 und MiG-17 wurde sie schnell zum Inbegriff sowjetischer Waffenhilfe. Ihre großen Vorteile gegenüber einigen westlichen Baumustern sind leichte Bedienbarkeit und geringer Wartungsaufwand verbunden mit relativ guten Flugleistungen. Daß sie dennoch bei Luftkämpfen während der Feindseligkeiten im Nahen Osten und in Südostasien vielfach den kürzeren zog, mag sicher in erster Linie an der mangelhaften Ausbildung ihrer Piloten gelegen haben. Anläßlich des Sechstagekrieges 1967 erbeuteten die Israelis vier flugfähige MiG-21. Sie übergaben sie – gegen ein entsprechendes Entgelt – den Amerikanern zur Nacherprobung. Diese wurde in Edwards AFB durchgeführt und verlief größtenteils zufriedenstellend. Mit Sicherheit fanden die dabei gesammelten Erfahrungen ihren Niederschlag bei der Entwicklung der dritten Generation amerikanischer Jagd- und Kampfflugzeuge.

Saab 35 Draken

Ende der vierziger Jahre begann in ihren Grundzügen die Entwicklung eines Kampfflugzeugs, das noch heute im aktiven Truppendienst steht und nach wie vor zu den besten der Welt gehört. Die schwedischen Luftstreitkräfte forderten seinerzeit als Nachfolgemuster der J29 Tunnan ein modernes, allwettertaugliches Mehrzweck-Kampfflugzeug. Es sollte sich nicht nur für die Luftraumverteidigung und Abfangjagd, sondern auch für den Angriff auf Bodenziele eignen. Saab erhielt den Auftrag, die technischen und militärischen Voraussetzungen einer solchen Entwicklung zu untersuchen. Die Entwurfsabteilung in Linköping begann daraufhin unter der Leitung von Eric Bratt mit ersten Studien. Internationale Vergleichsmöglichkeiten gab es damals noch nicht und Überschallflüge waren bis dahin nur in den USA mit dem raketengetriebenen Versuchsflugzeug Bell X-1 durchgeführt worden.

Nach umfangreichen, dreijährigen Untersuchungen kam man schließlich auf eine völlig neue Flügelform mit Doppeldelta-Geometrie und entschloß sich zum Bau eines Erprobungsträgers. Schon die Berechnungen der Aerodynamiker ließen vermuten, daß der neuartige Doppeldeltaflügel eine Reihe von Vorteilen bot: Der stark gepfeilte Innenflügel gab bei Überschallgeschwindigkeit den geringsten Widerstand, während der schwächer gepfeilte Außenflügel die Flugeigenschaften im Unterschallbereich verbesserte, besonders die Stabilität im Langsamflug. Der Doppeldeltaflügel vereinigte in sich eine relativ große Flügelfläche mit geringem Dickenverhältnis. Daraus resultierten einerseits geringe Flächenbelastungen und damit kurze Start- und Landestrecken, andererseits vielversprechende Flugleistungen im Überschallbereich.

Die schwedischen Luftstreitkräfte und Saab beschlossen den Bau eines maß-

Am 21. Februar 1952 flog der aerodynamische Erprobungsträger Saab 210, der allein zur Untersuchung des Doppeldeltaflügels diente.

Saab J 35F Draken

Flygflottilj 13, Norrköping-Bravalla 1974

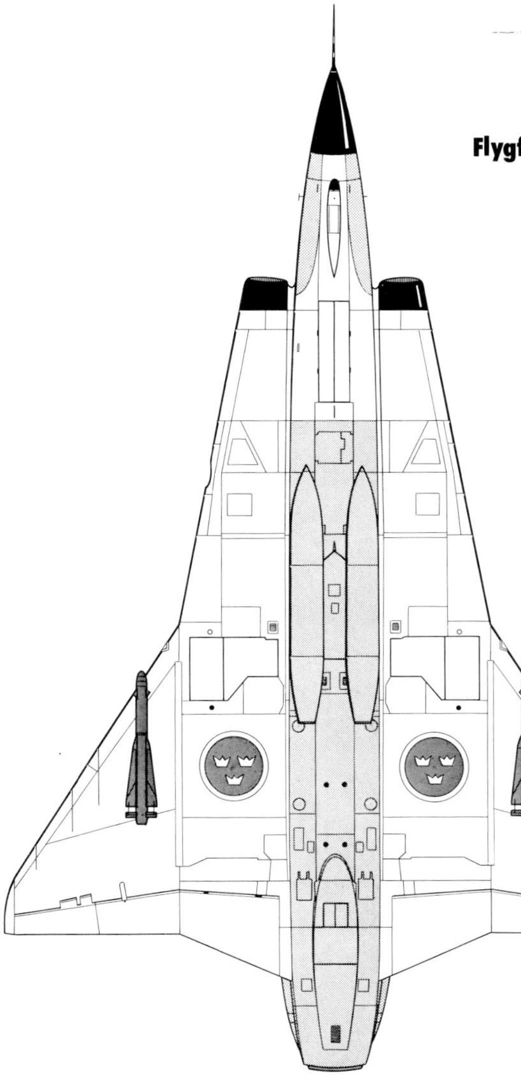

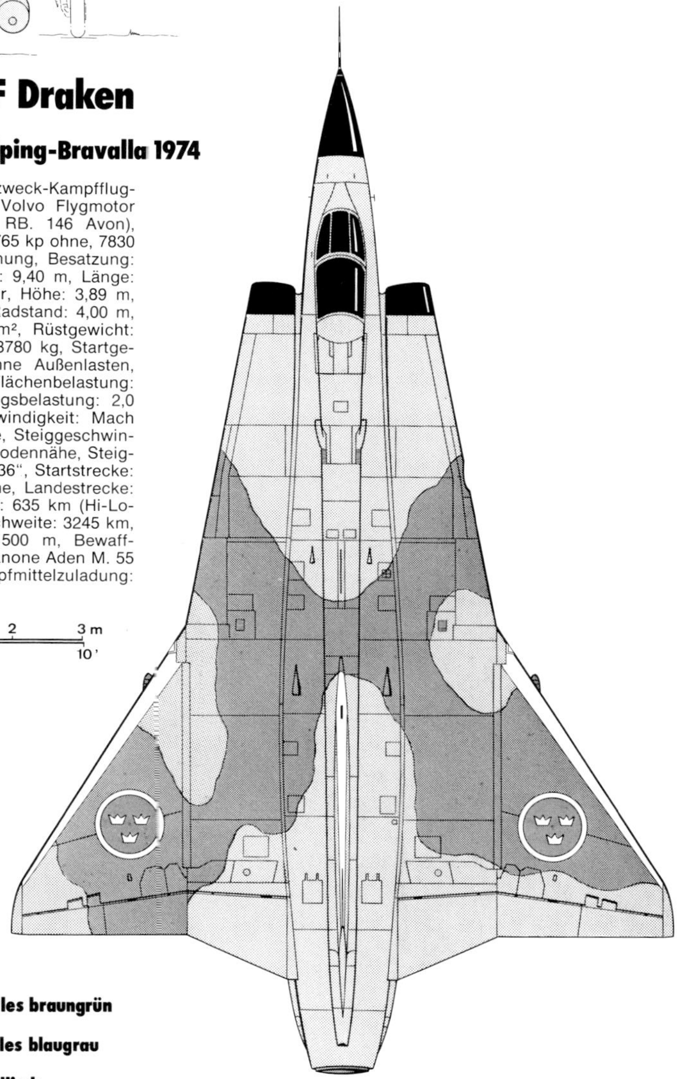

Verwendung: Mehrzweck-Kampfflugzeug, Triebwerk: 1 Volvo Flygmotor RM6C (Rolls-Royce RB. 146 Avon), Triebwerkleistung: 5765 kp ohne, 7830 kp mit Nachverbrennung, Besatzung: 1 Mann, Spannweite: 9,40 m, Länge: 15,40 m mit Staurohr, Höhe: 3,89 m, Spurweite: 2,70 m, Radstand: 4,00 m, Flügelfläche: 49,20 m², Rüstgewicht: 7620 kg, Zuladung: 3780 kg, Startgewicht: 11400 kg ohne Außenlasten, 16000 kg maximal, Flächenbelastung: 329 kg/cm², Leistungsbelastung: 2,0 kg/kp, Höchstgeschwindigkeit: Mach 2,0 in 11000 m Höhe, Steiggeschwindigkeit: 175 m/s in Bodennähe, Steigzeit auf 11000 m: 2' 36", Startstrecke: 960 m bis 15 m Höhe, Landestrecke: 530 m, Einsatzradius: 635 km (Hi-Lo-Hi), Überführungsreichweite: 3245 km, Dienstgipfelhöhe: 18500 m, Bewaffnung: eine 30 mm-Kanone Aden M. 55 mit 100 Schuß, Kampfmittelzuladung: 4600 kg maximal.

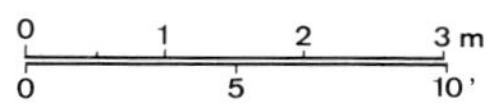

- **dunkles braungrün**
- **dunkles blaugrau**
- **metallisch**
- **hellgrau**

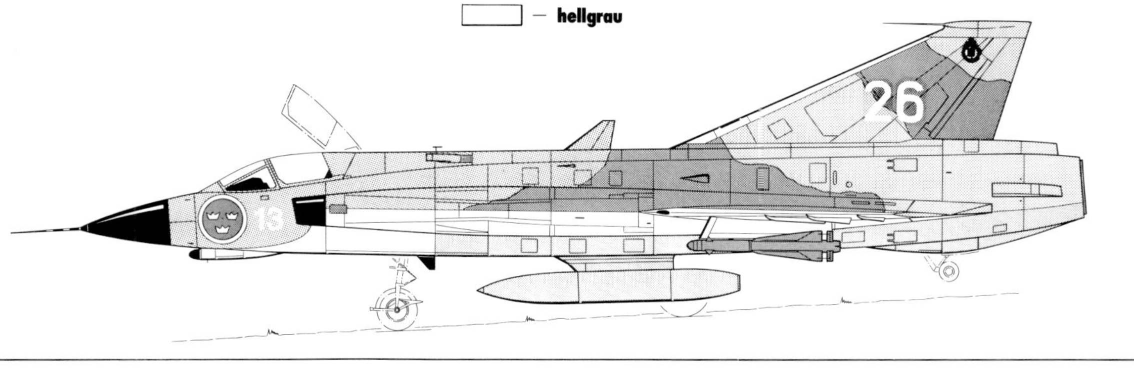

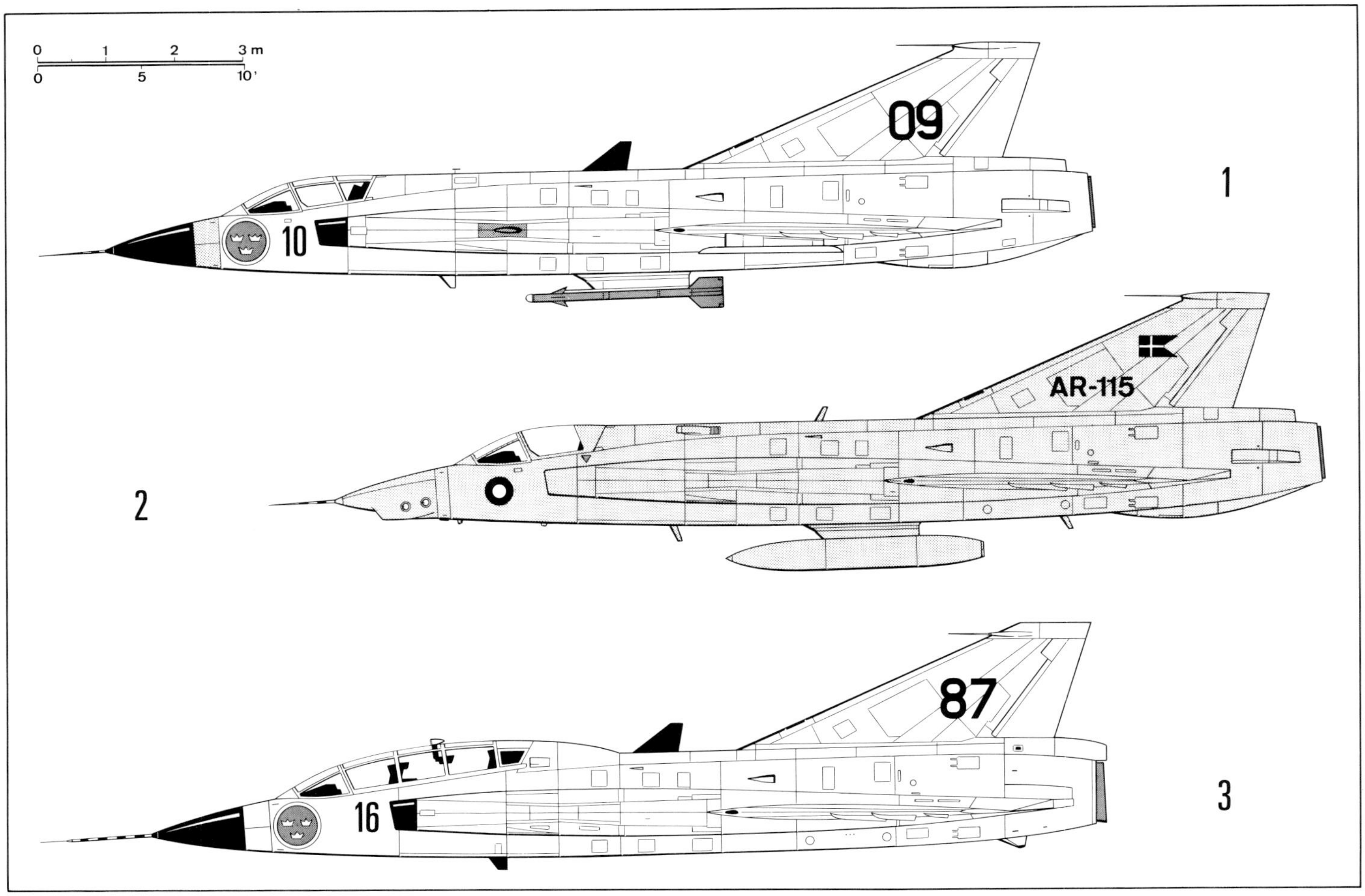

1: *J35D – Svenska Flygvapnet, Flygflottilj 10, Barkakra/Angelholm 1964.* **2:** *RF-35 – Kongelige Danske Flyvevaben, No. 729 Eskadrille, Karup 1972.* **3:** *SK35C – Svenska Flygvapnet, Flygflottilj 16, Uppsala 1962.*

stäblich verkleinerten Versuchsflugzeugs (1:2) mit einem britischen 475 kp-Strahltriebwerk des Typs Armstrong-Siddeley Adder. Die Konstruktion dieser kleinen, mit **Saab 210** bezeichneten Maschine, die lediglich zur Erprobung der Flugeigenschaften des Doppeldeltaflügels im Unterschallbereich vorgesehen war, begann im Mai 1950. Sie war im Dezember 1951 startbereit, konnte jedoch wegen schlechter Wetterbedingungen erst am 21. Februar 1952 zu ihrem Erstflug starten. Die nachfolgenden Flugversuche zeigten schon nach wenigen Wochen, welch außergewöhnliche Möglichkeiten der Doppeldeltaflügel im unteren Geschwindigkeitsbereich bot. Messungen in einem neuen Transonik-Windkanal sowie weitere Versuche in amerikanischen Kanälen rundeten die Ergebnisse ab. Man entschied sich danach endgültig für den Doppeldeltaflügel, und im August 1953 erhielt Saab den offiziellen Auftrag zur Fertigung von drei Prototypen des mit **Saab 35** bezeichneten neuen Musters. Hinzu kamen noch drei Vorserienflugzeuge sowie ein komplett ausgerüstetes Rumpfvorderteil der zweisitzigen Trainerversion. Die Erprobung der Saab 210 lief indessen weiter und war von entscheidender Bedeutung für das gesamte Vorhaben.

Schon während des Entwurfs der Saab 35 wählte man als Triebwerk das britische Avon 200-Aggregat von Rolls-Royce, dessen Schubleistung bei 4800 kp ohne und 6600 kp mit Nachverbrennung lag. Außerdem zog man für die vorgesehene erste Serienversion die Lizenzfertigung dieses Triebwerks durch die Svenska Flugmotor AB (SFA) in Trollhättan in Betracht. Der Musterbau der drei Prototypen schritt unterdessen zügig voran, und am 25. Oktober 1955 startete die erste Maschine in Linköping unter der Führung des Chefpiloten Bengt R. Olow zu ihrem erfolgreichen Jungfernflug. Wegen einer Schlechtwetterperiode konnten die Flugversuche erst Anfang 1956 fortgesetzt werden. Am 26. Januar erreichte die Maschine erstmals Überschallgeschwindigkeit. Bis Mitte 1956 flogen auch die beiden anderen Prototypen der Saab-35. Die systematische Flugerprobung brachte bessere Ergebnisse als erwartet. Dazu gehörten nicht nur sehr kurze Start- und Landerollstrecken, sondern auch geringere Widerstände im Unter- und Überschallbereich. Natürlich gab es auch einige Enttäuschungen, die jedoch unbedeutend waren und sich wie üblich bei der Entwicklung eines neuen Flugzeugs nie ganz vermeiden lassen. Am 15. Februar 1958 flog schließlich auch das erste der drei Vorserienflugzeuge. Diese unterschieden sich von den Prototypen durch den Einbau des bei Flygmotor in Lizenz gefertigten und mit RM 6B bezeichneten Avon-Triebwerks. Außerdem kam erstmals der SFA-Nachbrenner Modell 65 zur Anwendung.

Bei der Aufteilung des Flugzeugs in Baugruppen legte man bei Saab besonderen

Zwei J35A der Flygflottilj 13 bei einem Patrouillenflug. An den Rumpfstationen zwei Luft-Luft-Lenkwaffen RB.324 Sidewinder.

Wert auf gute Wartungsmöglichkeiten. Der um 80° gepfeilte Innenflügel bildet mit dem Rumpf eine Baugruppe. Trotz seiner relativen Dicke von nur 5% nimmt er nicht nur das Fahrwerk und die Haupt-Kraftstoffbehälter, sondern auch die Bordkanonen mit ihrer Munition auf. Die beiden um 57° gepfeilten Außenflügel werden mit Bolzen am Innenflügel angeschlossen.

Schon im August 1956 lief in Linköping die Fertigung der nunmehr mit *Draken* bezeichneten ersten Serienversion **J35A** an. Am 8. März 1960 übernahm die auf dem Flugplatz Bravalla/Norrköping stationierte Flygflottilj 13 (F 13) die beiden ersten Maschinen. Ihre Umrüstung von der J29 auf die neue J35A konnte ein Jahr später abgeschlossen werden. Die in Uppsala stationierte F 16 erhielt als zweite Flygflotilj der schwedischen Luftstreitkräfte die J35A. Mit ihrem RM6B-Triebwerk, das eine Schubleistung von 6875 kp mit Nachverbrennung entwickelte, erreichte die erste Draken-Version eine Höchstgeschwindigkeit von Mach 1,8. Die Angriffsbewaffnung der J35A, deren normales Startgewicht bei 8000 kg lag, bestand aus zwei 30 mm-Maschinenkanonen Aden M/55 mit je 90 Schuß. Sie konnte ferner vier Luft-Luft-Lenkwaffen des Typs RB.324 Sidewinder mitführen. Ab der 63. Maschine erhielt die Draken zur Aufnahme des verbesserten SFA-Nachbrenners Modell 66 ein abgeändertes Rumpfheck.

Aus der ersten Draken-Version wurde die **J35B** abgeleitet, deren erste Maschine am 29. November 1959 flog. Sie unterschied sich in erster Linie durch die Verwendung des von Saab entwickelten Feuerleitsystems S7 von der J35A. Mit diesem ist auch der Angriff auf schnelle Gegner im Kollisionskurs möglich. Zur Datenverarbeitung dient ein Analogrechner, der an das Wechselstrom-Bordnetz angeschlossen ist. Das System S7 mit seinem Kursschnittvisier wurde vornehmlich auf die Bekämpfung von Luftzielen zugeschnitten. Es läßt sich jedoch auch für Angriffe auf Bodenziele verwenden und hat sich bis heute hervorragend bewährt.

In ihren Flugleistungen glich die J35B weitgehend der A. Sie konnte ebenfalls ca. 1000 kg militärische Außenlasten mitführen, zu denen neben 100 kg- und 250 kg-Sprengbomben auch 135 mm-Luft-Boden-Raketen von Bofors gehörten. Ab der J35B wurde das Fahrwerk der Draken um ein kleines, einziehbares Zwillingsheckrad erweitert, so daß nun auch Landungen mit noch größeren Anstellwinkeln möglich waren. 1961 erhielt die Flygflottilj 16 in Uppsala die ersten J35B und ein Jahr später rüstete auch die F 18 in Tullinge/Stockholm auf die neue Draken um. Letztere stellte 1964 die offizielle schwedische Kunstflugstaffel, genannt *»Acro Deltas«*. Sie verfügte über fünf J35B und stand unter dem Kommando von Major Claes Jernow. Ein Jahr später kamen zur Erweiterung des Vorführprogramms noch vier J35B der Flygflottilj 16

hinzu. Doch trotz beachtlicher Erfolge im In- und Ausland wurden die *»Acro Deltas«* nach Abschluß der Saison 1965 wieder aufgelöst.
Als dritte Ausführung der Draken entstand 1959 der unbewaffnete Doppelsitzer **SK35C,** und zwar in nur geringen Stückzahlen als Umbauten aus den ersten J35A mit Normalheck. Am 30. Dezember 1959 flog der erste Draken-Trainer und die F 16 in Uppsala übernahm 1960/61 alle Maschinen für das Besatzungstraining. Die allgemeine Ausrüstung der SK35C wurde gegenüber den anderen Draken-Versionen etwas vereinfacht, um Platz für den hinteren, erhöhten Sitz des Fluglehrers zu schaffen. Zur Verbesserung seiner Sichtverhältnisse während der Landung wurde ein Periskop eingebaut.

Im Herbst 1962 ging die weiterentwickelte **J35D** als erste Draken-Version in die Großserienfertigung. Sie erhielt das schubstärkere RM6C-Triebwerk (RB. 146) sowie den SFA-Nachbrenner Modell 67. Damit waren nun auch Höchstgeschwindigkeiten von über Mach 2,0 möglich. Wegen dieses Triebwerks mußten allerdings die Lufteinläufe geringfügig abgeändert werden. Außerdem war eine Erhöhung des internen Kraftstoffvorrats auf 2865 Liter notwendig. Die Angriffsbewaffnung der J35D blieb gegenüber ihren Vorgängerinnen unverändert. Neu waren lediglich ein raketengestützter Zero-Zero-Schleudersitz und das automatische Flugsteuerungssystem FH 5.
Am 27. Dezember 1960 flog eine entsprechend modifizierte Maschine der A-Ausführung als Prototyp der J35D erstmals.

Oben: *Die Flygflottilj 16 flog anfangs die J35A, rüstete aber ab 1961 auf die verbesserte J35B um.*

Bild rechte Seite:
Dieses Bild zeigt vier zweisitzige Draken-Trainer SK35C mit den Kennzeichen der F 16.

Bis Anfang 1964 rüstete die Flygflottilj 13 in Bravalla/Norrköping von der J35A auf die neue Draken-Version um. Als zweite Einheit erhielt die in Barkakra/Angelholm stationierte F 10 noch 1964 ebenfalls die J35D. Zu den Hauptaufgaben dieser Draken-Version, die bei der F 4 in Froson/Ostersund und der F 21 in Kallax/Lulea noch heute im Truppendienst steht, gehört in erster Linie die Allwetter-Abfangjagd.
1960/61 wurde aus der J35D ein taktischer Aufklärer mit der Bezeichnung **S35E** abgeleitet. Dieser unterschied sich äußerlich durch eine neue Rumpfspitze, die zur Aufnahme der Kameraausrüstung entsprechend gestaltet war, von der D-Version.
Fünf französische Omera-Kameras sind unter der nach vorn schiebbaren und mit Fenstern versehenen Rumpfspitze in einem Gerüst wie folgt eingebaut:
* eine SKa 16-B schräg nach vorn
* eine SKa 24-600 und
* eine SKa 24-44 senkrecht nach unten
* zwei SKa 24-100 schräg nach links und rechts.

Ferner sind im Innenflügel statt der beiden 30 mm-Kanonen zwei weitere SKa 24-600 installiert. Dem Flugzeugführer steht im Cockpit ein optisches Steuergerät zur Verfügung, mit dem die jeweilige Kamerakombination je nach Einsatzhöhe ausgewählt werden kann. Die drei Kameraräume werden mittels Triebwerkzapfluft klimatisiert, so daß die einzelnen Fenster beschlag- und eisfrei bleiben. Für Allwetter-Aufklärungseinsätze im Tiefflug kann unter dem Rumpf noch ein Kamerabehälter mitgeführt werden, der mit drei 70-mm-Vinten-Kameras und einem elektronischen Blitzlichtgerät bestückt ist. Mit diesem 320 kg schweren Behälter sind Einsätze in Flughöhen um 100 m und bei 1170 km/h ohne weiteres möglich.
Am 27. Juni 1963 startete der erste Draken-Aufklärer zu seinem Jungfernflug. Die S35E wurde als Nachfolgemuster der S29C Tunnan und S32C Lansen für die Flygvapnet in Serie gefertigt. Zwei Einheiten erhielten den Draken-Aufklärer – die F 11 in Skavsta/Nyköping und die F 21 in Kallax/Lulea.
1965 kam die Abfangjagdversion **J35F** heraus, die aus der J35D abgeleitet wurde und in ihrer Avionik einige Verbesserungen aufweist. Hauptunterschied ist jedoch die aus Luft-Luft-Lenkwaffen bestehende Angriffsbewaffnung. Sie setzt

04
01

Oben: *Ein Draken-Aufklärer S35E der Flygflottilj 11 mit vier abwerfbaren Zusatztanks.*

Die in Kallax/Lulea stationierte Flygflottilj 21 ist ebenfalls mit der S35E ausgerüstet.

Bilder linke Seite:
Die J35D wurde als erste Draken-Version in Großserie gefertigt. Hier zwei, mit RB.324-Lenkwaffen ausgerüstete Maschinen dieses Typs.

Das untere Bild einer J35D zeigt den Doppeldeltaflügel der Draken besonders deutlich. An ihren Flügelstationen führt sie zwölf Luft-Boden-Raketen mit.

sich normalerweise aus vier Robot 27 (HM-55 Falcon) oder vier Robot 28 (HM-57 Falcon) zusammen. Bei diesen handelt es sich um von Saab weiterentwickelte Hughes Falcon-Lenkwaffen mit halbaktivem Radar-Zielsuchkopf (RB.27) und Infrarot-Zielsuchkopf (RB.28). Äußerlich ist die J35F durch den Infrarot-Detektor an der Unterseite des Rumpfvorderteils erkennbar. Um zusätzlichen Raum für elektronische Geräte zu schaffen, verzichtete man bei der J35F auf die im linken Innenflügel eingebaute 30 mm-Bordkanone.
Als Navigationsradar kommt das von L. M. Ericsson entwickelte PSO 1 zum Einbau, während das verbesserte Feuerleitsystem S7B von Saab stammt. Dieses unterscheidet sich von dem System früherer Draken-Versionen durch eine erhöhte Sendeleistung und Empfangsempfindlichkeit. Neben dem Radar umfaßt es als wesentliche Bestandteile zwei Rechner und ein Kreiselvisier mit Sichtgerät. Die J35F ist außerdem mit Geräten ausgestattet, die ihr auch Einsätze unter ECM-Bedingungen ermöglichen. Zusammen mit dem halbautomatischen Luftraumverteidigungssystem STRIL 60 stellt die allwettertaugliche J35F nach wie vor einen der wirksamsten Abfangjäger Westeuropas dar.
Vier Einheiten der schwedischen Luftstreitkräfte sind mit der J35F ausgerüstet: F 1 in Hasslo/Vasteras, F 10 in Barkakra/Angelholm, F 12 in Kalmar und die F 13 in Bravalla/Norrköping. Hinzu kommt noch die Flygflottilj 16 in Uppsala, die jedoch in erster Linie für das Besatzungstraining verantwortlich ist.

11

44
13

Oben: *Diese J35F der F13 ist mit je zwei Luft-Luft-Lenkwaffen Rb.27 Falcon HM-55 und Rb.28 Falcon HM-58 ausgerüstet.*

Am 30. Januar 1970 flog die erste für Dänemark bestimmte Draken mit der Bezeichnung S35X.

Bilder linke Seite:
Zur Wartung der vorderen Kameras kann die auf Schienen gelagerte Rumpfspitze nach vorn gezogen werden.

Statt der beiden 30-mm-Kanonen sind in den Flügelräumen zwei Kameras des Typs SKa 24-600 eingebaut.

Mit dem Abfangjäger J35F sind vier Flygflottiljs ausgerüstet. Hier eine Maschine dieses Typs mit den Kennzeichen der in Bravalla/Norrköping stationierten F 13.

Für den Export leitete man 1967 in Linköping aus der J35F eine entfeinerte Mehrzweck-Version ab. Sie erhielt die Typenbezeichnung **S35X** und unterschedet sich durch wesentlich verbesserte Reichweitenleistungen und eine erhöhte Zuladungskapazität von der J35F. Ihr Aktionsradius für einen Hi-Lo-Hi-Einsatz mit zwei 450-kg-Bomben und zwei abwerbaren 1275 l-Zusatztanks liegt bei 1003 km, während die Überführungsreichweite 3250 km beträgt.
Anfang 1968 traten die Untersuchungen der dänischen Luftstreitkräfte hinsichtlich der Beschaffung eines modernen Mehrzweck-Kampfflugzeugs in ihre Endphase. Man entschied sich schließlich für die S35X und gab insgesamt 51 Maschinen der vorgeschlagenen Version 35XD bei Saab in Auftrag – zwanzig Jagdbomber **F-35,** zwanzig Jagdaufklärer **RF-35** und elf Kampftrainer **TF-35.** Die F-35 ist mit zwei 30-mm-Kanonen bewaffnet und kann militärische Außenlasten bis 4080 kg mitführen. Im Gegensatz zum schwedischen Aufklärer S35E ist die RF-35 mit zwei Kanonen bewaffnet. Sie kann wie die zweisitzige TF-35 im Notfall ebenfalls für Kampfeinsätze verwendet werden.
Am 29. Januar 1970 startete die erste für Dänemark bestimmte F-35 in Linköping zu ihrem Erstflug. Mitte 1970 begann die Auslieferung an die Luftstreitkräfte, wo sie in der Folgezeit die veralteten Muster F-100 Super Sabre und RF-84F Thunderflash ablösten. Als erste Einheit rüstete die in Karup stationierte No. 725 Eskadrille auf die neue Maschine um.
Im Juni 1970 beschlossen auch die fin-

AR-108

Oben: *Am 12. März 1974 flog die erste, für Finnland bestimmte J35XS. Sie wurde bei Saab gebaut.*

Für das Training finnischer Draken-Piloten liehen die schwedischen Luftstreitkräfte sechs J35B aus. Hier eine Maschine dieses Typs mit finnischen Kennzeichen.

Bilder linke Seite:
Mit sechs zweisitzigen TF-35 wird das Waffentraining der Dänen durchgeführt.

Die dänischen Luftstreitkräfte verfügen über zwanzig Draken-Jagdaufklärer der Version RF-35.

nischen Luftstreitkräfte die Beschaffung der Draken, und zwar als Ersatz der britischen Gnat F Mk. 1, von der seit 1958 dreizehn Maschinen im aktiven Truppendienst standen. Die mit **J35XS** bezeichnete Version entspricht bis auf eine abgeänderte Avionik und allgemeine Ausrüstung weitgehend der J35F. Am 12. März 1974 startete die erste von zwölf »finnischen« Draken zu ihrem Jungfernflug, und Ende April wurde sie den finnischen Luftstreitkräften übergeben. Die Endmontage der restlichen J35XS erfolgte bei der in Halli/Kuorevesi ansässigen Firma Valmet OY aus Baugruppen, die von Saab geliefert wurden. Hinzu kamen für das Pilotentraining noch sechs J35B aus schwedischen Beständen sowie später nochmals zwölf J35XS und drei zweisitzige Trainer J35C. Als erste Einheit der finnischen Luftstreitkräfte übernahm die in Rovaniemi/Lappland stationierte HLeLV 11 (11. Staffel) die J35XS.

Abschließend muß man sagen, daß sich selbst eine kleine Nation wie Schweden – gemessen am Beispiel des Flugzeugmusters Saab 35 Draken – ein wirksames Luftverteidigungssystem mit höchster Einsatzbereitschaft aufbauen kann. Von dieser Maschine, deren Entwicklung gegen Ende der vierziger Jahre mit ersten Überlegungen und Studien begann und die nach wie vor zu den weltbesten Waffensystemen gehört, wurden bis 1970 fast 600 Flugzeuge der erwähnten Versionen in Serie gefertigt.

Fiat G.91

Anläßlich einer NATO-Tagung in Lissabon wurde 1952 die Gemeinschaftsentwicklung eines leichten Erdkampfflugzeugs vorgeschlagen. Zwei Jahre später gab die Technische Abteilung des SHAPE (Supreme Headquarters Allied Powers Europe) ihre Ausschreibung für die neue Maschine heraus. Man stützte sich dabei weitgehend auf Erfahrungen aus dem Korea-Krieg, der deutlich gezeigt hatte, welchen Beschränkungen technisch hochgradige Waffen unter behelfsmäßigen Voraussetzungen unterworfen waren. Die daraus gezogenen Lehren galten natürlich in besonderem Maße auch für Europa, also für die NATO.
Die Ausschreibung forderte ein kleines, leicht wartbares Kampfflugzeug mit kurzen Start- und Landestrecken und einer Höchstgeschwindigkeit von Mach 0,85. Es sollte außerdem von behelfsmäßigen Pisten operieren können, und als seine primäre Einsatzaufgabe war die Unterstützung der eigenen Bodentruppen vorgesehen. Als Bewaffnung dachte man an vier schwere Maschinengewehre oder zwei Maschinenkanonen. Das Leergewicht sollte 2200 kg möglichst nicht überschreiten.
Acht europäische Herstellerfirmen legten daraufhin ihre Entwürfe vor, aus denen nach einer gründlichen Überprüfung durch die AGARD (Advisory Group for Aeronautical Research and Development) die besten ausgewählt wurden. Dem von Fiat vorgeschlagenen Projekt, das unter der Leitung von Dr. Ing. Giuseppe Gabrielle entstand, erkannte man die größte Wahrscheinlichkeit zu, alle gestellten Forderungen zu erfüllen. Am 3. Juni 1955 erhielt Fiat den Auftrag zur Fertigung von drei Prototypen und 27 Vorserienflugzeugen. Als Triebwerk sah man für das mit **G.91** bezeichnete Muster das britische Aggregat Bristol Orpheus Mk.801 vor, dessen Schubleistung bei 1840 kp lag.
Vierzehn Monate nach Auftragserteilung startete die erste G.91 (NC.1 – MM. –) am 9. August 1956 und unter der Führung von Riccardo Bignamini von der Piste des Werkflugplatzes Turin-Caselle zu ihrem Jungfernflug. Sie absolvierte die Anfangsphase der Mustererprobung ohne Schwierigkeiten, ging jedoch wäh-

Bereits einige der 27 Vorserienflugzeuge wurden versuchsweise mit der Kamera-Rumpfspitze ausgestattet, die ab der R/1 standardmäßig zum Einbau kam. Hier die MM.6257 unmittelbar nach ihrer Fertigstellung.

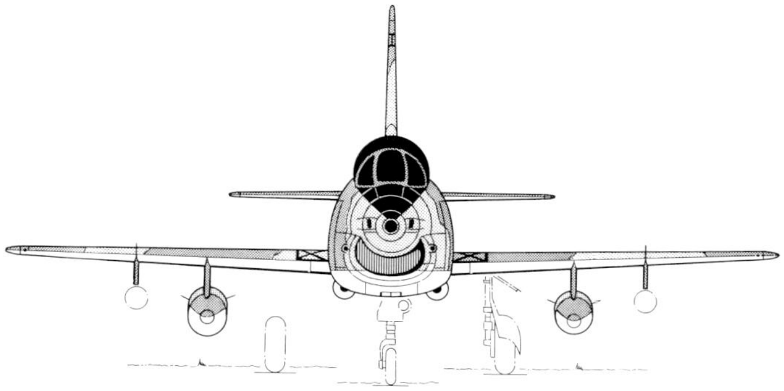

Fiat G.91R/3

LeKG 43-Oldenburg, Juli 1973

Technische Daten und Leistungsangaben

Verwendung: Jagdbomber, Triebwerk: 1 Rolls-Royce BS Orpheus Mk. 803 D11, Triebwerkleistung: 2270 kp, Besatzung: 1 Mann, Spannweite: 8,56 m, Länge: 10,29 m, Höhe: 4,00 m, Spurweite: 2,72 m, Radstand: 3,16 m, Flügelfläche: 16,42 m², Rüstgewicht: 3688 kg, Zuladung: 1812 kg, Startgewicht: 5280 kg maximal, Flächenbelastung: 321 kg/m², Leistungsbelastung: 2,3 kg/kp, Höchstgeschwindigkeit: 1045 km/h in 1500 m Höhe, Steiggeschwindigkeit: 30,5 m/s in Bodennähe, Startstrecke: 1190 m bis 15 m Höhe, Landestrecke: 610 m aus 15 m Höhe, Aktionsradius: 315 km (Lo-Lo-Lo), Überführungsreichweite: 1840 km, Dienstgipfelhöhe: 12200 m, Bewaffnung: zwei 30 mm-Kanonen DEFA 552 mit 250 Schuß, Kampfmittelzuladung: 1000 kg.

0 1 2 3 m
0 5 10'

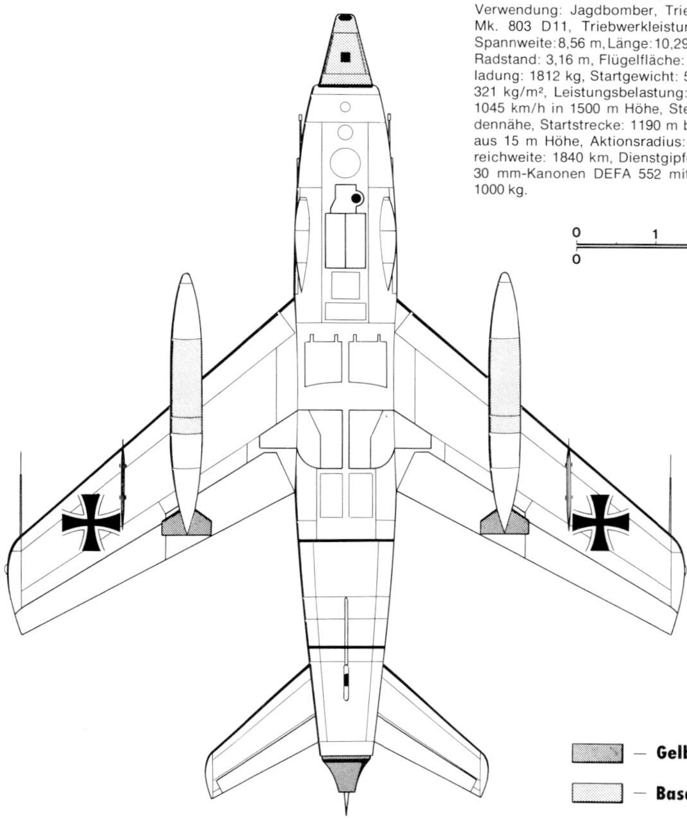

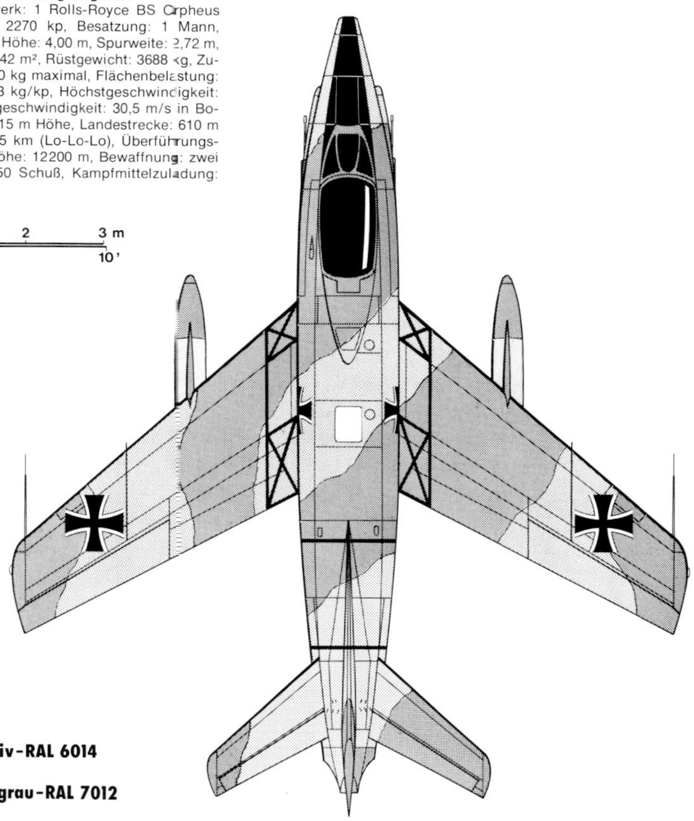

- Gelboliv-RAL 6014
- Basaltgrau-RAL 7012
- Silbergrau-RAL 7001
- Orange-RAL 2005

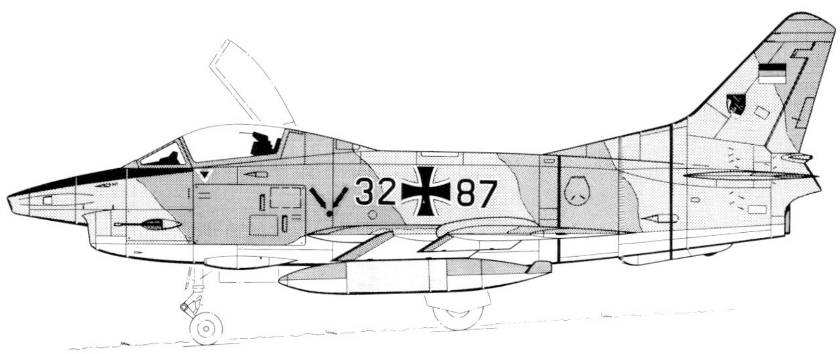

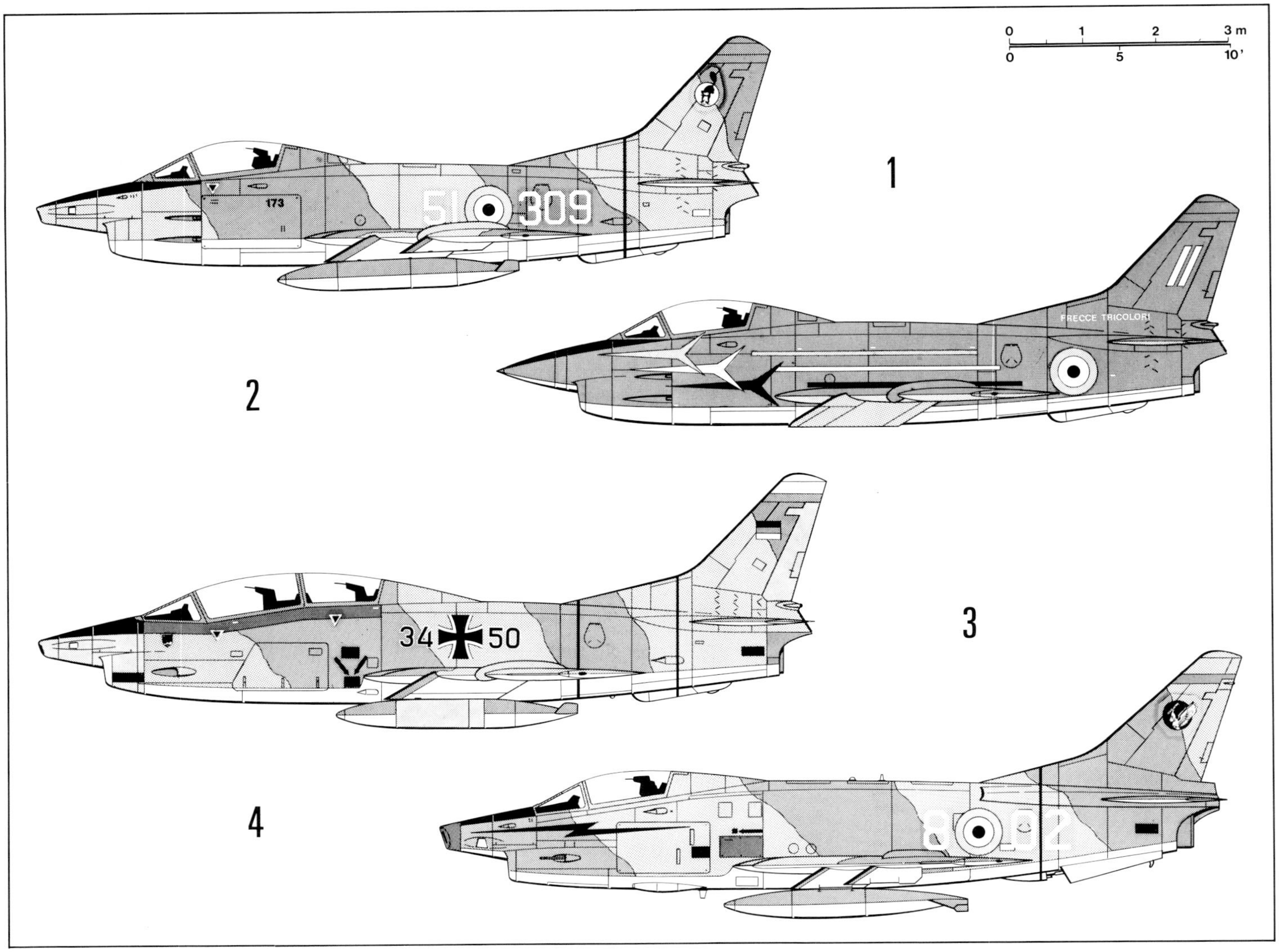
0 1 2 3 m
0 5 10'
1
51 309
173
2
FRECCE TRICOLORI
3
34 50
4
8 02

5 242

Oben: *Verbandsflug von vier G.91R/1A der in Istrana stationierten 51° Stormo – später 2° Stormo CTRL (Caccia Tattico Ricognitori Leggero) – deren 14° Gruppo von 1962–1964 mit diesem Typ ausgerüstet war.*

Bilder linke Seite:
Oben: 1: *G.91R/1A – Aeronautica Militare Italiana, 51° Stormo, 14° Gruppo, Istrana 1962.* **2:** *G.91PAN – Aeronautica Militare Italiana, Frecce Tricolori, Rivolto/Udine 1968.* **3:** *G.91T/3 – Luftwaffe, Waffenschule 50, Fürstenfeldbruck 1974.* **4:** *G.91Y – Aeronautica Militare Italiana, 8° Stormo CB Gino Priolo, Cervia 1969.*

Unten: *Im Sommer 1959 fand in Frosinone die taktische Einsatzerprobung der G.91 statt. Hier eine Maschine der 103Œ Gruppo bei der Bremsschirmlandung auf einer Graspiste.*

rend der nachfolgenden Hochgeschwindigkeitsversuche und anläßlich ihres 24. Fluges am 20. Februar 1957 durch Absturz verloren. Es folgten langwierige Untersuchungen in verschiedenen Windkanälen, und erst im Juli 1957 flog die zweite G.91 (MM.565). Gegenüber dem ersten Prototyp zeigte sie einige Unterschiede, zu denen besonders das 360 kp schubstärkere Orpheus Mk.803-Triebwerk, eine Stabilisierungsflosse unter dem Rumpfheck und die komplette Bewaffnung gehörten. Außerdem waren die zweite G.91 und auch die beiden nächsten Prototypen (MM.566–567) in ihren Abmessungen etwas größer und strukturell verstärkt worden.
Als direkte Konkurrenzmuster der G.91 galten seinerzeit die französischen Typen Breguet 1001 Taon, Dassault Etendard VI und Sud-Aviation SE.5000 Barodeur, die nach denselben Wettbewerbsbedingungen der NATO entwickelt worden waren. Im September 1957 fand auf dem französischen Flugplatz Bretigny ein mehrwöchiges Vergleichs- und Ausscheidungsfliegen statt, aus dem die G.91 schließlich als Siegerin hervorging. Mittlerweile konnte man in Turin auch das erste von 27 Vorserienflugzeugen (MM.6238–6265) fertigstellen, das am 20. Februar 1958 flog.
Zur Erprobung der G.91 unter Einsatzbedingungen wurde im August 1958 auf dem Flugplatz Pratica di Mare die 103° Gruppo CTL (Caccia Tattica Leggero) aufgestellt. Damit begann die letzte und entscheidende Phase auf dem Weg zur Beschaffung eines neuen Erdkampfflugzeugs für die NATO. Die taktische Einsatzerprobung der G.91 fand vom 29. Juni–3. Juli 1959 in Frosinone statt und führte zu ausgezeichneten Ergebnissen. Neben Angriffen mit scharfen Bomben und Raketen auf dem Schießplatz Maniago beinhaltete sie auch Wartungs-

übungen unter widrigsten Bedingungen. Dabei stellte sich heraus, daß die G.91 in weniger als zehn Minuten wieder startklar gemacht werden konnte und allen Anforderungen gerecht wurde.
All dies wurde bei der nachfolgenden Beurteilung durch höchste NATO-Offiziere mit berücksichtigt. Selbstverständlich stellte sich die G.91 nicht als Wundervogel heraus, sondern als »braves Flugzeug«, und gerade deshalb hatte sie seinerzeit große Chancen zur Einführung bei den Luftstreitkräften einiger Länder. Dazu gehörten in erster Linie Italien und die Bundesrepublik Deutschland, aber auch Griechenland, die Türkei, Österreich und Frankreich. Während das Interesse der beiden letzteren schnell nachließ, lief bei Fiat in Turin die Fertilung der ersten Baureihe an.
Sie erhielt die Typenbezeichnung **G.91R/1** und wies gegenüber den Vorserienflugzeugen einige Änderungen auf. Hauptunterschied war die neugestaltete Rumpfspitze, die für taktische Aufklärungseinsätze mit drei 70 mm-Kameras des Typs Vinten F.95 ausgestattet war. Ihre Bewaffnung bestand aus vier 12,7 mm-MG Colt-Browning, die zu beiden Seiten des Cockpits im Rumpf eingebaut waren. An zwei Flügelpylons konnten Kampfmittel bis 500 kg, aber auch abwerfbare Zusatztanks mitgeführt werden. Das erste Fertigungslos für die Aeronautica Militare Italiana (AMI) umfaßte 22 Maschinen (MM.6266–6287), denen jedoch bald 25 weitere (MM.6290-6314) der verbesserten Version **R/1A** folgten. Hinzu kamen noch fünfzig, strukturell verbesserte **R/1B** (MM.6375–6424), so daß sich die Gesamtzahl aller gebauten G.91R/1 auf 97 Maschinen belief. Mit **G.91R/2** wurde die für Frankreich vorgesehene Version bezeichnet, die allerdings nicht realisiert wurde.
Wie bereits erwähnt, interessierte sich die deutsche Luftwaffe von Anfang an für die Fiat G.91. Sie dachte dabei besonders an die Verwendung dieser kleinen und robusten Maschine in frontnahen Gebieten, eben dort, wo man in den seltensten Fällen über befestigte Flugplätze verfügt. Die von der deutschen Luftwaffe akzeptierte Version erhielt die Bezeichnung **G.91R/3**. Sie unterschied sich von der R/1 in erster Linie durch den Einbau von zwei 30 mm-Kanonen des Typs DEFA 552 mit je 125 Schuß. Hinzu kamen noch einige Änderungen und Verbesserungen in der allgemeinen Ausrüstung sowie der

Oben: *Anfang 1961 erhielt die seinerzeit noch in Erding stationierte WaSLW 50 zur Ausbildung von Fluglehrern die ersten G.91R/3.*

Bild linke Seite:
Vom zweisitzigen G.91-Trainer wurden für die Aeronautica Militare Italiana 101 Maschinen gebaut. Hier vier G.91T/1 der SVBA (Scuola Basico Avanzato Aviogetti) in Amendola.

Anbau von zwei weiteren Flügelstationen zur Mitnahme von Kraftstoffbehältern und Waffen. Nachdem die ersten fünfzig Maschinen dieser deutschen G.91-Version von Fiat geliefert wurden, begann in Deutschland ab Mitte 1960 ihre Lizenzfertigung. Für diesen Zweck wurde eine Arbeitsgemeinschaft (ARG 91) gegründet, an der sich die Firmen Heinkel, Messerschmitt, Siebel und Dornier beteiligten. Letztere zeichnete außerdem für die Endmontage und das Einfliegen der einzelnen Maschinen verantwortlich. Am 20. Juli 1961 startete von der Piste des Werkflugplatzes Oberpfaffenhofen die erste G.91R/3 (Werk-Nr. 301) zu ihrem Jungfernflug. Jede der nachfolgend gebauten Maschinen wurde eingeflogen, wobei es in erster Linie um die Funktionstüchtigkeit der Navigationssysteme ging.

Schon im September 1960 hatte die Luftwaffe ihre beiden ersten G.91R/3 aus der italienischen Fertigung übernehmen können, die insgesamt fünfzig Maschinen umfaßte. Anfang 1961 begann bei der *Waffenschule 50* in Erding die Ausbildung deutscher G.91-Fluglehrer, und im Oktober 1961 wurde dort als erste Einheit das Aufklärungsgeschwader 53 *(AG 53)* aufgestellt. Es wurde 1962 nach Leipheim verlegt und 1966 in Leichtes Kampfgeschwader 44 *(LeKG 44)* umbenannt. Als zweiter G.91-Verband wurde 1964 in Oldenburg das Aufklärungsgeschwader 54 *(AG 54)* aufgestellt, das seit 1966 ebenfalls als Leichtes Kampfgeschwader geführt und mit *LeKG 43* bezeichnet wird. Im Mai 1962 begann das AG 53 auf dem Fliegerhorst Bad Tölz mit mehreren Übungen das Einsatztraining. Außerdem

Das obere Bild zeigt eine G.91R/4 mit Kennzeichen der griechischen Luftstreitkräfte, die ursprünglich 25 Maschinen in Dienst stellen wollten. Fiat fertigte von der R/4 insgesamt fünfzig Maschinen. Vierzig von ihnen wurden via Luftwaffe nach Portugal verkauft.

Als erster G.91-Einsatzverband der Luftwaffe galt das AG 53, das später in LeKG 44 umbenannt und 1975 aufgelöst wurde.

nahmen sechs G.91R/3 des AG 53 vom 7.–11. September 1963 an einer Übung in Italien teil. Sie waren auf dem Fliegerhorst Rivolto/Udine stationiert, und wie in Bad Tölz ging es auch hier darum, die G.91 von weniger gut vorbereiteten Pisten einsetzen zu können. Darüber hinaus dienten zwei G.91R/3 als Erprobungsträger der französischen Luft-Boden-Lenkwaffe Nord AS.20. Doch trotz der außergewöhnlich harten klimatischen Bedingungen – die Erprobung fand in Colomb-Bechar/Sahara statt – bewährten sich beide Maschinen hervorragend.
Zwei weitere deutsche Einsatzverbände wurden in den sechziger Jahren auf die G.91R/3 umgerüstet, und zwar das *LeKG 41* in Husum sowie das *LeKG 42* in Pferdsfeld. Die Fertigung der G.91R/3 umfaßte in Deutschland insgesamt 294 Maschinen.
Mit **R/4** wurde die für Griechenland und die Türkei vorgesehene Version der G.91 bezeichnet. Sie glich weitgehend der deutschen R/3, war aber wie die R/1 mit vier 12,7 mm-MG bewaffnet. Am 6. September 1961 stand in Caselle die erste Maschine zur Übergabe bereit. Dazu kam es jedoch nicht mehr, denn weder Griechenland, noch die Türkei führten die G.91R/4 ein. Die Luftwaffe übernahm daraufhin alle fünfzig Maschinen, verkaufte jedoch 1965/66 vierzig an Portugal weiter. Bei der nachfolgenden **G.91/R5** handelte es sich um eine R/1 mit höherer Kraftzuladung für die norwegischen Luftstreitkräfte, die jedoch ebenso wie die 1964 vorgeschlagene **R/6** nicht gebaut wurde. Auch die **G.91S,** für die ein

Das in Husum stationierte LeKG 41 wird seine G.91R/3 Anfang der achtziger Jahre durch den Alpha Jet ersetzen.

schubstärkeres Orpheus-Triebwerk vorgesehen war, verblieb im Planungsstadium.
Fiat leitete aus der einsitzigen Standardversion schon verhältnismäßig früh den zweisitzigen Kampftrainer **G.91T/1** ab. Zwei Prototypen wurden gebaut, deren erster am 31. Mai 1960 flog. Trotz seiner primären Aufgabe für die Fortgeschrittenenschulung einschließlich Bombenwurf, Schieß- und Aufklärungstraining war er von Anfang an auch für taktische Einsätze vorgesehen. Als Triebwerkanlage kam bei der T/1, deren Startgewicht bei 5310 kg lag, ebenfalls ein BS Orpheus Mk.803 zum Einbau. Gegenüber den R-Versionen beträgt ihre Länge 11,79 m. Die Bewaffnung reduzierte man auf zwei 12,7 mm-MG.
Aus der G.91T/1, von der bei Fiat insgesamt 101 Maschinen gebaut wurden, ging schließlich noch die **T/3** für die Luftwaffe hervor. Sie unterscheidet sich vorwiegend durch ihre Navigationsausrüstung von der T/1 und wurde ebenfalls von der ARG 91 gebaut. Der Anfangsauftrag lautete auf 44 Maschinen, ab 1971 kamen dann noch 22 weitere hinzu. Die meisten von ihnen stehen heute im Truppendienst beim LeKG 41 in Husum und LeKG 43 in Oldenburg sowie bei der Waffenschule 50 in Fürstenfeldbruck.
Fiat schlug als NASARR-Trainer noch die mit den entsprechenden Systemen ausgestattete **G.91T/4** vor, die jedoch nicht gebaut wurde. Auch die Versionen **G.91BS/1** und **BS/2,** deren primäre Einsatzaufgabe die Gefechtsfeldüberwachung sein sollte, kamen über ihr Projektstadium nicht hinaus. Einschließ-

38

34 16

Oben: *Seit der Saison 1963 fliegen die »Frecce Tricolori« – das offizielle Kunstflugteam der AMI – die G.91PAN.*

Bilder linke Seite:
Das obere Bild zeigt eine G.91R/3 des in Pferdsfeld stationierten LeKG 42, das ab 1974 auf die F-4F Phantom II umrüstete und seit April 1975 mit JaboG 35 bezeichnet wird.

Die zweisitzige Trainerversion der Luftwaffe führt die Bezeichnung G.91T/3. Hier eine Maschine dieses Typs in Oberpfaffenhofen. Ab 1971 baute Dornier von dieser Version erneut 22 Maschinen für die Luftwaffe.

lich eines Musterflugzeugs **G.91A,** das mit einem Flügel größerer Spannweite und Slats versehen war, wurden somit insgesamt 690 Maschinen der erwähnten Versionen in Turin und Oberpfaffenhofen gefertigt.
Das offizielle Acrobatic Team der Aeronautica Militare Italiana flog noch in der Saison 1963 die Canadair Sabre Mk.4. Ab Dezember rüsteten die *Frecce Tricolori* auf die neue G.91 um. Sechzehn Maschinen aus der Vorserienfertigung wurden für diesen Zweck entsprechend umgebaut, d. h. die Bewaffnung ersetzte man durch Ballast und zur Standardausrüstung gehören seitdem auch Rauchbehälter unter den Flügeln. Die mit **G.91 PAN** (Pattuglia Acrobatica Nazionale) bezeichneten Maschinen sind seitdem als ständige Gäste auf allen großen Flugtagen in Westeuropa zu bewundern. Das Team ist auf dem Fliegerhorst Rivolto/Udine stationiert, und es absolviert jährlich mehr als 1500 Demonstrations-Flugstunden.
Auch die USA interessierten sich schon verhältnismäßig früh für eine mögliche Indienststellung der G.91. Nicht nur die US Army, sondern auch die US Air Force führten ab Anfang 1961 mit fünf Maschinen ein intensives Erprobungsprogramm unter verschiedenen Bedingungen durch. Dazu gehörten auch Kältetests in der Klimakammer von Eglin AFB, Florida. Während der Versuche kam Testpilot Riccardo Bignamini beim Absturz einer G.91R/1 in Fort Rucker, Alabama, ums Leben. Trotz ausgezeichneter Ergebnisse konnten sich die USA jedoch nicht zu einer Einführung der G.91 entschließen.

Dieses Bild zeigt neun G.91Y der 8° Stormo CB »Gino Priolo«, von der insgesamt 67 Maschinen gebaut wurden.

Bereits im Frühjahr 1965 kündigte Fiat eine zweistrahlige Weiterentwicklung der G.91 an, die in ihrem strukturellen Aufbau auf der Trainerversion basierte. Die gewünschte Leistungssteigerung strebte man in erster Linie durch den Einbau von zwei 1850 kp-Triebwerken des Typs J85-GE-13A an, die im Rumpfhinterteil nebeneinander liegend zum Einbau kamen. Die verbesserten Flugeigenschaften im oberen und unteren Geschwindigkeitsbereich erreichte man durch eine Vergrößerung der Flügelfläche auf 18,13 m² und die Verwendung von Slats. Als Bewaffnung sah man zwei 30 mm-Kanonen des Typs DEFA 552 mit je 125 Schuß sowie eine Kampfmittelzuladung von 2000 kg an vier Unterflügelstationen vor. Von dem mit **G.91Y** bezeichneten Nachfolgemuster wurden zwei Prototypen gebaut, deren erster am 27. Dezember 1966 zu seinem Jungfernflug startete. Ihm folgte im September 1967 die zweite Maschine, die bereits voll ausgerüstet und bewaffnet war. Fiat fertigte für die AMI eine Vorserie von zwanzig G.91Y, die ab Juli 1968 von der 8° Stormo CB *Gino Priolo* in Cervia übernommen wurden. Es folgte ein Auftrag über 35 weitere Maschinen, die ab September 1971 geliefert wurden, und ein Abschlußauftrag, der auf zehn Maschinen lautete und Mitte 1975 auslief. Als zweite Einheit rüstete die in Brindisi stationierte 32° Stormo CBR *Armando Boetto* ab Anfang 1975 auf die G.91Y um.

Die zweisitzige Trainerversion **G.91YT** kam über ihr fortgeschrittenes Projektstadium nicht hinaus. Mit ihren zwei J85-Triebwerken erreicht die G.91Y, die vor

Die G.91Y kann über 1800 kg Kampfmittel mitführen. Hier zwei 450 kg-Bomben an den inneren und zwei 220 kg-Bomben an den äußeren Flügelstationen.

Das untere Bild zeigt die vierte G.91T/1 (BD+104) der Waffenschule 50 während eines Trainingsfluges über den bayerischen Alpen.

einigen Jahren auch für eine Beschaffung der Schweizerischen Flugwaffe im Gespräch war, eine Höchstgeschwindigkeit von Mach 0,98. Dank ihres mit Niederdruckreifen ausgestatteten, robusten Fahrwerks kann die G.91Y auch von weniger gut vorbereiteten Pisten operieren. Ihre Flugleistungen können sich im Vergleich zu anderen Mustern dieser Klasse durchaus sehen lassen. Für eine Flughöhe von 12200 m benötigt sie mit Nachverbrennung lediglich eine Steigzeit von 4 min 30 s.

Inoffiziellen Angaben zufolge arbeitet Fiat gegenwärtig an einer Weiterentwicklung der G.91Y, die zur Verbesserung des Auftriebsverhaltens einen neuen Flügel erhalten soll. Darüber hinaus sind neben zwei zusätzlichen Außenstationen noch eine verbesserte Avionik und ein moderner Cockpit vorgesehen. Es ist allerdings bis heute nicht bekannt, ob das mit **G.291** bezeichnete Projekt jemals realisiert wird.

Dassault-Breguet Mirage III/5/F.1

Der militärische Erfolg der französischen Kampfflugzeug-Familie Mirage ist seit fast achtzehn Jahren unbestritten. Ihre Entwicklungsgeschichte spiegelt die einschneidenden Umwälzungen im strategischen und taktischen Denken der Zeit unmittelbar nach dem Korea-Krieg wider. Die Erfahrungen der USA fanden ihren Niederschlag im Starfighter, und auch in Europa machte man sich Gedanken über eine neue Generation leistungsstarker Kampfflugzeuge. Hier stand plötzlich der Begriff des Leichtbaujägers im Raum, und die Engländer wagten mit ihrer Folland Gnat den ersten Schritt zur Vereinfachung von Kampfflugzeugen. Doch auch in Frankreich entschloß sich seinerzeit der Generalstab der Armée de l'Air zu einem eingehenden Studium der neuen Formel. Daraus resultierte schließlich eine Spezifikation sowie eine Ausschreibung, mit der ein Allwetter-Abfangjäger gefordert wurde, der u. a. eine Gipfelhöhe von 18000 m in nur 6 Minuten erreichen sollte. Neben der SNCASE arbeite daraufhin auch Dassault mit Nachdruck an der Entwicklung eines leichten Fangjägers.

Ende 1954 zeichnete sich jedoch in der westlichen Strategie ein Wandel ab und es entstand der Begriff der atomaren Vergeltung. Damit war das Konzept des Leichtbau-Interceptors nicht mehr länger aufrechtzuerhalten, denn das neue Muster sollte nun auch Atombomben mitführen können. Bei Dassault, wo Anfang der fünfziger Jahre die Mystère IVA im Großserienbau stand, hatte man sich für einen kleinen Deltaflügler mit der Bezeichnung MD.550 entschieden. Der Prototyp dieser nur 5000 kg schweren Maschine startete am 25. Juni 1955 als **Mirage I** zu seinem Jungfernflug. Seine Triebwerkanlage bestand aus zwei britischen Armstrong-Siddeley Viper 3, die jeweils einen Nachverbrennungsschub von 978 kp entwickelten. Hinzu kam in einem späteren Rüstzustand noch ein Raketenmotor SEPR 66 mit 1500 kp unter dem Rumpfheck. In dieser Form erreichte die Mirage I am 17. Dezember 1956 im

Das fünfte Vorserienflugzeug, genannt Mirage IIIA-05, war das eigentliche Ausgangsmuster der C-Reihe. Es entsprach in seiner allgemeinen Ausrüstung bereits dem späteren Serienstandard.

Dassault Mirage III E

EC 2/4 „La Fayette" BA 116 – Luxeuil

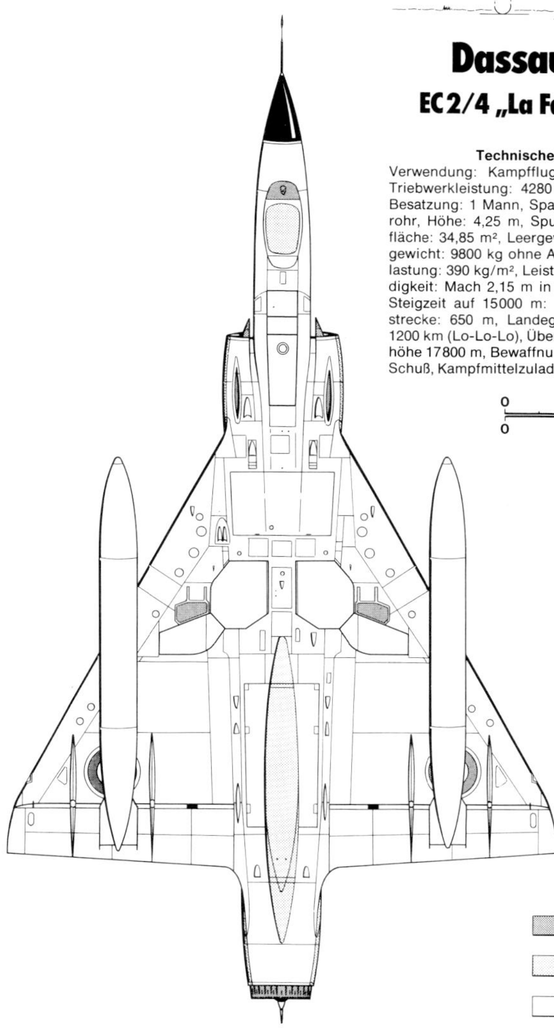

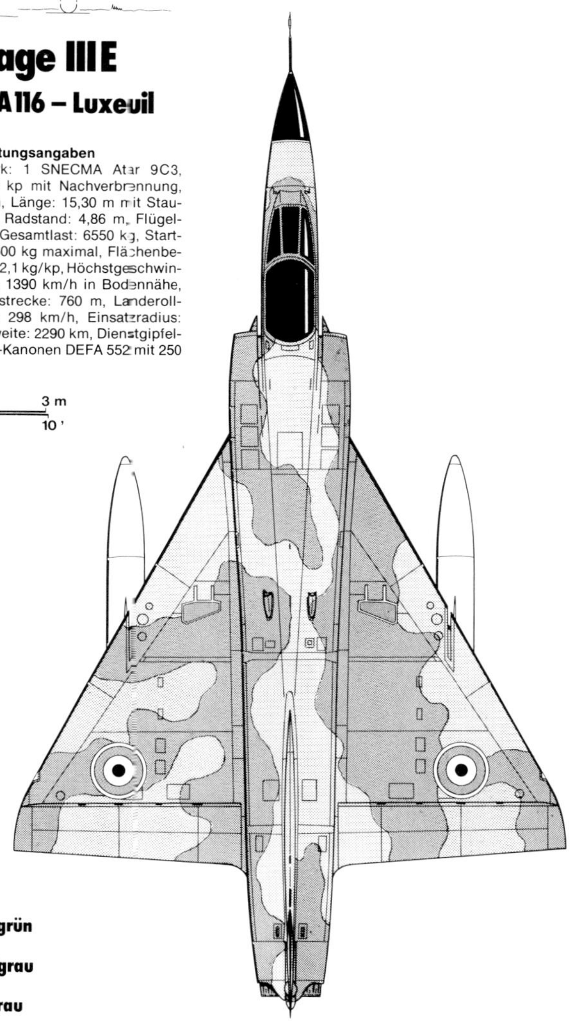

Technische Daten und Leistungsangaben

Verwendung: Kampfflugzeug, Triebwerk: 1 SNECMA Atar 9C3, Triebwerkleistung: 4280 kp ohne, 6400 kp mit Nachverbrennung, Besatzung: 1 Mann, Spannweite: 8,22 m, Länge: 15,30 m mit Staurohr, Höhe: 4,25 m, Spurweite: 3,15 m, Radstand: 4,86 m, Flügelfläche: 34,85 m², Leergewicht: 7050 kg, Gesamtlast: 6550 kg, Startgewicht: 9800 kg ohne Außenlasten, 13600 kg maximal, Flächenbelastung: 390 kg/m², Leistungsbelastung: 2,1 kg/kp, Höchstgeschwindigkeit: Mach 2,15 m in 12000 m Höhe, 1390 km/h in Bodennähe, Steigzeit auf 15000 m: 6' 50", Startrollstrecke: 760 m, Landerollstrecke: 650 m, Landegeschwindigkeit: 298 km/h, Einsatzradius: 1200 km (Lo-Lo-Lo), Überführungsreichweite: 2290 km, Dienstgipfelhöhe 17800 m, Bewaffnung: zwei 30-mm-Kanonen DEFA 552 mit 250 Schuß, Kampfmittelzuladung: 4200 kg.

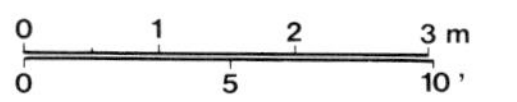

dunkelgrün

dunkelgrau

silbergrau

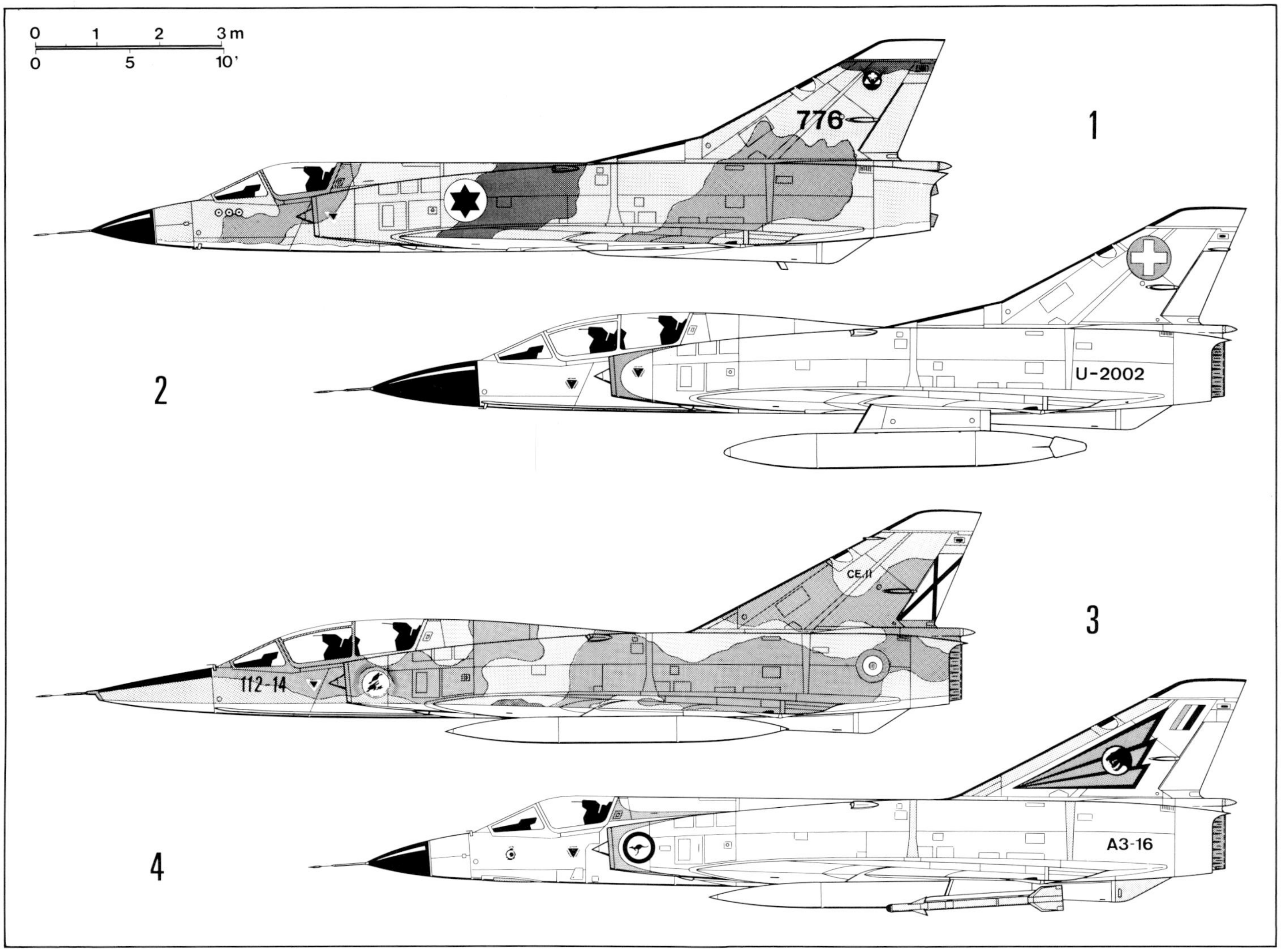

1: *Mirage IIICJ – Heil Ha'Avir Le Israel, 1967.* **2:** *Mirage IIIBS – Schweizerische Flugwaffe, 1964.* **3:** *CE.11 (Mirage IIIDE) – Ejercito del Aire Español, Escuadron 101, Manises 1972.* **4:** *Mirage IIIOF – Royal Australian Air Force, No. 76 Squadron, Williamstown, NSW. 1968.*

Geradeausflug eine Geschwindigkeit von Mach 1,3. Sie konnte allerdings keine militärischen Nutzlasten der geforderten Art befördern und verfügte auch nicht über eine aufwendige Elektronik.
Dassault schlug daraufhin eine etwas vergrößerte Version mit zwei Gabizo-Triebwerken von Turboméca vor. Obwohl beide einen Nachverbrennungsschub von 3017 kp abgaben, verzichtete man wegen unzureichender rechnerischer Flugleistungen auf diese **Mirage II**. Mittlerweile stand das von SNECMA entwickelte Triebwerk Atar 101G.1 mit einem Nachverbrennungsschub von 4500 kp zur Verfügung, und so entstand als nächstes die **Mirage III-001**. Sie startete am 17. November 1956 zu ihrem erfolgreichen Jungfernflug und erreichte während ihrer nachfolgenden Mustererprobung am 30. Januar 1957 eine Geschwindigkeit von Mach 1,6. Später kam diese Maschine mit einem zusätzlichen Raketenmotor des Typs SEPR 66 sogar auf Mach 1,9. Die Gesamterprobung der Mirage III-001 umfaßte mehr als 200 unfallfreie Flüge. Sie führte zu ausgezeichneten Ergebnissen, so daß man eine Vorserie von zehn **Mirage IIIA** auflegte, und zwar unter gleichzeitiger Vornahme wesentlicher Verbesserungen. Dazu gehörte als erste das SNECMA-Triebwerk Atar 09B, dessen Nachverbrennungsschub bei 6000 kp lag. Außer einer Vergrößerung der Flügelfläche um 5 m^2 verminderte man das Dickenverhältnis des Flügelprofils im Wurzelbereich um 0,5 auf 4,5 Prozent und ließ es auf 3,5 Prozent an der Endkappe auslaufen. Ferner wurde wegen des Atar 09B der Rumpf verlängert und für die Lufteinläufe eine verstellbare Geometrie eingeführt.
Das erste Flugzeug der Vorserie – die Mirage A-01 – startete am 12. Mai 1958 zu seinem Jungfernflug, und am 24. Oktober erreichte die Maschine anläßlich ihres 35. Testflugs erstmals doppelte Schallgeschwindigkeit im Geradeausflug. Der Raketenmotor SEPR 841, der für 80 Sekunden einen Zusatzschub von 1360 kp abgab, kam bei der Mirage IIIA-02 zum Einbau. In wenigen Monaten konnte der gesamte Flugbereich der Mirage III bis in Flughöhen von über 20000 m praktisch erprobt werden. Die fünfte Maschine entsprach bereits größtenteils dem späteren Serienstandard, d. h. sie war mit einem Feuerleitgerät des Typs CSF Cyrano Ibis ausgestattet. In dieser Form galt die Mi-

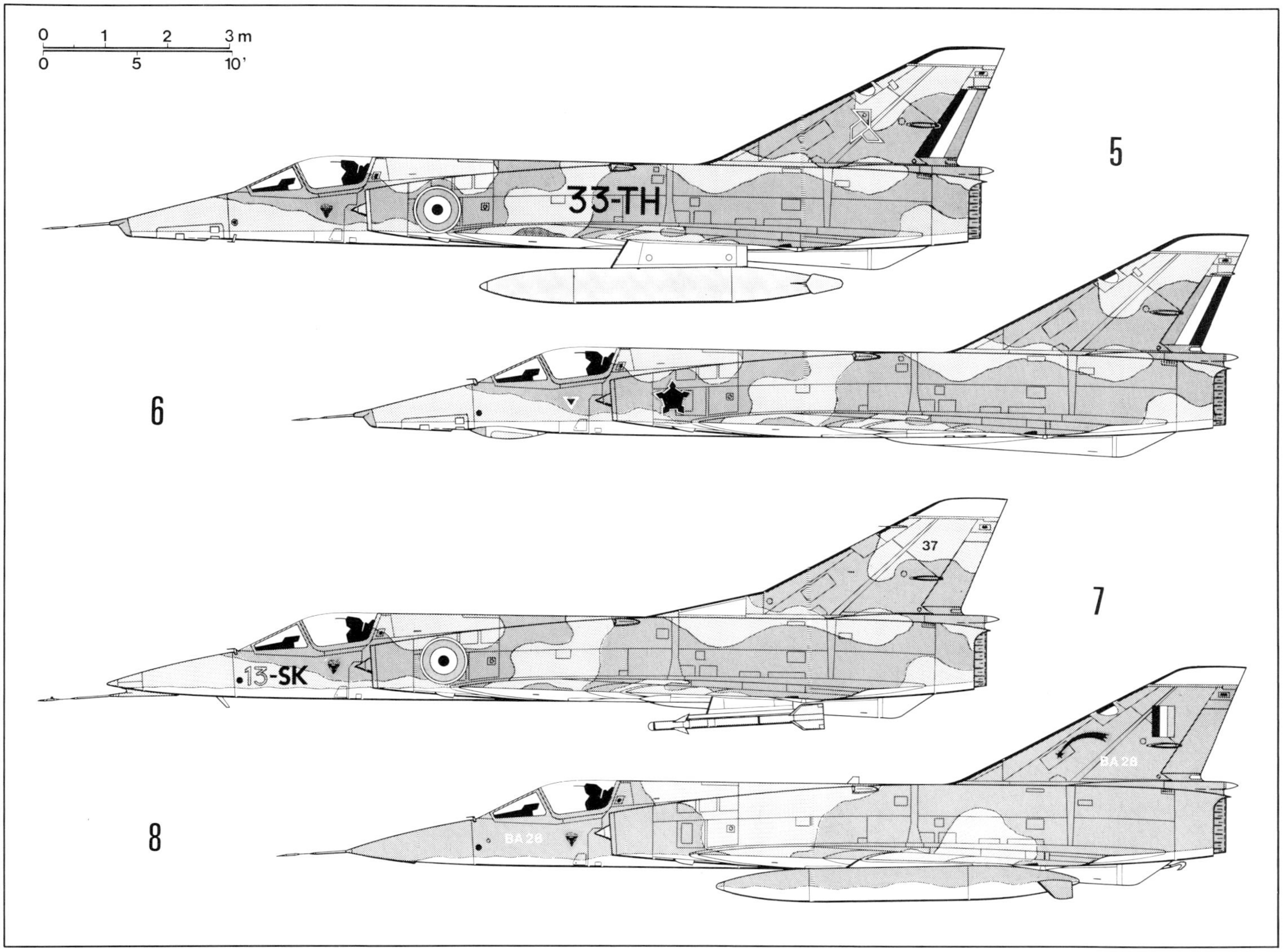

5: *Mirage IIIR – Armée de l'Air, Escadron de Reconnaissance Tactique 3/33 Moselle, Straßbourg-Entzheim 1969.* **6:** *Mirage IIIRZ – Suid-Afrikaanse Lugmag, No. 2 Squadron, Waterkloof 1969.* **7:** *Mirage 5F – Armée de l'Air, Escadron de Chasse 3/13 Artois, Colmar 1971.* **8:** *Mirage 5BA – Force Aérienne Belge, 2ème Escadrille, Florennes 1972.*

rage IIIA-05 als das eigentliche Ausgangsmuster der ersten Serienversion.

Die Zufriedenheit der späteren Abnehmer mit den Ergebnissen der Flugerprobung fand ihren sichtbaren Ausdruck in einem auf 400 Maschinen lautenden vorläufigen Rahmenauftrag, von denen 95 für die Armée de l'Air fest bestellt wurden. Die Serienfertigung lief gegen Ende 1958 an, und am 9. Oktober 1960 flog die erste **Mirage IIIC**. Der 2e Escadre de Chasse (EC) in Dijon (BA.102) wurden danach die ersten Maschinen zugewiesen, und als zweiter Verband rüstete die EC 13 in Colmar (BA.132) auf die Mirage IIIC um. Diese wies gegenüber der A einige Änderungen auf, zu denen primär das Atar 09B.3-Triebwerk und der SEPR 844-Raketenmotor gehörten. Entsprechend ihrer Aufgabenstellung konnte schon die Mirage IIIC eine Vielzahl militärischer Außenlasten mitführen. Standardmäßig kamen zwei 30 mm-Maschinenkanonen des Typs DEFA 552 mit je 125 Schuß zum Einbau. Von der Mirage IIIC wurden bei Dassault insgesamt 183 Maschinen hergestellt. 72 dieser Maschinen übernahmen die israelischen Luftstreitkräfte als **Mirage IIICJ** und sechzehn erwarb Südafrika als **Mirage IIICZ**.

Parallel zur C entstand Anfang 1959 bei Dassault eine zweisitzige Trainerversion mit der Bezeichnung **Mirage IIIB**, deren erste Maschine bereits am 21. Oktober 1959 flog. Hauptunterschied war das um 600 mm nach vorn verlängerte Rumpfvorderteil mit dem Tandemcockpit. Als sekundäre Aufgabe der Mirage IIIB, die wie die C zwei 30 mm-Kanonen erhielt, galt von Anfang an die Erdkampfunterstützung. In ihren Flugleistungen ist die 7900 kg schwere Maschine der C weitgehend ebenbürtig. Dassault fertigte für die Armée de l'Air 45 Mirage IIIB, zu denen neben zehn Maschinen für das Training von Mirage-IV-Piloten auch fünf für verschiedene Versuchszwecke gehörten. Im Sommer 1962 übernahm die EC 2 in Dijon die ersten Mirage-Doppelsitzer für das Besatzungstraining. Drei Maschinen erhielt Südafrika als **Mirage IIIBZ** und vier **Mirage IIIBJ** die isrealischen Heil Ha'Avir. Zu dieser Zeit interessierte sich aber auch die Schweiz schon für die Mirage und erwarb 1964 als erstes zwei Doppelsitzer mit der Bezeichnung **Mirage IIIBS** (U-2001 und U-2002). Hinzu ka-

13PP

222

307

Bilder linke Seite:
Als zweiter Verband der Armée de l'Air rüstete Ende 1958 die in Colmar stationierte 13ème Escadre de Chasse auf die Mirage IIIC um. Hier eine Maschine der EC 2/13 Alpes.

Anfang 1959 entwickelte Dassault die zweisitzige Trainerversion Mirage IIIB, die zeitweise auch für die Ausbildung von Mirage IV-Piloten verwendet wurde.

Das untere Bild zeigt eine Mirage IIIR (35-TC) der in Strasbourg-Entzheim stationierten Escadron de Reconnaissance 3/33 »Moselle«. Die französische Fliegerin Jaqueline Auriol erreichte mit dieser Maschine am 14. Juli 1963 über der geschlossenen 100 km-Meßstrecke die neue Weltrekord-Geschwindigkeit von 2038,70 km/h.

Oben: *Als Verbesserung gegenüber der R erhielt die Mirage IIIRD wie die E ein Doppler-Gerät von Marconi, erkennbar an der vor dem Bugradschacht angeordneten flachen GFK-Wanne.*

men später noch zwei weitere Maschinen (U-2003 und U-2004), deren letzte jedoch aus angelieferten Baugruppen und vorhandenen Ersatzteilen in der Schweiz montiert wurde.
Als zweite Hauptversion leitete Dassault aus dem Grundmuster die **Mirage IIIE** ab, von der bis heute insgesamt 453 Maschinen gebaut wurden. Bei der Armée de l'Air stehen allein 225 im aktiven Truppendienst. Der ersten Mustermaschine, die am 5. April 1961 flog, folgten zwei Vorserienflugzeuge, und am 14. Januar startete in Melun-Villaroche auch die erste aus der Serienfertigung stammende Mirage IIIE. Wieder war es die 2e Escadre de Chasse in Dijon, die als erster Verband auf die E umrüstete. Bei dieser Mirage-Version handelt es sich um einen allwettertauglichen Jagdbomber mit verbesserten Reichweitenleistungen. Als Triebwerk kommt ein Atar 09C.3 zum Einbau, das einen Nachverbrennungsschub von 6400 kp entwickelt und der Maschine in großen Höhen eine Spitzengeschwindigkeit von Mach 2,15 ermöglicht. In Bodennähe kommt sie immerhin noch auf 1390 km/h. Äußerer Hauptunterschied der um 300 mm längeren Mirage IIIE zur C ist die wannenartige GFK-Verkleidung

des Doppler-Radars unter dem Rumpfvorderteil sowie ein abgeänderter Übergang der Seitenflosse zum Rumpf.
Die Mirage IIIE erwies sich im Laufe der Zeit als äußerst exportfreudig, und außer Ägypten (38 Mirage IIIE und 2 Mirage IIIDE), Argentinien (12 Mirage IIIEA), Brasilien (13 Mirage IIIEBR), Libanon (10 Mirage IIIEL), Pakistan (25 Mirage IIIEP), Südafrika (17 Mirage IIIEZ) und Venezuela (9 Mirage IIIEV) ist besonders Spanien zu erwähnen, das 24 Mirage IIIEE erwarb. Sie stehen als **C.11** im aktiven Truppendienst bei der Ejercito del Aire Español.
Schon 1960 war die australische Regierung auf der Suche nach einem modernen Nachfolgemuster der CA-27 Sabre, und im Juni wurde die Mirage IIIA-01 von Piloten der Royal Australian Air Force nachgeflogen. Dassault rüstete daraufhin ein Vorserienflugzeug auf ein britisches Triebwerk des Rolls-Royce-Typs Avon Mk.67 um, das einen Nachverbrennungsschub von über 7200 kp abgab. Diese mit **Mirage IIIO** bezeichnete Maschine, die am 13. Februar 1961 erstmals flog, war das eigentliche Ausgangsmuster der australischen Mirage. Sie wurde von Piloten der RAAF eingehend erprobt, und zwar auch im Vergleich zur Atar-Mirage. Obwohl sie dabei bedeutend besser abschnitt, entschied sich Australien aus vielerlei Gründen Ende 1961 für die letztere Version und gab dreißig Maschinen zur Lizenzfertigung in Auftrag. Dieser wurde bis Ende 1963 auf hundert Maschinen erhöht. Die Mirage IIIO gleicht weitgehend der E, sie ist wie diese mit einem Atar 09C.3-Triebwerk ausgerüstet und verfügt

Oben: *Der in Williamtown stationierten No. 75 Squadron der Royal Australian Air Force wurden 1964 die ersten Mirage IIIO zugewiesen. Hier die neunte Maschine (A3-9) mit zwei Überschalltanks.*

Für das Umschulungs- und Routinetraining ihrer Mirage-Besatzungen stellte die RAAF ab November 1966 sechzehn Mirage IIID in Dienst.

Bilder rechte Seite:
Mitte der sechziger Jahre erwarben die Luftstreitkräfte Pakistans 25 allwettertaugliche Jagdbomber Mirage IIIEP.

Diese mit zwei 1700 l-Zusatztanks ausgerüstete Mirage IIIE ist nur eine von 38 Maschinen, die von Saudi-Arabien als Mirage 5SDE beschafft und später von Ägypten übernommen wurden.

ebenfalls über das Feuerleitradar CSF Cyrano II. Während man ihre Lizenzfertigung bei der Commonwealth Aircraft Corporation (CAC) in Melbourne als CA-29 vorbereitete, wurden die beiden ersten Maschinen (A3-1 und -2) bei Dassault gebaut. Man übergab sie nach ihrer Erprobung in Melun-Villaroche und Cazaux am 9. April 1963 einer Abordnung der RAAF und überführte sie zerlegt auf dem Luftweg nach Australien. Auch die beiden nächsten Mirage IIIO (A3-3 und -4) stammten noch nicht aus der australischen Fertigung, denn sie wurden aus komplett angelieferten Baugruppen bei der CAC endmontiert. Am 16. November 1963 flog die erste von ihnen, und auch für die nächsten elf Maschinen mußte man immer noch französiche Teile verwenden. Erst ab der sechzehnten (A3-16) konnte man wirklich von einer »australischen Mirage« sprechen. Das Umschulungstraining übernahm die No. 2 Squadron (OCU), und die No. 75 Squadron in Williamtown rüstete als erster Verband der RAAF auf die neue Maschine um. Ihr folgte die ebenfalls in Williamtown stationierte No. 76 Sqdn., und im November 1965 standen bereits fünfzig Mirage IIIO im Truppendienst.

Auch die Schweiz entschied sich im Sommer 1961 für die französische Mirage IIIE und gab seinerzeit die Beschaffung von insgesamt hundert Maschinen bekannt. Diese Zahl wurde jedoch später aus finanziellen Gründen drastisch gekürzt, und im Endeffekt verblieben u. a. nur noch 36 Maschinen der Interceptor-Version **Mirage IIIS**. Die Lizenzfertigung wurde vom Eidgenössischen Flugzeugwerk in Emmen, der Pilatus AG in Stans sowie der Flug- und Fahrzeugwerke AG in Altenrhein gemeinsam durchgeführt. Als Versuchsträger für die verschiedensten Zwecke dient seitdem eine Mirage IIIC (J-2201) aus der französischen Serienfertigung. Dassault lieferte die beiden ersten Mirage IIIS (J-2301 und J-2302) als Übergangslösung. Bei der schweizerischen Mirage handelt es sich um eine Abwandlung der E mit dem von Hughes entwickelten Feuerleit- und Navigationssystem TARAN Mk.1S und der Luft-Luft-Lenkwaffe HM-55S Falcon. Sie verfügt jedoch ebenfalls über zwei 30 mm-Kanonen des Typs DEFA 552 und kann auch die Luft-Luft-Lenkwaffe AIM-9 Sidewinder sowie die Luft-Boden-Lenkwaffe AS.30 abfeuern. Außerdem wurde ihr Fahrwerk verstärkt, und wie bei der fran-

R-2110

U-2001

Oben: *Verbandsflug von fünf Mirage IIICZ der zu den Luftstreitkräften Südafrikas gehörenden und in Waterkloof stationierten No. 2 Squadron.*

Bilder linke Seite:
Die zweisitzige Trainerversion Mirage IIIDE, von der die Ejercito del Aire sechs Maschinen in Dienst stellte, wird in Spanien mit CE.11 bezeichnet.

Ab 1967 stellte die Schweizerische Flugwaffe achtzehn Aufklärer Mirage IIIRS in Dienst. Hier die zur 10. Staffel gehörende R-2110 unmittelbar vor dem Start von der Piste des Flugplatzes Buochs.

Zeitweise verfügte die Schweiz über vier Doppelsitzer der Version Mirage IIIBS, von denen jedoch eine durch Absturz verlorenging.

zösischen Version kann für Kurzstarts ein Raketenmotor SEPR 844 als Rüstsatz verwendet werden. Die Mirage IIIS steht bei der 16. und 17. Staffel der Schweizerischen Flugwaffe im aktiven Truppendienst.
Aus der Mirage IIIE leitete Dassault schon relativ früh ebenfalls eine zweisitzige Trainerversion ab. Sie führt die Bezeichnung **Mirage IIIBE,** und von ihr stellte allein die Armée de l'Air sechzehn Maschinen in Dienst. Zu den weiteren Haltern gehört neben Südafrika (13 Mirage IIIDZ), Argentinien (2 Mirage IIIDA), Australien (16 Mirage IIIDO), Brasilien (4 Mirage IIIDBR), Spanien (6 Mirage IIIDE), Libanon (2 Mirage IIIBL) auch Pakistan mit 5 Mirage IIIDP.
Als Nachfolgemuster der Republic RF-84F Thunderflash, die als taktischer Aufklärer auch bei der Armée de l'Air flog, entwickelte Dassault die **Mirage IIIR**. Sie wurde direkt aus der IIIC abgeleitet, und die erste von zwei entsprechend modifizierten IIIA flog am 31. Oktober 1961 als Mirage IIIR-01. Am 1. Februar 1963 konnte in Villaroche auch die erste aus der Serienfertigung stammende Mirage IIIR zu ihrem Jungfernflug starten. Die Armée de l'Air gab fünfzig Maschinen in Auftrag und als erste Einheiten rüsteten die ER 3/33 *Moselle* in Strasbourg-Entzheim (BA.124) sowie die ER 2/33 *Savoie* auf den Mirage-Aufklärer um. Später folgte dann auch die ER 1/33 *Belfort,* die mit ihren RF-84F anfangs noch als Trainingsstaffel diente.
Die Aufklärungsausrüstung der allwettertauglichen Mirage IIIR besteht aus fünf Luftbildkameras des 70 mm-Typs

Bilder linke Seite:
Am Tactical Weapons Meet 1976, das auf dem Luftstützpunkt Twenthe in den Niederlanden durchgeführt wurde, beteiligte sich auch die in Colmar stationierte EC 3/13 »Auvergne« mit ihren Mirage 5F.

An ihren Flügel- und Rumpfstationen kann die Mirage 5 bis zu 4200 kg Kampfmittel mitführen. Hier eine der ersten Maschinen mit vierzehn 450 kg- und 225 kg-Bomben.

Oben:
Dieses Bild zeigt die zehnte Mirage 5BR (BR-10) der zur Force Aerienne Belge/Belgische Luchtmacht gehörenden und in Florennes stationierten 42éme Escadrille unmittelbar vor der Landung.

Für das Besatzungstraining stellten die belgischen Luftstreitkräfte insgesamt sechzehn Mirage 5BD in Dienst. Hier die in Bierset abgestellte und zur 8. Staffel gehörende erste Maschine (BD-01).

OMERA AP-31, die in der neugestalteten Rumpfspitze jedem Einsatz entsprechend unter verschiedenen Winkeln installiert werden können. Alle fünf Kameras sind geschwindigkeitskompensiert, d. h. bei Tiefflugeinsätzen bis zu 1000 km/h wird die Unschärfe, die durch die schnelle Bewegung entstehen würde, durch Bewegen des Films gegen die Flugrichtung ausgeglichen. Zur Steuerung dieser Kompensation dient ein Funkhöhenmesser von CSF. Bei bewaff-

neten Aufklärungseinsätzen sind die beiden DEFA-Kanonen im Rumpf eingebaut. Zusätzlich können an den Flügel- und Rumpfstationen militärische Außenlasten der verschiedensten Arten mitgeführt werden.
Als Abwandlung der IIIR und Nachfolgemuster der veraltenden Venom Mk.1R (DH-112) stellte die Schweizerische Flugwaffe ab 1967 achtzehn Maschinen der Version **Mirage IIIRS** in Dienst und rüstete ihre 10. Staffel mit dem neuen Aufklärer aus. Auch in diesem Fall lieferte Dassault die erste Maschine (R-2301), während die restlichen siebzehn in der Schweiz in Lizenz gefertigt wurden. Sie sind mit dem Navigationsteil des Feuerleitradars Hughes TARAN ausgerüstet und Nachteinsätze werden mit zwei nicht abwerfbaren, kombinierten Blitzlicht/Zusatztanks geflogen. Die Mirage IIIRS verfügt über fünf Luftbildkameras AP-60 von OMERA, die sich lediglich durch einen transistorisierten elektrischen Teil vom Typ AP-31 unterscheiden.
1967 leitete Dassault auch aus der Mirage IIIE einen taktischen Aufklärer ab, der **Mirage IIIRD** genannt wird und von dem die Armée de l'Air zwanzig Maschinen in Auftrag gab. Äußerlich ist diese Version an der flachen Wanne des Doppler-Radars unter dem Rumpfvorderteil erkennbar. Ihre Kameraausrüstung wurde ebenfalls verbessert, denn diese besteht aus fünf Geräten des OMERA-Typs AP-33 mit einem Bildformat 114×114 mm. Wie die E ist auch die Mirage IIIRD in der Lage, ihre Einsätze in einem Geschwindigkeitsbereich von 1400 km/h bis Mach 2,15 durchzuführen, und sie kann auch

Oben: *Außer zwanzig Mirage 5P beschaffte Peru auch zwei Doppelsitzer der Version Mirage 5DP.*

Als einer der jüngsten Mirage 5-Halter gilt der afrikanische Staat Zaire, der außer vierzehn 5M noch drei 5DM erwarb. Hier eine Maschine der zweisitzigen Trainerversion.

Bild rechte Seite:
Bei der Mirage 50 handelt es sich um eine aus der Mirage III/5 abgeleitete Mehrzweckversion, bei der das Atar 09K.50-Triebwerk zum Einbau kommt. Ende 1977 gab der Sudan bei Dassault-Breguet vierzehn Maschinen in Auftrag und erwarb für weitere vierzehn die Option.

wie diese eine Vielzahl militärischer Außenlasten mitführen.
Die Aufklärungsversionen der Mirage wurden ebenfalls für den Export freigegeben, und zwar stellte neben Pakistan (13 Mirage IIIRP) auch Südafrika vier Maschinen mit der Bezeichnung **Mirage IIIRZ** in Dienst. Hinzu kamen 1974 für die Luftstreitkräfte des letzteren Landes noch vier **Mirage IIIR2Z,** bei denen als Triebwerke jedoch ein 7160 kp-Aggregat des SNECMA-Typs Atar 09K.50 zum Einbau kommt. Als die deutsche Luftwaffe Anfang der sechziger Jahre ein zweisitziges Nachfolgemuster des Starfighter-Aufklärers RF-104G suchte, schlug Dassault die **Mirage IIIRDB** vor. Bei diesem komplett ausgearbeiteten Entwurf handelte es sich wie bei der RD um einen zweisitzigen Gewaltaufklärer mit fünf Luftbildkameras des OMERA-Typs AP-33 und Seitensichtradar (SLAR). Diese Mirage-Version verblieb jedoch im Entwurfsstadium, denn die Luftwaffe entschied sich seinerzeit bekanntlich für die RF-4E Phantom II.
Aus der Erkenntnis heraus, daß sich taktische Kampfflugzeuge besser durchsetzen können, wenn sie nicht auf den Begleitschutz von Jägern angewiesen sind, entwickelte Dassault Ende der sechziger Jahre die **Mirage 5**. Sie stellt eine Abwandlung der E dar und ist wie diese mit dem SNECMA-Triebwerk Atar 09C.3 ausgerüstet. Um ein solches Flugzeug aber auch für kleinere Länder exportfähig zu machen, wurde die elektronische Ausrüstung stark vereinfacht. Die Kraftstoff- und Kampfmittelzuladung konnte man dagegen beträchtlich erhöhen, und zwar kann die Mirage 5 bis zu 4200 kg militärische Außenlasten mitführen. Außerdem konnte wegen der vereinfachten Avionik auch der Wartungsaufwand herabgesetzt werden. Er liegt nach offiziellen Angaben bei 8,5 Mannstunden/Flugstunde. Dies ist sicher in erster Linie der Tatsache zu verdanken, daß die Mirage 5 nicht mit dem Cyrano-II-Feuerleitgerät der E ausgerüstet ist. Sie verfügt jedoch über die gleichen Flugeigenschaften wie ihre Vorgängerin und ist ferner in der Lage, auch von weniger gut vorbereiteten Pisten zu operieren. Die Mirage 5 ist also ein Kampfflugzeug, das besonders den militärischen Anforderungen kleinerer Staaten gerecht wird. Wenn man bedenkt, daß vom Gesamtpreis einer Mirage IIIE allein 40 Prozent auf die Avionik entfallen, so dürfte die

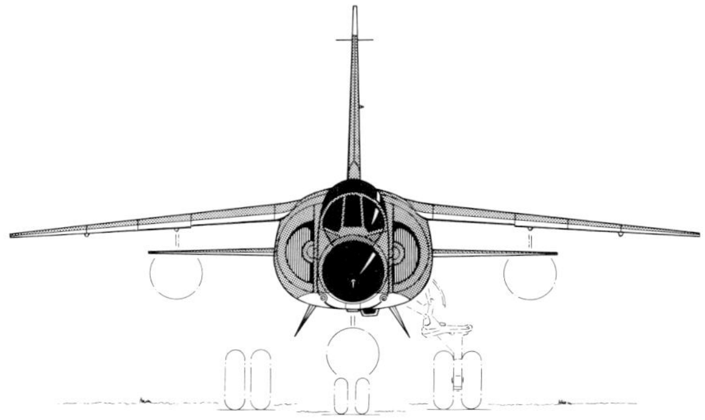

Dassault-Breguet Mirage F.1C

EC 2/30 „Normandie-Niemen" – BA 112-Reims

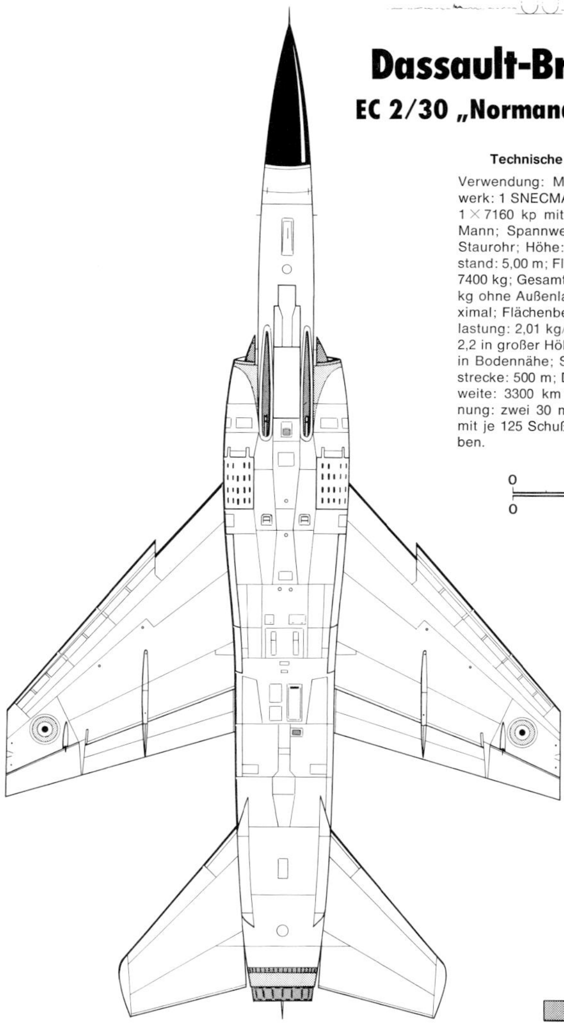

Technische Daten und Leistungsangaben

Verwendung: Mehrzweck-Kampfflugzeug; Triebwerk: 1 SNECMA ATAR 9K.50; Triebwerkleistung: 1 × 7160 kp mit Nachverbrennung; Besatzung: 1 Mann; Spannweite: 8,40 m, Länge: 15,00 m mit Staurohr; Höhe: 4,50 m; Spurweite: 2,50 m; Radstand: 5,00 m; Flügelfläche: 25,00 m²; Leergewicht: 7400 kg; Gesamtlast: 7800 kg; Startgewicht: 10900 kg ohne Außenlasten; Startgewicht: 15200 kg maximal; Flächenbelastung: 608 kg/m²; Leistungsbelastung: 2,01 kg/kp; Höchstgeschwindigkeit: Mach 2,2 in großer Höhe; Steiggeschwindigkeit: 213 m/s in Bodennähe; Startrollstrecke: 550 m; Landerollstrecke: 500 m; Dienstgipfelhöhe: 20000 m; Reichweite: 3300 km maximal (Überführung); Bewaffnung: zwei 30 mm-Maschinenkanonen DEFA 553 mit je 125 Schuß, Lenkwaffen, Raketen und Bomben. *

0 1 2 3 m
0 5 10'

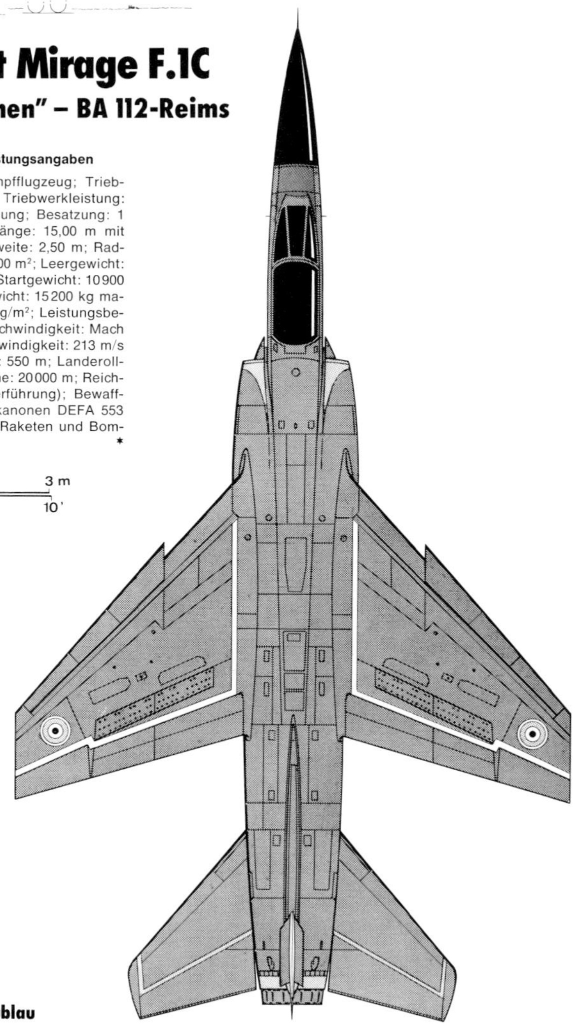

– graublau

– silbergrau

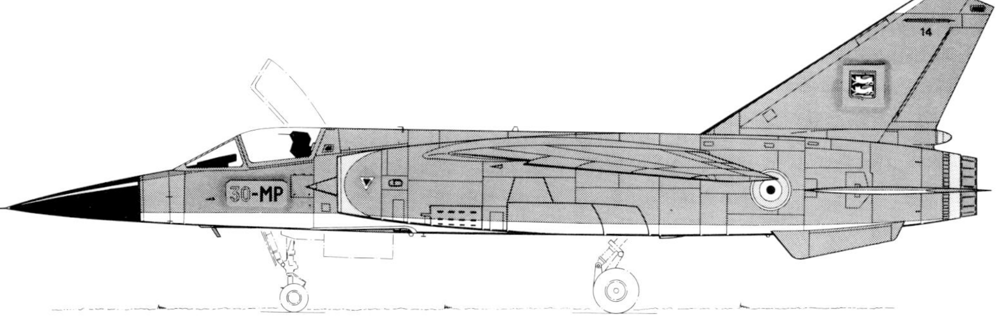

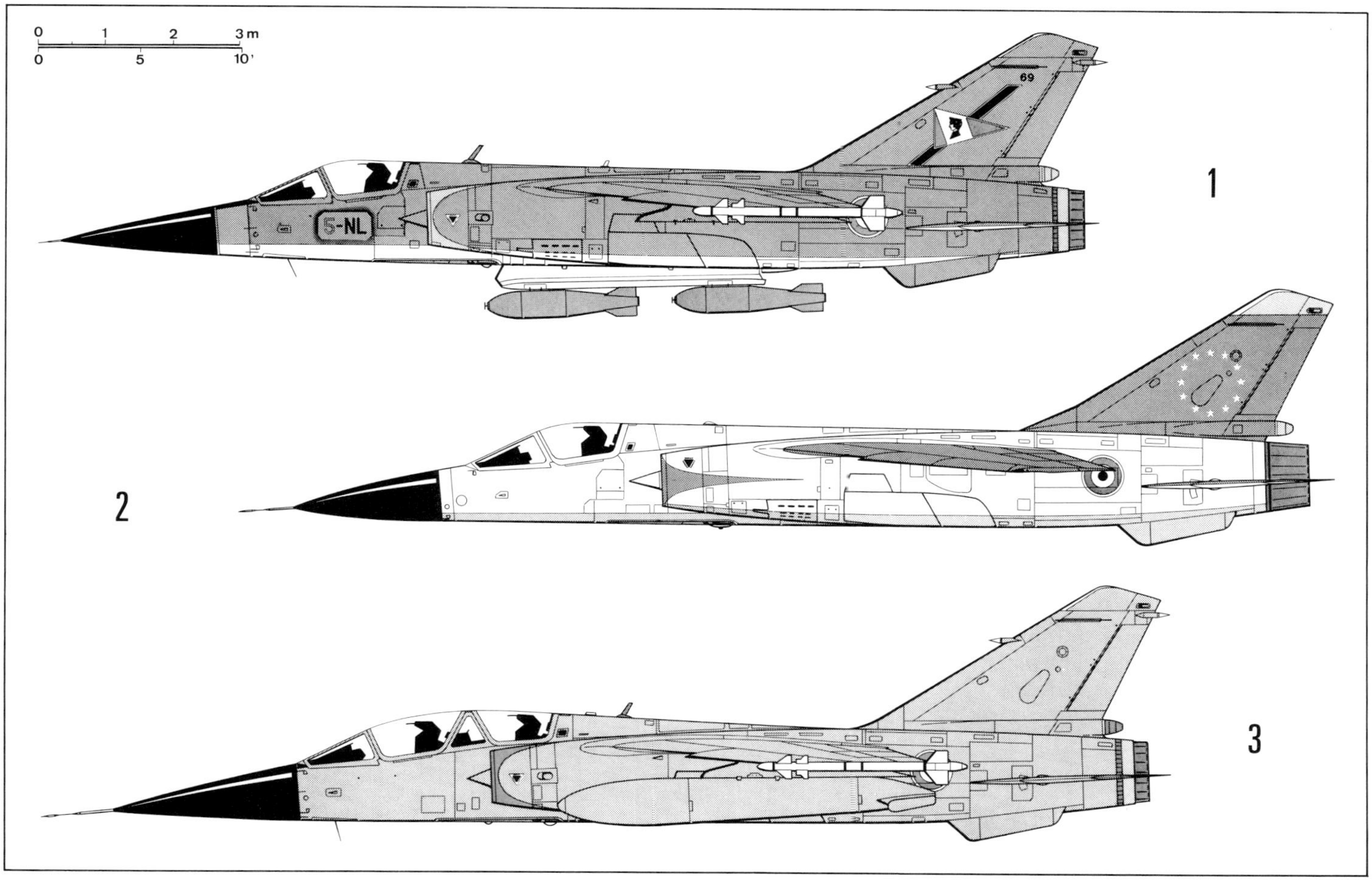

Oben: 1: *Mirage F.1C – Armée de l'Air, Escadron de Chasse 1/5 Vendée, Orange 1977.* **2:** *Mirage F.1E – Dassault-Breguet, Aero Salon – Le Bourget 1975.* **3:** *Mirage F.1B – Dassault-Breguet, Werksdemonstrator 1976/77.*

Mirage 5 auch das »preiswerteste« Kampfflugzeug mit Mach-2-Eigenschaften sein. Als erster Staat gab Israel für seine Luftstreitkräfte fünfzig Maschinen mit der Bezeichnung **Mirage 5J** in Auftrag, deren erste am 19. Mi 1967 flog. Diese wurden bei Dassault zwar fertiggestellt, wegen des französischen Waffenembargos, das General de Gaulle nach dem Sechstagekrieg im Juni 1967 über Israel verhängte, jedoch nicht ausgeliefert. Man lagerte sie daraufhin zwei Jahre lang beim Entrepot d'Appui Aerienne 601 (EAA601) in Chateaudun aus und übergab der neuaufgestellten EC 3/13 *Auvergne* in Colmar zwanzig Maschinen. Den Rest wies man ab Juli 1974 der EC 3/3 *Ardennes* in Nancy zu.

Auch Dänemark interessierte sich seinerzeit für die Beschaffung der Mirage 5, entschied sich jedoch später für die schwedische S35X Draken von Saab. Als größter europäischer Halter der Mirage 5 gilt Belgien, das dieses Flugzeug im März 1969 als Nachfolgemuster der veralteten F-84F Thunderstreak und RF-84F Thunderflash in Auftrag gab. Dazu gehörten neben 63 Jagdbombern **Mirage 5BA** mit verbesserter Navigationsausrüstung noch 16 zweisitzige Trainer **Mirage 5BD** und 27 taktische Aufklärer **Mirage 5BR**. Bei letzterem handelt es sich um eine aus der Mirage 5BA abgeleitete Version für die bewaffnete Aufklärung mit einer aus fünf Vinten 360 bestehenden Kameraanlage. Als großen Erfolg kann Dassault einige Aufträge aus Lateinamerika für sich verbuchen, denn dieser Erdteil wurde ja bis dahin vorwiegend mit amerikanischen und britischen Militärflugzeugen beliefert. Neben Peru (20 Mirage 5P und 2 Mirage 5DV) stellte auch Kolumbien dieses Muster in Dienst – 14 Mirage 5CA und 2 Mirage 5COR. Hinzu kommen als weitere Halter noch Abu Dhabi (26 Mirage 5AD, 3 Mirage 5DAD und 5 Mirage 5RAD), Ägypten (14 Mirage 5E), Gabun (3 Mirage 5G und 2 Mirage 5DG), Libyen (60 Mirage 5D, 30 Mirage 5DE, 10 Mirage 5DD und 10 Mirage 5DR), Pakistan (28 Mirage 5PA) und Zaire (14 Mirage 5M und 3 Mirage 5DM). Zeitweise interessierte sich auch Malaysia für die Mirage 5, wählte jedoch statt dessen die Northrop F-5E Tiger II. Alle diese Staaten sind aus finanziellen Gründen gezwungen, auf relativ einfache, aber doch kampfstarke Flugzeuge zurückzugreifen. Sie können es sich einfach nicht leisten, komplizierte und damit an-

Mit der Mirage IIIV beteiligte sich Frankreich am NATO-Programm NBMR-3, das Anfang der sechziger Jahre die Entwicklung eines VTOL-Kampfflugzeugs vorsah. Sie war das Gegenstück zur britischen P.1127/Kestrel/Harrier und der deutschen VJ 101C/D, wurde aber nicht weiterentwickelt. Hier der erste von zwei Prototypen im Schwebeflug.

Dassaults Beitrag zur Schwenkflügeltechnik bestand anfangs aus der zweisitzigen Mirage G, deren einziger Prototyp am 18. November 1967 in Istres flog. Sie leitete über zur zweistrahligen Mirage G.8, von der zwei Prototypen gebaut, aber nicht weiterentwickelt wurden.

spruchsvolle Flugzeuge zu beschaffen. Daß sie sich angesichts der starken internationalen Konkurrenz dennoch für die Mirage 5 entschieden, spricht eigentlich für den militärischen Wert dieses Musters. Ende Dezember 1977 belief sich die Auftragslage für Dassault-Breguet auf insgesamt 1349 Maschinen der Deltaflügel-Versionen Mirage III/5 aus 21 Ländern.

Mitte der sechziger Jahre gab die französische Regierung »Grünes Licht« für die Entwicklung eines leistungsfähigeren Nachfolgemusters der Mirage III/5, die bei Dassault in ihren Grundzügen schon 1964 begonnen hatte. Die mit einem SNECMA (Pratt & Whitney) TF306-Turbofan ausgerüstete zweisitzige Maschine, deren Tragwerk als gepfeilter Schulterdecker ausgelegt war, erhielt die Typenbezeichnung Mirage IIIF. Im Juni 1964 wurde ein Prototyp in Auftrag gegeben, der am 12. Juni 1966 als Mirage F.2 erstmals flog. Parallel dazu entstand noch das Projekt der Mirage F.3, das aber wegen zu hoher Kosten über ein Reißbrettstadium nicht hinauskam. Statt dessen leitete man aus der F.2 eine leichtere und kostenwirksamere Version davon ab, die **Mirage F.1**. Trotz der relativ frühen Auftragserteilung zog sich die Fertigstellung des ersten Prototyps jedoch bis Ende 1966 hin, und erst am 23. Dezember startete die mit Mirage F.1-01 bezeichnete Maschine zu ihrem Jungfernflug. Sie war mit einem Atar 9K ausgerüstet und erreichte bereits während ihres vierten Fluges am 7. Januar 1967 doppelte Schallgeschwindigkeit. Unglücklicherweise stürzte die F.1-01 am 18. Mai 1967 bei

Mit Milan wurde eine Version der Mirage IIIE bezeichnet, die 1968/69 herauskam und mit zwei einziehbaren Stützflügeln ausgestattet war. Am 29. Mai 1970 flog die erste Maschine und schon zwei Wochen später erreichte sie Mach 2,0+. Als ernsthafte Bewerber galten seinerzeit neben der Schweiz auch Australien und Südafrika. Hier die Milan S-01 unmittelbar vor der Landung. Trotz ausgezeichneter Leistungen wurde die Weiterentwicklung dieser Sonderversion der Mirage wieder eingestellt.

Hochgeschwindigkeitsversuchen in der Nähe von Istres ab, wobei der AMD-Cheftestpilot René Bigand ums Leben kam. Es kam daraufhin zu einigen Änderungen an der Zelle und zu einer Überarbeitung der Spezifikation. Im September 1967 gab die französische Regierung drei Vorserienflugzeuge und eine Bruchzelle für statische Versuche in Auftrag. Die Mirage F.1-02 flog erstmals am 20. März 1969 und kam dabei schon auf Mach 1,15. Vier Tage später erreichte sie doppelte Schallgeschwindigkeit. Die erste Phase der Flugerprobung konnte sie am 27. Juni 1967 erfolgreich abschließen. Sie war mit einem 6700 kp-Triebwerk des SNECMA-Typs Atar 09.K31 ausgerüstet, erhielt aber im Laufe des Jahres 1969 das schubstärkere Atar 09K.50. Das gleiche Aggregat diente auch als Antrieb der beiden anderen Vorserienmaschinen. Am 18. September 1960 flog die mit einer abgeänderten Flügelnase versehene Mirage F.1-03 erstmals. Ihr folgte am 17. Juni 1970 die F.1-04, die bereits mit einer kompletten Avionik ausgestattet war und als eigentliches Ausgangsmuster für die geplante Serienversion galt. Bis März 1973 absolvierten die Prototypen ein Versuchsprogramm mit mehr als 1600 Flugstunden.

Die erste aus der Serienfertigung stammende Mirage F.1 flog am 15. Februar 1973. Sie wurde schon vier Wochen später von der Armée de l'Air übernommen und dem Centre d'Essais en Vol (CEV) für weitere Versuche zugewiesen. Auch die nächsten vier Maschinen (Mirage F.1-2 bis -5) waren noch nicht für den Truppendienst vorgesehen. Erst ab der zehn-

ten Mirage F.1 übernahm im Dezember 1973 die Armée de l'Air die ersten Serienflugzeuge. Als erste Einheit rüstete seinerzeit die in Reims (BA.112) stationierte EC 2/30 *Normandie-Niemen* auf die neue Mirage F.1C um. Unmittelbar danach folgte die EC 3/30 *Lorraine,* die ebenfalls in Reims stationiert ist. Beide Staffeln verfügen seitdem über dreißig Mirage F.1C. Als nächste erhielten die EC 5 in Orange (BA.115) sowie die EC 12 in Cambrai (BA.103) die Mirage F.1C. Die Armee de l'Air will im Laufe der nächsten drei Jahre insgesamt acht Staffeln mit der F.1C ausrüsten, zu denen dann auch die EC 1/10 *Valois* und EC 2/10 *Seine* in Creil (BA.110) gehören werden.
Für die Mirage F.1C scheint sich ein ähnlicher internationaler Erfolg anzubahnen, wie ihn bereits die Deltaflügler Mirage III/5 für sich verbuchen konnten. Im Dezember 1977 belief sich die Auftragslage auf 553 Maschinen verschiedener Versionen aus neun Ländern. Neben Ekuador (18 Mirage F.1CE), Griechenland (40 Mirage F.1CG), Irak (72 Mirage F.1CJ), Kuwait (18 Mirage F.1CK und 2 Mirage F.1BK), Libyen (16 Mirage F.1AD, 16 Mirage F.1ED und 6 Mirage F.1BD) und Marokko (75 Mirage F.1CH) entschied sich auch Spanien für dieses Flugzeug. Die in Los Llanos stationierte Escuadron 141 der Ejercito del Aire stellte im Mai 1975 die ersten von 32 Maschinen als **C.14** in Dienst.
Mit **Mirage F.1A** wird eine Tiefangriffsversion bezeichnet, die nicht nur über eine verbesserte Avionik, sondern auch über eine erhöhte Kraftstoffkapazität verfügt. Sie steht wie die F.1C bei Dassault-

Dieses Bild zeigt die erste, aus der Serienfertigung stammende Mirage F.1, die am 15. Februar 1973 in Bordeaux-Merignac erstmals flog und danach dem CEV in Istres für weitere Versuche zugewiesen wurde.

Die in Reims stationierte 30ème Escadre des Chasse rüstete Anfang 1974 auf die neue Mirage F.1C um. Hier eine Maschine mit den Kennzeichen der EC 3/30 Lorraine.

Das Bild darunter zeigt eine Mirage F.1C der EC 3/12 »Cournouaille«, deren Super Mystere B.2 im Jahre 1977 endgültig abgelöst wurden.

Breguet in der Serienfertigung. Am 26. Mai 1976 startete in Istres die erste **Mirage F.1B** zu ihrem 60minütigen Jungfernflug. Von diesem zweisitzigen System- und Kampftrainer will die Armée de l'Air vorerst zehn Maschinen in Dienst stellen. Das Leistungsspektrum der F.1B entspricht weitgehend dem der einsitzigen Standardversion. Schon während ihres dritten Fluges erreichte sie doppelte Schallgeschwindigkeit, und am 1. Juni 1976 flog sie erstmals zweisitzig. Beide Maschinen wurden am 28. Oktober 1977 in Bordeaux-Merignac als Mirage F.1BK den Luftstreitkräften Kuwaits übergeben. Am sogenannten »Kampfflugzeug-Wettbewerb des Jahrhunderts«, in dessen Verlauf es für Norwegen, Dänemark, Belgien und die Niederlande um den Starfighter-Nachfolger ging, beteiligte sich Dassault-Breguet mit der **Mirage F.1E.** Die mit einem 8490 kp-Turbofan des SNECMA-Typs M.53-2 ausgerüstete Maschine, deren erster und bisher einziger Prototyp am 22. Dezember 1974 flog, unterlag jedoch trotz ausgezeichneter Flugleistungen der amerikanischen F-16A/B von General Dynamics. Sie dient seitdem als Versuchsträger des M.53-Triebwerks, das ja für die neuen Mirage 2000 und Super Mirage 4000 vorgesehen ist. In ihrer allgemeinen technischen Konzeption basiert die F.1E weitgehend auf der F.1C, ist jedoch mit 15,53 m etwas länger, und auch das Rumpfheck mußte wegen des Triebwerks etwas abgeändert werden. Gegenüber der F.1C hat sie ein maximales Startgewicht von 15200 kg und sie erreicht in großen Höhen eine Spitzengeschwindigkeit von Mach 2,2.

Bei der Mirage F.1 handelt es sich um einen freitragenden Schulterdecker mit konventionellem Heckleitwerk. Der hochangesetzte Flügel hat eine Nasenpfeilung von 50° und eine negative V-Stellung von 5°. Jede der beiden Flügelhälften ist mit »Sägezahn« versehen, der gegenüber den Prototypen und Vorserienflugzeugen in seiner Lage verändert wurde. Das Tragwerk mit seinem relativ dünnen Profil besitzt über die gesamte Spannweite reichende Nasenklappen und über zwei Drittel sich erstreckende Doppelspalt-Landeklappen sowie zweiteilige, perforierte Spoiler für die Quersteuerung. Der Auftriebsbeiwert des F.1-Flügels ist dank dessen allgemeiner Auslegung und seiner Hochauftriebshilfen mehr als doppelt so groß wie bei der Mirage III/5. Damit konnten die Langsamflugeigenschaften bedeutend verbessert werden, was nicht nur Vorteile im Allwetterbetrieb, sondern auch im Besatzungstraining mit sich brachte.

Als Feuerleitgerät kommt bei der Mirage F.1 das von Thompson-CSF entwickelte Cyrano IV zum Einbau, das unter dem GFK-Radom eingebaut ist. Es folgt das vollklimatisierte Cockpit mit der nach oben zu öffnenden Klapphaube und einem Schleudersitz des Martin-Baker-Typs Mk.4. Hinter dem Cockpit-Schrägspant befindet sich der Avionikraum und im Rumpfmittelteil die aus mehreren Integralbehältern bestehende Haupt-Kraftstoffanlage mit einem Fassungsvermögen von 3880 Liter. Hinzu kommen zwei integrale Flügelbehälter mit je 200 Liter und für Sondereinsätze bis zu drei 1300 Liter-Zusatztanks.

Zur Verbesserung ihrer Reichweitenleistungen kann die Mirage F.1 an ihren Außenstationen drei abwerfbare 1300 l-Zusatztanks mitführen.

Die spanischen Luftstreitkräfte stellten ab Mai 1975 32 Mirage F.1C als C.14 in Dienst. Hier vier Maschinen der in Los Llanos bei Albacete stationierten Escuadron 141.

Griechenland entschied sich schon relativ früh für die Mirage F.1C und erwarb vierzig Maschinen.

Mit Mirage F.1CZ wird die Version bezeichnet, von der die Suid-Afrikaanse Lugmag sechzehn Maschinen in Dienst stellte.

Beim Triebwerk der Mirage F.1 handelt es sich um das von SNECMA entwickelte Atar 09K.50, das in seinem allgemeinen Aufbau weitgehend den Atar-Versionen 09C und 09K gleicht. Es hat ein Einbaugewicht von 1596 kg und entwickelt einen Nachverbrennungsschub von 7160 kp. Außer einem Schubgewinn konnte gegenüber dem Atar 09C noch ein um 10 Prozent geringerer spezifischer Kraftstoffverbrauch erreicht werden.

Alle drei Einheiten des von Messier-Hispano hergestellten Bugradfahrwerks sind mit Niederdruck-Zwillingsrädern ausgestattet. Es ist sehr robust und erlaubt auch die Benutzung unbefestigter Startbahnen. Die Kinematik der beiden mit Mehrfach-Scheibenbremsen versehenen Haupteinheiten ist so ausgelegt, daß sie seitlich in den Rumpf eingezogen werden. Damit bleiben die Unterseiten von Rumpf und Flügel für die Aufhängung von Außenlasten frei. An ihren sieben Stationen kann die Mirage F.1 bis zu 4000 kg Kampfmittel mitführen, von Spreng- und Napalmbomben bis hin zu modernen Luft-Boden- und Luft-Luft-Lenkwaffen. Im Rumpf fest eingebaut sind zwei 30 mm-Kanonen des Typs DEFA 553 mit zusammen 270 Schuß.

Im Herbst 1973 begann man bei Dassault-Breguet mit der Weiterentwicklung der Mirage F.1, die im Rahmen des ACF-Programms (Avion de Combat Futur) schließlich zur **Super Mirage** führte. Wegen zu hoher Kosten wurde der zweisitzige Entwurf jedoch wieder aufgegeben, und zwar zugunsten des weniger aufwendigen Luftüberlegenheitsjägers **Mirage 2000.** Diese Maschine, von der fünf

Prototypen gebaut werden, gleicht in ihrer äußeren Konzeption zwar weitgehend einer modifizierten Mirage III/5, stellt aber hinsichtlich ihrer Aerodynamik und Ausrüstung ein völlig neues Flugzeug dar. Der erste Prototyp wurde Ende 1977 nach Istres überführt, wo auch die Gesamterprobung stattfinden wird.

Die Armée de l'Air plant die Beschaffung von mindestens 130 ein- und zweisitzigen Mirage 2000, deren erste Serienflugzeuge Ende 1981 ausgeliefert werden sollen. Nach einer gründlichen Erprobung unter Einsatzbedingungen sollen sie dann zwei Jahre später ihren aktiven Truppendienst aufnehmen. Als Triebwerk kommt bei den Prototypen der Mirage 2000 das M.53-2 zum Einbau, dessen Nachverbrennungsschub bei 8490 kp liegt. Für die Serienflugzeuge sind die schubstärkeren Versionen M.53-5 und -7 vorgesehen. Ihre Angriffsbewaffnung besteht standardmäßig aus zwei 30 mm-Kanonen des Typs DEFA 553 sowie Luft-Luft- und Luft-Boden-Lenkwaffen modernster Bauart. In ihrer sekundären Einsatzaufgabe als Jagdbomber kann sie an ihren neun Außenstationen bis zu 5000 kg Kampfmittel mitführen. Sie ist auf der rechten Seite des Rumpfvorderteils mit einer Flugbetankungssonde ausgestattet und verfügt ferner über einen Fanghaken.

Um das Gewicht der Zelle niedrig zu halten, griff man bei der Konstruktion gewisser Bauteile auf moderne Verbundwerkstoffe zurück. Dazu gehörten vor allem die Elevons, aber auch die automatischen Slats. Die Flugsteuerung der Mirage 2000 erfolgt ausschließlich über ein

Oben: *Von der Mirage F.1E oder F.1 International wurde 1974 nur eine Maschine gebaut. Sie dient heute als M.53-Versuchsträger für das Mirage 2000-Programm.*

Bilder rechte Seite:

Am 28. Oktober 1977 wurden den Luftstreitkräften Kuwaits die beiden ersten Doppelsitzer der Version Mirage F.1BK übergeben. Hier eine dieser beiden Maschinen (Nr. 771 und 772), die am 3. November 1977 auf ihrem Heimatstützpunkt landeten.

Am 10. März 1978 startete der erste Prototyp des von Dassault-Breguet entwickelten, neuen Kampfflugzeugs Mirage 2000 in Istres zu seinem Jungfernflug. Cheftestpilot Jean Coureau kam auf eine Höchstgeschwindigkeit von Mach 1,3.

elektrisches Impulssystem. Nach offiziellen Angaben wird die 10000 kg schwere Maschine jedem vergleichbaren Muster in Ost und West überlegen sein. Ihre rechnerischen Flugleistungen sind bedeutend besser als die der Mirage III/5 und sie soll sogar in der Lage sein, die F-15 Eagle auszukurven.

Für Dassault-Breguet ist die Entwicklung der Mirage 2000 das gegenwärtig bedeutsamste Vorhaben. Unmittelbar nach der Einstellung des ACF-Programms gab die Firma jedoch die Entwicklung eines weiteren Deltaflüglers auf eigene Kosten bekannt. Er führte anfangs die Bezeichnung Super Mirage Delta, und lange Zeit war lediglich bekannt, daß es sich bei dem neuen Muster um eine zweistrahlige Abwandlung der Mirage 2000 handle. Ende 1977 wurde mit der Vorstellung einer 1:1-Attrappe der Schleier des Geheimnisses gelüftet. Tatsächlich stellt die **Super Mirage 4000** eine Weiterentwicklung der Mirage 2000 dar. Neu sind jedoch zwei kleine Stützflügel im oberen Bereich der Lufteinläufe, wie sie auch bei der schwedischen Viggen und der israelischen Kfir zur Anwendung kommen.

Dem Vernehmen nach handelt es sich bei der Super Mirage 4000, deren Entwicklung im September 1976 begann, um ein Mehrzweck-Kampfflugzeug. Als Triebwerkanlage sind zwei SNECMA M.53 vorgesehen, die der etwa 26000 kg schweren Maschine eine Spitzengeschwindigkeit von Mach 2,2^{+} ermöglichen soll. Nach Angaben der Herstellerfirma denkt man bei der Super Mirage 4000 in erster Linie an den Export, denn seitens der Armée de l'Air besteht gegenwärtig und auch in naher Zukunft kein dringender Bedarf für ein Flugzeug dieser Kategorie, dessen Prototyp im Oktober 1978 fliegen soll.

Dies alles verdeutlicht, daß es sich bei der kompletten Mirage-Familie – einschließlich des VTOL-Versuchsmusters Mirage IIIV und des Schwenkflüglers Mirage G – um äußerst erfolgreiche Entwicklungen handelt. Einen entscheidenden Anteil daran hat allerdings auch die Art, wie man bei Dassault-Breguet seit Jahren neue Projekte plant, ausarbeitet und konsequent weiterentwickelt. Die Verkaufszahlen der einzelnen Versionen sprechen für sich, und es ist durchaus möglich, daß der für Mitte 1978 vorgesehene Auslauf der Mirage-III/5-Serienfertigung verschoben wird.

McDonnell Douglas F-4 Phantom II

Seit fast zwanzig Jahren wird das vielseitigste taktische Kampfflugzeug der westlichen Welt – die F-4 Phantom II – bei McDonnell Douglas in Großserie gefertigt. Der Name dieser in St. Louis, Missouri, beheimateten Herstellerfirma wurde in Europa eigentlich erst nach dem Zweiten Weltkrieg bekannt. Sie wurde 1939 gegründet und befaßte sich zunächst mit der Entwicklung von Hochleistungsflugzeugen. Eingehenden und viel versprechenden Studien für einen zweistrahligen Marinejäger folgte im Januar 1943 ein offizieller Auftrag für dieses Projekt. Zwei Jahre später startete die XFD-1 Phantom am 25. Januar 1945 zu ihrem Jungfernflug. Ende 1946 verließ die erste mit FH-1 bezeichnete Serienversion dieses Musters die Endmontage, und die letzte von insgesamt sechzig Phantom wurde im Mai 1948 der US Navy übergeben. Eine Maschine dieses Typs führte am 21. Juli 1946 als erstes Strahlflugzeug der US Navy an Bord des Flugzeugträgers USS Franklin D. Roosevelt (CVA-42) Starts und Landungen durch. Der Phantom I folgte die größere, schnellere und ebenfalls zweistrahlige F2H Banshee, an die sich die einstrahlige F3H Demon – das erste McDonnell-Flugzeug mit Pfeilflügeln – anschloß. Nicht zu vergessen das zweistrahlige Mehrzweck-Kampfflugzeug F-101 Voodoo, aus dem auch ein taktischer Aufklärer (RF-101) abgeleitet wurde und von dem in den fünfziger Jahren insgesamt 807 Maschinen

Vor zwanzig Jahren startete die XF4H-1 (BuAer No. 142259) am 27. Mai 1958 als erster Prototyp der Phantom II zu ihrem Jungfernflug.

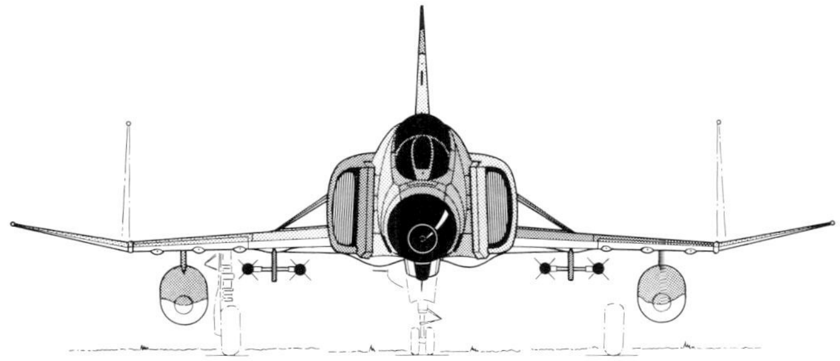

McDonnell Douglas F-4F Phantom II

Jagdgeschwader 71 „Richthofen" – Wittmundhafen

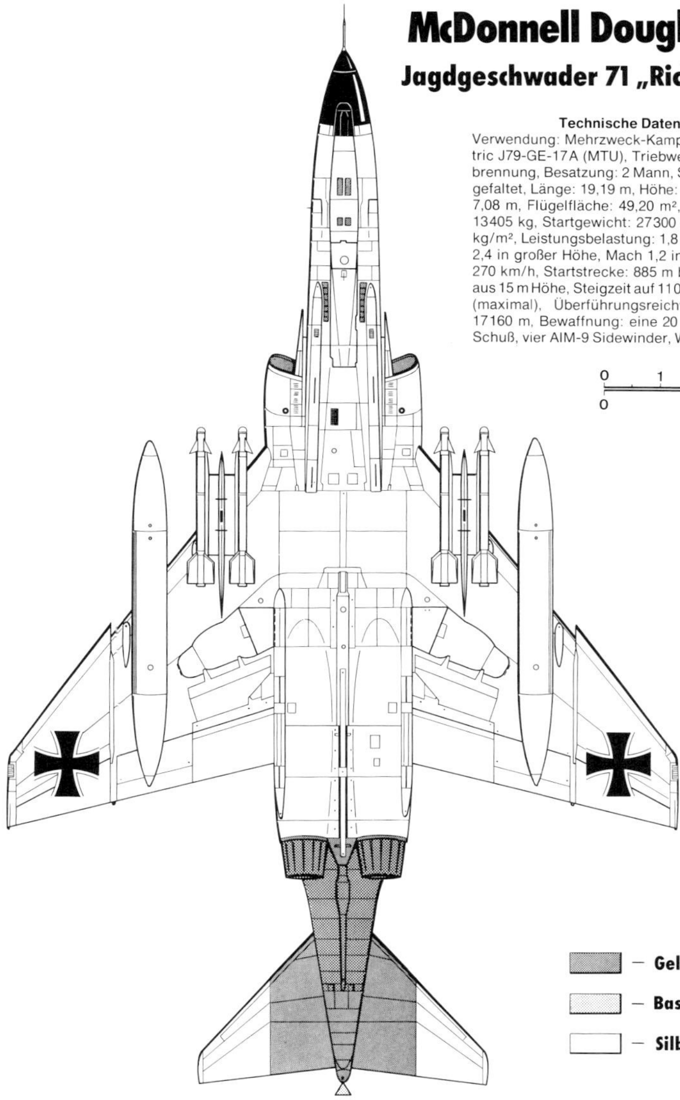

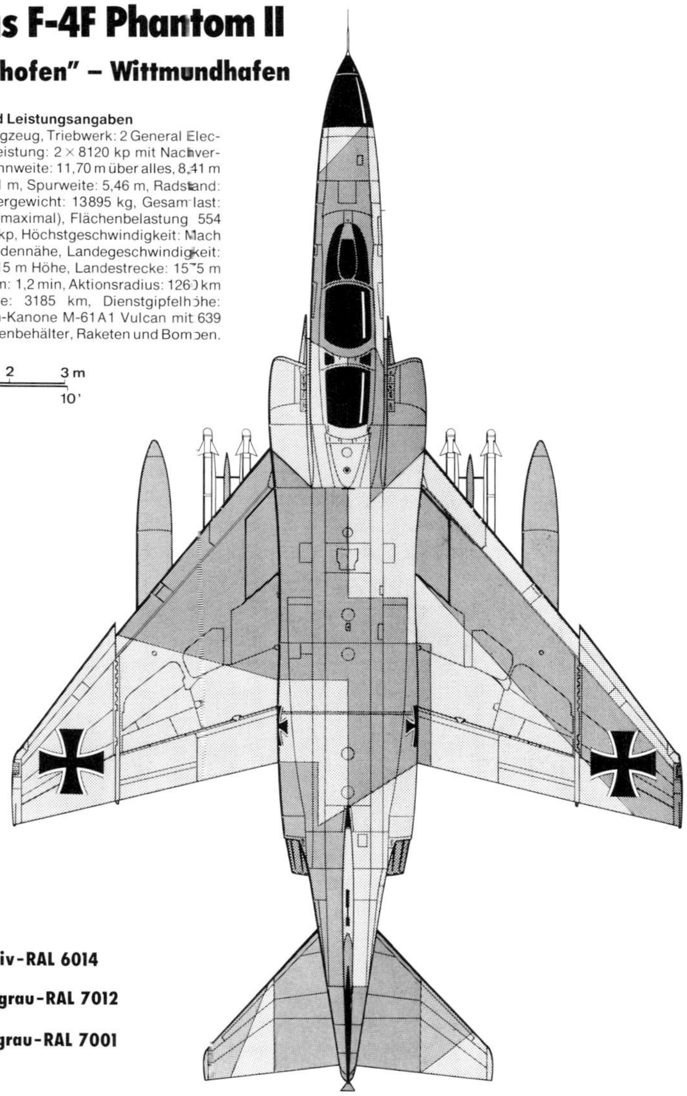

Technische Daten und Leistungsangaben

Verwendung: Mehrzweck-Kampfflugzeug, Triebwerk: 2 General Electric J79-GE-17A (MTU), Triebwerkleistung: 2 × 8120 kp mit Nachverbrennung, Besatzung: 2 Mann, Spannweite: 11,70 m über alles, 8,41 m gefaltet, Länge: 19,19 m, Höhe: 5,01 m, Spurweite: 5,46 m, Radstand: 7,08 m, Flügelfläche: 49,20 m², Leergewicht: 13895 kg, Gesamtlast: 13405 kg, Startgewicht: 27300 kg (maximal), Flächenbelastung 554 kg/m², Leistungsbelastung: 1,8 kg/kp, Höchstgeschwindigkeit: Mach 2,4 in großer Höhe, Mach 1,2 in Bodennähe, Landegeschwindigkeit: 270 km/h, Startstrecke: 885 m bis 15 m Höhe, Landestrecke: 1575 m aus 15 m Höhe, Steigzeit auf 11000 m: 1,2 min, Aktionsradius: 1260 km (maximal), Überführungsreichweite: 3185 km, Dienstgipfelhöhe: 17160 m, Bewaffnung: eine 20 mm-Kanone M-61A1 Vulcan mit 639 Schuß, vier AIM-9 Sidewinder, Waffenbehälter, Raketen und Bomben.

0 1 2 3 m
0 5 10'

– Gelboliv-RAL 6014

– Basaltgrau-RAL 7012

– Silbergrau-RAL 7001

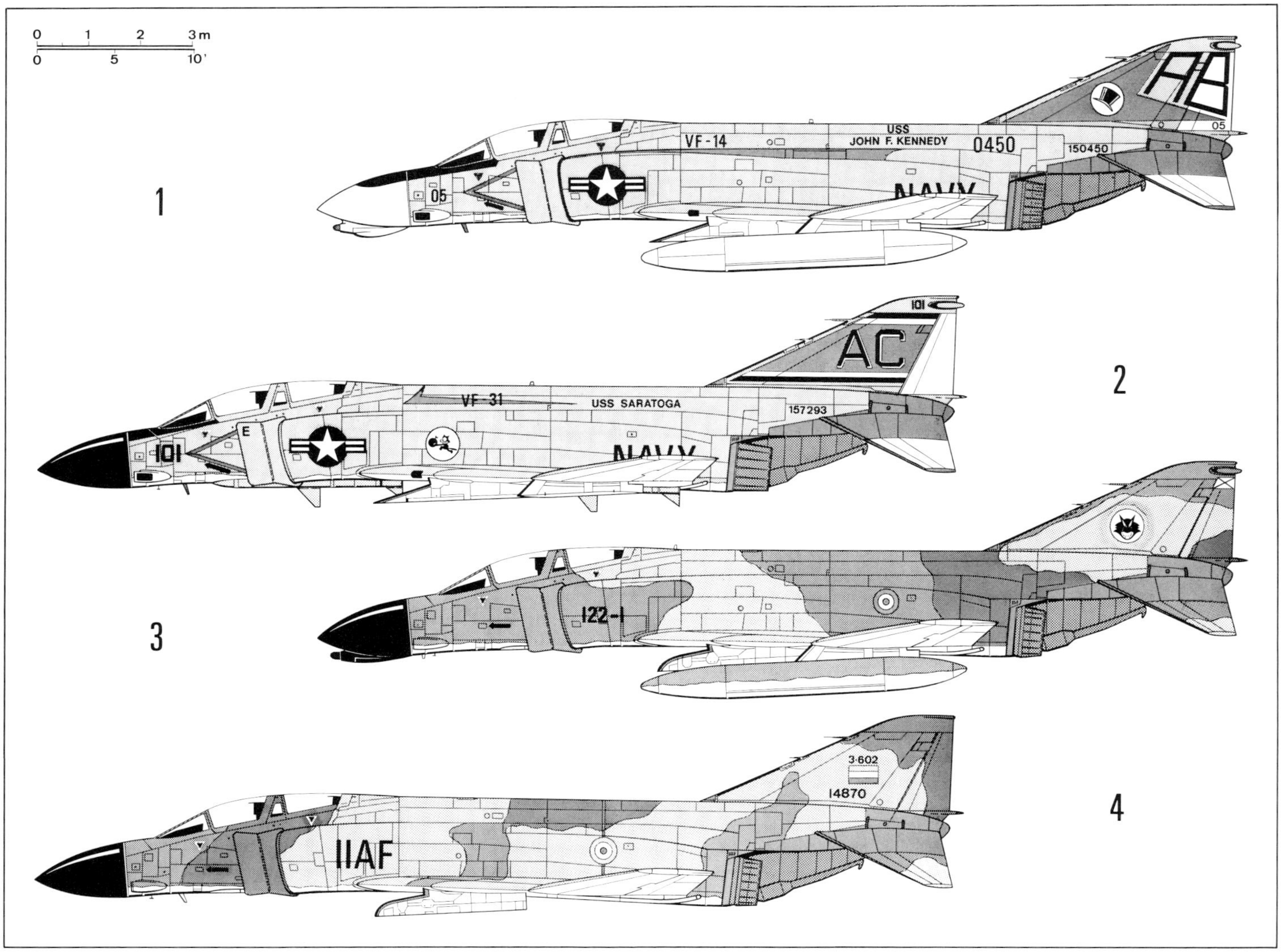

aller Versionen gebaut wurden.
Mit dem nächsten Entwurf kehrte man jedoch wieder zum zweistrahligen Träger-Jagdflugzeug zurück. Den Auftrag zur Entwicklung einer solchen bordgestützten Maschine, die sowohl als Jäger wie auch als Tiefangriffsflugzeug vorgesehen war, erhielt McDonnell im Oktober 1954. Sie konnte sich mit ihrem seinerzeit noch einstrahligen Entwurf F3H-G vor dem Konkurrenzvorschlag Chance-Vought F8U-3 Crusader III behaupten und ging aus dem Navy-Wettbewerb als Siegerin hervor. Der Anfangsauftrag lautete auf die Fertigung und Erprobung von zwei Prototypen und einer Bruchzelle für statische Versuche. Die Entwicklung der neuen Maschine beinhaltete bis zum Beginn ihrer Konstruktion mehrere tausend Versuchsstunden in verschiedenen Windkanälen. Als Triebwerkanlage des mit AH-1 bezeichneten Musters plante man zwei Wright J65 mit je 4770 kp ein, während man für die nachfolgende Serienausführung das noch im Versuch stehende General Electric-Triebwerk J79 mit 7250 kp vorsah. Die Angriffsbewaffnung sollte anfangs aus vier 20 mm-Kanonen und einem Feuerleitradar (APQ-50) für den Einsatz von Lenkwaffen bestehen.
Innerhalb der nächsten achtzehn Monate nach Erteilung des Entwicklungsauftrags AH-1 änderte die US Navy ihr ursprüngliches Einsatzkonzept und damit auch die Spezifikationen. McDonnell erhielt daraufhin einen neuen Auftrag, nach dem die in der Entwicklung stehende Maschine für den Einsatz als zweisitziger Langstrecken-Höhenabfangjäger mit Raketenbewaffnung ausgelegt werden mußte. Das Flugzeug wurde von Grund auf neu entwickelt, und im Juli 1956 erhielt der Entwurf die neue Typenbezeichnung F4H-1. Gleichzeitig entschied man sich schon beim ersten Prototyp für den Ein-

Oben: 1: *F-4B – US Navy, VF-14 Top Hatters, USS John F. Kennedy (CV-67).* **2:** *F-4J – US Navy, VF-31 Tomcats, USS Saratoga (CV-60).* **3:** *C.12 (F-4C) – Ejercito del Aire Español, Escuadron 122, Torrejon.* **4:** *F-4D – Imperial Iranian Air Force, 306th Squadron, Mehrabad.*

Rechte Seite: 5: *RF-4B – US Marine Corps, VMCJ-3, MCAS El Toro 1966.* **6:** *Phantom FGR Mk.2 – Royal Air Force, No. 54 Squadron, RAF Coningsby 1972.* **7:** *RF-4C – US Air Force in Europe, 26th Tactical Reconnaissance Wing, Zweibrücken AB, 1974.* **8:** *F-4E – US Air Force in Europe, 86th Tactical Fighter Wing, Ramstein AB 1974.*

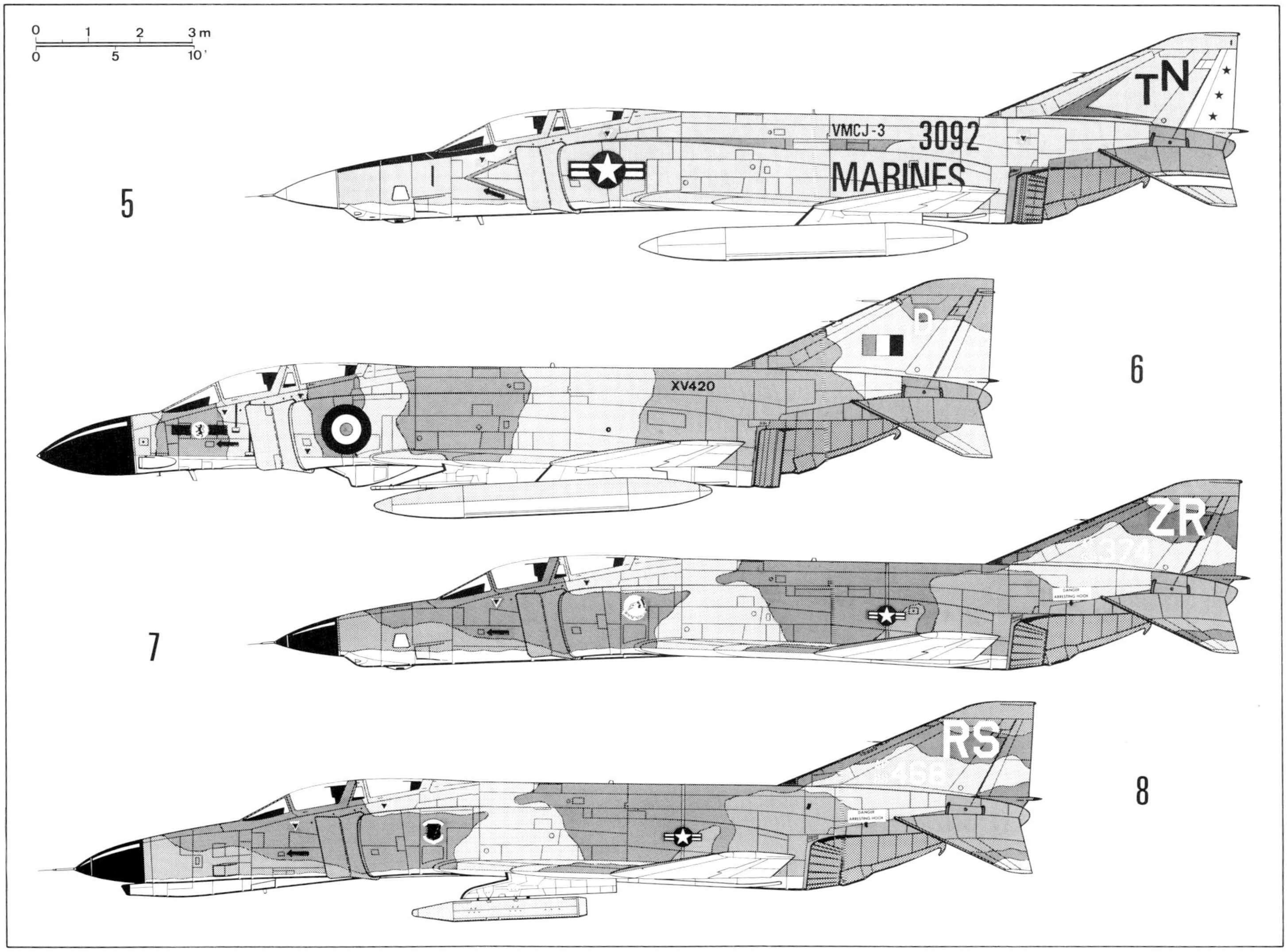

bau von zwei J79-Triebwerken. Der Anfangsauftrag lautete nunmehr auf insgesamt 23 Flugzeuge des Ausgangsmusters F4H-1 für die verschiedensten Versuchsaufgaben. Am 27. Mai 1958 startete der erste, mit **XF4H-1** (BuAer No. 142259) bezeichnete Prototyp unter der Führung von Cheftestpilot Bob Little zu seinem Jungfernflug. Diese Maschine war mit zwei J79-GE-3A ausgerüstet, die einen Nachverbrennungsschub von 6660 kp abgaben, aber schon nach 48 Flügen durch zwei YJ79-GE-2 ersetzt wurden. Das zweite Musterflugzeug (142260) diente in erster Linie der aerodynamischen Erprobung, die zur endgültigen Leitwerksform und -anordnung führte. Mit dem dritten Musterflugzeug (143388) wurden schließlich erste Betankungsversuche durchgeführt, während man mit der sechsten Maschine (143391) erstmals das zur Auftriebserhöhung eingeführte Verfahren der angeblasenen Klappen untersuchte. Ab der neunzehnten F4H-1 (146817) erhielten alle weiteren Maschinen einen größeren Radom, da das APQ-72-Radar von Westinghouse mittlerweile mit einem 32″-Parabolspiegel ausgerüstet worden war. Eine verbesserte Cockpithaube und eine erweiterte Raketenbewaffnung wurden ab der neunzehnten *Phantom II* ebenfalls standardmäßig eingeführt. Von der F4H-1 wurden insgesamt 47 Maschinen gebaut. Die letzten 24 dienten in erster Linie dem Umschulungstraining der Fighter Squadrons VF-101 und VF-121, das ab Februar 1961 anlief. Trägerversuche an Bord der USS Independence (CV-62) hatte man mit der sechsten F4H-1 bereits Anfang 1960 erfolgreich durchgeführt.

Im Sommer 1961 verließ die erste **F4H-1F** (148363) die Endmontagehalle in St. Louis, von der bis 1966 insgesamt 649 Maschinen gebaut wurden. Bei dieser zweiten Phantom II-Version dienten zwei J79-GE-8 mit einem Nachverbrennungsschub von jeweils 7700 kp als Triebwerkanlage. Noch ehe die Phantom II bei der US Navy zum Einsatz gelangte, stellte sie eine Reihe von Weltrekorden auf. Im Rahmen des Projekts *Top Flight* erreichte Cdr. Lawrence E. Flint am 6. Dezember 1959 mit der zweiten XF4H-1 (142260) über Edwards AFB eine Gipfelhöhe von 30600 m. Lt. Col. T. H. Miller von den US Marines kam am 5. September 1960 mit einer F4H-1F auf der geschlossenen 500-km-Strecke auf eine Durchschnittsgeschwindigkeit von 1958,20 km/h. Zwanzig Tage später erreichte Cdr. J. F. Davis, US Navy, auf der 100-km-Strecke sogar 2237,33 km/h. Anläßlich des 50jährigen Jubiläums der US Marinefliegerei stellte eine F4H-1F unter Lt. R. F. Gordon am 24. Mai 1961 auf der Strecke Los Angeles–New York einen neuen nationalen Rekord auf. Sie bewältigte die 3897 km von Ontario Airport, California, bis Floyd

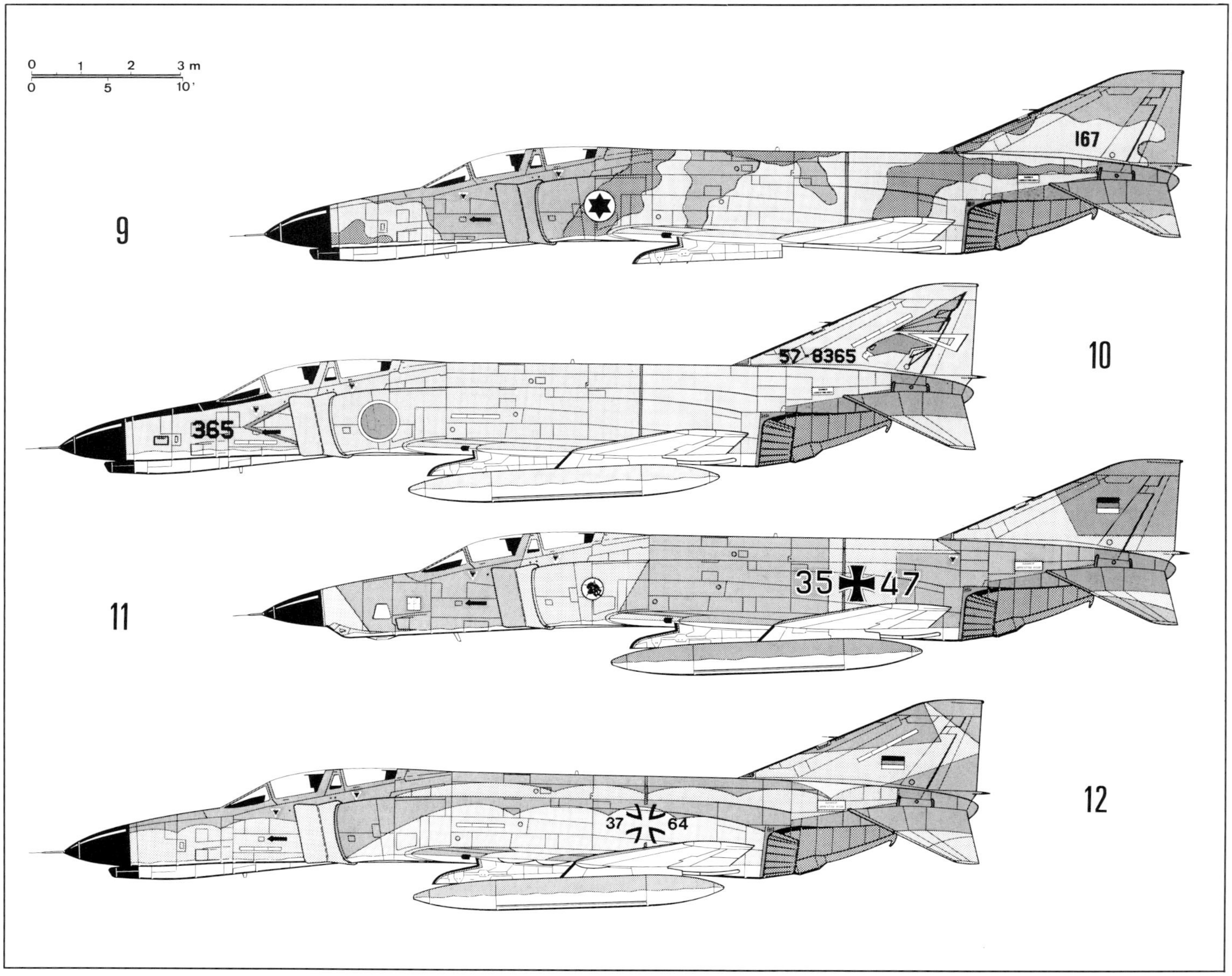

9: *F-4E – Heil Ha'Avir Le Israel, 1974.* **10:** *F-4EJ – Japanese Air Self Defence Force, 302. Staffel, Chitose 1976.* **11:** *RF-4E – Luftwaffe, Aufklärungsgeschwader 52, Leck/Holstein 1974.* **12:** *F-4F – Luftwaffe, Jagdgeschwader 74 Mölders, Neuburg/ Donau 1975.*

Bennett Field, New York, in 167 Minuten und erreichte somit eine Durchschnittsgeschwindigkeit von 1399,78 km/h.
Bis Ende 1961 folgten noch drei weitere Weltrekorde mit der Phantom II, deren herausragender der am 22. November aufgestellte Geschwindigkeitsrekord über der 15/25-km-Strecke war. Lt. Col. R. B. Robinson vom USMC kam mit seiner F4H-1F auf eine Geschwindigkeit von 2585,43 km/h. Darüber hinaus konnten mit der Phantom II im Rahmen des Projekts *High Jump,* das von Februar–April 1962 durchgeführt wurde, acht neue Steigzeit-Weltrekorde im parabelförmigen Steigflug aufgestellt werden. Lt. Cdr. F. T. Brown benötigte u. a. mit seiner F4H-1 nach dem Start in NAS Point Mugu für eine Flughöhe von 20000 m nur 178,50 Sekunden.
Zur Vermeidung von Konfusionen zwischen den einzelnen Typen der US Air Force und US Navy führte letztere 1962 ein neues Bezeichnungssystem ein. Seitdem wird die Phantom II mit F-4 bezeichnet, wobei die mit J79-GE-2 ausgerüsteten Maschinen der Serie F4H-1 in **F-4A** und die mit J79-GE-8 in **F-4B** umbenannt wurden. Letztere Version avancierte schnell zum Standard-Allwetterjäger der US Navy und US Marines. Bis Mitte 1966 flogen insgesamt 29 Squadrons diese Phantom II. Als ihre Hauptaufgabe galt nicht nur die Abfangjagd, sondern auch die Bekämpfung von Bodenzielen. Für letzteren Zweck konnte sie innerhalb kurzer Zeit mit den entsprechenden Bombenschlössern unter Rumpf und Flügeln ausgestattet werden. Schon die F-4B war in der Lage, fast 6000 kg Kampfmittel mitzuführen.
Aus der F-4B wurde bereits relativ früh auch ein taktischer Aufklärer abgeleitet, der anfangs mit F4H-1P und ab 1962 mit **RF-4B** bezeichnet wurde. Äußerer Hauptunterschied gegenüber der F-4B war die nach vorn verlängerte Rumpfspitze zur Aufnahme einer Kameraausrüstung. Die erste RF-4B, von der insgesamt 46 Maschinen als Nachfolgemuster der RF-8A

Von der F4H-1F wurden bis 1966 insgesamt 649 Maschinen gebaut. Hier eine mit 22 Bomben beladene Maschine (145310) dieser Version, die ab 1962 mit F-4A bezeichnet wurde.

Diese F-4H-1 (148373) gehört zur Fighter Squadron VF-74 »Be-Devilers«, die Anfang der sechziger Jahre dem CVW-8 unterstellt und an Bord des Flugzeugträgers USS Forrestal (CVA-59) stationiert war.

Crusader gebaut wurden, flog am 21. März 1965.

Im Sommer 1961 lief in den USA unter der Bezeichnung *Project Highspeed* ein Typenvergleichsprogramm an, das genaue Informationen über den taktischen Einsatzwert der bestehenden und kommenden Flugzeuge der ersten Garnitur vermitteln sollte. An diesem Programm, das primär auf die Flugzeuge der US Navy abgestellt war, nahm auch die US Air Force teil. Sie verglich ihren Standard-Abfangjäger F-106A Delta Dart mit dem Trägerflugzeug Phantom II, das mit der elften Vorserienmaschine vertreten war. Letztere erwies sich bei Vergleichsflügen unter gleichen Bedingungen der F-106A in nahezu allen Punkten als weit überlegen. Dies war auch einer der Gründe dafür, daß sich die USAF im März 1962 für die Beschaffung der Phantom II für das Tactical Air Command entschied. Schon einige Monate später lieh die US Navy zunächst zwei F-4B aus, die vom TAC in MacDill AFB, Florida, gründlich nacherprobt wurden. Weitere F-4B folgten, die jedoch als Schulmaschinen der TAC-Piloten bis zum Eintreffen der ersten F-4C verwendet wurden.

Während die F-4B der US Navy in erster Linie als Abfangjäger dienten, verlangte die USAF von der Phantom II als zukünftigem Standardflugzeug die Erfüllung von drei Einsatzaufgaben: Air Superiority, Interdiction und Ground Support. Dafür waren allerdings bei McDonnell einige Änderungen in der Ausrüstung der Phantom II erforderlich. Die USAF forderte z. B. den Einbau des Trägheits-Navigationssystems Litton LN-12A/B und als

Triebwerksanlage zwei J79-GE-15 mit auswechselbaren Startpatronen. Außerdem erhielt die F-4C, die anfangs auch mit **F-110A** bezeichnet wurde, eine Doppelsteuerung, größere Niederdruckreifen für den Einsatz von unbefestigten Behelfsflugplätzen und vergrößerte Scheibenbremsen. McDonnell führte all diese Änderungen innerhalb kurzer Zeit durch, und am 27. Mai 1963 startete die erste **F-4C** (63-7407) in St. Louis zum Erstflug. Von dieser ersten USAF-Version der Phantom II wurden bis 1966 insgesamt 583 Maschinen gefertigt. 36 von ihnen übernahmen die Luftstreitkräfte Spaniens. Sie wurden bei der CASA überholt und stehen seitdem als C.12 im Truppendienst der Ejercito del Aire. Außerdem flog die F-4C seit 1972 auch bei der Air National Guard.

Als Nachfolgemuster des taktischen Aufklärers RF-101C Voodoo führte die USAF im Herbst 1964 die **RF-4C** ein, die aus der F-4C abgeleitet wurde. Sie gab diesem zweiten Phantom-II-Aufklärer den Vorzug gegenüber der RF-105B Thunderchief, von der lediglich drei Prototypen gebaut wurden. Als Musterflugzeuge der RF-4C galten zwei entsprechend umgebaute F-4B, deren erstes (62-12200) als **YRF-4C** am 20. August 1963 in St. Louis flog. Bereits neun Monate später startete am 18. Mai 1964 die erste aus der Serienfertigung stammende RF-4C (63-7740) zu ihrem Jungfernflug. Dem Tactical Air Reconnaissance Center (TARC) in Shaw AFB, South Carolina, wurden am 8. Oktober 1964 die ersten Phantom-II-Aufklärer übergeben. Das hervorstechendste äußere Merkmal der RF-4C ist wie bei der RF-

Oben: *Im März 1962 entschied sich auch die US Air Force für die Beschaffung der Phantom II. Für Versuchszwecke erhielt sie von der Navy leihweise zwei F-4B (149405 und 149406). Hier die erste dieser beiden Maschinen, die anfangs auch F-110A genannt wurde.*

Das untere Bild zeigt die ersten beiden, aus der Serienfertigung stammenden Phantom II-Aufklärer der USAF-Version RF-4C (63-7740 und -7741), die im Herbst 1964 in Dienst gestellt wurde.

Bild rechte Seite:
Als Weiterentwicklung der F-4C entstand 1965 für die US Navy die mit schubstärkeren Triebwerken ausgerüstete F-4J. Hier eine Maschine dieser Version (155580) mit dem Emblem der Fighter Squadron VF-31 »Tomcats.«

4B die um 840 mm nach vorn verlängerte Rumpfspitze, in der die modernsten Rüstsätze für Tag- und Nachtaufklärung untergebracht sind.
Besonders hervorzuheben ist hier die von Fairchild für Panoramaaufnahmen aus niedrigen Flughöhen entwickelte Kamera KA-56A mit einer seitlichen Überdeckung von 180° und einer solchen von 74° in Flugrichtung nach vorn und hinten. Diese 50 kg schwere Kamera arbeitet mit einem rotierenden Prismaobjektiv. Für Panoramaaufnahmen aus größeren Flughöhen kam eine KA-55A-Kamera von Chicago Industries zum Einbau. In dem klimatisierten Kameraraum ist vorn eine leicht nach unten geneigte Schrägsichtkamera KS-72A der Hycon Mfg. Co. installiert. Sie erfaßt normalerweise einen Abschnitt, der dicht über dem Horizont beginnt und sich um etwa 45° nach unten erstreckt. Die KS-72A wird besonders für Aufnahmen von Punktzielen verwendet, wie Brücken und Staudämmen, usw. Ein System von drei Weitwinkelkameras dient zusätzlich für Aufnahmen von Horizont zu Horizont. Mit der senkrecht nach unten gerichteten KA-18 werden maßstabgerechte Detailfotos hergestellt, während die beiden schräg zur Seite geneigten KA-2 besonders für Flächenziele benutzt werden. Alle Kameras der RF-4C arbeiten mit 70 mm-Filmmaterial.
Für Nachtaufnahmen bedient man sich der Infrarotausrüstung AN/AAS-18 von Texas Instrument oder der im Rumpfheck untergebrachten Blitzlichtanlage LA-307/308A. Letztere stößt bei Bedarf Blitzlichtbomben aus, die aus einer Mischung von Magnesium und anderen Chemikalien bestehen und für ungefähr drei Minuten eine Lichtstärke von zwei Millionen Kerzen erzeugen. Darüber hinaus steht ein Seitensichtradar AN/APQ-102 unterhalb des Cockpits zur Verfügung. Rechner und Aufzeichnungssteuerung dieses von Goodyear entwickelten SLAR befinden sich in einem Stauraum hinter dem Cockpit. Von der RF-4C, die seit 1972 auch bei der Air National Guard fliegt, wurden bis 1973 insgesamt 505 Maschinen gebaut.
Als direkte Ableitung aus der F-4C entstand 1965 für die US Air Force der Jagdbomber **F-4D,** der sich in erster Linie durch eine verbesserte Ausrüstung auszeichnet. Dazu gehört neben erweiterten Bewaffnungsmöglichkeiten auch der Ersatz des Feuerleitradars APQ-100 durch

ZR
AF 69 364

CR
433
0-22694
OHIO AIR GUARD
U.S.A
CR
CR
426

U.S. AIR FORCE

FLY BY WIRE
USAF
12200

Bilder vorige Doppelseiten:
Seite 11: *1975 fand der NATO-Aufklärungswettbewerb »Royal Flush« auf dem Luftstützpunkt Bremgarten/Südbaden statt, an dem auch die USAFE teilnahm. Hier eine RF-4C (69-0364) der in Zweibrücken/Pfalz stationierten 17th TRS vor der Landung.*

Das untere Bild zeigt drei F-4E der in Soesterberg stationierten 32nd TFS und ein Boeing KC-97L Stratotanker der Ohio Air National Guard.

Seite 112: *Ab der Saison 1968 flogen die »Thunderbirds« – das offizielle Aerobatic Team der USAF – fünf Jahre lang die F-4E Phantom II.*

Zur weiteren Verbesserung der Manövriereigenschaften wurde die 266. werkseigene F-4B (62-12200) oberhalb der Lufteinläufe mit kleinen Stützflügeln ausgestattet. Ihre Erprobung begann mit dem Erstflug am 29. April 1974. Sie lieferte wertvolle Daten und Erkenntnisse für die Entwicklung neuer Jagdflugzeuge.

das modernere APQ-109. Am 8. Dezember 1965 startete in St. Louis die erste F-4D (64-929) zu ihrem Jungfernflug, und schon drei Monate später übernahm die USAF die ersten Serienflugzeuge dieser neuen Phantom-II-Version. Bei ihr kamen zwei J79-GE-17 zum Einbau, die einen Nachverbrennungsschub von zusammen 16240 kp entwickeln und der Maschine mit Außenlasten eine Höchstgeschwindigkeit von Mach $2{,}0^{+}$ ermöglichen. Als Interceptor hat die F-4D einen Aktionsradius von 1450 km und als Jagdbomber einen von 1600 km. Von der F-4D, die nach wie vor im aktiven Truppendienst steht, wurden insgesamt 843 Maschinen gefertigt. 32 von ihnen wies man den Luftstreitkräften des Iran und 18 denen Südkoreas zu.

Schon in der Anfangsphase des Vietnam-Krieges zeigte sich für die USAF, daß eine mit starrer Bordbewaffnung ausgerüstete Phantom II ihre eigenen Kampfhandlungen entscheidend beeinflussen könne. So entstand innerhalb kurzer Zeit und als Weiterentwicklung der F-4D die mit einer sechsläufigen 20 mm-Kanone M.61-A1 Vulcan ausgerüstete **F-4E**. Als Prototyp diente seinerzeit erneut die entsprechend umgebaute 62-1220 und nach eingehenden Versuchen startete am 30.

Oben: *Dieses Bild zeigt drei F-4E Phantom II der israelischen Luftstreitkräfte. Die beiden unteren Maschinen sind dank ihres Sichtschutzes nur schwer erkennbar.*

Bild linke Seite:
Die »Blue Angels« – das offizielle Aerobatic Team der US Navy – flogen von 1969 – 1973 die F-4J Phantom II. Hier sechs Maschinen in Deltaformation.

Juni 1967 die erste F-4E (66-284) zu ihrem Erstflug. Diese Maschine wurde einige Monate später nach Nellis AFB, Nevada, überführt, wo das 4525th Fighter Weapons Wing des TAC eine ausgedehnte Erprobung mit ihr durchführte. In ihrer Grundkonzeption entspricht die F-4E weitgehend ihrer Vorgängerin, der F-4D. Sie ist jedoch mit dem neuen, miniaturisierten Feuerleitradar AN/APQ-120 ausgestattet. Die beiden J79-GE-17 verleihen ihr nicht nur doppelte Schallgeschwindigkeit, sondern bei geringerem Kraftstoffverbrauch im Reiseflug auch höhere Machzahlen. Dank ihrer Vulcan-Kanone und der damit verbundenen zusätzlichen Feuerkraft ist die F-4E für Angriff und Abwehr jederzeit einsatzbereit.
Zur Verbesserung der Manövriereigenschaften wurden die letzten F-4E außerdem mit Vorflügeln ausgestattet, wie sie auch bei der späteren F-4F standardmäßig zur Anwendung kamen. Von der F-4E, die seit einiger Zeit auch mit dem von Northrop entwickelten TV-Entfernungsmeßsystem TISEO ausgerüstet ist, wurden fast 900 Maschinen gebaut. 116 von ihnen wurden ab Anfang 1975 als **EF-4E** modifiziert und mit entsprechenden ECM-Systemen ausgestattet. Die USAF rüstete mit diesen Maschinen vier *Wild-Weasel*-Squadrons aus, die bis dahin veraltete EF-4C und F-105G flogen. Zweck des Wild-Weasel-Programms, das ständig auf den technisch neuesten Gerätestand gebracht wird, war die Schaffung eines Mittels zur Ausschaltung gegnerischer Boden-Luft-Flugkörpersysteme.
Die F-4E wurde auch von den Luftstreitkräften Israels, Griechenlands, der Türkei

Ab April 1968 erhielt die Royal Navy insgesamt 48 Phantom FG Mk.1. Hier der erste mit F-4K bezeichnete Prototyp (XT595).

Start einer Phantom FGR Mk.2 (XV438) der in Coltishall stationierten No. 6 Squadron, die im Herbst 1974 auf die Jaguar GR Mk.1 umrüstete.

und des Iran eingeführt. Außerdem erhielt die Royal Australian Air Force (RAAF) als Ausgleich für die verzögerte Lieferung des Schwenkflüglers F-111C 24 Phantom II der Version F-4E. Sie wurden ab 1970 den Nos. 1 und 6 Squadron in Amberley, Brisbane, zugewiesen und lösten die veraltete Canberra B Mk.20 ab.
Auch Japan entschied sich seinerzeit für die Beschaffung der Phantom II, und zwar vorerst für 104 Maschinen der Version **F-4EJ**. Während die beiden ersten im Juli 1971 von St. Louis im Flug nach Japan überführt wurden, erfolgte die Fertigung und Endmontage der restlichen Maschinen bei Mitsubishi. Als erster japanischer Phantom-II-Verband wurde im August 1972 die 301. Staffel in Hyakuri aufgestellt. Japan will im Rahmen seiner Verteidigungsplanung insgesamt fünfzehn Phantom-II-Staffeln aufstellen.
Schon 1968 war die Phantom II auch für die deutsche Luftwaffe im Gespräch. Damals ging es in erster Linie um den Ersatz des Starfighter-Aufklärers RF-104G, der in zunehmendem Maße nicht mehr den Forderungen an eine moderne Luftaufklärung entsprach. Lockheed versuchte zwar mit der neuen RF-104G-1 den Wünschen der Luftwaffe zu entsprechen, die sich aber schließlich im November 1968 für die Beschaffung von 88 **RF-4E** entschied. Diese Phantom-II-Version gleicht in ihrer Aufklärungsausrüstung weitgehend der RF-4C. Ihre Triebwerkanlage besteht aus zwei J79-GE-17A mit einem Nachverbrennungsschub von jeweils 8120 kp. Am 1. August 1970 flog die erste RF-4E und am 20. Januar 1971 übernahm das Aufklärungsgeschwader 51 »Immel-

Luftbetankung einer Phantom FGR Mk.2 der No. 111 Squadron durch eine Victor K Mk.2 der No. 5 Squadron.

mann« die ersten Maschinen. Diesem in Bremgarten/Südbaden stationierten Verband folgte das Aufklärungsgeschwader 52 in Leck/Nordfriesland mit ebenfalls 36 RF-4E. Die Umrüstung der beiden Geschwader von der RF-104G auf die RF-4E konnte im Herbst 1972 abgeschlossen werden. Doch auch Japan, Israel und der Iran stellten diesen Phantom-II-Aufklärer in Dienst, von dem insgesamt 138 Maschinen gebaut wurden.

Im Rahmen der Umrüstung ihrer fliegenden Verbände, die mit Blick auf die achtziger Jahre geplant wurde, entschied sich die Luftwaffe im März 1973 für die Beschaffung einer weiteren Phantom-II-Version als »Ergänzungsflugzeug«. Es handelte sich um 175 Maschinen der Version **F-4F**, die als Ersatz eines Teils des G.91- und F-104G-Bestandes gelten. Am 24. Mai 1973 wurde die erste F-4F (37 + 01) in St. Louis der Luftwaffe übergeben und als erster Verband rüstete ab September 1973 das in Wittmundhafen/Ostfriesland stationierte Jagdgeschwader 71 »Richthofen« auf die F-4F um. Es folgte das Jagdgeschwader 74 »Mölders« in Neuburg/Donau sowie die Jagdbombergeschwader 35 in Pferdsfeld und 36 in Hopsten/Rheine.

Die F-4F unterscheidet sich durch einige technisch interessante Details von der F-4E, ihrer eigentlichen Vorgängerin. Ihre primäre Einsatzaufgabe ist der Luftkampf, d. h. die Abfang- und Luftüberlegenheitsjagd. Darüber hinaus kann sie aber auch zur Unterstützung von Bodentruppen und für Kampfeinsätze mit großer Eindringtiefe verwendet werden. An ihren fünf Außenstationen kann sie über 7200 kg Kampfmittel mitführen. Die zur Standardbewaffnung anderer Phantom-II-Versionen gehörenden Luft/Luft-Lenkwaffen AIM-7 Sparrow wurden bei der F-4F durch vier AIM-9 Sidewinder ersetzt. Von der F-4E übernahm man die in einer langgestreckten Verkleidung an der Unterseite des Rumpfvorderteils eingebaute Vulcan-Kanone mit 639 Schuß. Die Flugleistungen der F-4F für den Luftkampf konnten durch den Einbau automatischer Vorflügel (Slats) und eine radikale Gewichtseinsparung erheblich verbessert werden. Beide Maßnahmen

ergaben gegenüber der F-4E bedeutend bessere Manövriereigenschaften, d. h. es sind nunmehr höhere Wendegeschwindigkeiten bei kleineren Kurvenradien möglich. Die F-4F hat einen weit höheren Auftrieb vor dem Strömungsabriß als die Grundversion der Phantom II. Am 21. Juni 1976 wurde der Luftwaffe auf dem Fliegerhorst Jever/Ostfriesland die letzte F-4F (38+75) übergeben.

Bei der nachfolgenden **F-4G** handelte es sich um eine aus der F-4B modifizierte Version, von der vorerst zwölf Maschinen gebaut wurden. Diese Phantom-II-Version zeichnete sich primär aus durch den Einbau des Navigationssystems AN/ASW-21. Sie kam ab Ende 1965 mit der VF-213 *Black Lions* an Bord des Flugzeugträgers USS Kitty Hawk (CV-63) zum Einsatz. Später wurden auch von der F-4E mehrere Maschinen mit ECM-Geräten ausgestattet und ebenfalls mit F-4G bezeichnet. Diese Maschinen stehen als *Wild Weasel* teilweise noch im Truppendienst, so daß eine genaue Stückzahl aller gebauten F-4G nicht zu ermitteln ist.

Als Nachfolgemuster der F-4B kam 1965 die neue **F-4J** heraus, deren erste Maschine (Bu-Aer No. 153071) am 29. Oktober 1965 flog. Sie war von Anfang an für die Verbände der US Navy und Marines bestimmt und gleicht zellenseitig der F-4C. Als Hauptaufgaben der F-4J, die zur Verbesserung ihrer Flug- und Kampfleistungen abgeänderte Auftriebshilfen erhielt, gelten wie zuvor die Abfangjagd und die Unterstützung von Bodentruppen. Die Triebwerkanlage der F-4J, die teilweise auch mit automatischen Vorflügeln ausgestattet wurde, besteht aus zwei J79-GE-10 mit einem Nachverbrennungsschub von 16216 kp. Von der F-4J wurden bis Dezember 1972 insgesamt 522 Maschinen gebaut, die größtenteils noch heute fliegen.

Anfang 1964 entschied sich die britische Regierung zur Überprüfung der Phantom II als Nachfolgemuster des Doppelrumpfjägers Sea Vixen für die Royal Navy und verhandelte mit McDonnell über die Erprobung einer den englischen Wünschen entsprechend modifizierten F-4B. Diese fand im US Naval ATC in Patuxent River statt und wurde mit ausgezeichneten Ergebnissen abgeschlossen. England gab daraufhin zunächst zwei mit Rolls-Royce-Turbofans des Typs RB. 168-25R Spey ausgerüstete Prototypen (XT595–596) in Auftrag, denen zwei weitere Musterflugzeuge (XT597–598) folgten. Diese Phan-

Oben: *Auch Japan entschied sich für den Phantom II-Aufklärer RF-4E. Hier eine Maschine der 501. Staffel bei der Landung in Hyakuri.*

Bilder linke Seite:
Das obere Bild zeigt eine F-4F (69-0852) des in Moody AFB, Georgia, stationierten 374th TFW. Man beachte die drei roten Sterne auf der Lufteinlauframpe dieses »MiG-Killers«.

Das AG 51 »Immelmann« in Bremgarten/Südbaden rüstete ab Januar 1971 von der RF-104G auf die RF-4E Phantom II um. Hier eine Maschine dieser Version (35+34).

tom-II-Version wurde zeitweise auch mit F-4RN bezeichnet, erhielt jedoch danach die Bezeichnung **F-4K**. Die erste YF-4K startete am 27. Juni 1966 zu ihrem Erstflug und schon kurze Zeit später erhielt McDonnell den Auftrag zur Lieferung von 48 Maschinen mit der RN-Bezeichnung **Phantom FG Mk.1**, deren erste im April 1968 ausgeliefert wurden. Als erster Verband der Royal Navy erhielt die in Yeovilton stationierte No. 767 Squadron als Fleet Air Arm Training Unit die neue Maschine. Zu den zahlreichen Modifikationen der F-4K gehörten nicht nur vergrößerte Lufteinläufe, sondern auch eine höhenverstellbare Bugeinheit des Fahrwerks. Letztere Maßnahme dient dazu, der Phantom II auf den kürzeren Decks der britischen Flugzeugträger einen größeren Anstellwinkel zu geben.

Der Phantom-II-Beschaffung durch die Royal Navy schloß sich 1966 auch die Royal Air Force an. Sie hatte ja bereits zwanzig Maschinen von der RN erhalten und gab vorerst zwei Musterflugzeuge (XT852–853) mit der Bezeichnung F-4M in Auftrag, deren erstes am 17. Februar 1967 flog. Im Januar 1968 übernahm die in RAF Coningsby stationierte No. 228 Squadron als Operational Conversion Unit (OCU) die ersten **Phantom FGR Mk.2,** von der insgesamt 118 Maschinen gebaut wurden. Sie stehen nach wie vor im aktiven Truppendienst und kommen in erster Linie für den Erdkampf und die bewaffnete Aufklärung zum Einsatz.
Bei der nachfolgenden **F-4N** handelt es sich um eine Version der Phantom II, die im Rahmen des Projekts »Bee-Line« aus der F-4B abgeleitet wurde. Mit den Ar-

Bilder linke Seite:
Als letzte Serienversion der Phantom II gilt der Abfangjäger F-4F, von dem die Luftwaffe 175 Maschinen in Dienst stellte. Als erster Verband erhielt das JG 71 »Richthofen« in Wittmundhafen im September 1973 die F-4F.

Das in Neuburg/Donau stationierte JG 74 »Mölders« rüstete 1974 von der F-104G auf die F-4F Phantom II um. Hier zwei Maschinen des Geschwaders bei einem Routineflug.

Das JG 74 »M« führte zeitweise intensive Versuche mit einem neuen Sichtschutz für Abfangjäger durch. Er bestand bei dieser F-4F (37+64) aus drei verschiedenen Grautönen – daher die Bezeichnung »Graue Maus«.

Oben: *Am 24. Mai 1978 wurde bei McDonnell Douglas in St. Louis die 5000. Phantom II aus der Halle gerollt. Es handelt sich um eine F-4E (77-0290) für die türkischen Luftstreitkräfte.*

beiten begann die US Navy im Jahre 1971 und es wurden zunächst 178 ältere F-4B modifiziert, und zwar so, daß sie noch in den achtziger Jahren eingesetzt werden können. Dazu gehörten nicht nur strukturelle Verbesserungen, sondern auch der Einbau einer Reihe von Geräten der allgemeinen und ECM-Ausrüstung. Mit **F-4S** werden 260 Maschinen der Phantom-II-Version F-4J bezeichnet, die man ab Frühjahr 1978 weiter modifizieren will. Außer dem verbesserten Feuerleitgerät AN/AWG-10A ist besonders der Einbau von zwei J79-GE-10B und automatischen Vorflügeln vorgesehen. Bei der US Navy erhofft man sich durch diese Maßnahmen einer Verlängerung der Einsatzdauer um zehn Jahre.

Obwohl es ein allgemeingültiges Erfolgsrezept für die Entwicklung von Hochleistungs-Kampfflugzeugen nicht gibt, gelingt doch ab und zu jener glückliche Entwurf, der von Anfang an außergewöhnliche Leistungen verspricht und mit dem Kredit einer langen »Lebensdauer« bevorschußt ist. Dieses Prädikat gebührt zweifellos der Phantom II, die nach wie vor im Serienbau steht und von der bis Ende 1977 fast 5000 Maschinen der erwähnten Versionen ausgeliefert wurden. Sie hat sich als das vielseitigste aller bisher entwickelten Kampfflugzeuge erwiesen, zu dem es gegenwärtig noch keine Parallele gibt.

Northrop F-5

Zu den gegenwärtig erfolgreichsten Mehrzweck-Kampfflugzeugen gehört zweifellos die Northrop F-5, deren 3000. Maschine am 9. Dezember 1976 im Werk Hawthorne, California, ausgeliefert wurde. Die Geschichte dieses Musters begann bei Northrop mit ersten Entwurfsstudien schon Mitte der fünfziger Jahre. Es ging dabei primär um ein taktisches Kampfflugzeug, das als leichtes Waffensystem besonders den militärischen Erfordernissen in Südostasien und Europa entsprechen sollte. Grundlage war seinerzeit eine Bedarfsanalyse, in die man auch die Luftkriegserfahrungen in Korea mit einbezog. Es zeigte sich bald, daß ein solches Flugzeug dringender denn je zuvor benötigt wurde. Besonders die Luftstreitkräfte der Länder, die am Military Assistance Program (MAP) beteiligt waren, sollten mit dem neuen Muster ausgerüstet werden. Etwa zur gleichen Zeit befand sich in den USA aber auch eine neue Generation schubstarker Leichtbau-Triebwerke für Lenkwaffen im Stadium der fortgeschrittenen Entwicklung. Northrop-Ingenieure untersuchten daraufhin die Möglichkeit der Verwendung dieser Triebwerke für bemannte Kampfflugzeuge. Man kam schließlich zu dem Ergebnis, daß zwei der relativ kleinen Aggregate durchaus dafür geeignet waren. Ein unter der Leitung von Welko Gasich stehendes Team arbeitete danach einen ersten Entwurf aus, der die Bezeichnung **N-156** erhielt. Es handelte sich um einen zweistrahligen Überschall-Jagdeinsitzer der Gewichtsklasse um 5000 kg. Die beiden J85-Triebwerke waren in Gondeln unter den ungepfeilten Flügeln eingebaut und auch sonst vermittelte das mit *Tally-Ho* bezeichnete Muster nicht gerade einen modernen Eindruck. Northrop schlug der US Navy dieses Projekt vor, und zwar zur Verwendung auf den geplanten kleinen Mehrzweck-Flugzeugträgern, die jedoch nicht realisiert wurden. So entwickelte man den Grundentwurf N-156, bei dessen Ausarbeitung das Überschalljäger-Projekt N-102 Fang aus dem Jahre 1953 Pate gestanden hatte, vorerst ohne jede Dringlichkeit weiter.

Studienreisen in mehrere potentielle Abnehmerstaaten in Europa und Asien, in deren Verlauf der zukünftige Bedarf er-

Dieses Bild zeigt die erste N-156F (59-4987), die am 30. Juli 1959 zu ihrem Jungfernflug startete.

Northrop F-5E Tiger II

527th TFTAS, 10th TRW – RAF Alconbury

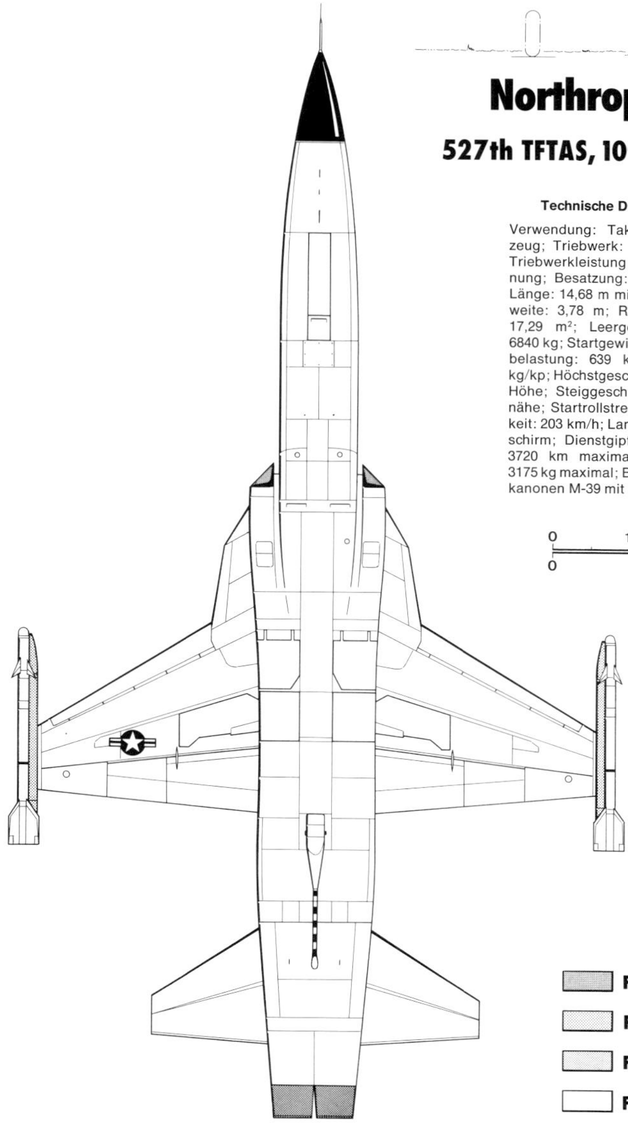

Technische Daten und Leistungsangaben

Verwendung: Taktisches Mehrzweck-Kampfflugzeug; Triebwerk: 2 General Electric J 85-GE-2; Triebwerkleistung: 2×2270 kp mit Nachverbrennung; Besatzung: 1 Mann; Spannweite: 8,12 m; Länge: 14,68 m mit Staurohr; Höhe: 4,01 m; Spurweite: 3,78 m; Radstand: 5,16 m; Flügelfläche: 17,29 m²; Leergewicht: 4212 kg; Gesamtlast: 6840 kg; Startgewicht: 11 052 kg maximal; Flächenbelastung: 639 kg/m²; Leistungsbelastung: 2,4 kg/kp; Höchstgeschwindigkeit: Mach 1,6 in 11 000 m Höhe; Steiggeschwindigkeit: 178 m/s in Bodennähe; Startrollstrecke: 550 m; Landegeschwindigkeit: 203 km/h; Landerollstrecke: 701 m mit Bremsschirm; Dienstgipfelhöhe: 16 470 m; Reichweite: 3720 km maximal (Überführung); Außenlasten: 3175 kg maximal; Bewaffnung: 2 20 mm-Maschinenkanonen M-39 mit je 280 Schuß. *

0 1 2 3 m
0 5 10'

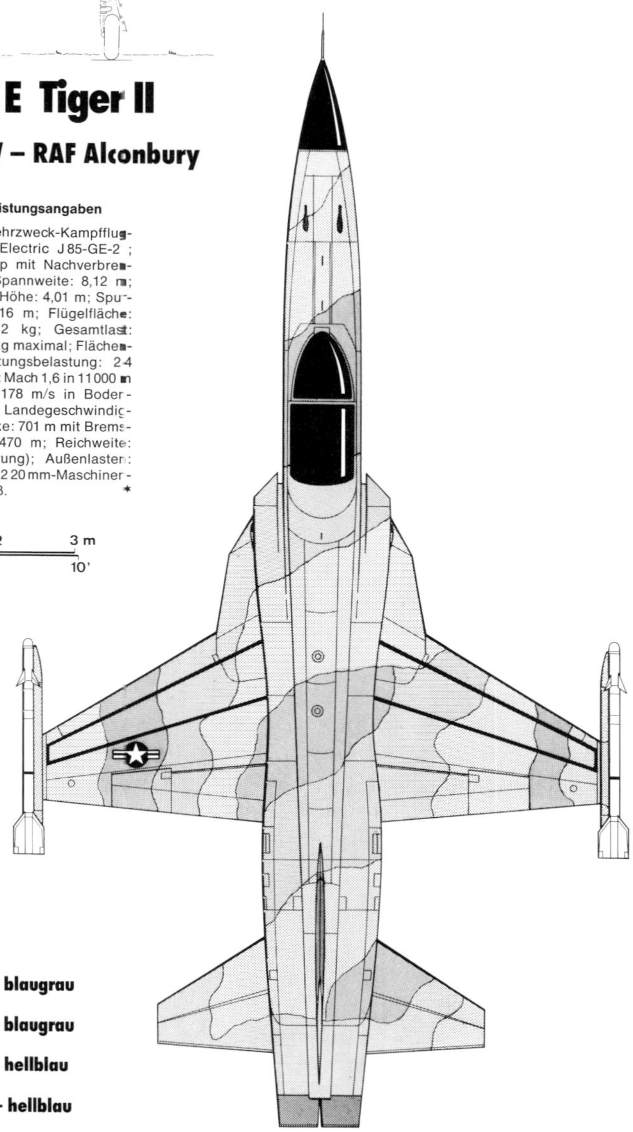

- **FS.35109 – blaugrau**
- **FS.35164 – blaugrau**
- **FS.35414 – hellblau**
- **FS.35622 – hellblau**

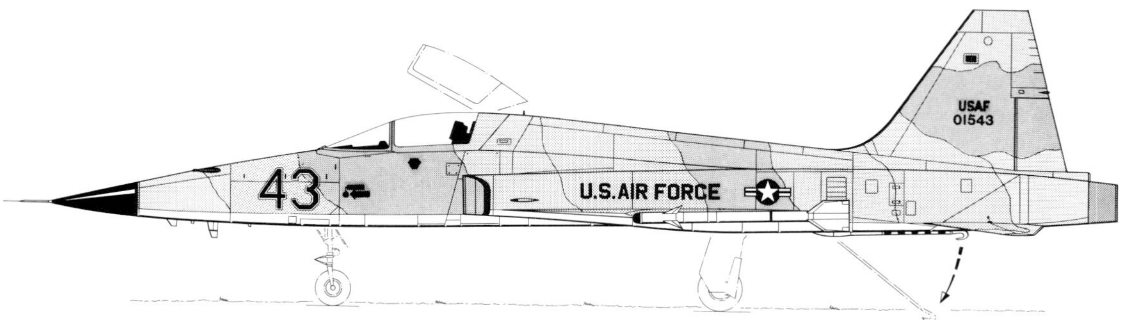

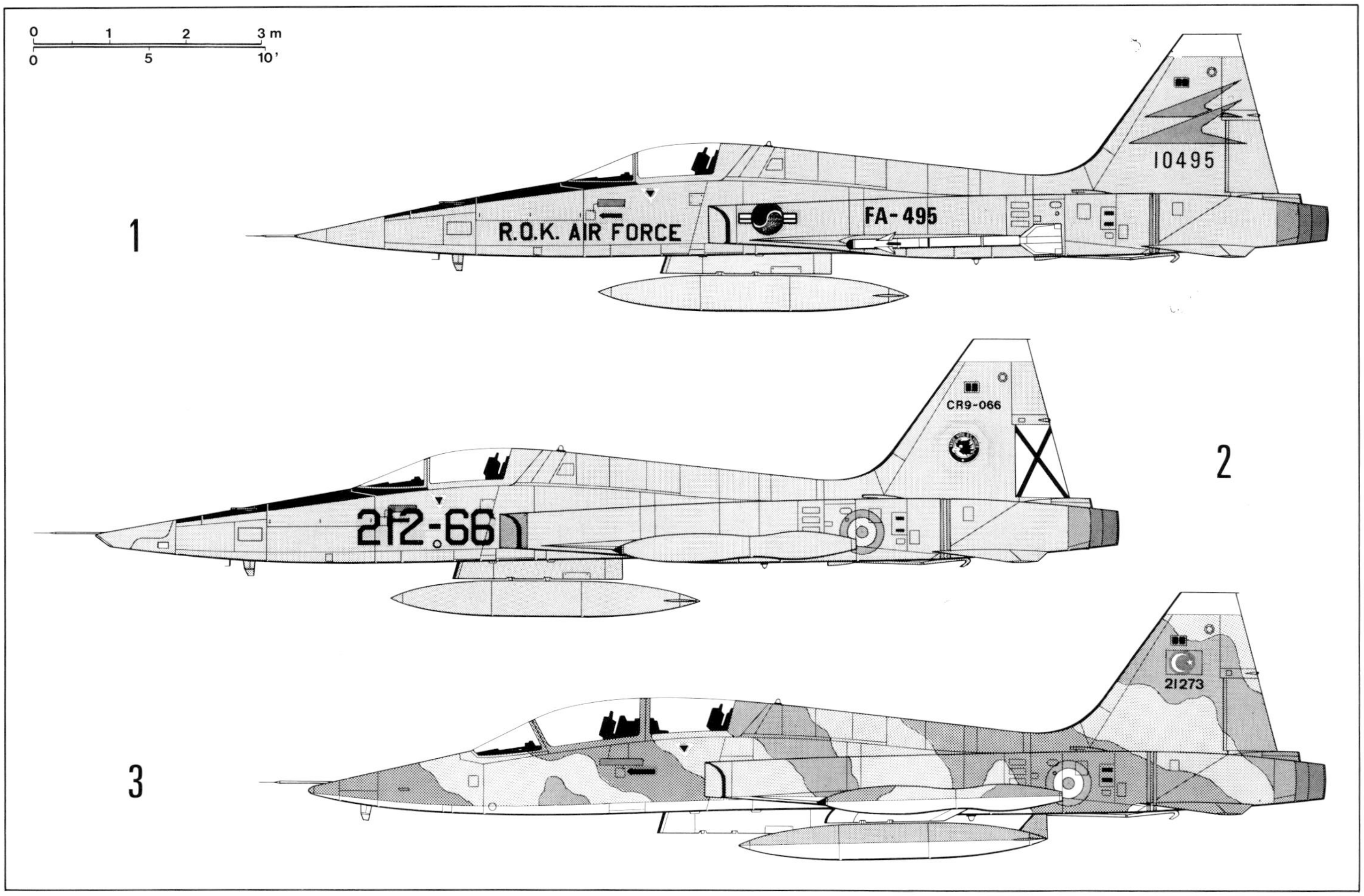

1: *F-5A – Republic of Korea Air Force, 105. Staffel, Suwon AB 1966.* **2:** *CR.9 (SRF-5A) – Ejercito del Aire Español, Escuadron 212, Moron 1968.* **3:** *F-5B – Türk Hava Kuvvetleri, 192. Staffel, Balikesir 1969.*

kundet und sorgfältig ausgewertet wurde, führten schließlich zur Überarbeitung des Entwurfs N-156. Die jeweiligen Luftstreitkräfte forderten seinerzeit ein zuverlässiges Hochleistungs-Kampfflugzeug mit niedrigem Wartungsaufwand, das auch als Trainer zu verwenden war. So entstand im Laufe der nächsten Monate und weiterhin auf eigenes Risiko ein fast völlig neuer Entwurf, bei dem die neuesten aerodynamischen Erkenntnisse ihren Niederschlag fanden. Dazu gehörte nicht nur die Anwendung der Flächenregel und ein tief angesetztes Höhenleitwerk, sondern auch der Einbau der beiden J85-Triebwerke im Rumpfheck. Northrop legte der US-Regierung im Januar 1955 den Entwurf des neuen taktischen Kampfflugzeugs erstmals vor. Er bestand aus dem einsitzigen Jäger **N-156F** und dem zweisitzigen Trainer **N-156T**.

Bereits 1954 hatte die US Air Force die General Operational Requirement 94 (GOR) für einen modernen Überschalltrainer herausgegeben, der als Nachfolgemuster der Lockheed T-33 Anfang der sechziger Jahre seinen Truppendienst aufnehmen sollte. Northrop verbesserte den Grundentwurf in den nachfolgenden Monaten und Mitte 1955 gab die US Air Force bekannt, daß die N-156T ihren Forderungen als *TZ-Trainer* entsprechen würde. Man beschleunigte daraufhin die Entwicklung, und am 15. Juni 1956 erhielt Northrop den Auftrag zur Fertigung und Erprobung von zwei Musterflugzeugen sowie einer Zelle für statische Bruchversuche. Im Oktober 1956 konnte die 1:1-Attrappe besichtigt werden und zwei Monate später begann die eigentliche Fertigung der beiden Maschinen. Zur gleichen Zeit bestellte die USAF siebzehn Serienflugzeuge des neuen Trainers, der nunmehr mit **T-38A** Talon bezeichnet wurde.

Am 10. April 1959 startete die erste **YT-38** (58-1191) unter der Führung von Testpilot Lew Nelson in Edwards AFB zu ihrem erfolgreichen Jungfernflug. Bereits während ihres dritten Fluges am 14. April war sie schneller als der Schall. Die zweite YT-38 (58-1192) absolvierte ihren Erstflug am 12. Juni 1959. Beide Maschinen, die bis Herbst 1959 hundert Testflüge hinter sich bringen konnten, waren jeweils mit zwei GE-Triebwerken des Typs YJ85 ausgerüstet. Ihre Mustererprobung verlief äußerst erfolgreich, und es waren keinerlei zellenseitige Änderungen notwendig. Sie wurde im Februar 1961 nach 2000 Testflügen abgeschlossen.

Ende 1959 lief im Werk Hawthorne die Großserienfertigung an, die bis 1961 auf einen monatlichen Ausstoß von zwölf Maschinen gesteigert werden konnte. Am 17. März 1961 übernahm das Air Training Command (ATC) in Randolph AFB, Texas, die erste T-38A Talon. Damit verfügte die USAF über ihren ersten Überschalltrainer. Mit einer Maschine dieses Typs stellte die amerikanische Rekordfliegerin Jacqueline Cochran in der Zeit

Gemeinsame Flugerprobung der ersten N-156F (hinten) mit der dritten Maschine (59-4989), die ab Oktober 1962 mit YF-5A bezeichnet wurde.

vom 24. August bis 12. Oktober 1961 sechs neue Weltrekorde auf. Im Februar 1962 konnte Major Walter Daniel mit einer T-38A vier bestehende Steiggeschwindigkeits-Weltrekorde teilweise erheblich verbessern. Auch deutsche Luftwaffenpiloten, die in den USA ausgebildet werden, absolvieren ihr Fortgeschrittenen-Training auf der Talon. Die Luftwaffe besitzt insgesamt 46 T-38A, die in Shephard AFB, Texas, stationiert sind und der 1./DtLwAusGrp USA unterstellt sind.
Neben der US Air Force verfügen aber auch die US Navy und die NASA jeweils über einige T-38A. Ihre Serienfertigung endete nach der Auslieferung von insgesamt 1189 Maschinen am 31. Januar 1972. Die *White Beauty,* wie die unbewaffnete T-38A auch genannt wird, ist mit zwei 1748 kp-Triebwerken des Typs J85-GE-5 ausgerüstet. Sie erreicht in 11000 m Höhe ohne Außenlasten eine Höchstgeschwindigkeit von Mach 1,27 und ihre maximale Steiggeschwindigkeit liegt bei 160 m/s.
Doch zurück zur N-156F, deren Entwicklung zwar etwas nachhinkte, aber durch den Erfolg der T-38A wesentlich beeinflußt wurde. Anfang 1958 beschloß man bei Northrop den Bau eines Prototyps, dessen Finanzierung ab Mai von der US Air Force übernommen wurde. Hinzu kamen schließlich noch zwei weitere Maschinen, deren Fertigung in der Folgezeit zügig voranschritt. Die Gemeinsamkeit mit ganzen Baugruppen der T-38A verkürzte die Zeit erheblich, und schon am 30. Juli 1959 startete die erste N-156F (59-4987) unter der Führung von Lew Nelson in Edwards AFB zu ihrem Jungfernflug. Unmittelbar danach konnte auch die zweite Maschine (59-4988) fertiggestellt werden und ihre Flugerprobung aufnehmen. Diese verlief ohne Schwierigkeiten, so daß die USAF die Fertigstellung der dritten N-156F vorerst zurückstellte. Mitte 1961 führte die US Army mit der ersten Maschine in Pensacola, Florida, Eignungsversuche als Erdkämpfer durch, in deren Verlauf sie ausgezeichnete Ergebnisse erzielte. Das Department of Defense sprach sich jedoch gegen eine mögliche Beschaffung durch die Army aus und ordnete eine sofortige Einstellung der Versuche an.
Im Mai 1962 fand das bis dahin auch mit *Freedom Fighter* bezeichnete Muster endlich seine längst verdiente Anerkennung durch das DoD. Nach langem Zögern wurde es nämlich als MAP-Nachfolgemuster in der Jagdbomberklasse ausgewählt, eine Entscheidung, die sich schon bald als völlig richtig herausstellte. Im Oktober 1962 erhielt Northrop den ersten Auftrag zur Fertigung einer ein- und zweisitzigen Serienversion, denen man die Typenbezeichnungen **F-5A** und **F-5B** zuwies. Um die erste Maschine möglichst schnell erproben zu können, wurde die dritte N-156F (59-4989) entsprechend modifiziert. Sie führte danach die Be-

zeichnung **YF-5A** und flog am 31. Juli 1963 in Edwards AFB unter der Führung von Hank Chouteau erstmals.
Sie war als freitragender Tiefdecker in Ganzmetallbauweise ausgeführt, bei der auch Honeycomb zur Anwendung kam. Ihre äußere Linienführung, die allgemein als formschön bezeichnet wird, hat man bis heute nahezu unverändert beibehalten. Als Triebwerkanlage dienten der YF-5A anfangs zwei J85-GE-1 ohne Nachbrenner, die aber schon nach 32 Testflügen durch zwei J85-GE-5 mit Nachbrennern ersetzt wurden. An ihren Flügelspitzen konnte sie zwei Luft-Luft-Lenkwaffen des IR-Typs AIM-9 Sidewinder und an den Außenstationen eine Vielzahl militärischer Lasten mitführen. Das Startgewicht der YF-5A lag bei 5520 kg und ihre Höchstgeschwindigkeit betrug Mach 1,3. Sie wurde nach ihrer Mustererprobung für die verschiedensten Versuchszwecke verwendet und danach im August 1970 dem Air Force Museum in Wright-Patterson AFB, Ohio, übergeben.
Der Anfangsauftrag für Northrop lautete auf die Lieferung von 71 F-5A und 15 F-5B. Beide waren als taktische Kampfflugzeuge vorgesehen, wobei die zweisitzige F-5B sekundär eine ähnliche Aufgabe wie die T-38A zu erfüllen hatte. An der Mustererprobung, zu denen besonders Waffenversuche gehörten, beteiligten sich insgesamt acht Maschinen: drei YF-5A und fünf F-5A, von denen man eine als F-5B entsprechend umgebaut hatte. Am 24. Februar 1964 flog in Edwards AFB schließlich auch die erste **F-5B** (63-8438). Obwohl die aus der Serienfertigung stammende F-5A von den Prototypen äußerlich nur schwer zu unterscheiden war, zeigte sie dennoch einige Verbesserungen. Als Triebwerkanlage kamen zwei J85-GE-13 mit einem Nachverbrennungsschub von jeweils 1850 kp zum Einbau. Außerdem verfügte die mit zwei 20 mm-Kanonen des Typs M-39 bewaffnete Maschine nunmehr über vier Unterflügelstationen. Allerdings erhöhten sich dadurch auch die Gewichte, was aber auf die Flugleistungen keinen Einfluß hatte. In 11000 m Höhe kommt die noch im Truppendienst stehende F-5A auf eine Höchstgeschwindigkeit von Mach 1,4 und ihre Steiggeschwindigkeit in Bodennähe liegt bei 142 m/s. Die Skala ihrer Einsatzprofile ist groß; so liegt z. B. für einen Erdkampfeinsatz (Lo-Lo-Lo) mit zwei 750 lb-Bomben (M.117) an den Außenpylons der Aktionsradius bei 245

Oben: *Ihre Feuertaufe hatte die F-5A während der Kampfhandlungen in Südostasien ab Ende 1965. Hier eine Maschine der 10th FCS »Skoshi Tigers« beim Bombenabwurf.*

Vier zweisitzige F-5B der in Williams AFB stationierten 4441st CCTS bei einem Trainingsflug.

Bild linke Seite:
Die Thunderbirds – das offizielle Aerobatic Team der US Air Force – rüsteten 1974 von der F-4E Phantom II auf die Northrop T-38A Talon um.

km. Wird die F-5A als Interceptor eingesetzt, so kann sie mit drei abwerfbaren 568 l-Zusatztanks Patrouillenflüge für den Objektschutz mit Mach 1,2 und 40 Minuten Dauer durchführen. Nach dem Abfeuern ihrer beiden Sidewinder bleibt ihr noch genügend Kraftstoff, um mit hoher Unterschallgeschwindigkeit wieder zum Heimatstützpunkt zurückkehren zu können. Abgesehen von ihrer militärischen Vielseitigkeit ist die F-5A ein äußerst anspruchsloses Flugzeug. Sie begnügt sich mit nur 11 Wartungsstunden/Flugstunde, was man als äußerst niedrigen Wert bezeichnen kann.

Bereits in der ersten Entwicklungsphase der F-5 leitete Northrop aus der Grundversion auch einen taktischen Aufklärer mit der Bezeichnung **RF-5A** ab. Hauptunterschied gegenüber dem Jäger ist eine neu gestaltete Rumpfspitze, die je nach Einsatzart mit vier 70 mm-Kameras des Typs KS-92A bestückt werden kann. Diese vollautomatischen Kameras können verschiedenartig installiert werden, so daß z. B. auch eine 180°-Geländeerfassung möglich ist. Aus Wartungsgründen ist das Oberteil der Rumpfspitze als Klapphaube ausgeführt. Die RF-5A verfügt über die gleiche Bewaffnung wie die F-5A, sie kann somit auch für Kampfeinsätze verwendet werden. Im Sommer 1968 fanden mit der RF-5A abschließende Versuche durch das Tactical Reconnaissance Command (TRC) der USAF in Edwards AFB statt. Northrop entwickelte jedoch noch eine zweite Rumpfspitze, die ebenfalls mit vier 70 mm-Kameras (Vinten 547) und als Rüstsatz gegen die normale Rumpfspitze zur Verfügung

steht. Das Einsatzspektrum umfaßt den gesamten Flughöhen- und Geschwindigkeitsbereich. Wie bei der RF-5A befinden sich auch die Kameras des Rüstsatzes in Augenhöhe, so daß sie bequem gewartet werden können.
Nach dem Eingang der ersten MAP-Aufträge konnte man die monatliche Fertigungsrate im Werk Hawthorne von anfangs zwölf auf 22 F-5A/B steigern. Bei jeder neunten Maschine handelte es sich um eine zweisitzige F-5B. Anfang 1965 wurden schließlich die ersten Maschinen für den Export ausgeliefert und die Luftstreitkräfte des Iran (IIAF) stellten am 1. Februar die erste Staffel auf. Sie erwarben insgesamt 104 F-5A und RF-5A sowie 23 F-5B. Die Liste der Länder, die sich seinerzeit für dieses Flugzeug als Nachfolgemuster der F-84F Thunderstreak und F-86 Sabre interessierten, wurde immer größer und hatte letztlich folgendes Aussehen: Äthiopien (13 F-5A/RF-5A und 2 F-5B), Brasilien (6 F-5B), Griechenland (80 F-5A/RF-5A und 9 F-5B), Süd-Korea (87 F-5A und 35 F-5B), Libyen (8 F-5A und 2 F-5B), Malaysia (2 F-5B), Marokko (18 F-5A und 4 F-5B), Philippinen (19 F-5A und 3 F-5B), Saudi-Arabien (20 F-5B), Taiwan (92 F-5A und 23 F-5B), Thailand (18 F-5A/RF-5A und 2 F-5B), Türkei (95 F-5A/RF-5A und 13 F-5B), Süd-Vietnam (126 F-5A/PR-5A und 8 F-5B). Hinzu kamen noch Jordanien (30 F-5A/RF-5A und 4 F-5B), Pakistan (7 F-5A) und Venezuela (16 F-5A und 4 F-5B), deren Maschinen jedoch aus iranischen, libyschen und kanadischen Beständen stammten.
Norwegen hatte sich schon Anfang 1964 für die Beschaffung der F-5 entschieden,

Oben: *Das obere Bild zeigt eine der ersten F-5A mit dem Kennzeichen der norwegischen Luftstreitkräfte.*

Die kanadischen Luftstreitkräfte stellten insgesamt 89 einsitzige CF-5A in Dienst, gaben jedoch später 16 Maschinen an Venezuela weiter.

Bilder rechte Seite:
Am 27. August 1968 flog in Cartierville die erste zweisitzige CF-5D, von der nachfolgend 42 Maschinen für die CAF gebaut wurden.

Formationsflug von vier NF-5B der Koninklijke Luchtmacht, die weitgehend der kanadischen CF-5D entsprechen.

CAF 801
116801
CANADIAN ARMED FORCES

K-4002
K-4004
K-4005
K-4006

CE9-001

USAF

Oben: *McDonnell Douglas RF-4E Phantom II – Luftwaffe – Aufklärungsgeschwader 52, Leck/Nordfriesland 1973.*

Bilder linke Seite:
Start der ersten CE.9, wie die doppelsitzile F-5B in Spanien genannt wird.

Die erste F-5E Tiger II (71-1417) unmittelbar nach dem Rollout. Sie flog am 11. August 1972 erstmals.

Oben: *Northrop F-5F Tiger II (70-0889) – US Air Force, Edwards AFB, California 1974.*

Links: *Siddeley Harrier GR Mk.3 – Royal Air Force, No. 233 Squadron (OCU), RAF Whittering 1975.*

Bilder rechte Seite:

General Dynamics/FW F-111E (68-038) – US Air Force, 4442nd Tactical Fighter Training Squadron, Nellis AFB, Nevada 1972.

Vought A-7B Corsair II (154413) – US Navy, VA-205 »Falcons«, NAS Atlanta Georgia 1977.

ND
038

01
AF
VA-205
154413
501

Saab AJ37 Viggen – Svenska Flygvapnet, Flygflottilj 7, Satenäs 1975.

Oben: *Die Imperial Iranian Air Forces (IIAF) gelten neben Taiwan als der größte Halter der Tiger II. Hier eine von 141 einsitzigen F-5E.*

Werkstattflug einer iranischen F-5E mit Kamera-Rüstsatz und Flugbetankungssonde, allerdings noch ohne Kennzeichen.

stellte aber einige Zusatzforderungen. Dazu gehörte neben einem Fanghaken vor allem eine aus vier Flüssigkeitsraketen bestehende Kurzstartvorrichtung (JATO) unter dem Rumpfmittelteil. Die Kongelige Norske Flygvapen stellte ab März 1966 insgesamt 95 F-5A/RF-5A und 14 F-5B in Dienst. Für Sonderaufgaben und die Ausbildung ausländischer Piloten verfügt die US Air Force über 17 F-5A und 15 F-5B.

Im Februar 1965 gaben die spanischen Luftstreitkräfte die Beschaffung von siebzig F-5 bekannt, bestehend aus 34 Doppelsitzern **SF-5B** (CE.9 – 001/034), 18 Einsitzern **SF-5A** (C.9 – 035/052) und 18 Aufklärern **SRF-5A** (CR.9 – 053/070). Der Jungfernflug der ersten Maschine, einer SF-5B, fand am 22. Mai 1968 statt. Diese Maschinen wurden im Rahmen eines Lizenzvertrages mit Northrop von der CASA in Getafe bei Madrid gefertigt. Sie stehen bei der Ejercito del Aire nach wie vor im aktiven Truppendienst.

Außer den genannten Staaten interessierten sich noch Kanada und die Niederlande für die F-5, und zwar für die mit zwei schubstärkeren J85-Triebwerken ausgerüstete **F-5-15**. Sie verfügte außerdem über elektrisch betätigte Sekundär-Luftklappen, einen Fanghaken, eine Flugbetankungssonde und eine neue Bugeinheit des Fahrwerks. Letztere war in zwei Höheneinstellungen bis 254 mm fixierbar, was eine Vergrößerung des Anstellwinkels der Maschine um 3° und vor allem eine Verkürzung der Startrollstrecke um ca. 24% zur Folge hatte. Man übernahm diese Einrichtung auch für die nachfolgende Version F-5-21. Die Fluger-

probung der F-5-15, die kurzzeitig auch **F-5C** oder **Super F-5** genannt wurde, begann im Mai 1965. Verhandlungen der beiden Länder mit Northrop führten schließlich zum Abschluß eines Lizenzvertrages, nach dem für die Luftstreitkräfte Kanadas und der Niederlande insgesamt 236 Maschinen nach kanadischen Spezifikationen gebaut wurden. Lizenznehmer für die Zellen war die Canadair Ltd. in Montreal, während die J85-Triebwerke von Orenda hergestellt wurden. Die Flugerprobung fand ab 3. Mai 1968 mit zwei CF-5A anfangs in Edwards AFB statt, und nach dem Jungfernflug der ersten CF-5D am 27. August 1968 in Cartierville kam dann auch noch ein Doppelsitzer hinzu. Die Canadian Armed Forces (CAF) gaben 89 Einsitzer **CF-5A** und 42 Doppelsitzer **CF-5D** in Auftrag. Es folgte die Koninklijke Nederlandse Luchtmacht (KLu) mit 75 einsitzigen **NF-5A** und 30 zweisitzigen **NF-5B,** die weitgehend der kanadischen Version entsprachen und noch heute im aktiven Truppendienst stehen. Als erste Einheit rüstete 1969 die in Twenthe stationierte 315. Staffel von der F-84F Thunderstreak auf die neue NF-5 um. Drei weitere Staffeln, die 314. in Eindhoven, die 316. in Gilze-Rijen und die 313. in Twenthe. Letztere verfügt für das Waffentraining vorwiegend über zweisitzige NF-5B.

Ihre militärische Feuertaufe erhielt die F-5A in Südostasien, wo die 10th Fighter Command Squadron (FCS) *Skoshi Tigers* mit zwölf Maschinen dieses Typs von Oktober 1965 bis März 1966 ausgezeichnete Ergebnisse erzielte. Sie wurden in erster Linie für Tiefangriffe gegen Bodenziele

Links: *Die Steiggeschwindigkeit der F-5E liegt in Bodennähe bei 178 m/s. Hier eine Maschine dieses Typs im senkrechten Steigflug.*

Bilder rechte Seite:
Ab Ende 1978 sind alle siebzig F-5E der Royal Saudi Air Force voll einsatzbereit. Hier eine Maschine dieses Typs mit Kamera-Rüstsatz.

Die Royal Jordanian Air Force wird insgesamt 44 F-5E in Dienst stellen.

verwendet und waren an der linken Rumpfseite mit einer festen Flugbetankungssonde ausgestattet. Ferner waren alle Maschinen an der Rumpfunterseite gegen Bodenbeschuß zusätzlich gepanzert. Während ihrer zahlreichen Einsätze, die teilweise unter widrigsten Bedingungen durchgeführt wurden, bewies die F-5, daß sie alle an sie gestellten Forderungen nicht nur erfüllte, sondern oft auch übertraf. Die Besatzungen kritisierten lediglich die zu geringen Reichweiten und zu langen Startrollstrecken. Doch trotz der erfolgreichen Einsatzversuche und der daraus resultierenden technischen Verbesserungen entschied sich die US Air Force im Februar 1966 gegen die F-5. Das Tactical Air Command gab der von Vought entwickelten A-7D Corsair II den Vorzug als zukünftiges Kampfflugzeug.

Man machte sich daraufhin Gedanken über eine weitere Verbesserung der F-5 und im April 1968 erhielt Northrop von General Electric den Auftrag zur Flugerprobung des neuen Triebwerks J85-GE-21, dessen Schubleistungen um 23% höher lagen als beim -13. Man rüstete danach eine Maschine des zweisitzigen Typs F-5B mit zwei dieser Triebwerke aus. Hinzu kamen noch die von der CF-5/NF-5 her bekannten Sekundär-Luftklappen und die höhenverstellbare Bugeinheit des Fahrwerks. Ferner vergrößerte man durch Vorziehen der Flügelwurzel auch die aerodynamische Fläche der Maschine von 16,16 m^2 auf 17,29 m^2. Anfang 1969 konnte der neue Erprobungsträger fertiggestellt werden, und am 28. März startete die mit **YF-5B-21** bezeichnete Maschine unter der Führung von GE-Testpilot John Fritz zu ihrem Erstflug. Während man sich bei Northrop auf die Weiterentwicklung der neuen Version konzentrierte, absolvierte Fritz mit der YF-5-21 ein umfangreiches Versuchsprogramm, das 130 Flugstunden beinhaltete und mit überragenden Ergebnissen abgeschlossen werden konnte. Dies war der Beginn des weltweiten Erfolgs der heutigen F-5E Tiger II, mit der die Flugzeugfamilie F-5 zweifellos ihren technischen Höhepunkt erreicht hat.

Am 20. November 1970 entschied sich die US Air Force im Rahmen ihres Wettbewerbs International Fighter Aircraft (IFA) für die F-5-21, wobei neben ihren außergewöhnlichen Flugleistungen sicher auch die günstige Kostensituation eine entscheidende Rolle gespielt hat. Man beschleunigte nunmehr die Entwicklung

74-00959
5102

01556
U.S. AIR

Oben: *Am 25. September 1974 flog in Edwards AFB die erste zweisitzige F-5F (70-0889).*

Ende April 1976 flog in Palmdale die erste serienmäßige F-5F in den Farben der iranischen Luftstreitkräfte.

Bilder linke Seite:
Das obere Bild zeigt eine F-5E in den Farben Taiwans, das 180 Maschinen in Lizenz fertigt.

Das in Nellis AFB stationierte 57th TTW verfügt für das Luftkampftraining über 71 F-5E.

der neuen F-5 und führte noch weitere Verbesserungen ein, zu denen neben einer Erhöhung der Kraftstoffkapazität auf 2562 Liter auch das integrierte Feuerleitsystem AN/APQ-153 von Emerson für Luft-Luft- und Luft-Boden-Einsätze gehörte.
Ab Januar 1971 änderte die USAF die Typenbezeichnung in **F-5E** und ab Herbst wurde sie dann offiziell auch *Tiger II* genannt. Vier Monate vor dem gegebenen Termin startete die erste Maschine (71-1417) unter der Führung von Hank Chouteau am 11. August 1972 in Edwards AFB zu ihrem erfolgreichen Jungfernflug. Die Serienfertigung der Tiger II war schon 1971 angelaufen, und als erste Einheit übernahm die in Williams AFB, Arizona, stationierte 425th TFTS ab Frühjahr 1973 zwanzig Maschinen für Trainingszwecke. Ende 1973 wurden dann auch den Luftstreitkräften verbündeter Nationen die ersten F-5E übergeben. Die Entwicklung einer zweisitzigen Version der Tiger II begann im April 1973, und am 25. September 1974 flog in Edwards AFB unter der Führung von Dick Thomas die erste (70-0889) von zwei Maschinen. Sie erhielt die Bezeichnung **F-5F** und unterscheidet sich vom Einsitzer lediglich durch das abgeänderte Rumpfvorderteil mit Tandemcockpit und nur einer 20 mm-Kanone (links). Die F-5F, deren maximales Startgewicht bei 11 442 kg liegt, läßt sich für das Fortgeschrittenen-, aber auch für das Übergangstraining auf Hochleistungs-Kampfflugzeuge wie die F-15 Eagle verwenden. Sie kann jedoch auch für die Luftüberlegenheitsjagd und den Erdkampf eingesetzt werden.

Auch die US Navy führt mit der F-5E ein besonderes Luftkampftraining durch.

Nahezu alle Halter der Versionen F-5A/B rüsten seit 1975/76 auf die Tiger II um. Hinzu kamen noch Brasilien (36 F-5E), Chile (15 F-5E und 3 F-5F), Kenia (10 F-5E und 2 F-5F) und die Schweiz (66 F-5E und 6 F-5F). Von letzteren werden gemäß einem Lizenzvertrag mit Northrop 53 Einsitzer bei den Eidgenössichen Flugzeugwerken (EFW) in Emmen gefertigt. Die restlichen Maschinen, 13 Einsitzer und 6 Doppelsitzer, liefert Northrop ab Anfang 1979. Am 9. Dezember 1977 flog unter der Führung von Hank Chouteau in Palmdale die erste Tiger II mit Kennzeichen der Schweizerischen Flugwaffe (J-3001). Auch Taiwan, das insgesamt 180 F-5E in Dienst stellen will, fertigt diese Maschinen selbst, und zwar beim Aero Industry Development Centre (AIDC) in Taichung. 71 F-5E, die für Süd-Vietnam bestimmt waren, übernahm nach dem militärischen Zusammenbruch dieses Landes das TAC für Trainingszwecke. Sie sind in Nellis AFB, Nevada, stationiert, wo das Tactical Fighter Weapons Centre (TFWC) und das 57th Tactical Training Wing (TTW) beheimatet sind. Da die Tiger II in ihren Flugleistungen und -eigenschaften der sowjetischen MiG-21 sehr nahe kommt, wird sie in erster Linie für Vergleichsluftkämpfe verwendet. Die gleiche Aufgabe hat auch die im September 1975 aufgestellte 527th Tactical Fighter Training Aggressor Squadron (TFTAS), die ab Mai 1976 mit zwanzig F-5E nach Europa verlegte. Sie ist auf dem RAF-Stützpunkt Alconbury stationiert und seit 1. Januar 1977 voll einsatzfähig. Einem ähnlichen Zweck dient die »Top Gun«-Aggressor Squadron der US Navy. Sie verfügt über

Am 31. Mai 1975 übernahm die Royal Malaysian Air Force auf dem Luftstützpunkt Butterworth die erste von vierzehn F-5E.

Als Nachfolgemuster der veralteten DH.112 Venom wird die Schweizerische Flugwaffe ab Frühjahr 1979 die Tiger II in Dienst stellen. Hier die zweite F-5E (J-3002) bei einem Trainingsflug.

17 F-5E und 6 F-5F, die der Naval Fighter Weapons School in NAS Miramar, California, unterstellt sind. Im Stadium der fortgeschrittenen Entwicklung befindet sich seit Mitte 1976 der taktische Aufklärer **RF-5E**, dessen weltweiter Bedarf dem Vernehmen nach bei 200 Maschinen liegt. Diese jüngste Version der Tiger II kann mit verschiedenen 70 mm-Kameras in Palettenform und einem Terrainfolge-Radarsystem ausgerüstet werden. Wie die RF-5A kann sie ihre Einsätze im gesamten Flughöhen- und Geschwindigkeitsbereich fliegen, ist allerdings sekundär auch für Kampfaufgaben verwendbar.

Nach Aussagen namhafter Fachleute der internationalen Luftfahrttechnik stellte bereits die F-5A/B von Anfang an ein ausgezeichnetes Leichtbau-Kampfflugzeug dar. Von ihr wurden insgesamt 1199 Maschinen gebaut – 906 F-5A und 293 F-5B. Der Gesamtentwicklung dieses relativ einfachen und bis ins kleinste durchdachten Waffensystems setzte man jedoch mit der F-5E/F zweifellos die Krone auf. Ende 1977 belief sich die Auftragslage auf insgesamt 775 Maschinen – 711 F-5E und 64 F-5F. Die Stückzahl der monatlichen Fertigung liegt gegenwärtig bei achtzehn Maschinen. Sie ist bis weit in die achtziger Jahre hinein gesichert.

Hawker Siddeley Harrier

Zu den außergewöhnlichsten und gleichzeitig erfolgreichsten Flugzeugentwicklungen der letzten zwanzig Jahre gehört zweifellos die des britischen Senkrecht- und Kurzstarters Harrier von Hawker Siddeley. Die Geschichte dieses einzigartigen Musters geht zurück bis in das Jahr 1954, als der französische Ingenieur Michel Wibault an dem Entwurf eines neuartigen VTOL-Jagdflugzeugs arbeitete. Der Antrieb bestand aus einer Version des 5500 WPS-Turbinenaggregats Bristol Orion mit vier Zentrifugalgebläsen und einer Vektorsteuerung für den Marsch- oder Hubschub. Diese revolutionäre Antriebsart fand in Frankreich jedoch nicht die für eine Realisierung notwendige Beachtung. Wibault legte daraufhin sein Projekt einigen Sachverständigen des Mutual Weapons Development Program (MWDP) vor, die es nach der Überprüfung an die Bristol Engines Ltd. weiterleiteten. Diese Firma akzeptierte das Projekt zwar, hatte jedoch wegen der neuen Antriebsart ernsthafte Bedenken. Auf der Basis des Orpheus-Gasgenerators entstand danach ein neuer Entwurf, der zwei Stufen des Niederdruckverdichters eines Olympus-Aggregats antrieb. Die praktische Anwendung dieses neuen, mit BE.53 bezeichneten Triebwerks besprach man mit verschiedenen Flugzeugherstellern, zu denen auch die Hawker Aircraft Ltd. in Kingston gehörte. Sidney Camm zeigte als Chefkonstrukteur großes Interesse an dem Aggregat und beauftragte seine Entwurfsabteilung mit der Ausarbeitung einer entsprechenden Studie. So entstand bei Hawker im Laufe der Zeit und auf eigenes Risiko der erste Entwurf eines kleinen VTOL-Erdkämpfers, in dem man bereits das potentielle Nachfolgemuster der Fiat G.91 sah.

Die Finanzierung des Schwenkdüsen-Triebwerks BE.53 hatte mittlerweile mit 75% das MWDP übernommen, so daß dessen Entwicklung ohne Verzögerung fortgesetzt werden konnte. Bereits am 1. September 1959 konnte das erste Versuchsaggregat seine ersten Prüfstandläufe absolvieren, und es entwickelte in der Folgezeit eine Schubleistung von 4710 kp. Hawker beschleunigte daraufhin

Dieses Bild zeigt die erste P.1127 (XP831) mit ihren aufblasbaren Lufteinlauflippen.

Hawker Siddeley Harrier GR Mk.3

No. 4 Squadron – RAF Gütersloh

Technische Daten und Leistungsangaben

Verwendung: Taktisches Kampfflugzeug, Triebwerk: 1 Rolls-Royce/BS Pegasus Mk.103, Triebwerkleistung: 9760 kp, Besatzung: 1 Mann, Spannweite: 7,70 m ohne, 9,04 m mit Randkappentanks, Länge: 13,88 m, Höhe: 3,51 m, Spurweite: 6,75 m, Radstand: 3,49 m, Flügelfläche: 18,68 m², Leergewicht: 5624 kg, Gesamtlast: 6166 kg, Startgewicht: 11790 kg maximal, Flächenbelastung: 631 kg/m², Leistungsbelastung: 1,2 kg/kp, Höchstgeschwindigkeit: 1160 km/h (Mach 0,95) in Bodennähe, 896 km/h (Mach 0,8) in 6100 m Höhe, Einsatzradius: 418 km (Hi-Lo-Hi), Überführungsreichweite: 3330 km, Dienstgipfelhöhe: 15240 m, Bewaffnung: zwei 30 mm-Aden-Kanonen mit je 130 Schuß, Kampfmittelzuladung: 2270 kg.

0 1 2 3 m
0 5 10'

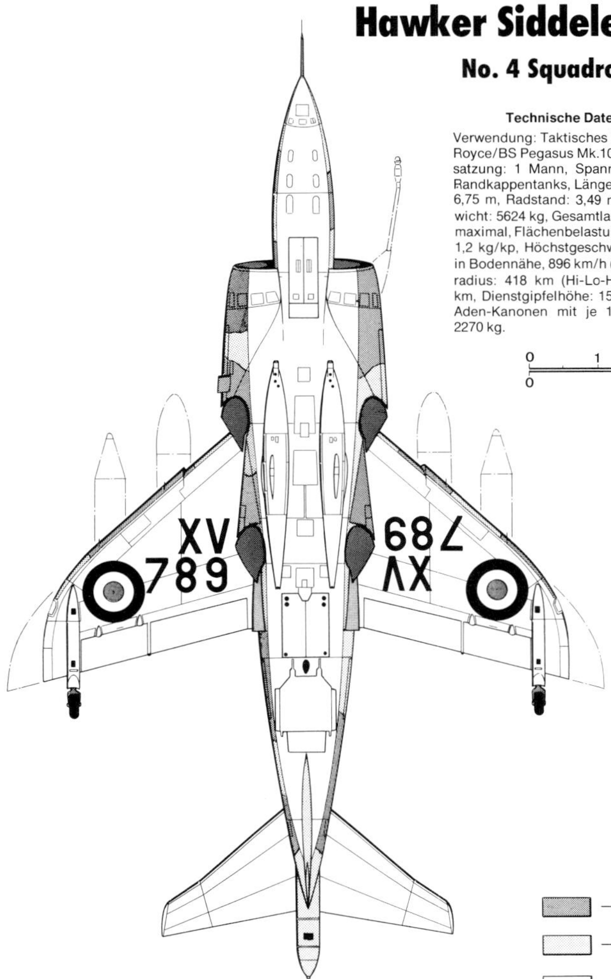

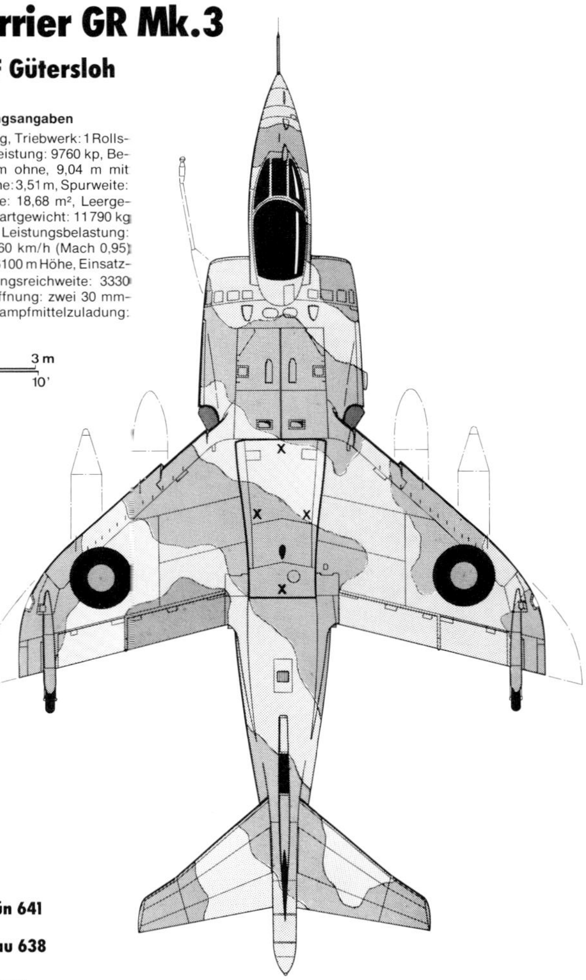

- Dunkelgrün 641
- Dunkelgrau 638
- Hellgrau 627

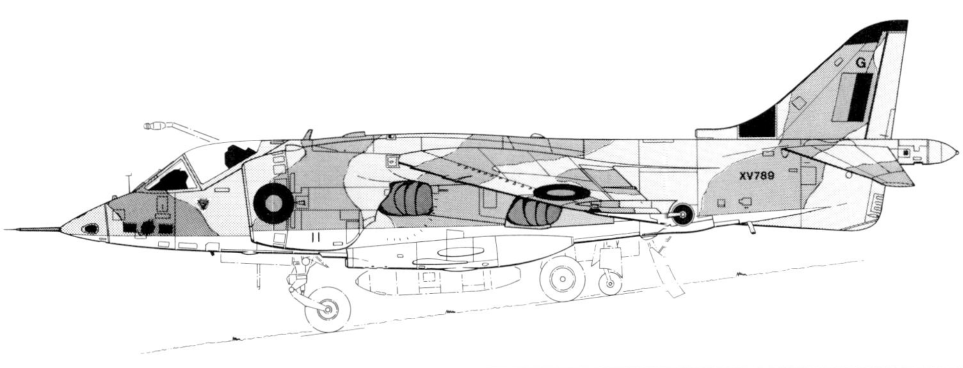

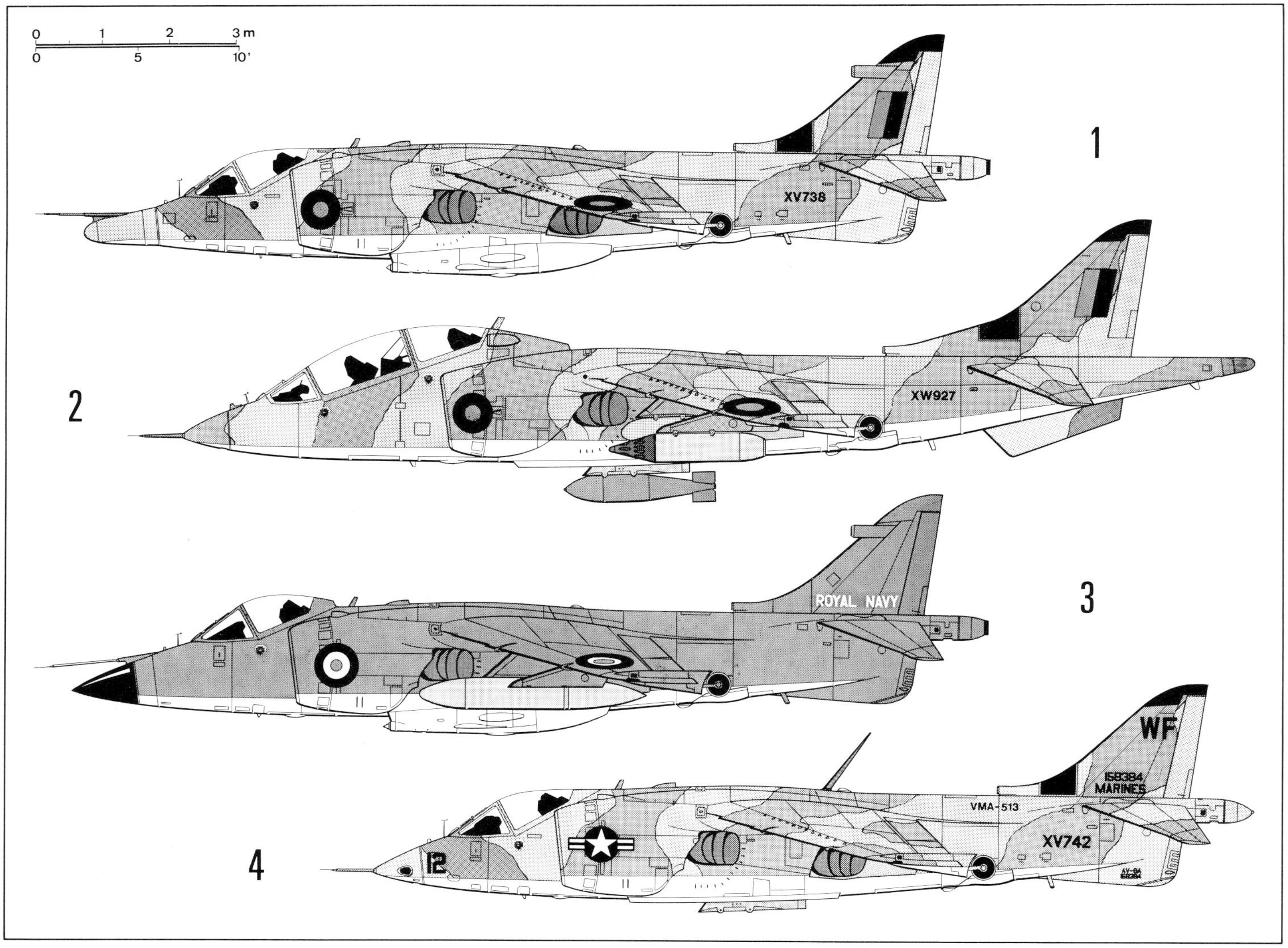

1: *Harrier GR Mk.1 – Royal Air Force Germany, No. 3 Squadron, RAF Gütersloh 1976.* **2:** *Harrier T Mk. 2 – Royal Force.* **3:** *Sea Harrier FRS Mk.2 – Royal Navy.* **4:** *AV-8A Harrier – US Marine Corps, VMA-513 »Flying Nightmares«, MCAS Cherry Point, NC. 1972.*

Konstruktion und Fertigung des neuen VTOL-Flugzeugs, das die Werkbezeichnung **P.1127** führte. Unmittelbar vor dem Rollout des ersten Prototyps *(XP831)* erhielt Hawker einen offiziellen Auftrag zur Fertigung und Erprobung von zwei Prototypen und vier Versuchszellen. Das Triebwerk wurde dagegen nach wie vor vom MWDP und Bristol Engines finanziert. Die Endmontage der *XP831* fand im Werk Dunsfold statt, wo Bill Bedford am 21. Oktober 1960 den ersten Fesselflug mit ihr durchführte. Vier Wochen später fand schließlich am 19. November auch der erste Schwebeflug statt. Die Maschine hatte während dieses historischen Fluges ein Startgewicht von nur 4500 kg. Im März 1961 begann beim Royal Aircraft Establishment (RAE) in Bedford die konventionelle Flugerprobung der P.1127.
Mittlerweile konnte auch der zweite Prototyp *(XP836)* fertiggestellt werden, der nach Rollversuchen am 7. Juli 1961 erstmals flog und wiederum saß Bill Bedford am Steuerknüppel. Die nachfolgende Mustererprobung, an der nun auch Testpilot Hugh Merewether teilnahm, verlief ohne Schwierigkeiten. Sie brachte die Gesamtentwicklung des neuen Flugzeugs einen großen Schritt weiter und beinhaltete auch Start- und Landetransitionen, die am 8. September 1961 erfolgreich durchgeführt werden konnten. Drei Monate später jedoch zerschellte die XP836 am 14. Dezember in Yeovilton, nachdem sie die linke vordere Schwenkdüse verloren hatte. Bill Bedford stieg in 60 m Höhe aus und konnte sich mit dem Fallschirm retten.
Hawker hatte bereits vorher einen Anschlußauftrag erhalten, der auf die Fertigung weiterer Prototypen lautete. Als Triebwerk kam bei diesen Maschinen, die man auch zellenseitig verbessert hatte, das schubstärkere Pegasus 2 zum Einbau. Am 5. April 1962 flog die *XP972,* deren Leben jedoch nur von kurzer Dauer war. Während ihrer Erprobung wurde sie durch einen Triebwerksbrand schwer beschädigt, konnte aber von Hugh Merewether in Tangmere notgelandet werden. Inzwischen hatte man den ersten P.1127-Prototyp (XP831) auf das Pegasus 3 umgerüstet, das nun schon eine Schubleistung von 6115 kp entwickelte. Sie nahm ihre Flugversuche im April 1961 wieder auf und am 12. Juli 1962 flog auch die vierte P.1127 *(XP976).* Ihr folgten im Herbst 1962 die beiden nächsten Maschi-

Als Vorserienversion des heutigen Harrier galt die Kestrel F (G) Mk.1, von der insgesamt neun Maschinen gebaut wurden. Hier die erste (XS688) mit den Kennzeichen der Tripartite Squadron.

nen (*XP980* und *XP984*), die erneut einige Verbesserungen aufwiesen. So war z. B. die letztere als erste P.1127 mit einem gepfeilten Tragwerk ausgestattet. Nachdem man das neue Muster einigermaßen im Griff hatte, wurde die Erprobung zügig erweitert. Dazu gehörten nicht nur Nachtflüge, sondern im Februar 1963 auch Starts und Landungen mit der XP831 an Bord des 50000 BRT-Flugzeugträgers HMS Ark Royal. Am 16. Juni 1963 wurde dieser Prototyp während des Pariser Aero Salons bei einer Bruchlandung jedoch beschädigt. Auch die Entwicklung des Triebwerks hatte man bei Bristol inzwischen weiter vorangetrieben. Die letzte P.1127 (XP984) wurde auf das Pegasus 5 umgerüstet, dessen Schub bei 6795 kp lag. Sie galt in dieser Form als Prototyp der nächsten Baureihe, die Kestrel genannt wurde.

Im Frühjahr 1960 forderte die NATO im Rahmen der NBMR-3 einen senkrechtstartenden Überschalljäger, der militärische Nutzlasten von 900 kg mit Mach 0,9 im Tiefflug über Entfernungen von 400 km befördern sollte. Das neue Flugzeug sollte außerdem schon fünf Jahre später einsatzbereit sein. Diese Forderungen schienen der für den Unterschallbereich ausgelegten Hawker P.1127 einen schweren Schlag zu versetzen. Aufgrund eines Abkommens der Regierungen Großbritanniens und der Bundesrepublik Deutschland, das Ende 1961 unterzeichnet wurde und dem sich schließlich auch die USA anschlossen, konnte die vielversprechende Entwicklung jedoch fortgesetzt werden. Um festzustellen, ob sich ein VTOL-Kampfflugzeug unter Einsatzbedingungen bewährt, wurde am 15. Oktober 1964 die sogenannte *Tripartite Squadron* aufgestellt. Sie verfügte neben 120 Mann technischen Personals über zehn erfahrene Flugzeugführer aus den erwähnten Ländern. Der deutsche Beitrag bestand aus Oberst Gerhard Barkhorn und Oberleutnant Volker Suhr. Als Standort dieser Drei-Nationen-Staffel wählte man RAF West Raynham in Norfolk. Nach einer gründlichen Ausbildung der Piloten und Mechaniker begann im Frühjahr 1965 der routinemäßige Dienst, der die Truppenerprobung des ersten taktischen VTOL-Konzepts zur Aufgabe hatte.

Das erste Flugzeug dieser Einheit war gleichzeitig auch das siebte der P.1127-Serie, nannte sich jedoch **Kestrel F (GA) Mk. 1.** Es führte die Kennzeichen *XS688* und flog am 7. März 1964 erstmals. Ihm

folgten bis 5. März 1965 die restlichen acht Maschinen dieser Version (*XS689* bis *XS696*). Die Kestrel, deren VTOL-Startgewicht bei 6570 kg lag, zeigte gegenüber der P.1127 einige Verbesserungen. Standardmäßig war sie mit dem Pegasus 5-Triebwerk ausgerüstet und in der Rumpfspitze war eine Kamera eingebaut. Eine der neun Maschinen (XS696) ging unmittelbar nach der Übergabe in West Raynham durch den Bedienungsfehler eines amerikanischen Piloten verloren. Die elfmonatige Erprobung umfaßte fast tausend Flüge, die u. a. auch Nachtübungen unter VSTOL-Bedingungen beinhalteten. Nach Beendigung der erfolgreichen Tripartite Evaluation wurde die Staffel aufgelöst und es stand jedem der drei Länder frei, »seine« Flugzeuge käuflich zu erwerben. Die Bundesrepublik verzichtete jedoch darauf, so daß von den USA sechs Maschinen übernommen wurden (*XS688* bis *XS692* und *XS694*). Hier erhielten sie vom Bureau of Aeronautics die Seriennummern 64-18262 bis -18267 und wurden **AV-6A** genannt. Mit diesen sechs Maschinen führte man im Laufe der nächsten drei Jahre erneut eine gründliche Erprobung durch, und zwar wurden sie von Piloten der US Air Force, US Navy, US Army und US Marines geflogen. Dazu gehörten im Mai 1966 auch Starts und Landungen an Bord der Flugzeugträger USS Independence und USS Raleigh. Ihr Heimatstützpunkt war die Naval Air Station Patuxent River, Maryland. Zwei AV-6A (64-18267 und -18263) übernahm danach die NASA, die sie ebenfalls für Versuchszwecke einsetzte. Die erste von ihnen ging jedoch als No. 520 am 27. August 1967 nach einem Unfall verloren.

Von den beiden in England verbliebenen Kestrel F (GA) Mk.1 wurde die *XS693* in der zweiten Hälfte des Jahres 1966 der Blackburn Division von Hawker in Brough übergeben. Diese rüstete die Maschine auf das Pegasus 6-Triebwerk um, das später auch Pegasus Mk.101 genannt wurde und eine Schubleistung von 8600 kp entwickelte. Hinzu kamen strukturelle Verstärkungen sowie ringförmig angeordnete Sekundär-Luftklappen an den neugestalteten Lufteinläufen. Die XS693 diente in dieser Form als Prototyp der geplanten Serienausführung. Sie konnte ihre Flugerprobung am 10. Februar 1967 wieder aufnehmen, ging jedoch sieben Monate später, am 21. September, durch Absturz in Filton verloren.

Oben: *Dieser Harrier GR Mk.3 (XW922) gehört zu der in Wittering stationierten No. 233 Squadron, die als Operational Conversion Unit gilt.*

Im August 1973 fand in Nordrhein-Westfalen das Manöver »Grimm Charade« statt, an dem auch Harrier GR Mk.3 der RAFG teilnahmen. Hier eine Maschine der inzwischen aufgelösten No. 20 Squadron.

Bild linke Seite:
Die Einsatzerprobung des Harrier schloß schon frühzeitig Starts und Landungen von Flugzeugträgern und Plattformen anderer Kriegsschiffe ein. Hier an Bord des 12.100 BRT-Kreuzers HMS Blake der Royal Navy im August 1969.

Im Frühjahr 1965 erhielt Hawker Siddeley den Auftrag zur Fertigung von sechs Vorserienflugzeugen eines für die Royal Air Force geeigneten Einsatzmusters. Nach neun Jahren einer intensiven Entwicklung und Erprobung mit den Versionen P.1127 und Kestrel startete am 31. August 1966 in Dunsfold die erste der sechs mit **Harrier GR Mk.1** bezeichneten Maschinen *(XV276 bis XV281)*. Sie waren mit dem Pegasus 6-Triebwerk ausgerüstet und dienten zur weiteren Untersuchung des allgemeinen Flugverhaltens, aber auch für erste Bewaffnungsversuche und die Weiterentwicklung des Schwenkdüsentriebwerks. Die erste Harrier-Version verfügte nicht wie der Hunter über eine fest eingebaute Bewaffnung, konnte aber zu beiden Seiten der zentralen Rumpfstation einen 30 mm-Kanonenbehälter mit 131 Schuß mitführen. Hinzu kamen erstmals auch vier Unterflügelstationen zur Aufhängung von Spreng-, Brand- und Streubomben sowie Raketenbehältern und abwerfbaren Zusatztanks. Entsprechende Waffenversuche fanden beim Aircraft & Armament Experimental Establishment (A&AEE) in Boscombe Down statt. Außerdem waren diese sechs Harrier als erste britische Kampfflugzeuge mit Blickfeld-Darstellungsgeräten (HUD) von Smiths/Specto ausgestattet. Zur ständigen Ausrüstung gehörte auch eine in der Rumpfspitze eingebaute und nach links geneigte F.95-Kamera. Die Erprobung dieser sechs Vorserienflugzeuge, die im August 1967 auch Tropenversuche mit der *XV281* beinhaltete, verlief zur vollen Zufriedenheit aller Beteiligten. Es folgte schließlich der erste größere

Auftrag, der auf insgesamt 77 einsitzige **Harrier GR Mk.1** lautete. Am 28. Dezember 1967 flog die erste von ihnen unter der Führung von Duncan Simpson in Dunsfold und am 1. April 1969 übernahm die in RAF Wittering stationierte No. 1 (F) Squadron die erste Maschine *(XV741)*. Hier wurde auch die No. 233 Squadron als Operational Conversion Unit (OCU) für das Umschulungstraining auf den Harrier aufgestellt. Anfangs waren alle Maschinen der ersten Serienversion mit dem Pegasus 6 (Mk.101) ausgerüstet, das man jedoch im Laufe der Zeit durch das schubstärkere Pegasus 10 (Mk.102) ersetzte. Sie wurden danach mit **Harrier GR Mk.1A** bezeichnet. Der No. 1 Squadron folgten die in RAF Wildenrath stationierten Nos. 3, 4 und 20 Sqdns., die ab 1970 ebenfalls auf den Harrier umrüsteten.

Sechs Jahre später kam es innerhalb der RAF Germany zu einer Umstrukturierung der einzelnen Verbände, in deren Verlauf man dem Harrier die CAS-Aufgaben der Phantom FGR Mk.2 übertrug. Während die Nos. 3 und 4 Squadrons Ende 1976 nach RAF Gütersloh verlegten, wurde die No. 20 Sqdn. aufgelöst.

Am 5. Januar 1971 stellte Sqdn. Ldr. Tom Lecky-Thompson von der No. 1 Sqdn. mit einem Harrier GR Mk.1A zwei neue Steiggeschwindigkeits-Weltrekorde für Strahlflugzeuge der Klasse auf:

* 9000 m – 104,7 s
* 12000 m – 142,7 s

Drei Tage vorher erreichte er mit seiner Maschine eine Flughöhe von 14040 m, was in dieser Klasse ebenfalls als neuer Weltrekord anerkannt wurde. Zwei Maschinen der No. 1 Sqdn. *(XV741* und *UX744)* beteiligten sich im Mai 1969 am 5600 km-Transatlantik-Rennen der Daily Mail von London nach New York. Mit einer Flugzeit von 6 h 11 min 57 s belegte das Muster den ersten Platz, womit der Beweis erbracht werden konnte, daß der Harrier auch für Langstreckeneinsätze geeignet war.

Nachdem Rolls-Royce die innere Technik des Pegasus weiter verbessert hatte, rüstete die RAF alle Harrier nach und nach auf das Pegasus 11 (Mk.103) um. Dieses entwickelt nicht nur eine Schubleistung von 9760 kp, sondern es gestattet auch die Verstellung der Schwenkdüsen im Geradeausflug. Damit verfügt der **Harrier GR Mk.3** über bedeutend bessere Manövriereigenschaften, was ihm besonders im Tiefflug und auch bei Luftkämpfen zugute kommt. Im März 1972 erhielt

Oben: *Jede der drei Harrier-Squadrons verfügt für das Besatzungstraining über einen Zweisitzer. Hier der erste Harrier T Mk.2 (XW174), der am 4. Juni 1969 durch Absturz verlorenging.*

Dieser Harrier Mk.52 (G-VTOL) dient als ziviler Demonstator. Er flog am 16. September 1971 erstmals.

Bilder linke Seite:
Wegen seiner ausgezeichneten VSTOL-Eigenschaften kann der Harrier selbst von kleinen Waldlichtungen operieren. Diese mit Raketenbehältern und Zusatztanks ausgerüstete Maschine (XW768) gehört zu der in Gütersloh stationierten No. 3 Squadron.

Das untere Bild zeigt einen Harrier GR Mk.3 der No. 4 Squadron, die ebenfalls in Gütersloh stationiert ist.

Hawker Siddeley einen auf zwölf Maschinen lautenden Anschlußauftrag und im März 1977 wurden zur Aufrechterhaltung des gegenwärtigen Flugzeugbestandes bis in die achtziger Jahre weitere 24 Harrier der Version Mk.3 bestellt. Bleibt noch die *XV742* zu erwähnen, eine GR Mk.1, die mit den zivilen Kennzeichen *G-VSTO* ausschließlich als firmeneigener Demonstrator verwendet wurde.

In den vergangenen Jahren bemühte sich die RAF gemeinsam mit der britischen Industrie ständig um eine weitere Verbesserung der Ausrüstung des Harriers. Dazu gehörte vor allem ein von Ferranti entwickelter und in der neugestalteten Rumpfspitze eingebauter Laser-Entfernungsmesser – genannt LRMTS (Laser Ranging and Marked Target Seeker). Außerdem wurde ein von Marcon entwickeltes, passives Radarwarnsystem (PWR) eingeführt, dessen Antennen in der Seitenflossennase und im Heckkonus eingebaut sind.

Zur Vereinfachung und Beschleunigung des Umschulungstrainings entwickelte Hawker schon 1968 eine zweisitzige Version. Zwei Musterflugzeuge wurden gebaut, deren erstes als **Harrier T Mk.2** *(XW174)* am 22. April 1969 flog. Diese Maschine ging jedoch schon fünf Wochen später am 4. Juni durch Absturz verloren, bei dem Testpilot Duncan Simpson schwer verletzt wurde. Am 14. Juli 1969 flog schließlich auch der zweite Harrier-Doppelsitzer *(XW175)* und auch die ersten von zwölf Serienflugzeugen ließen nicht mehr lange auf sich warten. Mit dem Erstflug der *XW264* begann deren Erprobung und im Juli 1970 wies man der

No. 233 OCU in Wittering die ersten Maschinen zu. Als Triebwerk kam beim Harrier-Trainer anfangs das Pegasus 6 (Mk.101) zum Einbau, das man jedoch nach und nach durch die schubstärkeren Versionen Mk.102 und Mk.103 ersetzte. Damit änderten sich aber auch die Typenbezeichnungen, sie lauten seitdem **Harrier T Mk.2A** und **Mk.4.** Der Harrier-Trainer, von dem bis Ende 1977 für die RAF 21 Maschinen gebaut wurden, ist wie der Einsitzer ein Frontflugzeug. Er ist ebenfalls mit dem integrierten Trägheitsnavigations- und Angriffsystem INAS von Ferranti ausgestattet und kann an seinen sieben Außenstationen bis zu 2270 kg Kampfmittel mitführen.
Jede der drei Harrier-Squadrons – Nos. 1, 3 und 4 – verfügt für das Routinetraining ihrer Piloten über einen Zweisitzer. Die Trainerversion des Harrier unterscheidet sich äußerlich durch ein neues Rumpfvorderteil mit Tandemcockpit, einen verlängerten Heckkonus und eine abgeänderte Seitenflosse vom Einsitzer. Die Gesamtlänge beträgt 17,00 m und das normale Startgewicht erhöhte sich auf 6160 kp.
Im Jahre 1970 beschloß man bei Hawker Siddeley den Bau eines werkseigenen Zweisitzers für Demonstrationszwecke, an dem sich auch die Ausrüstungsindustrie beteiligte. Die Maschine erhielt die Bezeichnung **Harrier Mk.52** und die zivilen Kennzeichen *G-VTOL.* Es handelte sich um eine T Mk.4 mit Pegasus 10-Triebwerk, das jedoch später durch ein Pegasus 11 ersetzt wurde. Sie konnte im Laufe des Spätsommers 1971 fertiggestellt werden und flog am 16. September

Oben: *An der Feldübung »Hack Fist«, die Anfang September 1977 im Großraum Paderborn stattfand, nahm auch dieser Harrier GR Mk.3 der No. 3 Squadron teil.*

An seinen fünf Außenstationen kann der Harrier bis zu 2270 kg Kampfmittel der verschiedensten Arten mitführen. Hier ein Behälter mit neunzehn Luft-Boden-Raketen.

Bild rechte Seite:
Verbandsflug von vier AV-8A der VMA-513 »Flying Nightmares«, die 1971 als erster Verband des US Marine Corps mit dem Harrier ausgerüstet wurden.

erstmals. Danach nahm sie u. a. auch an den großen Air Shows in Europa teil und ihre Flugvorführungen gehörten stets zu den vielbewunderten Höhepunkten.

Das Interesse amerikanischer Fachleute an der von Hawker realisierten Idee Michel Wibaults war von Anfang an sehr groß. Es nahm konkrete Formen an, als sich die USA 1964/65 an der Tripartite Evaluation mit der Kestrel beteiligten. Alle Ergebnisse der Nacherprobung mit sechs dieser Maschinen in NAS Patuxent River und Edwards AFB wurden sorgfältig ausgewertet. Sie führte schließlich im Herbst 1965 zum ersten Auftrag seitens des US Marine Corps, der auf zwölf Maschinen der Exportversion **Harrier Mk.50** (GR Mk.3) lautete. Anschlußaufträge erhöhten diese Zahl ab Mitte 1972 auf insgesamt 102 Maschinen mit der Bezeichnung **AV-8A.** Hinzu kamen noch acht zweisitzige **Harrier Mk.54** (T Mk.4), die **TAV-8A** genannt werden. Am 20. November 1970 wurde der erste Harrier Mk.50 mit USMC-Kennzeichen ausgeliefert, der wie die nächsten neun Maschinen noch mit einem Pegasus 10-Triebwerk ausgerüstet war. Ab der elften Mk.50 kam dann das schubstärkere Pegasus 11 (Mk.803) standardmäßig zum Einbau, das in den USA F402-RR-402 genannt wird. Nach äußerst zufriedenstellenden Eignungsversuchen durch das Board of Inspection and Survey (BIS) begann das USMC im April 1971 mit der Aufstellung der ersten Staffel. Es handelte sich um die VMA-513 *Flying Nightmares,* die anfangs in MCAS Beaufort, North Carolina, stationiert war und später nach Cherry Point, NC, verlegte. Im September 1972 wurde als zweite Harrier-Staffel des US Marine Corps die VMA-542 aufgestellt, der 1974 die VMA-231 *Ace of Spades* folgte. Hinzu kam schließlich noch die als Trainingsstaffel ausgelegte VMAT-203, die wie alle anderen in MCAS Cherry Point stationiert ist.

Die Marines beteiligten sich in der Folgezeit mit ihren AV-8A an verschiedenen amphibischen Manövern, zu denen im Mai/Juni 1974 auch die Operation Solid Shield an der Ostküste der USA gehörte. Sie wurde gemeinsam mit Einheiten der US Navy und US Air Force durchgeführt und war für den Harrier ein voller Erfolg. Sechs Maschinen der VMA-542 waren während der sechstägigen Übung an Bord des 18000 BRT-Hubschrauberträgers Guam (LPH-9) stationiert. Ein ebenso großer Erfolg war Anfang 1977 aber auch der mehrmonatige Aufenthalt der

VMA-231 an Bord des 51 000 BRT-Flugzeugträgers USS Franklin D. Roosevelt (CVA-42) im Mittelmeer und Indischen Ozean. Die Maschinen flogen bei Tag und Nacht mehr als 2000 Einsätze und sie zeichneten sich vor allem durch einen hohen Klarstand aus.
Die spanische Marine – Armada Español – interessierte sich ebenfalls schon relativ früh für den Harrier. Aus politischen Gründen war es jedoch Hawker Siddeley nicht möglich, die Versionen Mk.50 und Mk.54 nach Spanien zu exportieren. Daraufhin gab die spanische Marine im Jahre 1973 via USA sechs AV-8A und zwei TAV-8A in Auftrag, die zwei Jahre später ausgeliefert und der Escuadrilla 8a zugewiesen wurden. Im Juni 1977 folgte ein Anschlußauftrag über fünf weitere AV-8A. All diese Maschinen, die in Spanien mit *Matador* bezeichnet werden, gehören zum Flugzeugbestand des 15850 BRT-Flugzeugträgers Dedalo (ex-USS Cabot). Sie sollen schon in allernächster Zeit durch weitere Maschinen auf 25 verstärkt werden.
Das US Marine Corps entwickelte in den sechziger Jahren wegen seiner besonderen amphibischen Aufgaben eine umfassende Doktrin über die moderne Erdkampfunterstützung. Es hat heute den Anschein, daß die Einführung des Harrier für das USMC die beste Lösung ihrer speziellen Probleme war. Das Flugzeug hat sich bisher hervorragend bewährt und schon Anfang der siebziger Jahre schlug das Marine Corps ein modernes Nachfolgemuster mit der Bezeichnung AV-16A vor. Hawker Siddeley und McDonnell Douglas arbeiteten zwei Jahre an der Konzeption dieses *Advanced Harrier,* der eine Reihe neuer Merkmale aufwies. Dazu gehörte vor allem das schubstärkste Pegasus 15-Triebwerk und ein neues superkritisches Tragwerk in Verbundbauweise.
Während der Entwurfsarbeiten erwies sich jedoch allein die Entwicklung des 11 650 kp-Triebwerks als zu kostspielig, so daß man sich auf ein Projekt konzentrierte, das mit dem Pegasus Mk.103 zu realisieren war. Diesen Entwurf verfolgte man daraufhin konsequent weiter und sah zusätzlich einige zellenseitige Neuerungen vor. Er erhielt die vorläufige Bezeichnung **AV-8+**, später in **AV-8B** umbenannt. Nach eingehenden Windkanalversuchen mit Modellen verschiedener Maßstäbe und Großversuchen mit einer entsprechend modifizierten AV-8A

Oben: *An der amphibischen Übung »Solid Shield«, die im Juni 1974 an der amerikanischen Ostküste durchgeführt wurde, beteiligten sich auch sechs AV-8A der VMA-542. Hier eine Szene an Bord des 18.000 BRT-Hubschrauberträgers USS Guam (LPH-9).*

Bild linke Seite:
Als dritte Harrier-Staffel der Marines gilt die in Cherry Point stationierte VMA-231 »Ace of Spades«, die 1974 aufgestellt wurde.

fror man das Projekt im September 1976 ein. Mit einem Kostenaufwand von $ 33 Mio. werden seitdem zwei AV-8A als B-Version umgerüstet. Die erste dieser beiden, mit **YAV-8B** bezeichneten Maschinen soll noch vor Ende 1978 fliegen. Zum Nachweis aller notwendigen Daten für die Serienfertigung ist ein Erprobungsprogramm mit vorerst hundert Flugstunden vorgesehen, das man ab Anfang 1981 zusammen mit zwei Vorserienflugzeugen auf über 400 Stunden erhöhen will. Außerdem sind im Frühjahr 1982 BIS-Versuche durch die Navy vorgesehen. Etwa zur selben Zeit werden dann auch die ersten von 336 Serienflugzeugen der AV-8B zur Verfügung stehen, die ihren Truppendienst ein Jahr später aufnehmen sollen. Darüber hinaus könnte sie ab 1985 auch exportiert werden.

Als Hauptauftragnehmer für die Entwicklung der AV-8B-Zelle gilt McDonnell Douglas, während Pratt & Whitney für die Fertigung der Pegasus-Triebwerke verantwortlich zeichnet. Da sich die AV-8B zur Zeit in der letzten Phase ihrer Konstruktion befindet, liegen bereits einige technische Daten vor. Die Spannweite des neuen Tragwerks beträgt 9,23 m und die aerodynamische Fläche 21,37 m^2. Ihr maximales Startgewicht liegt gegenwärtig bei 13600 kg. An ihren neun Außenstationen kann die AV-8B bei Flachstarts über 3400 kg Kampfmittel mitführen. Über ihre Flugleistungen bezüglich Nutzlast/Reichweite liegen gegenwärtig noch keine genauen Angaben vor, sie sollen jedoch bei gleicher Kampfmittelzuladung etwa doppelt so groß sein wie bei der jetzigen AV-8A.

Aufgrund der außergewöhnlichen Start- und Landeeigenschaften des Harrier untersuchte man schon in den sechziger Jahren auch dessen Verwendbarkeit als bordgestütztes Flugzeug. Umfangreiche Studien und interessante Versuche ließen keinen Zweifel daran, daß der Harrier auch diesbezüglich einsetzbar war. Bereits im Sommer 1966 erprobte man mit einer Kestrel an Bord einiger Flugzeugträger der Royal Navy und US Navy die Möglichkeit solcher Einsätze. Es folgten weitere Versuche und Übungen unter Einsatzbedingungen an Bord anderer Schiffe. Sie alle führten zu erfolgversprechenden Ergebnissen und im Laufe der Zeit zur Entwicklung eines völlig neuen Konzepts. Entsprechende Pläne der Royal Navy fanden jedoch seinerzeit wenig Beachtung bei der britischen Regie-

Oben: *Dieses Bild zeigt eine der sechs AV-8A Matador, die 1975 von der spanischen Marine in Dienst gestellt wurden.*

Bilder linke Seite:

Oben: *Auch die US Marines verfügen für das Routinetraining ihrer Harrier-Piloten über Zweisitzer. Hier eine dieser acht mit TAV-8A bezeichneten Maschinen im Schwebeflug.*

Unten: *Zur Standardbewaffnung der AV-8A gehören zwei Luft-Luft-Lenkwaffen des Typs AIM-9D Sidewinder.*

rung. Der sogenannte *Maritime Harrier* schien über seine Entwurfsphase nicht hinauszukommen, bis man sich im Mai 1975 endgültig für seine Entwicklung entschied. Gleichzeitig wurde bekanntgegeben, daß die Royal Navy in diesem Zusammenhang drei 20000 BRT-Flugzeugkreuzer erhalten wird, von denen einer – die HMS Invincible – bei Vosper Thornycroft in Woolsten bereits im Bau ist.

Völlig neue Möglichkeiten bietet darüber hinaus das sogenannte Sprungstartverfahren (Ski Jump Take-off) von entsprechend gestalteten Trägerdecks. So entstand schon Anfang der siebziger Jahre das Projekt des *Harrier Carrier*, eines 7200 BRT-Trägerschiffs für VSTOL-Flugzeuge, womit auch Hubschrauber gemeint sind. Für den neuen und relativ einfachen Schanzenstart wird ferner das *Jet Capable Ship* mit einer 75 m langen und 12 m breiten Piste vorgeschlagen, deren Endsteigung bei 20° liegt. Nach offiziellen Angaben läßt sich mit diesem Startverfahren z. B. die Nutzlastkapazität eines Harrier beträchtlich erhöhen. Entsprechende Versuche wurden im August 1977 mit dem ein- und doppelsitzigen Harrier auf dem RAF-Stützpunkt Bedford erfolgreich durchgeführt. Die erste Erprobungsphase, die mehr als siebzig Starts beinhaltete, erfolgte von einer 9°-Rampe, deren Startwinkel bis Mitte 1978 jedoch bis auf 20° erhöht werden soll.

Die Royal Navy will innerhalb der nächsten 24 Maschinen der neuen Version **Sea Harrier FRS Mk.1** beschaffen, von denen jedoch nur 21 für den Truppendienst vorgesehen sind. Drei Maschinen gelten primär als Versuchs- und Entwicklungsflugzeuge. Aus finanziellen Gründen verzichtete man auf eine zweisitzige Version des Sea Harrier und übernimmt statt dessen einen RAF-Trainer. Hinzu kommen noch zwei zweisitzige Radartrainer HS Hunter T Mk.8M, die aus eingemotteten Maschinen entsprechend umgerüstet werden. Der erste Sea Harrier soll im Juni 1978 zu seinem Jungfernflug starten. Mitte 1979 will man eine aus sechs Maschinen bestehende Staffel aufstellen, die in erster Linie für verschiedene Versuche vorgesehen ist. Anfang 1980 soll dann die Indienststellung an Bord der HMS Invincible und HMS Hermes erfolgen. Mit an Sicherheit grenzender Wahrscheinlichkeit wird es nicht bei den erwähnten 24 Maschinen bleiben, denn es liegen schon jetzt Anfragen aus Peru und dem Iran vor. Selbst die US Navy zeigt Interesse an dieser neuen Harrier-Version, die nicht nur für die Abfangjagd und taktische Aufklärung, sondern auch für den Angriff auf Land- und Seeziele sowie für die U-Boot-Jagd vorgesehen ist.

Hauptunterschied des Sea Harrier gegenüber der RAF- und USMC-Standardversion ist ein neugestaltetes Rumpfvorderteil mit erhöhtem Cockpit. Damit werden nicht nur die Sichtverhältnisse des Piloten bei Trägereinsätzen verbessert, sondern es steht auch mehr Raum für zusätzliche Geräte der Ausrüstung zur Verfügung. Unter dem Radom ist das von Ferranti entwickelte und ursprünglich für den Sea Lynx-Hubschrauber vorgesehene Luft-Luft-Radar Blue Fox eingebaut. Das vom RAF- und USMC-Harrier her bekannte Trägheitsnavigationssystem Ferranti INAS wird beim Sea Harrier durch das neue Heading Attitude and Reference System (HARS) ersetzt. Bei diesem handelt es sich um ein kombiniertes Doppler-Trägheitsnavigationssystem mit Digitalrechner, das ebenfalls von Ferranti entwickelt wurde.

Als Triebwerkanlage kommt beim Sea Harrier das geringfügig verbesserte Pegasus Mk.104 zum Einbau, das einen VSTOL-Schub von 9740 kp abgibt. Die Bewaffnung sieht wie beim Harrier GR Mk.3 zwei 30 mm-Kanonenbehälter unter dem Rumpf vor. An seinen sechs Außenstationen kann der Sea Harrier bis zu 2268 kg Kampfmittel mitführen, zu denen neben zwei Luft-Luft-Lenkwaffen des Typs AIM-9 Sidewinder höchstwahrscheinlich auch zwei AGM-84A Harpoon gehören werden. Die letztere, von McDonnell Douglas entwickelte Luft-See-Lenkwaffe ist besonders zur Bekämpfung von U-Booten vorgesehen. Allerdings bietet sich auch die britisch-französische Luft-Boden-Lenkwaffe Martel an. Beide – Harpoon und Martel – können wie zwei abwerfbare 455 Liter-Zusatztanks an den inneren Unterflügelstationen mitgeführt werden.

Die Geschichte des Harrier wäre unvollständig, wollte man nicht auch einige interessante Projekte erwähnen, die verhältnismäßig früh entstanden und ebenfalls auf dem Antrieb mit Schubvektorsteuerung basierten. Bereits im Jahre 1960 befaßte sich Sidney Camm mit einem Überschallentwurf der P.1127, der über einen abgeänderten Rumpf, dünnere Flügel und eine neue Version des Pegasus-Triebwerks verfügte. Bei letzterem sollte erstmals die sogenannte Plenum Chamber Burning (PCB) zur Anwendung kommen. Bristol Engines hatte dieses Verfahren entwickelt, dessen ganzes Geheimnis die Einspritzung und Verbrennung von zusätzlichem Kraftstoff in den Gasstrahl der vorderen »kalten« Schwenkdüsen war. Nur durch diese Vorkammerverbrennung war es möglich, dem mit **P.1150** bezeichneten Projekt das Erreichen von Mach 1,3 zu ermöglichen. Wie bereits anfangs erwähnt, hatte die NATO jedoch inzwischen ihre Rahmenforderung NBMR-3 herausgegeben, denen die P.1150 nicht entsprach. Außerdem war die ursprüngliche RAF-Spezifikation OR.345 durch den Zusatz geändert worden, das neue Muster müsse als Mach 2-Flugzeug ausgelegt sein. Hawker gab daraufhin die P.1150 zugunsten eines neuen Entwurfs wieder auf, der die Bezeichnung **P.1154** erhielt und Anfang 1962 gemäß NBMR-3 eingereicht wurde. Die RAF, die mittlerweile Interesse an der Mirage IIIV gefunden hatte, begann im Februar 1962 mit einer sorgfältigen Bewertung des einsitzigen Kampfflugzeugs P.1154.

Etwa zur gleichen Zeit interessierte sich auch die Royal Navy für die P.1154, und zwar als Nachfolgemuster der Sea Vixen. Doch danach schieden sich bereits die Geister, denn während die RAF einen einsitzigen Erdkämpfer mit sekundärer Eignung als Interceptor verlangte, ging es der RN in erster Linie um einen zweisitzigen Interceptor mit umfangreicher Radarausrüstung. Außerdem hielt sie VTOL-Eigenschaften für völlig überflüssig und sie war auch mit dem Tandemfahrwerk der P.1154 nicht einverstanden. Da die RAF weiterhin auf ihrer ursprünglichen Forderung beharrte, arbeitete man bei Hawker eine navalisierte P.1154 aus. Sie war als Zweisitzer ausgelegt, verfügte über faltbare Außenflügel und erhielt ein konventionelles Bugradfahrwerk mit breitspurigen Haupteinheiten in Flügelgondeln. Für beide Versionen war jedoch das gleiche Triebwerk vorgesehen, und zwar das neue Bristol Siddeley BS.100. Dieses Aggregat, bei dem das PCB-Verfahren voll zur Anwendung kam, absolvierte im Oktober 1964 seinen ersten Prüfstandlauf. Das rechnerische Startgewicht der P.1154 lag im Falle eines 490 km-Strike-Einsatzes (Lo-Lo-Lo) bei 14030 kg, einschließlich 4350 kg Kraftstoff und zwei 1000 lb-Bomben. Wie beim Harrier waren keine starr eingebauten Bordkanonen vorgesehen, sondern nur Rüstsätze und Lenkwaffen. Gemäß einem vorläufigen Programm sollten insgesamt 600 P.1154 gebaut werden, 400 für die Royal Air Force und 200 für die Royal Navy.

Man konnte die Entwicklung dieses Flugzeugs zwar noch bis zum Bau einer 1:1-Attrappe vorantreiben, doch die Lage spitzte sich in England immer mehr zu. Im Februar 1964 wurde bekannt, daß die Royal Navy als Nachfolgemuster der Sea Vixen die amerikanische F-4K Phantom II beschaffen wolle. Dies war für die P.1154 der Anfang vom Ende, denn ein Jahr später wurde auch die Entwicklung der RAF-Version endgültig eingestellt.

Betrachtet man heute zurückblickend die völlige Aufgabe des vielversprechenden Mach 2-Projekts P.1154, so fällt es nicht schwer zu behaupten, daß dies der größte Fehler in der britischen VSTOL-Entwicklung war. Selbst einige wenige Experimentalflugzeuge hätten sicher nicht nur zellenseitig, sondern vor allem auch auf dem Triebwerksektor neue Erkenntnisse gebracht. Allerdings kann die britische Luftfahrtindustrie heute mit dem Harrier einen Triumph für sich verbuchen, den vor zwanzig Jahren niemand zu hoffen gewagt hat. Es gelang den Konstrukteuren und Aerodynamikern, alle auftretenden Probleme im Laufe der Zeit so zu lösen, daß dieses einzigartige Flugzeug sowohl im Schwebeflug wie auch im transsonischen Geschwindigkeitsbereich und bei jeder Wetterlage erfolgreich operieren kann. Der Harrier hat sich bis heute glänzend bewährt.

Oben: *Schwebeflug eines Harrier GR Mk.3 der No. 4 Squadron während des Manövers »Oak Stroll« im Juni 1974.*

Rechts: *In den achtziger Jahren wird das US Marine Corps das mit AV-8B bezeichnete Nachfolgemuster in Dienst stellen. Hier die vollausgerüstete 1:1-Attrappe dieser neuen Harrier-Version.*

General Dynamics/FW F-111

Als eines der politisch umstrittensten Flugzeug-Entwicklungsprogramme der USA galt Anfang der sechziger Jahre der sogenannte TFX-Wettbewerb (Tactical Fighter Experimental). Schon 1958 befaßte sich das Langley Research Center der NASA in Hampton, Virginia, mit der noch relativ neuen Technik der variablen Flügelgeometrie. Seinerzeit begann sich aber auch das Tactical Air Command der US Air Force dafür zu interessieren, denn es benötigte dringend ein modernes Nachfolgemuster der Republic F-105 Thunderchief. Die neue Maschine sollte in der Lage sein, hohe Reichweiten in »Baumwipfelhöhe« bewältigen zu können. Anfang 1960 fanden diesbezüglich zahlreiche Gespräche statt, aus denen schließlich die Special Operational Requirement 183 (SOR 183) resultierte. Diese wurde am 14. Juni 1960 offiziell herausgegeben und forderte ein taktisches Kampfflugzeug mit Reichweitenleistungen von 6000 km ohne Luftbetankung. Man stellte sich ein zweisitziges Flugzeug vor, das auch von weniger gut vorbereiteten Pisten operieren konnte.
Etwa zur gleichen Zeit war aber auch die US Navy auf der Suche nach einem modernen Nachfolgemuster der McDonnell F-4 Phantom II, das insbesondere Tiefstflugbedingungen erfüllen konnte. Douglas schlug daraufhin die zweisitzige F6D Missileer zusammen mit der von Grumman entwickelten Standoff-Lenkwaffe Eagle vor. Da dieser Entwurf jedoch nicht für Überschallgeschwindigkeiten ausgelegt war, wurde ihm im Dezember 1960 vom DoD eine Absage erteilt. Der Douglas-Entwurf verschwand daraufhin wieder im Panzerschrank und die US Navy zeigte nun ebenfalls Interesse an einem auf der SOR 183 basierenden Kampfflugzeug. Damit war in der Militärgeschichte der USA erstmals die Entwicklung und Beschaffung eines einzigen Musters für alle Teilstreitkräfte

Am 21. Dezember 1964 startete der erste von achtzehn Prototypen der F-111 zu seinem erfolgreichen Jungfernflug. Hier der dritte Prototyp (63-9768) während eines Testfluges mit zurückgeschwenkten Flügeln.

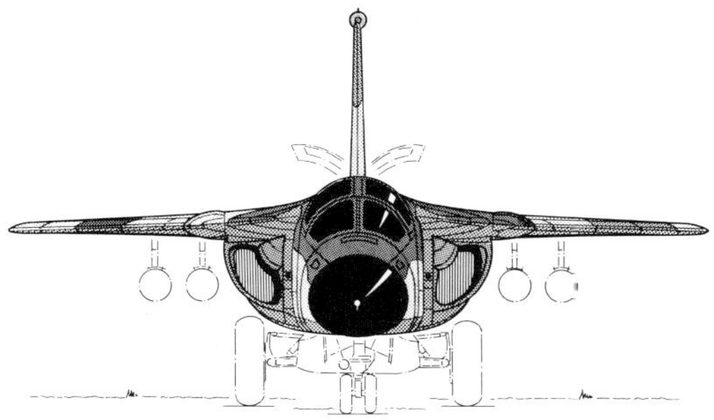

General Dynamics/FW F-111E

79th TFS, 20th TFW – RAF Upper Heyford

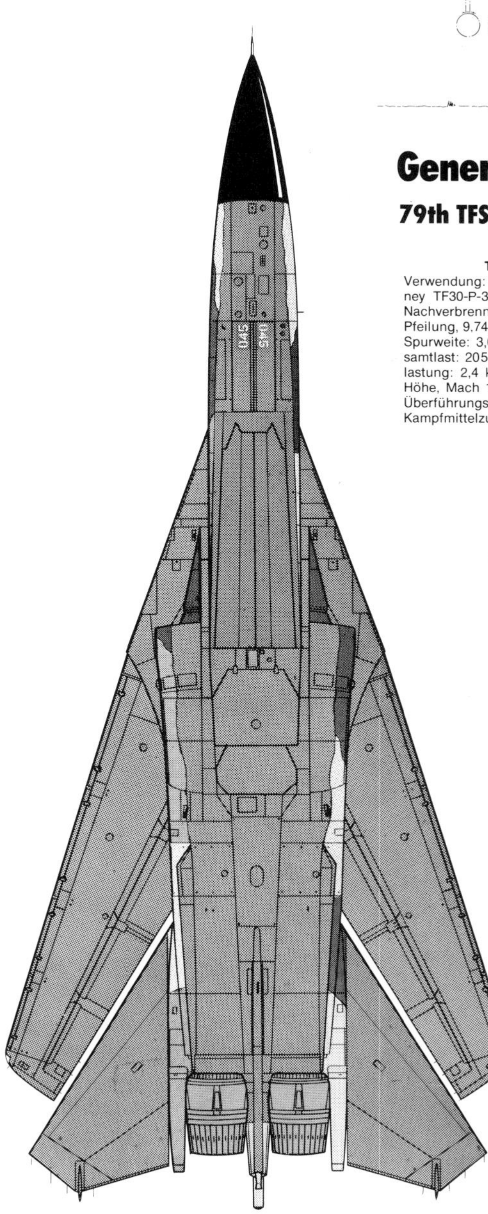

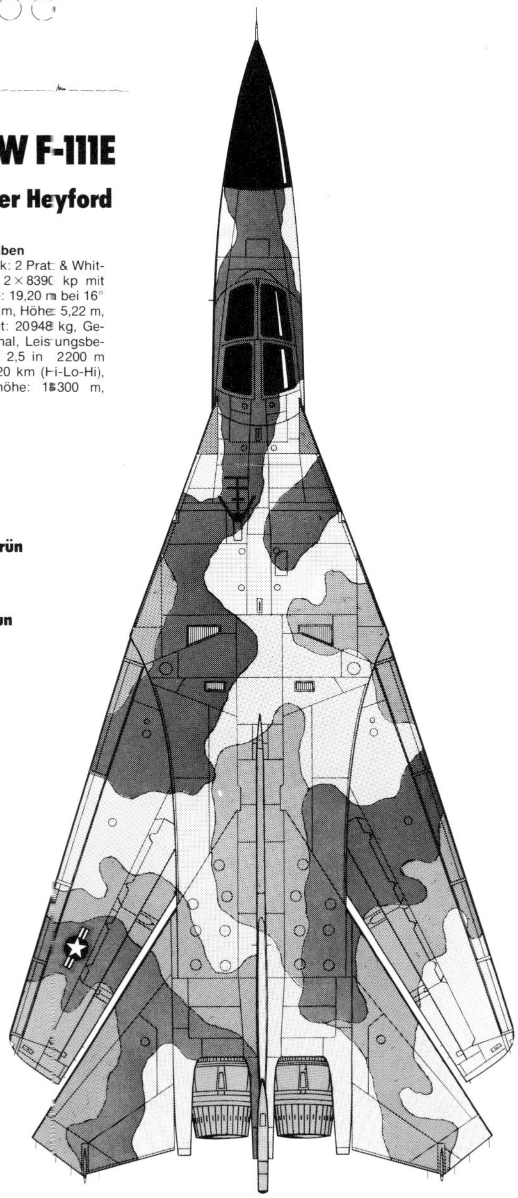

Technische Daten und Leistungsangaben

Verwendung: Mehrzweck-Kampfflugzeug, Triebwerk: 2 Pratt & Whitney TF30-P-3, Triebwerkleistung: 2 × 5220 ohne, 2 × 8390 kp mit Nachverbrennung, Besatzung: 2 Mann, Spannweite: 19,20 m bei 16° Pfeilung, 9,74 m bei 72° 30′ Pfeilung, Länge: 22,40 m, Höhe: 5,22 m, Spurweite: 3,02 m, Radstand: 7,40 m, Leergewicht: 20948 kg, Gesamtlast: 20552 kg, Startgewicht: 41500 kg maximal, Leistungsbelastung: 2,4 kg/kp, Höchstgeschwindigkeit: Mach 2,5 in 2200 m Höhe, Mach 1,2 in Bodennähe, Aktionsradius: 2420 km (Hi-Lo-Hi), Überführungsreichweite: 6110 km, Dienstgipfelhöhe: 18300 m, Kampfmittelzuladung: 13000 kg maximal.

0 1 2 3 m
0 5 10'

- FS.34079 – dunkelgrün
- FS.34102 – grün
- FS.30219 – sandbraun
- FS.37038 – schwarz

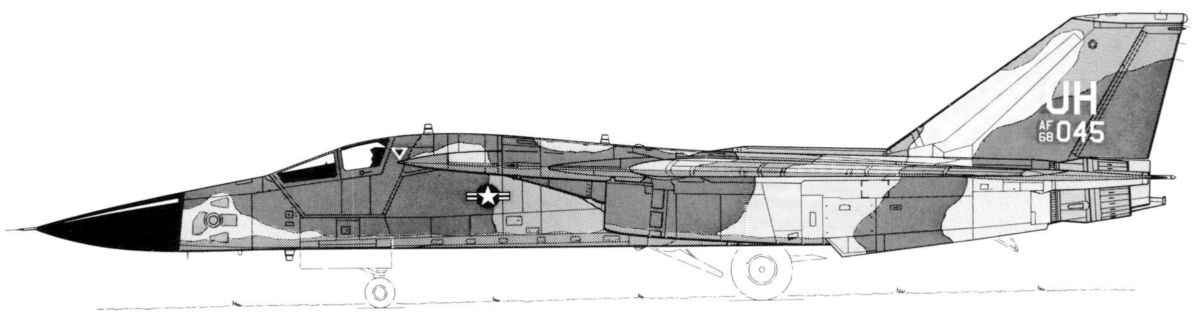

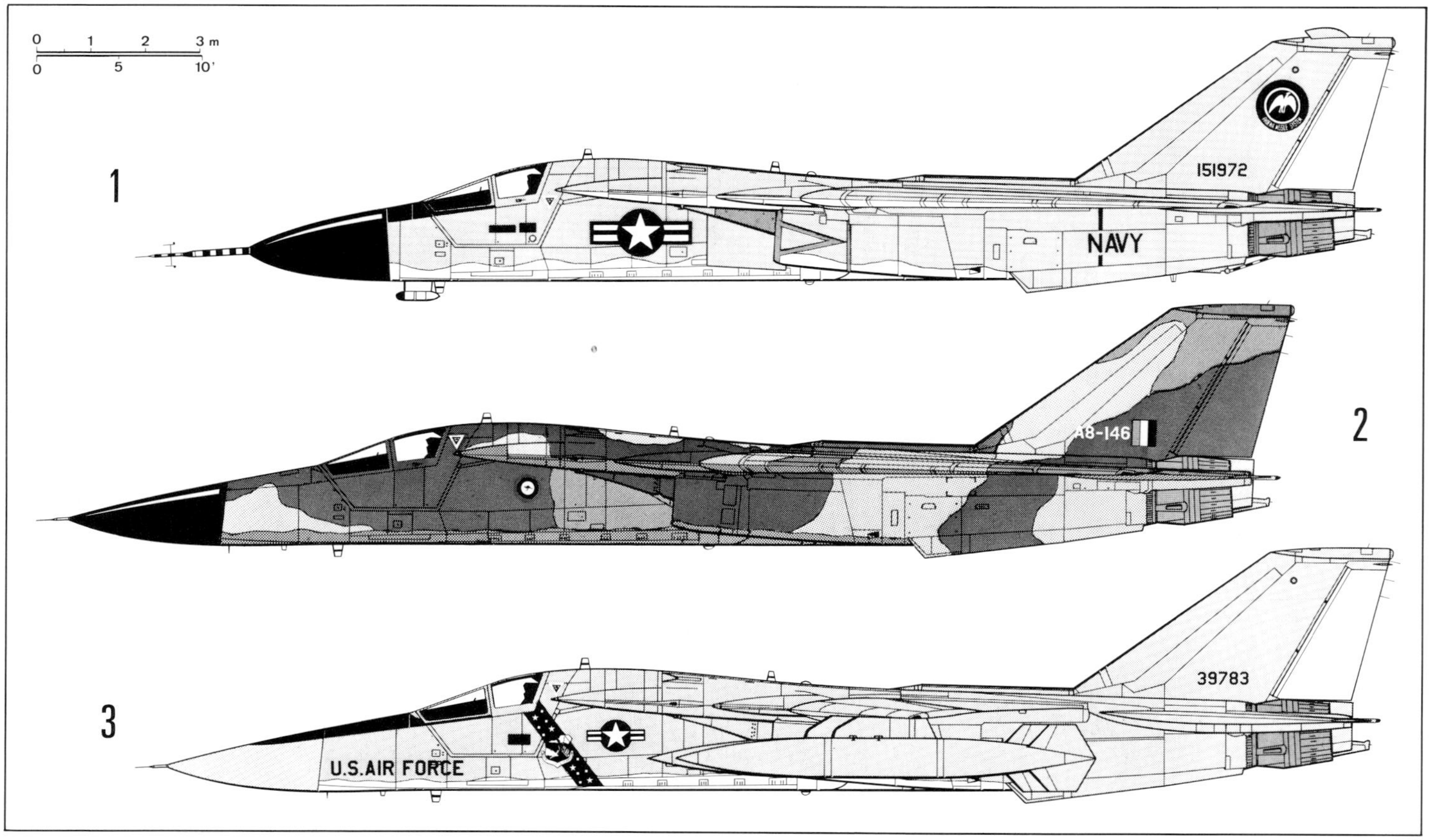

1: *F-111B – US Navy, Versuchsträger für Luft-Luft-Lenkwaffe Hughes AIM-54 Phoenix.* **2:** *F-111C – Royal Australian Air Force, No. 1 Squadron, Amberley, Qld. 1975.* **3:** *FB-111A (ex F-111A) – US Air Force, Strategic Air Command 1965.*

möglich. Obwohl danach die Army und auch die Marines ausschieden, beharrte das DoD trotz voneinander abweichender taktischer Forderungen auf der gemeinsamen Entwicklung des neuen Kampfflugzeugs.

Im Oktober 1961 übergab man neun Zellenherstellern die sogenannten Requests for Proposals (RFP), zu denen neben Lockheed, Boeing und Chance-Vought auch General Dynamics und Grumman gehörten. Nach einer gründlichen Überprüfung aller eingereichten Unterlagen blieben nur noch die beiden letztgenannten übrig – General Dynamics und Grumman. Nachdem das DoD dem Systems Command der US Air Force die Federführung für das gesamte Entwicklungsprogramm übertragen hatte, wurde am 24. November 1962 bekanntgegeben, daß der Vorschlag von General Dynamics/ Grumman den TFX-Wettbewerb vor Boeing gewonnen habe. Die in Fort Worth, Texas, beheimatete Firma wurde damit zum Hauptauftragnehmer für das TFX-Programm. Dies bedeutete gleichzeitig die Fertigung und Erprobung von 23 Maschinen des nunmehr mit F-111 bezeichneten Flugzeugs – achtzehn F-111A für die US Air Force und fünf F-111B für die US Navy. Bei diesem Muster, dessen Entwicklung von General Dynamics/FW und Grumman nach der Auftragserteilung gemeinsam vorangetrieben wurde, handelte es sich um einen zweisitzigen Schwenkflügler der Gewichtsklasse um 20000 kg. Als Triebwerkanlage waren zwei 8160 kp-Turbofans des Pratt & Whitney-Typs TF30-P-1 vorgesehen. Ein absolutes Novum war eine für die zweiköpfige Besatzung eingeführte Rettungskapsel, die im Notfall als geschlossene Einheit vom Flugzeug abgetrennt werden konnte und eine sichere Landung auf See oder Land sowie das Überleben garantierte. Sie wird durch einen Sprengsatz aus ihrer Verbindung zur Zelle gelöst, nachdem eine Sprengschnur alle Verbindungen getrennt hat.

Wie bereits erwähnt, handelt es sich bei der F-111A um einen Schulterdecker mit einem Tragwerk variabler Geometrie, dessen Flügelhälften in dem Bereich von 16° (Langsamflug) bis 72°30′ (Schnellflug) schwenkbar sind. Die aerodynamische Flügelfläche variiert dabei von 47,8 m^2 auf 60,0 m^2. Beide Versionen – die F-111A und F-111B – wichen nur geringfügig voneinander ab. Da die B primär für den Einsatz von Flugzeugträgern vorgesehen war, gestaltete man u. a. ihre Rumpfspitze mit dem Radom nach oben klappbar. Die Zelle der F-111 ist in ihrem allgemeinen Aufbau weitgehend konventionell ausgelegt, und auf Titanlegierungen griffen die Konstrukteure nur in begrenztem Maße zurück. Primär kamen bei der konstruktiven Auslegung Leichtmetall- und hochfeste Stahllegierungen, aber auch die seinerzeit noch neue Honeycomb-Bauweise zur Anwendung. Das vorgegebene Leergewicht konnte man jedoch nicht halten und überschritt es um 6 Prozent. Durch eine neunprozentige Verbesserung der Auftriebsleistung ließ es sich aber wieder ausgleichen.

Nach einer Entwicklungszeit von zwei Jahren startete der erste Prototyp der **F-111A** (63-9766) am 21. Dezember 1964 unter der Führung von R. Johnson zu seinem erfolgreichen Jungfernflug – zehn Tage vor dem offiziellen Termin. Damit begann die Geschichte eines Flug-

An der Mustererprobung der F-111A nahmen sechzehn Maschinen teil – oben der dritte (63-9768) und vorn der sechste Prototyp (63-9771).

zeugs, das in der Öffentlichkeit nach wie vor einen »schlechten Ruf« hat, den es jedoch nach Ansicht seiner Besatzungen keineswegs verdient. Er ist vielmehr schon auf die Zeit der anfänglichen Planung zurückzuführen. Seinerzeit sah man das neue Muster als Mehrzweck-Kampfflugzeug für den Einsatz bei der Air Force und Navy vor. Letztere verzichtete jedoch später auf ihre Version B und wandte sich der F-14 Tomcat zu. Während der Entwicklung der F-111 kam es mehrfach zu Schwierigkeiten, die man zwar überwinden konnte, die aber dazu führten, daß die ursprünglich geplante Stückzahl von 1726 Maschinen auf 562 reduziert wurde. Ihre Serienfertigung endete im November 1976.

Wie bereits erwähnt, flog die erste F-111A am 21. Dezember 1964, und schon drei Wochen später konnte sie am 6. Januar 1965 während eines Testfluges erstmals auch ihre Schwenkflügel im gesamten Bereich (16°–72°30′) betätigen. Am 25. Februar 1965 flog schließlich auch der zweite Prototyp (63-9767), und schon am 12. April kündigte das DoD einen Auftrag zur Fertigung von 431 Serienflugzeugen an – 407 für die US Air Force und 24 für die US Navy. Nach und nach flogen auch die restlichen Prototypen, zu denen am 18. Mai 1965 auch die erste, von Grumman gebaute **F-111B** (BuAer No. 151970) gehörte. Gegen Ende des Jahres 1965 gab das DoD die Entwicklung der Aufklärungsversion RF-111A frei und enthüllte ferner Pläne für einen strategischen Bomber mit der Bezeichnung FB-111A.

Während der Gesamterprobung konnte man die geforderten Leistungen und Eigenschaften des neuen Musters voll nachweisen. Dazu gehörten Anfang 1966 auch radargesteuerte Terrainfolgeflüge von zwei Stunden Dauer in Edwards AFB und Überschallflüge über dem Golf von Mexico. Im Dezember 1966 beteiligten sich sechzehn F-111A und alle fünf F-111B an der Mustererprobung. Die beiden restlichen A (Nr. 11 und 18) galten als Prototypen des Aufklärers und des Bombers. Die Serienfertigung war bei General Dynamics bereits angelaufen, und am 17. Juli 1967 wies man dem Tactical Air Command in Nellis AFB, Nevada, die ersten Maschinen für das Besatzungstraining zu. Es folgten weitere Teilerprobungen, wie z. B. Schießversuche mit einem Vulcan-Kanonen-Rüstsatz im Waffenschacht (2084 Schuß) bei Überschallgeschwindigkeit und komplette Rettungsversuche mit der Besatzungskapsel in Holloman AFB, New Mexico. Am 16. Oktober 1967 übernahm die 428th Tactical Fighter Squadron *Buccaneers* des 474th Tactical Fighter Wing in Nellis AFB die ersten F-111A, und schon am 17. März 1968 verlegte diese Staffel mit sechs Maschinen auf den Luftstützpunkt Thakli, nördlich von Bangkok in Thailand. Hier fand unter der Bezeichnung *Combat Lancer* die »scharfe Erprobung« der F-111A statt, die insgesamt 55 Nacht- und Schlechtwettereinsätze umfaßte und den Verlust von drei Maschinen zur Folge hatte.

Auch in den USA kam es zu einigen Abstürzen der F-111A, deren Ursachen man auf technische Fehler zurückführen konnte. Das Muster wurde seinerzeit mehrfach gegroundet und flog z. B. von Dezember 1969 bis Juli 1970 nicht. Ende September 1972 verlegten die 429th und 430th TFS des 474th TFW mit 48 F-111A erneut nach Südostasien. Diesmal ging es um Tiefstflugeinsätze unter Schlecht-

wetterbedingungen. Im Laufe der nächsten fünf Monate flogen sie bis zu dreißig Einsätze täglich und warfen vorwiegend Sprengbomben verschiedener Kaliber sowie Streubomben ab. Zur Präzisionsbekämpfung gegnerischer Flakstellungen wurden ausschließlich lasergelenkte Bomben verwendet. Diese zweite Mission der F-111A endete im Februar 1973 mit dem Verlust von sechs Maschinen. Außer den erwähnten drei Einheiten waren noch die ebenfalls in Nellis AFB stationierten 4442nd Tactical Fighter Training Squadron (TFTS) und die 422nd Fighter Weapons Squadron (FWS) mit der F-111A ausgerüstet. Von dieser ersten Serienversion wurden für das Tactical Air Command der US Air Force insgesamt 159 Maschinen gebaut.
Obwohl die Mustererprobung mit den fünf Prototypen der F-111B ohne nennenswerte Schwierigkeiten verlief, wurde die Fertigung nach der Auslieferung von nur zwei Serienflugzeugen (BuAer Nos. 152714 und 152715) am 10. Juli 1968 endgültig eingestellt. Die US Navy begründete ihre Entscheidung damit, daß dieses Flugzeug ihre Forderungen bezüglich Reichweite, Beschleunigung, Gipfelhöhe usw. nicht erfüllte. Außerdem arbeitete Grumman zur gleichen Zeit an der F-14 Tomcat, die ja dann von der US Navy auch akzeptiert wurde.
Bereits 1963 zeigte die Regierung Australiens starkes Interesse an dem neuen Schwenkflügel-Kampfflugzeug und gab im Oktober 24 Maschinen der Version **F-111C** in Auftrag. Bei dieser handelte es sich um eine F-111A mit den größeren Flügeln der Bomberversion FB-111A. Wegen zahlreicher Änderungen und der damit verbundenen zusätzlichen Versuche verzögerte sich die Auslieferung der F-111C an die Royal Australian Air Force jedoch bis 1973. Erst Ende des Jahres 1975 waren die Nos. 1 und 6 Squadrons des in RAAF Amberley bei Brisbane stationierten No. 82 Bomber Wing voll einsatzbereit. Sechs der 24 Maschinen (A8-125 bis -148) sollten anfangs als Aufklärer RF-111C umgerüstet werden, was man jedoch wieder aufgab. Aufklärungseinsätze mit der F-111C werden von der RAAF seitdem ausschließlich mit Kamerapods geflogen. Zur Verbesserung der Aufklärungskapazität wird gegenwärtig in den USA und nach australischen Spezifikationen ein Kamera-Rüstsatz in Palettenform entwickelt. Er wird die modernsten Aufklärungssensoren erhalten

Oben: *Der achtzehnte Prototyp (63-9783) diente als Ausgangsmuster der Bomberversion FB-111A, deren erste Serienflugzeuge im Oktober 1969 dem Strategic Air Command zugewiesen wurden.*

Bild linke Seite:
Der erste von fünf Prototypen der F-111B (BuAer No. 151970) flog am 18. Mai 1965. Drei Jahre später wurde jedoch die Entwicklung dieser für die US Navy bestimmten Version wieder eingestellt.

und soll im Juli 1978 erstmals mit einer F-111C fliegen.

Als Ausgangsmuster der ersten Bomberversion **FB-111A** für das Strategic Air Command (SAC) der US Air Force diente der achtzehnte Prototyp (63-9783), der am 30. Juli 1967 unter der Führung des Testpiloten V. Prahl erstmals flog. Ein Jahr später startete am 13. Juli 1968 auch die erste aus der Serienfertigung stammende FB-111A (67-159), von der nachfolgend 76 Maschinen für das SAC gebaut wurden. Sie unterschied sich primär durch schubstärkere TF30-Triebwerke, größere Flügel und ein verstärktes Fahrwerk von der Ausgangsversion. Mittlerweile war aber auch ihr Startgewicht auf über 45000 kg angestiegen. Die FB-111A kann an ihren Flügelstationen und im Rumpfschacht bis zu 14270 kg Kampfmittel mitführen, zu denen neben Nuklearwaffen der Typen B.43, B.61 und B.77 auch die von Boeing entwickelte Luft-Boden-Lenkwaffe AGM-69A SRAM (Short Range Attack Missile) gehört. Am 8. April 1970 wurde eine Lenkwaffe dieses Typs erstmals erfolgreich abgefeuert, und zwar von der fünften FB-111A (67-163) über dem Versuchsgelände von White Sands, New Mexico. Als erste Einheit des SAC übernahm das in Pease AFB, New Hampshire, stationierte 509th Bomb Wing (M) am 8. Oktober 1969 die FB-111A. Es folgte das 380th Strategic Aerospace Wing in Plattsburgh AFB, New York, das im Juli 1972 mit drei Squadrons voll einsatzbereit war.

1968 kam als Weiterentwicklung der A die verbesserte **F-111E** heraus, die sich primär durch vergrößerte Lufteinläufe

U.S. AIR-FORCE

U.S. AIR FORCE
JT
JT

Bilder vorige Doppelseiten:
Seite 166: *Das obere Bild zeigt eine F-111A mit zurückgeschwenkten Flügeln.*

Unten: *An ihren Außenstationen und im Rumpfschacht kann die F-111A mehr als 14000 kg Kampfmittel mitführen. Hier zwei Maschinen der in Nellis AFB stationierten 428th TFS.*

Seite 167. Oben: *Alle F-111 der US Air Force sind auf ihren Oberseiten mit einem Dreifarben-Sichtschutz in Dunkelgrün, Grün und Tannenbraun versehen.*

Unten: *Zur Verbesserung ihrer Reichweitenleistungen kann die F-111 in der Luft aufgetankt werden. Hier zwei F-111A der zum 20th TFW gehörenden 77th TFS bei einem Betankungsmanöver mit einer Boeing KC-135A (59-1506).*

für die schubstärkeren Triebwerke TF30-P-3 von ihr unterschied. Hinzu kamen noch ein verbessertes Terrainfolgeradar des Typs AN/APQ-128 sowie eine Strikekamera und zur Verbesserung der Überlebensfähigkeit einige ECM-Geräte. Von der F-111E, die im Oktober 1969 beim 27th TFW in Cannon AFB, New Mexico, einsatzbereit war, wurden bei General Dynamics/Forth Worth insgesamt 94 Maschinen gebaut. Mit dieser Version der F-111 sind u. a. seit Januar 1971 auch die drei Squadrons des auf dem Luftstützpunkt RAF Upper Heyford 20th TFW ausgerüstet.
Als dritte Jagdbomberversion entwickelte General Dynamics für das TAC die **F-111D,** deren erster Prototyp am 2. Dezember 1968 flog. Sie basiert ebenfalls weitgehend auf der F-111A, verfügt jedoch über zwei 8900-kp-Turbofans des Typs TF30-P-9 mit den Lufteinläufen der E und eine Mk.II-Avionik, die bedeutend bessere taktische Möglichkeiten hinsichtlich der allgemeinen Navigation und Waffenführung zuläßt.
Von der F-111D, deren erste Serienmaschinen man Ende Oktober 1971 der 522nd TFS des 27th TFW in Cannon AFB, New Mexico, zuwies, wurden 96 Maschinen gebaut.
Eine weitere Verbesserung der Flugleistungen der F-111 bedeutete der Einbau des Triebwerks TF30-P-100, das einen Nachverbrennungsschub von 11370 kp entwickelt. Von der mit **F-111F** bezeichneten Version, deren erste Maschine im August 1971 unter der Führung von R. E. Myrann flog, wurden insgesamt 106 Maschinen gebaut. Die 391st TFS des in

Oben: *Vom taktischen Aufklärer RF-111A wurde nur dieser eine Prototyp gebaut (63-9776). Unter dem Rumpf erkennt man die wannenartige Verkleidung des Kameraraums.*

Start einer F-111A von der Piste des Stützpunkts Carswell AFB, Texas, zur Übergabe an das Tactical Air Command.

Bild linke Seite:
Dieses Bild zeigt zwei F-111A des in RAF Upper Heyford stationierten 20th TFW auf dem Luftstützpunkt Saragossa, Spanien.

Mountain Home AFB, Idaho, stationierten 347th TFW übernahm am 20. September 1971 die ersten Maschinen dieser F-111-Version. Es folgte das 57th FWW in McClellan AFB, California, und am 3. Juli 1977 begann mit der Landung von sieben F-111F auf dem britischen Luftstützpunkt RAF Lakenheath die Verlegung des 48th TFW nach Europa. Das Geschwader erreichte mit vier Staffeln im November 1977 mit 92 Maschinen seinen Klarstand und ist seit Januar 1978 einsatzbereit.

Schon im Mai 1966 bekundete auch die Royal Air Force ihr Interesse an der F-111. Sie beabsichtigte damals die Beschaffung von insgesamt fünfzig Maschinen der Version **K,** die jedoch wegen einer Änderung der britischen Verteidigungspolitik nicht zur Ausführung kam und zwei Jahre später wieder zurückgezogen wurde. General Dynamics begann lediglich mit der Konstruktion und Fertigung von zwei Maschinen (67-149 und -150), die aber nach ihrer Vollendung als YF-111A der US Air Force zugewiesen wurden.

Als Nachfolgemuster der veraltenden EB-66 Destroyer von McDonnell Douglas forderte die US Air Force Anfang der sechziger Jahre ein modernes EloKa-Flugzeug. An einer entsprechenden Ausschreibung beteiligte sich auch Grumman, und am 15. Dezember 1975 startete in Calverton der erste von zwei in Auftrag gegebenen Prototypen der mit **EF-111A** bezeichneten Version, und im März 1977 flog auch die erste vollausgerüstete EF-111A (66-049). Sie gleicht weitgehend der F-111A, ist jedoch zusätzlich mit einer 4,88 m langen Wanne an der

Rumpfunterseite und einem keulenartigen Radome auf der Seitenflosse ausgestattet. Letztere enthält u. a. den Radarmeldeempfänger AN/ALR-62, während im Rumpf auf einer Palette zehn Störsender des verbesserten Typs AN/ALQ-99 untergebracht sind. Hinzu kommen modernste rechnergesteuerte Meldeanlagen sowie Düppelwerfer und Täuschsender für den Selbstschutz, so daß man die EF-111A als das einzige im Westen vorhandene Flugzeug bezeichnen kann, das für EloKa-Einsätze im gesamten Reichweitenspektrum geeignet ist – von der Luftnah- bis zur Fernunterstützung. Die US Air Force zog in ihre Untersuchungen seinerzeit auch die Grumman EA-6B Prowler der Navy mit ein, die jedoch wegen zu geringer Reichweitenleistungen die Forderungen nicht erfüllte. Von der EF-111A, die Ende 1977 beim Systems Command Armament Development and Test Center in Eglin AFB unter Einsatzbedingungen erprobt wurde, will die US Air Force weitere vierzig Maschinen beschaffen und damit zwei EloKa-Staffeln aufstellen.

Schon in der Anfangsphase der Entwicklung war auch ein taktischer Aufklärer mit der Bezeichnung **RF-111A** vorgesehen. Als Prototyp diente seinerzeit die entsprechend modifizierte elfte F-111A (63-9776), die im Dezember 1967 erstmals flog. Die aus mehreren Kameras und Infrarot-Sensoren bestehende, rechnergesteuerte Ausrüstung war im Waffenschacht untergebracht. Abgesehen von einer wannenartigen Verkleidung mit verschiedenen Kamerafenstern an der Rumpfunterseite glich diese Aufklärer-

Oben: *24 F-111C stellte ab Juni 1973 die Royal Australian Air Force in Dienst. Hier die dritte, zur No. 1 Squadron gehörende Maschine (A8-128).*

Bilder rechte Seite:
Die obere Zeichnung zeigt die F-111K, wie sie 1966 von der Royal Air Force als Nachfolgemuster der TSR.2 in Auftrag gegeben wurde.

Die FB-111A, von der für das Strategic Air Command 76 Maschinen gebaut wurden, diente als Versuchsträger für die Luft-Boden-Lenkwaffe Boeing AGM-69A SRAM.

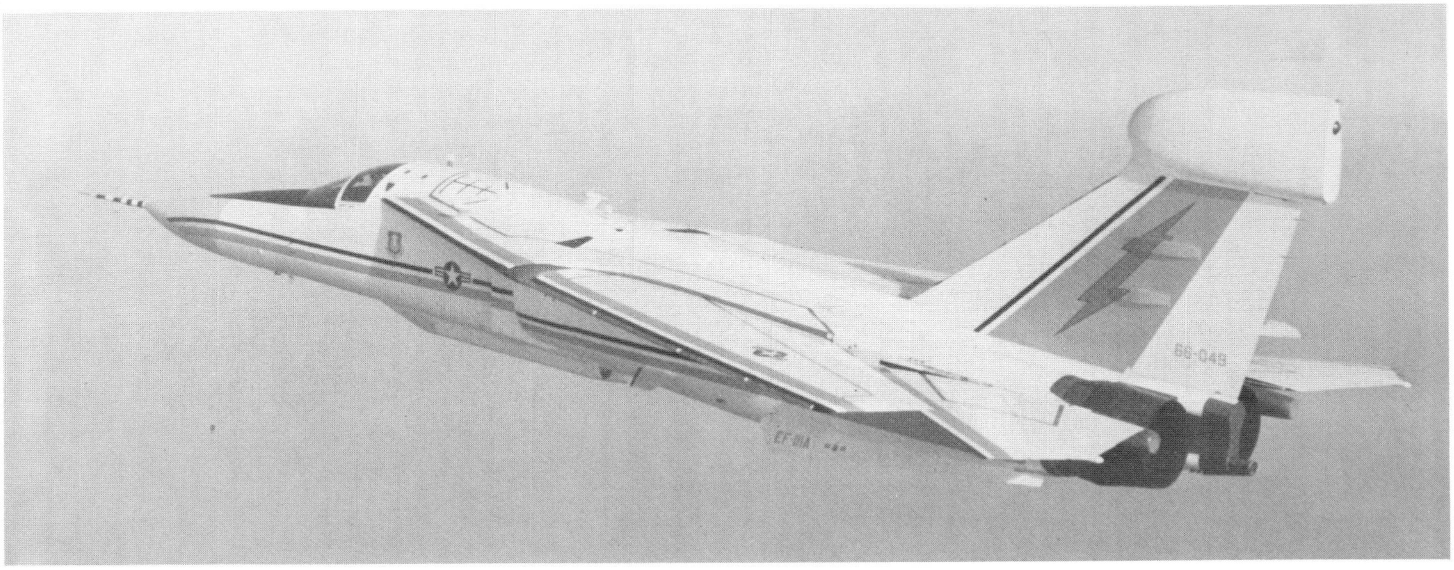

Im März 1977 flog die erste vollausgerüstete EF-111A (66-049), von der insgesamt vierzig Maschinen aus A-Versionen entsprechend umgebaut werden sollen. Unter dem Rumpf die 4,88 m lange Verkleidung der ALQ-99-Palette und auf der Seitenflosse der keulenartige Radome.

Die untere Zeichnung der FB-111H läßt deutlich einige Änderungen erkennen, wie z. B. die vergrößerten Lufteinläufe und das neue Rumpfheck. Die FB-111H wird der US Air Force als Ersatzmuster der Rockwell B-1 vorgeschlagen.

version jedoch der F-111A. Trotz guter Erprobungsergebnisse blieb es bei diesem einen Prototyp der RF-111A und auch zwei weitere Aufklärer – RF-111B und RF-111D – wurden nicht realisiert.

Mit dem Vorschlag **F-111X-7** beteiligt sich General Dynamics am Wettbewerb der US Air Force um den Improved Manned Interceptor (IMI) für das Air Defense Command. Zur Unterbringung des Feuerleitradars AN/AWG-9 und mehr Kraftstoff für schubstärkere TF30-Triebwerke soll der Rumpf um 2,54 m verlängert werden. Eine Entscheidung des ADC bezüglich eines Nachfolgemusters der F-106 Delta Dart ist jedoch bis heute nicht gefallen.

Im Rahmen des Projekts **TACT** (Transonic Aircraft Technology), das die US Air Force im Jahre 1973 gemeinsam mit der NASA in Angriff nahm, wurde die dreizehnte F-111A (63-9778) mit neuen Flügeln geringerer Spannweite ausgestattet. Diese verfügten nicht nur über ein superkritisches Profil, sondern sie waren auch dicker und ihr Schwenkbereich lag zwischen 10° und 58°. Ziel des Projekts TACT war eine Verbesserung der Marschgeschwindigkeiten in Flughöhen um 10000 m. Außerdem versprach man sich auch bessere Manövriereigenschaften. Die Systemerprobung dieser F-111A begann im Herbst 1973 mit ihrem Erstflug. Über die Ergebnisse ist jedoch bis heute wenig bekannt geworden.

Unmittelbar nach dem Entwicklungsstop des strategischen Bombers Rockwell B-1 schlug General Dynamics im September 1977 der US Air Force eine modifizierte FB-111A als Ausweichlösung vor. An der Entwicklung dieser Version arbeitet man in Fort Worth schon seit vier Jahren, und es liegen fertigungsreife Konstruktions-

Das auf dem britischen Luftstützpunkt Lakenheath stationierte 48th Tactical Fighter Wing verfügt über mehr als hundert F-111F.

Diese startbereite F-111E (68-067) gehört zum 20th TFW, das seit 1970 auf dem britischen Luftstützpunkt Upper Heyford stationiert ist. Das Geschwader rüstete seinerzeit von der F-100 Super Sabre auf die F-111E um und verfügt heute über 86 Maschinen dieses Typs.

unterlagen vor. Für die mit **FB-111H** bezeichnete Maschine sind die gleichen Triebwerke vorgesehen, wie sie auch bei der B-1 zum Einbau kommen. Es handelt sich um zwei Turbofans des General Electric-Typs F101-GE-100, deren Nachverbrennungsschub bei 27800 kp liegt. Doch außer dieser Triebwerkanlage verfügt die FB-111H über eine der neuen Aufgabenstellung angepaßte Avionik. All dies hatte natürlich auch einige Änderungen zur Folge. So wurde nicht nur die Gesamtlänge auf 26,90 m erhöht, sondern es kam wegen der beiden F101-Triebwerke auch zu einer Verbreiterung des Rumpfmittelteils. Diese zog wiederum eine Erhöhung der Flügelspannweite auf 13,64 m in der Schnellflugstellung nach sich. Außerdem mußten die Lufteinläufe entsprechend den neuen Triebwerken abgeändert werden. Die FB-111H, deren maximales Startgewicht bei fast 68000 kg liegt, ist in der Lage, neben Nuklearwaffen und SRAM-Lenkwaffen auch die modernen Cruise Missiles mitzuführen. General Dynamics unterbreitete der US Air Force ein detailliertes Programm, das die Fertigung von insgesamt 167 FB-111H vorsieht. Darin sind zwei Prototypen und 65 abgeänderte FB-111A enthalten; der Rest müßte somit neu aufgelegt werden. Man darf gespannt sein, wie sich die US Air Force hinsichtlich des Nachfolge- oder Ersatzmusters der Rockwell B-1 entscheidet.
Obwohl es in den letzten Jahren wiederholt zu einigen spektakulären Unfällen mit Totalverlusten kam und die F-111 im Dezember 1977 erneut gegroundet wurde, stellt dieses Flugzeug nach wie vor eines der sichersten Muster dar. Die aus den ersten 500000 Flugstunden errechnete Unfallquote ist jedenfalls weit niedriger als die aller anderen heute im aktiven Truppendienst stehenden Kampfflugzeuge.

Vought A-7 Corsair II

Seit Oktober 1966 steht das von Vought/Dallas entwickelte taktische Kampfflugzeug A-7 Corsair II im aktiven Truppendienst bei der US Navy und der US Air Force. Die Geschichte dieses erfolgreichen Musters reicht zurück bis in das Jahr 1962, denn bereits zu dieser Zeit analysierte die US Navy mit der sogenannten *Sea Based Air Strike Force Study* ihre Forderungen nach einem leichten Mehrzweck-Kampfflugzeug für die siebziger Jahre. Sie dachte dabei primär an ein leistungsstärkeres Nachfolgemuster der Douglas A-4 Skyhawk und kam nach gründlichen Untersuchungen zu dem Schluß, daß die herkömmlichen, trägergestützten Kampfflugzeuge zukünftigen Aufgaben nicht mehr gewachsen sein würden. Besonders für taktische Einsätze hielt sie ein Unterschallflugzeug für weit weit besser geeignet als ein Überschallflugzeug. Nicht immer wird der Wert eines Kampfflugzeugs allein durch seine Höchstgeschwindigkeit bestimmt. Diese Erkenntnis wurde übrigens später durch die Luftkriegserfahrungen der USA in Südostasien vollauf bestätigt.

Der erwähnten Studie folgte im Juni 1963 die mit detaillierten Forderungen versehene VAL-Ausschreibung des Bureau of Naval Weapons, an der sich vier amerikanische Zellenhersteller beteiligten: Douglas, North American, Grumman und Ling-Temco-Vought. Nach der sorgfältigen Überprüfung und Auswertung aller eingereichten Entwürfe entschied man sich schließlich für das von LTV ausgearbeitete Projekt. Hauptgründe waren dabei nicht nur niedrige Beschaffungs- und Unterhaltungskosten, sondern auch überlegene Reichweitenleistungen und eine hohe Nutzlastkapazität. Die in Dallas, Texas, beheimatete Firma erhielt am 19. März 1964 den offiziellen Auftrag zur Fertigung und Erprobung von sieben Musterflugzeugen. Schon drei Monate später konnte am 25. Juni die 1:1-Konstruktionsattrappe der neuen Maschine besichtigt werden. In seiner allgemeinen Auslegung glich das mit A-7 Corsair II bezeichnete Muster weitgehend der F-8 Crusader. Es handelte sich um einen freitragenden Schulterdecker mit einem Leergewicht von 6810 kg und einer Kampfmittelzuladung von 3400 kg. Bei

Am 27. September 1965 flog der erste von sieben Corsair II-Prototypen. Man beachte die ausgefahrene Luftbremse an der Rumpfunterseite.

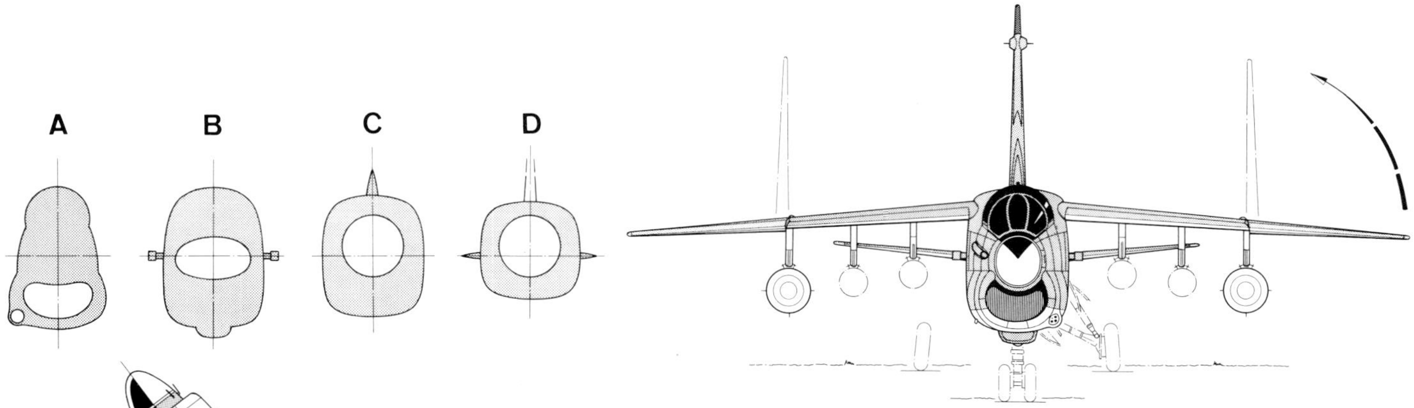

Vought A-7E Corsair II

VA-83 Rampagers - USS Forrestal, Mai 1975

0 1 2 3 m
0 5 10'

Verwendung: Takt. Kampfflugzeug, Triebwerk: 1 Allison TF41-A-1 (RB.168-62), Triebwerkleistung: 6465 kp, Besatzung: 1 Mann, Spannweite: 11,80 m, 7,24 m gefaltet, Länge: 14,06 m, Höhe: 4,90 m, Spurweite: 2,90 m, Flügelfläche: 34,83 m², Leergewicht: 8972 kg, Gesamtlast: 10078 kg, Startgewicht: 19050 kg maximal, Flächenbelastung: 547 kg/m², Leistungsbelastung: 2,9 kg/kp, Höchstgeschwindigkeit: 1125 km/h ohne Außenlasten, Startstrecke: 1525 m, Überführungsreichweite: 4621 km ohne Luftbetankung, Aktionsradius: 825 km (Hi-Lo-Hi), Bewaffnung: eine 20 mm-Kanone M61-A1 Vulcan mit 1000 Schuß, Kampfmittelzuladung: 9072 kg maximal.

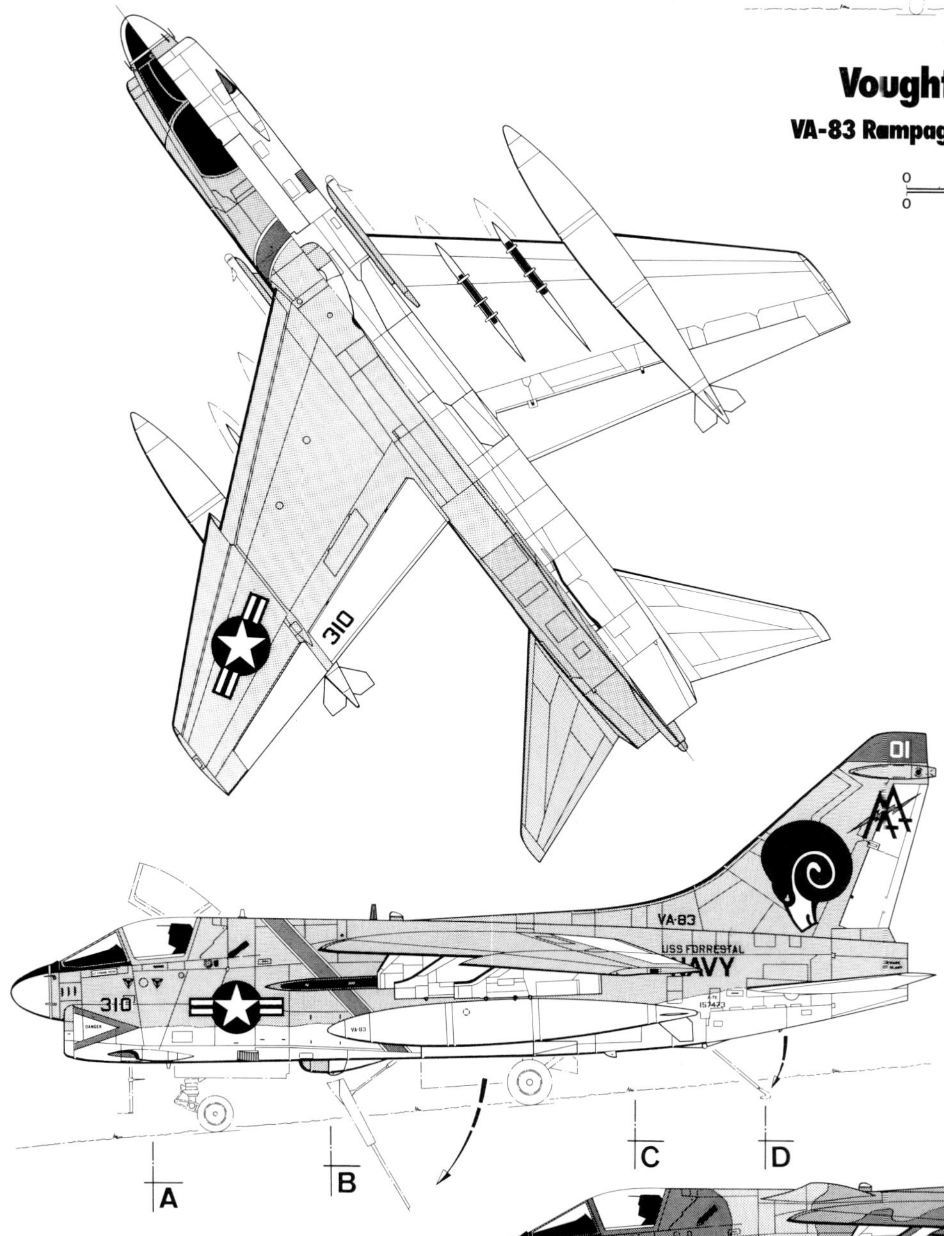

- **FS.36440 – hellgrau**
- **FS.17875 – weiß**

- **FS.34079 – dunkelgrün**
- **FS.34102 – grün**
- **FS.30219 – sandbraun**
- **FS. 36622 - hellgrau**

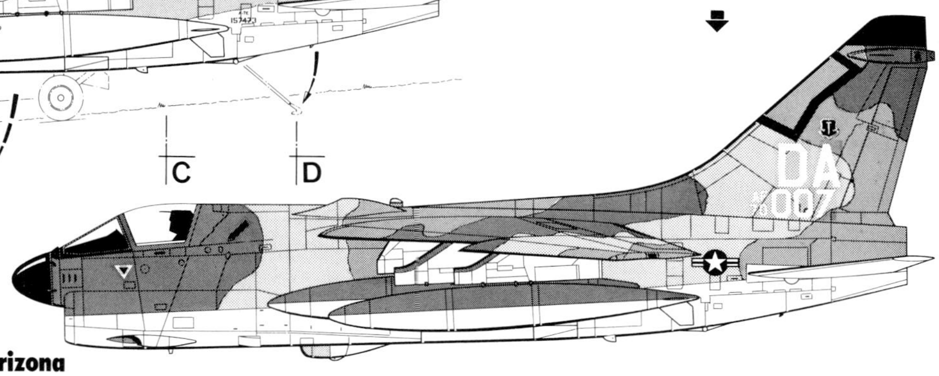

Vought A-7D Corsair II

355th TFW, 354th TFS - Davis Monthan AFB/Arizona

7
NE
307
NAVY
153225

Oben: *Verbandsflug von drei A-7B Corsair II der zum Trägergeschwader 6 (CVW-6) gehörenden VA-15 »Valions«.*

Am 5. April 1968 flog die erste A-7D (67-14582), von der für die US Air Force insgesamt 459 Maschinen gebaut wurden.

Bilder linke Seite:
Zu den ersten Corsair II-Squadrons der US Navy gehörte die VA-147 »Argonauts«. Hier eine A-7A (153225) beim Start in NAS Lemoore, California.

Landung einer A-7A Corsair II an Bord des 60000 BRT-Flugzeugträgers USS Independence (CV-62). An den Unterflügelstationen vier 1135-l-Zusatztanks.

der Auswahl des Triebwerks entschied man sich für den von Pratt & Whitney entwickelten Zweikreiser TF30-P-G, dessen maximale Schubleistung bei 5230 kp lag. Schon im September 1964 erhielt LTV den Auftrag zur Fertigung von 35 Serienflugzeugen der Version **A-7A.**
Ein Jahr später und 26 Tage vor dem gestellten Termin startete der erste Corsair-II-Prototyp (BuAer No. 152580) unter der Führung von Testpilot John W. Conrad am 27. September 1965 zu seinem erfolgreichen Jungfernflug. Bis Mitte 1966 folgten die restlichen sechs Prototypen, mit denen zum Nachweis aller Entwurfsdaten eine intensive Mustererprobung durchgeführt wurde.
Am 14. Oktober 1966 übernahm die in NAS Cecil Field, Florida, stationierte Einheit VA-174 *Hell Razors* die ersten A-7A für das Einsatztraining, und schon vier Monate später wurde im Februar 1967 die erste Corsair-II-Squadron aufgestellt – die VA-147 *Argonauts.* Sie verlegte Ende 1967 nach umfangreichen Versuchen an Bord des Flugzeugträgers USS Ranger (CVA-61) nach Südostasien. Am 4. Dezember 1967 flog eine A-7A dieser Staffel ihren ersten »scharfen Einsatz« gegen Ziele in Nordvietnam.
Eine beachtliche fliegerische Leistung vollbrachten am 19. Mai 1969 zwei A-7A unter der Führung von Cdr. Charles Fritz und Cpt. Alec Gillespie während ihres Überführungsfluges zum 27. Aero Salon nach Le Bourget bei Paris. Sie bewältigten die 6160 km lange Strecke von NAS Patuxent River, Maryland, nach Evreux in 7 h 1′, und zwar im Nonstopflug ohne Nachtanken. Von der A-7A, der ersten

Serienversion der Corsair II, wurden insgesamt 199 Maschinen gebaut. Sie hatte ein maximales Startgewicht von 17230 kg und erreichte in 7000 m Höhe ohne Außenlasten eine Höchstgeschwindigkeit von Mach 0,92. Ihre Angriffsbewaffnung bestand aus zwei 20-mm-Bordkanonen Mk.12 mit je 250 Schuß zu beiden Seiten des Lufteinlaufs.

Als zweite Serienversion der Corsair II kam 1968 die **A-7B** heraus, die sich jedoch nur durch das um 385 kp schubstärkere TF30-P-8 von der A unterschied. Die US Navy gab von der A-7B bei Ling-Temco-Vought insgesamt 196 Maschinen in Auftrag, deren erste (BuAer No. 154361) am 6. Februar 1968 flog. Auch die zweite Corsair-II-Version kam Anfang 1968 in Südostasien zum Einsatz. Zwei Attack Squadrons waren zu dieser Zeit mit der A-7B ausgerüstet – die VA-25 *Fist of the Fleet* und VA-87 *Golden Warriors.*

Da sich Mitte der sechziger Jahre einige europäische Länder für die Corsair II interessierten, wurde von britischer Seite mehrfach der Einbau des Turbofans Rolls-Royce RB.168-62 (Spey 25) vorgeschlagen. Dieses entwickelte einen Schub von 6465 kp und garantierte somit die gleichen Flugleistungen wie das TF30. Außerdem waren nur geringfügige strukturelle Änderungen notwendig. 1966 wurde schließlich bekannt, daß die amerikanische Regierung bei Rolls-Royce Spey-Triebwerke im Wert von $ 100 Mio. bestellt hatte. Sie waren allerdings für die geplante USAF-Version **A-7D** bestimmt. Als Ersatz ihrer mehr und mehr veraltenden F-100 Super Sabre hatte sich seinerzeit auch die US Air Force für die Corsair II entschieden. Dabei spielten ebenfalls neben niedrigen Kosten besonders die überlegenen Reichweitenleistungen und hohen Nutzlastkapazitäten eine ausschlaggebende Rolle. 1967 gab die USAF die A-7D in Auftrag, und am 5. April 1968 flog bei LTV in Dallas die erste Maschine (67-14582). Im März 1968 lief auch das erste, bei Allison/Indianapolis in Lizenz gefertigte RB.168-62 als TF41-A-1 auf dem Prüfstand. Die erste, mit diesem britisch-amerikanischen Turbofan ausgerüstete A-7D startete am 26. September 1968 in Edwards AFB zu ihrem Jungfernflug.

Die A-7D, von der bis 1976 insgesamt 459 Maschinen gebaut wurden, unterscheidet sich nicht nur durch das Triebwerk von ihren Vorgängerinnen. Ihre Angriffsbewaffnung besteht aus einer 20 mm-Ka-

Oben: *Eine A-7D unmittelbar vor der Kraftstoffübernahme durch einen Tanker der Texas ANG.*

Bild linke Seite:
An ihren Außenstationen kann die Corsair II mehr als 9000 kg Kampfmittel mitführen. Hier die sechste A-7D (68-8220) mit zwanzig Snakeye Mk.80-Bomben während einer Versuchsreihe bei Eglin AFB, Florida.

none des Gatling-Typs M.61-A1 Vulcan mit 1019 Schuß. Außerdem verfügt sie über eine verbesserte Avionik, die auch ein Blickfeld-Darstellungsgerät (HUD) enthält. Der Luftbetankungsstutzen befindet sich im Gegensatz zur ausschwenkbaren, rechts angeordneten Sonde bei den Navy-Versionen nunmehr auf der Rumpfoberseite (siehe Zeichnung). Allerdings waren die ersten zwanzig Maschinen noch mit der Schwenksonde ausgestattet. Das Startgewicht der A-7D liegt im Überlastfall bei 19050 kg. Zwei Tactical Fighter Wings (TFW) der US Air Force mit jeweils vier Squadrons rüsteten nach der Auslieferung der neuen Corsair-II-Version um: 354th in Myrtle Beach AFB, South Carolina, 355th in Davis-Monthan AFB, Arizona, sowie die zum 58th Tactical Training Wing in Luke AFB, Arizona, gehörende 310th Training Squadron. Hinzu kamen noch mehrere Einheiten der Air National Guard (ANG), bei denen die A-7D ebenfalls die F-100 ablöste. Auch die Corsair II der USAF wurden ab Oktober 1972 in Südostasien eingesetzt und »scharf erprobt«. 72 A-7D des 354th TFW waren auf dem thailändischen Luftstützpunkt Korat stationiert. Sie flogen bis zur Beendigung der Feindseligkeiten im Februar 1973 mehr als 6800 Einsätze und verloren dabei nur vier Maschinen.

Als nächste Corsair-II-Version entstand 1968 für die US Navy die verbesserte **A-7E,** deren erste Maschine (BuAer No. 156734) am 25. November 1968 flog. Sie war jedoch wie die nachfolgenden 66 Maschinen dieser Version noch mit einem TF30-P-8 ausgerüstet und führte,

LA
AF
69
205

DM
DM
DM
AF
75
056

H
NAVY

10
410
NAVY
157502
04
NL
404
00
NK
VA-97
300
VY
NK
VA-97
307
VY

Bilder vorige Doppelseite:
Seite 181: *Als Corsair II-Trainingseinheit diente die in Luke AFB, Arizona, stationierte 310th Tactical Fighter Training Squadron. Hier eine Maschine (69-205) dieser Staffel.*

Das 355th Tactical Fighter Wing in Davis-Monthan AFB, Arizona, rüstete von der F-100D Super Sabre auf die A-7D Corsair II um.

Seite 182: *Anläßlich der SBAC Air Show 1970 in Farnborough wurde diese A-7E (156889) der VA-195 »Dambusters« täglich vorgeführt.*

Das untere Bild zeigt zwei A-7E der Attack Squadron VA-97 »War Hawks« (unten) und darüber eine der VA-22 »Fighting Redcocks« und der VA-27 »Royal Maces«.

um Verwechslungen zu vermeiden, die Bezeichnung **A-7C.** Erst ab der 68. Maschine kam das schubstärkere TF41-A-2 (6800 kp) standardmäßig zum Einbau. Obwohl es sich bei der A-7E um eine verbesserte A-7B handelt, übernahm man von der A-7D noch einige bewährte Komponenten, zu denen u. a. auch die sechsläufige Vulcan-Kanone gehörte. Am 14. Juli 1969 wurde der Attack Suadron VA-122 *Corsair College* in NAS Lemoore, California, die A-7E für das Besatzungstraining zugewiesen. Danach rüsteten zwei weitere Verbände auf die A-7E um – die VA-146 *Blue Diamonds* und VA-147 *Argonauts.* Beide kamen ab Mai 1970 von Bord des Flugzeugträgers USS America (CVA-66) ebenfalls in Südostasien zum Einsatz. Schon nach kurzer Zeit zeigte sich, daß die A-7E mit ihrer verbesserten Avionik und Bewaffnung den ersten Corsair-II-Versionen weit überlegen war. Darüber hinaus wies sie eine um 30% höhere Überlebensfähigkeit auf. Bis Ende 1976 wurden bei Vought in Dallas mehr als 500 Maschinen dieser Version gebaut. Als Ergänzung der Corsair II schlug die Herstellerfirma seinerzeit auch noch eine für Trägereinsätze optimierte Tankerversion mit der Bezeichnung **KA-7F** vor. Sie war als Ersatz der KA-3B Skywarrior geplant, wurde aber nicht gebaut. Im Prototypenstadium verblieb auch eine mit **A-7G** bezeichnete Version. Zwei A-7D wurden nach Spezifikationen der Schweizerischen Flugwaffe entsprechend modifiziert und in der Schweiz einige Wochen erprobt. Sie genügten jedoch den harten Anforderungen im Hochgebirge nicht und unterlagen schließlich wie einige

Oben: *Perfekter Formationsflug von fünf A-7E der VA-25 »Fist of the Fleet«.*

Bild linke Seite:
Eine A-7E Corsair II der Attack Squadron VA-147 »Argonauts«, die zum Trägergeschwader 9 (CVW-9) gehört.

andere Typen der Northrop F-5E Tiger II. Mit **A-7H** wird die für die griechischen Luftstreitkräfte entwickelte Corsair II-Version bezeichnet, deren erste Maschine am 6. Mai 1975 flog. Bei der A-7H handelt es sich um eine landgestützte Ausführung der A-7E, von der bis Ende 1977 insgesamt 60 Maschinen ausgeliefert wurden. Der griechische Auftrag, der sich auf $ 260 Mio. belief, konnte nach vielen Bemühungen als erster internationaler Erfolg für die Corsair II gewertet werden. Sie war ja zeitweise auch für die deutschen Marineflieger im Gespräch, und Indonesien interessierte sich ebenfalls für die Beschaffung von sechzehn Corsair II. Die von den USA in Aussicht gestellte Lieferung von 110 A-7 für die Luftstreitkräfte Pakistans kam jedoch aus politischen Gründen bisher nicht zur Durchführung.

Schon Ende 1971 schlug Vought der US Navy eine zweisitzige Kampftrainerversion vor. Sie baute seinerzeit ohne offiziellen Auftrag eine A-7E (BuAer No. 156801) entsprechend um und bezeichnete sie mit **YA-7H.** Diese Maschine startete am 29. August 1972 unter der Führung von John W. Conrad in Hensley Field/Dallas zu ihrem 55minütigen Erstflug. Es folgten einige hundert Test- und Demonstrationsflüge, und nach zwei Jahren erhielt Vought im Juli 1974 den Auftrag zur Lieferung von 81 Maschinen mit der Bezeichnung **TA-7C.** Diese werden gegenwärtig aus 40 A-7B und 41 A-7C entsprechend modifiziert und sind der US Navy vertragsgemäß bis Mitte 1979 auszuliefern. Äußeres Hauptmerkmal des

Als Prototyp des Corsair II-Trainers galt diese YA-7H (156801), die 1971 aus einer A-7E umgebaut wurde.

Die griechischen Luftstreitkräfte stellten ab Mitte 1975 sechzig Corsair II mit der Bezeichnung A-7H in Dienst.

Corsair II-Zweisitzers, dessen Rumpf eine um 863 mm größere Länge aufweist, ist eine einteilige Klapphaube für das Tandemcockpit. Die mit einer Doppelsteuerung ausgestattete TA-7C gleicht in ihren Flugleistungen und -eigenschaften weitgehend der A-7E. Sie ist in erster Linie als Trainer für die Carrier Replacement Air Wings (CRAWs) vorgesehen, kann aber sekundär auch für bord- und landgestützte Kampfeinsätze verwendet werden.

Alles in allem stellt die Corsair II ein in jeder Hinsicht fortschrittliches Muster dar, das primär für taktische Einsätze optimiert wurde und bisher allen Anforderungen gerecht wurde. Nach den gegenwärtig neuesten Gesichtspunkten der Luftfahrttechnik wird sie jedoch in zunehmendem Maße von moderneren Mustern überholt. Ihren aktiven Truppendienst wird sie jedoch bis weit in die achtziger Jahre versehen, sei es nun nicht nur bei der US Navy und der US Air Force, sondern mehr und mehr auch bei verschiedenen Einheiten der Air National Guard. Ihre großen Vorteile als taktisches Kampfflugzeug seien hier nochmals hervorgehoben: überlegene Nutzlast/Reichweitenleistungen, ausgezeichnete Zuverlässigkeit und Wartbarkeit sowie hervorragende Flugeigenschaften. Außerdem läßt sich die Corsair II von kleineren Flugplätzen auch nach dem Kurzstart- und Landeverfahren SATS (Short Airfield Tactical Support) verwenden.

Einen interessanten Vorschlag machte Vought zur Weiterentwicklung der Corsair II im November 1977. Es handelt sich um den Entwurf **V-529D,** der eine mit

Gegenwärtig werden bei Vought 81 A-7B/C als zweisitzige Trainer modifiziert. Hier eine Maschine (154477) dieser TA-7C bezeichneten Version, von der auch Griechenland ab April 1980 sechs als TA-7H in Dienst stellen wird.

zwei F404-Triebwerken ausgerüstete A-7E vorsieht. Dieser von General Electric entwickelte Turbofan mit einem Nachverbrennungsschub von 7250 kp kommt bekanntlich auch bei der F-18 Hornet zum Einbau. Abgesehen von einem neu zu konstruierenden Rumpfheck und einer Verlängerung des Rumpfmittelteils um 508 mm gleicht der Entwurf V-529D der A-7E. Sollte die Navy einen Auftrag erteilen, könnte der erste Prototyp einer zweistrahligen Corsair II schon 1979 fliegen.

Darüber hinaus schlägt Vought auch der US Air Force eine zweistrahlige Version der A-7D mit der Projektbezeichnung **V-531** vor, die im Rahmen des Programms Forward Air Controller-Experimental (FAC-X) durchaus eine Chance hat. Nach Angaben der Herstellerfirma verfügen beide Entwürfe über außergewöhnliche Flugleistungen.

All dies zeigt, daß man bei Vought in Dallas natürlich alles versucht, um die Entwicklungslebensdauer des »Westentaschen-Kampfflugzeugs« Corsair II weiter zu verlängern. Obwohl sich dieses Muster wegen seiner guten Leistungen und Nutzlastkapazitäten bei der US Navy und US Air Force nach wie vor einer großen Beliebtheit erfreut, wird es gegenüber der modernen Neuentwicklung F-18 Hornet von McDonnell Douglas/Northrop nicht die geringste Chance haben und irgendwann in den achtziger Jahren seinen Platz endgültig räumen müssen.

Saab 37 Viggen

Seit vielen Jahren genießt die schwedische Landesverteidigung hohes internationales Ansehen. Ihr Konzept beruht auf der Stützung einer langjährigen Politik der Nichtverpflichtung in Friedenszeiten und – soweit möglich – der Neutralität im Krieg. Dies ist auch der Grund dafür, daß die schwedische Bevölkerung ihre Verteidigung als eine Art Versicherungspolice betrachtet und enorme finanzielle Mittel in die Entwicklung neuer Waffensysteme investiert. Schwedens Verteidigungsziele sind rein defensiver Natur, und die vorderste Abwehrlinie liegt aufgrund der geographischen Lage dieses Landes in der Luft. Deshalb ist auch die starke Konzentration auf Abwehrelemente in den Luftstreitkräften verständlich, wobei fast zwei Drittel der Kampfverbände aus Abfangjägerstaffeln bestehen. Den Rest bilden hochmobile Kampfflugzeuge für die Abwehr möglicher See- und Landangriffe sowie Aufklärungsstaffeln. Als Hauptwaffensystem der Flygvapnet gilt seit einigen Jahren das Mehrzweck-Kampfflugzeug Saab 37 Viggen, dessen Entwicklung mit ersten Studien bereits 1952 begann. Mehr als hundert Vorschläge wurden während eines Zeitraums von sechs Jahren gründlich untersucht. Zu ihnen gehörte auch das Projekt des Systems 36, das jedoch über seine Vorentwurfsphase nicht hinauskam und wieder aufgegeben wurde. Den vielversprechenden Entwurf des Systems 37 trieb man dagegen systematisch voran, bis er

Der erste von sieben Viggen-Prototypen startete am 8. Februar 1967 als Saab 37-1 zu seinem Jungfernflug.

Saab AJ37 Viggen

Flygflottilj 7 – Satenäs

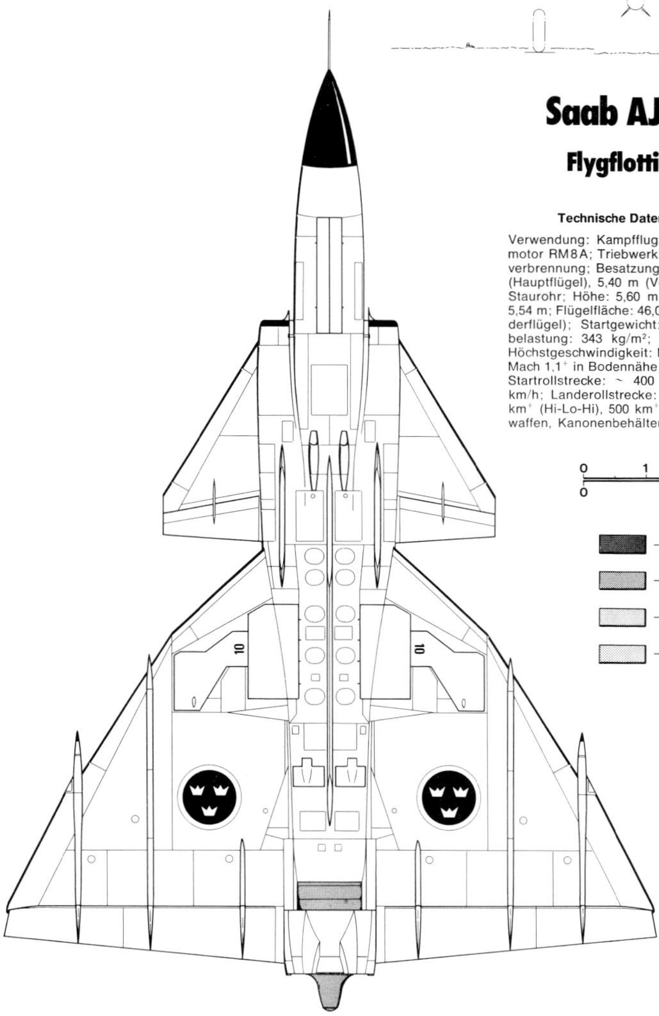

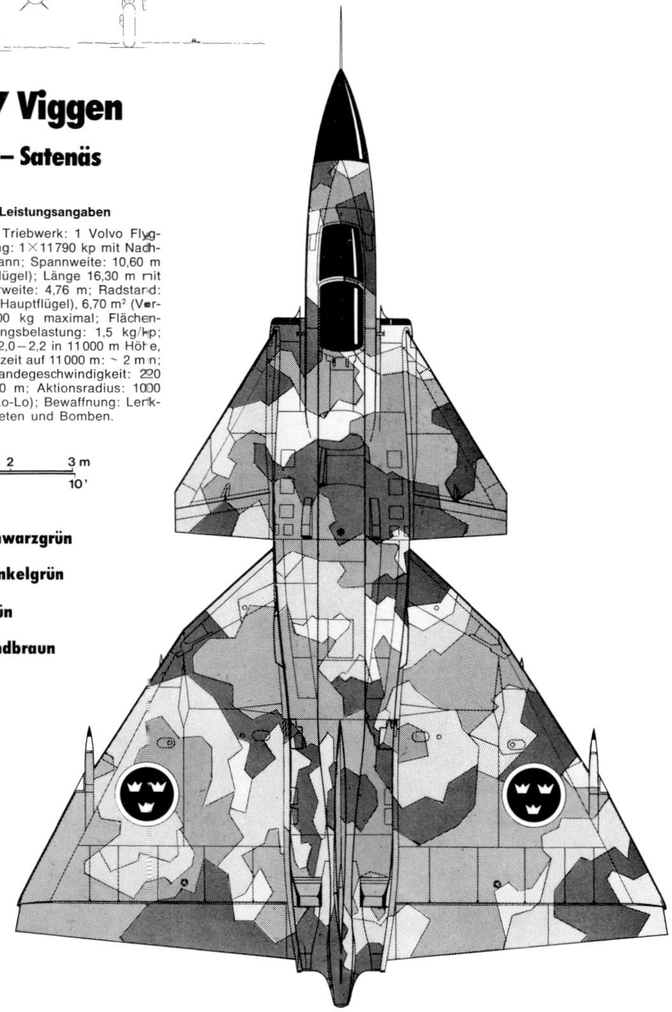

Technische Daten und Leistungsangaben

Verwendung: Kampfflugzeug; Triebwerk: 1 Volvo Flygmotor RM8A; Triebwerkleistung: 1×11790 kp mit Nachverbrennung; Besatzung: 1 Mann; Spannweite: 10,60 m (Hauptflügel), 5,40 m (Vorderflügel); Länge 16,30 m mit Staurohr; Höhe: 5,60 m; Spurweite: 4,76 m; Radstand: 5,54 m; Flügelfläche: 46,00 m² (Hauptflügel), 6,70 m² (Vorderflügel); Startgewicht: 18000 kg maximal; Flächenbelastung: 343 kg/m²; Leistungsbelastung: 1,5 kg/kp; Höchstgeschwindigkeit: Mach 2,0–2,2 in 11000 m Höhe, Mach 1,1⁺ in Bodennähe; Steigzeit auf 11000 m: ~ 2 min; Startrollstrecke: ~ 400 m; Landegeschwindigkeit: 220 km/h; Landerollstrecke: ~ 450 m; Aktionsradius: 1000 km⁺ (Hi-Lo-Hi), 500 km⁺ (Lo-Lo-Lo); Bewaffnung: Lenkwaffen, Kanonenbehälter, Raketen und Bomben.

0 1 2 3 m
0 5 10'

- schwarzgrün
- dunkelgrün
- grün
- sandbraun

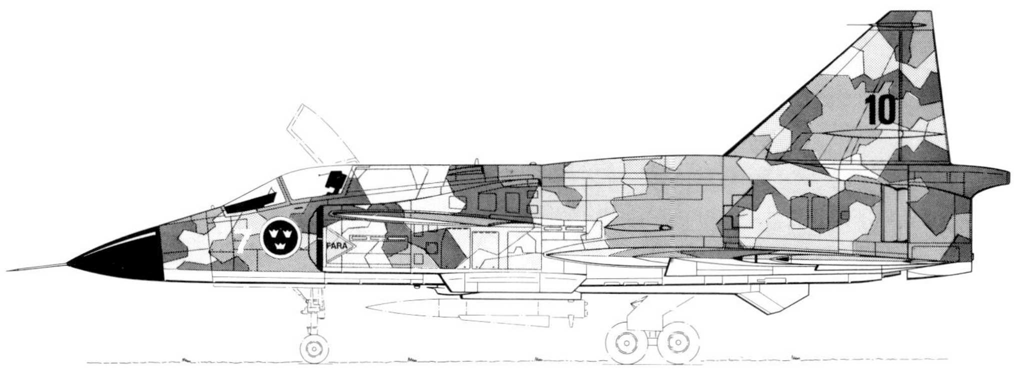

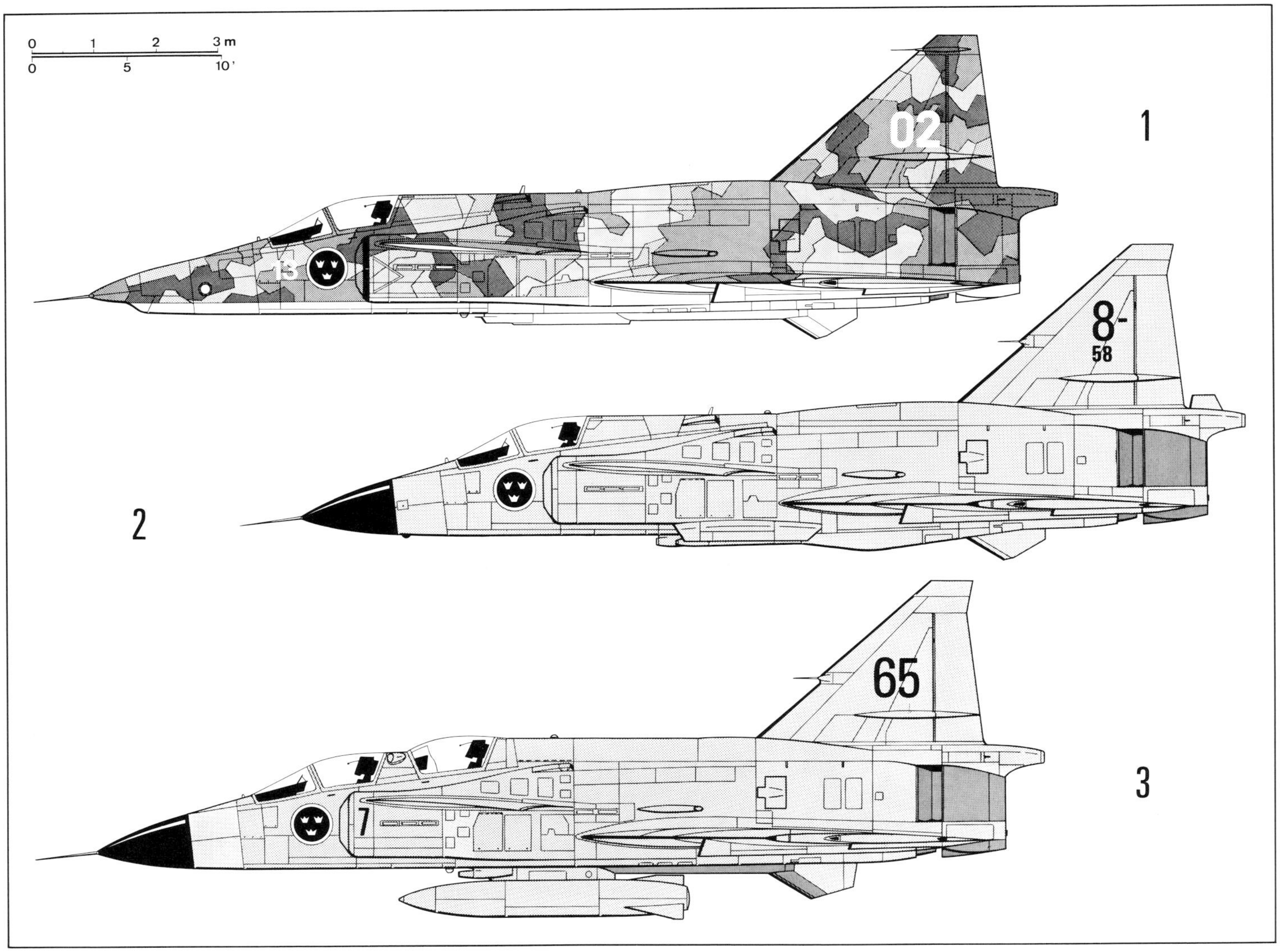

schließlich im Herbst 1961 akzeptiert wurde. Als Triebwerk wählte das schwedische Luftamt seinerzeit eine militärische Variante des bekannten Turbofans JT8D von Pratt & Whitney, mit dem auch die Airliner Boeing 727, 737 und Douglas DC-9 ausgerüstet sind. Nach der Vorlage des Projekts in seiner endgültigen, äußeren Konfiguration, die einen Mehrzweck-Einsitzer mit STOL-Eigenschaften vorsah, wurde die in Linköping beheimatete Firma Saab im April 1962 als Hauptauftragnehmer für das System 37 bestimmt. Im Oktober 1962 lief die eigentliche Entwicklungsphase an, die einige Änderungen und Verbesserungen mit sich brachte und im Mai 1963 zum »Einfrieren« des Projekts führte. Gleichzeitig legte man erste Termine fest, so daß nun auch das Konstruktionsbüro mit seiner Arbeit beginnen konnte. Parallel dazu erprobte man ab Juni 1963 die ersten amerikanischen Triebwerke und das neue Radargerät. Eine 1:1-Attrappe, die im Oktober 1963 entstand, diente zur Untersuchung des Einbaus von Geräten und Untersystemen. Sie war aber gleichzeitig für die Zellenkonstrukteure eine wertvolle Hilfe bei deren Arbeiten.
Im Mai 1964 konnten die ersten Werkstattzeichnungen für den Prototyp 37-1 fertiggestellt und herausgegeben werden. Um aber auch die Kosten halten zu können, mußte man einige Teilentwicklungen kürzen. Die Fertigung des ersten Prototyps begann im September 1964. Mit einer entsprechend umgebauten Saab 32 Lansen wurde ab Februar 1965 die Avionik des Systems 37 erstmals im Flug erprobt. Es folgten Versuche mit dem Triebwerk, der Kraftstoffanlage und mit dem Flugregler. Aufgrund eingehender Untersuchungen im Windkanal mußten im März 1965 der Flügel und die Klap-

1: *SF37 – Svenska Flygvapnet, Flygflottilj 13, Norrköping 1973.* **2:** *JA37 – Svenska Flygvapnet, 5. Entwicklungsflugzeug 1976.* **3:** *SK37 – Svenska Flygvapnet, Flygflottilj 7, Satenäs 1974.*

Bilder rechte Seite:
Das obere Bild zeigt die Viggen-Prototypen 37-2 und -3 mit verschiedenen Außenlasten.

Am 2. Juli 1970 flog der zweisitzige Viggen-Prototyp 37-7. Zwei Jahre später wurde diese Version als SK37 in Dienst gestellt.

SAAB37
-3
SAAB37
-2

58

pen geändert werden. Zu einer Verzögerung in der Gesamtentwicklung kam es jedoch nicht, so daß man die Endmontage des Prototyps 37-1 im Oktober 1966 abschließen konnte.
Nach dem Rollout und den üblichen Bodentests startete die Maschine am 8. Februar 1967 unter der Führung von Cheftestpilot Eric Dahlström in Linköping zu ihrem Jungfernflug, der bereits zur Erprobung der Flugeigenschaften diente. Am 21. September 1967 flog auch der zweite Prototyp und sechs Monate später folgte die Saab 37-3. Für die Triebwerk- und Einsatzerprobung dienten die Prototypen 37-4 und -5, die am 28. Mai 1968 und 17. Mai 1969 erstmals flogen. Es wurden noch zwei weitere Prototypen gefertigt, deren letzter gleichzeitig der erste, mit **SK 37** bezeichnete Doppelsitzer war.
Alle sieben Maschinen flogen in der Folgezeit ein umfangreiches Versuchsprogramm mit über 3000 Flügen und etwa ebensovielen Flugstunden.
Schon Mitte 1967 lief bei Saab die Serienfertigung des nunmehr mit *Viggen* bezeichneten neuen Musters an, und im Februar 1968 erhielt die Firma den Auftrag zur Lieferung von hundert Kampf- und Trainingsflugzeugen der Versionen **AJ37** und **SK37**. Hinzu kam noch eine Option über weitere 75 Maschinen, die im Oktober 1970 in einen Auftrag umgewandelt wurde. Darüber hinaus erhielt Saab im Dezember 1970 den Auftrag zur Entwicklung einer Aufklärungsversion der Viggen, deren Detailkonstruktion schon vier Wochen später begann. Sie führt die Typenbezeichnung **SF37** und gilt als Nachfolgemuster der veraltenden S35E

Oben: *Als erste Einheit der Svenska Flygvapnet rüstete im Juni 1971 die Flygflottilj 7 in Satenäs auf die neue AJ37 um. Hier vier Maschinen dieser ersten Viggen-Serienversion.*

Bild rechte Seite:
Dieses Bild zeigt eine rollende AJ37 der F 7 mit zwei Raketenbehältern und einem Zusatztank an den Außenstationen.

Draken. Am 21. Mai 1973 startete der erste Prototyp des Viggen-Aufklärers zu seinem Jungfernflug. Die Kameraausrüstung der SF37 besteht aus zwei senkrecht eingebauten 70-mm-Geräten für Aufnahmen aus großen Flughöhen, vier senkrecht oder schräg eingebauten Geräten für Aufnahmen aus niedrigen Höhen und einer Infrarotkamera in der entsprechend gestalteten Rumpfspitze. Hinzu kommen noch ein IR-Zeilenabtaster, ein Eloka-Datenaufzeichnungsgerät und ein Vertikalvisier. Außerdem kann die SF37 an ihren äußeren Rumpfstationen noch je einen Sonderbehälter mit weiteren drei IR-Kameras und einem Beleuchtungssystem mitführen. Sie ist allwettertauglich und für ihre Selbstverteidigung mit Luft-Luft-Lenkwaffen ausgerüstet.

Wegen der besonderen maritimen Lage Schwedens gehörte die Hochseeüberwachung schon immer zu den Hauptaufgaben der Flygvapnet. Als Nachfolgemuster der S32C Lansen leitete Saab aus der Grundversion der Viggen einen allwettertauglichen Hochseeaufklärer mit der Bezeichnung **SH37** ab. Diese Maschine, deren erster Prototyp am 10. Dezember 1973 flog, unterscheidet sich vom taktischen Aufklärer SF37 äußerlich durch ihren Radome. Ihre Sonderausrüstung führt sie in Pods an Rumpf- und Flügelstationen mit. Sie besteht primär aus einer Kamera großer Reichweite im rechten sowie drei IR-Kameras und einem Beleuchtungssystem für die Nachtaufklärung im linken Rumpfbehälter. Wie die SF37 verfügt die SH37 zur Selbstverteidigung über Luft-Luft-Lenkwaffen und kann darüber hinaus auch als Erdkämpfer eingesetzt werden. Im Oktober 1976 und April 1977 nahmen diese beiden Viggen-Aufklärer (SH37 und SF37) bei der in Norrköping stationierten Flygflottilj 13 (F 13) ihren aktiven Truppendienst auf, der die F 21 in Lulea und F 17 in Ronneby folgten.

Doch zurück zur AJ37, der Grundversion der Viggen, deren erstes Serienflugzeug am 23. Februar 1971 flog. Schon vier Wochen später begann ihre Auslieferung an die Flygvapnet, und als erste Einheit rüstete die in Satenäs stationierte F 7 im Juni 1971 von der A32A Lansen auf die neue AJ37 um. Ihre Indienststellung lief reibungslos ab, und Ende 1973 war die F 7 mit ihren drei Staffeln einsatzbereit. Neben der F 7 verfügt auch die Flygflottilj 15 in Söderhamn über die AJ37. Die Aktionsradien der ersten Viggen-Version,

deren primäre Aufgabe der Erdkampf ist, liegen bei 500 km (Lo-Lo-Lo) und mehr als 1000 km (Hi-Lo-Hi). Sie kann für diesen Zweck an ihren sieben Flügel- und Rumpfstationen bis zu 6000 kg Kampfmittel mitführen, zu denen auch moderne Luft-Boden-Lenkwaffen schwedischer Konstruktion gehören – RB.04E gegen Seeziele und RB.05A gegen Land- und Seeziele. Wegen ihrer sekundären Eignung als Abfangjäger kann die AJ37 aber auch Luft-Luft-Lenkwaffen der Typen RB.24 (AIM-9 Sidewinder) und RB.28 (AIM-4 Falcon) abfeuern.

Wie bereits anfangs erwähnt, wurden von der Viggen insgesamt sieben Prototypen gebaut, deren letzter allerdings als Zweisitzer mit Doppelsteuerung ausgelegt war. Die mit **SK37** bezeichnete Maschine startete am 2. Juli 1970 unter der Führung des Testpiloten Per Pelleberg zu ihrem 70minütigen Jungfernflug. Im Juni 1972 konnte Saab die ersten Serienflugzeuge dieser zweisitzigen Viggen-Version ausliefern, die danach bei der Flygflottilj 7 in Satenäs in Dienst gestellt wurden. Um die Sichtverhältnisse des etwas höher sitzenden Fluglehrers nach vorn zu verbessern, wurde zwischen den beiden Klapphauben eine Periskopanlage eingebaut. Außerdem mußte die Seitenflosse aus Stabilitätsgründen nach oben vergrößert werden. Durch den Ausbau des vorderen Kraftstofftanks im Rumpfmittelteil wurde Platz für das Cockpit des Fluglehrers geschaffen. Der fehlende Kraftstoff wird statt dessen in einem abwerfbaren Zusatztank an der zentralen Rumpfstation mitgeführt. Die SK37, die

---

Links: *Die Steigzeit der AJ37 auf 11.000 m Höhe beträgt vom Lösen der Bremsen an nur 120 Sekunden.*

Bild rechte Seite:
Am 10. Dezember 1973 flog der erste Viggen-Aufklärer, genannt SF37. Dieses Bild läßt die mit verschiedenen Kameras ausgestattete Rumpfspitze und die Sonderbehälter an den Rumpfstationen erkennen.

mittlerweile auch bei der F 15 in Söderhamn fliegt, gilt als Nachfolgemuster der SK35C Draken. Sie ist sekundär für Tiefangriffe verwendbar und kann wie die AJ37 bis zu 6000 kg Kampfmittel mitführen.

Bereits im Jahre 1968 machte man sich bei Saab Gedanken über eine Interceptor-Version der Viggen und arbeitete erste Entwürfe aus. Anfang 1972 wurde der Vorschlag **JA37** von den Luftstreitkräften akzeptiert und danach in Linköping mit seiner Realisierung begonnen. Als erstes baute man vier AJ37 entsprechend um und setzte diese für die verschiedensten Versuchszwecke ein. Die erste Maschine, die ausschließlich zur Erprobung des allgemeinen Steuerverhaltens diente, flog am 4. Juni 1974. Am 27. September 1974 startete der zweite JA37-Prototyp als Versuchsträger für das schubstärkere Flygmotor-Triebwerk RM8B zu seinem Erstflug. Er war außerdem als erste Viggen an seiner Rumpfunterseite mit einer 30 mm-Kanone des Oerlikon-Typs KCA bewaffnet. Diese weitreichende Bordkanone, deren Kadenz bei 1350 Schuß/min liegt, kommt bei der JA37 als Standardbewaffnung zum Einbau. Als Erprobungsträger für die neue Jäger-Avionik dienten die dritte und vierte Maschine, die am 22. November 1974 und am 30. Mai 1975 flogen. Am 19. Dezember 1975 konnte schließlich auch die fünfte Maschine ihren Erstflug absolvieren, die neu gebaut worden war und als Vorserienflugzeug der JA37 galt.

Neben der 30 mm-Kanone unterscheidet sich der Viggen-Interceptor von den anderen Versionen äußerlich durch vier hydraulische Elevon-Arbeitszylinder pro Flügelhälfte. Außerdem übernahm man von der SK37 die vergrößerte Seitenflosse und ordnete auf der Rumpfendkappe noch eine kleine Stabilisierungsfläche an. Die überragenden Steigleistungen der JA37 basieren in erster Linie auf dem RM8B-Triebwerk, das von Volvo Flygmotor in enger Zusammenarbeit mit Pratt & Whitney aus dem RM8A abgeleitet wurde. Zahlreiche Komponenten dieses Aggregats, das einen Nachverbrennungsschub von 12750 kp abgibt und 250 kg schwerer ist, wurden im Rahmen eines längeren Programms abgeändert und verbessert. Bei allen Testflügen benötigte die JA37 für eine Flughöhe von 10000 m stets weniger als hundert Sekunden Steigzeit.

Gemäß ihrer primären Aufgabe als Inter-

ceptor erhielt die JA37 auch eine neue und leistungsfähigere Avionik. Als Hauptbestandteile gelten ein digitaler Zentralrechner SKC-2037 und ein Trägheits-Navigationssystem KT-70L von Singer-Kearfott, ein Luftwertrechner LD-5 von Garrett-AiResearch sowie eine digitale Flugführungsanlage SA 07, die Saab gemeinsam mit Honeywell entwickelte. Hinzu kommt noch ein Blickfeld-Darstellungsgerät (HUD) des Typs ED 102B von Svenska Radio sowie in der Rumpfspitze ein Mehrzweck-Impulsdopplerradar UAP 1023 von LM Ericsson. Letzteres zeichnet sich durch große Reichweitenleistungen und eine hohe Einsatzbereitschaft aus. Nach Angaben der Herstellerfirma ist es auch unter Eloka-Bedingungen noch voll wirksam.

Wie bereits erwähnt, ist die JA37 standardmäßig mit einer 30 mm-Kanone bewaffnet. Ihre militärische Ausrüstung schließt jedoch auch Luft-Luft-Lenkwaffen der neuen Generation ein. Dazu gehört vor allem die mit einem IR-Suchkopf ausgestattete RB.72 (Saab 372), die in erster Linie für den Luftkampf entwickelt wurde und seit Juli 1975 in Serie gefertigt wird. Zusätzlich zur modernen RB.72 kann die JA37 aber auch Luft-Luft-Lenkwaffen des Typs RB.71 (HSD Sky Flash) mitführen.

Am 6. September 1974 erhielt Saab den Auftrag zur Lieferung von dreißig Serienflugzeugen der JA37, deren Indienststellung als Ersatz der J35D/F Draken für 1978 vorgesehen ist. Es sollen jedoch insgesamt 200 Maschinen dieser Viggen-Version beschafft werden, denn man will acht Staffeln damit ausrüsten.

Als sich die Luftstreitkräfte Norwegens, Dänemarks, Belgiens und der Niederlande im Jahre 1974 um einen Starfighter-Nachfolger bemühten, war auch Saab mit der Viggen mit von der Partie. Sie bot im Rahmen eines multinationalen Fertigungsprogramms die auf der JA37 basierende **Saab 37E** als Eurofighter an, kam allerdings aus politischen Gründen nicht zum Zuge und mußte schließlich der F-16 von General Dynamics das Feld überlassen.

Bleibt noch das Projekt 85 zu erwähnen, das als Ergebnis vierjähriger Untersuchungen für eine neue Generation mittlerer Kampfflugzeuge bereits den schwedischen Luftstreitkräften zur Überprüfung vorgelegt wurde. Es führt die Bezeichnung **A 20** und könnte als Nachfolgemuster der Viggen in der zweiten Hälf-

Oben: *Das obere Bild zeigt eine AJ37 der F 7 mit einem Vierfarben-Sichtschutz, der für die Viggen besonders konzipiert und standardmäßig eingeführt wurde. An ihren Außenstationen trägt die Maschine vier Raketenbehälter.*

Am 10. Dezember 1973 flog die erste SH37, deren Hauptaufgabe die Hochseeaufklärung und -überwachung ist.

Bild linke Seite:
Start von zwei Viggen-Trainern SK37 der Flygflottilj 7 zu einem Routineflug.

te der achtziger Jahre zur Verfügung stehen. Die A 20 wird sich in erster Linie durch ihre allgemeine Ausrüstung und neue Bewaffnung von der JA37 unterscheiden, denn Zelle und Triebwerk will man zur Senkung der Beschaffungskosten nahezu unverändert übernehmen.

Von ihrer technischen Konzeption her handelt es sich bei der Viggen um einen freitragenden Tiefdecker mit Doppeldeltaflügel, vorderem Stützflügel und einfachem Seitenleitwerk. Ihre Zelle ist für ein Bruchlastvielfaches von 12 g ausgelegt. Nach langwierigen Windkanalversuchen entschied man sich schließlich für ein Doppeldeltatragwerk mit zweiteiligen, hydraulisch betätigten Differentialklappen. Diese lassen sich parallel auch als Höhenruder verwenden und werden Elevons genannt. Die Vorderkante der beiden Hauptflügel weist eine sogenannte Verbundpfeilung auf, d. h. die Außenteile sind nach dem »Sägezahnprinzip« vorgezogen und leicht geschränkt. Bei allen Klappen bzw. Rudern der Haupt- und Vorderflügel kommt weitgehend Honeycomb zur Anwendung.

Der in konventioneller Ganzmetall-Halbschalenbauweise gefertigte Rumpf der Viggen setzt sich aus folgenden Baugruppen zusammen: Rumpfvorderteil mit Radome, Cockpit und Lufteinläufen, Rumpfmittelteil mit Triebwerk und Rumpfhinterteil mit Nachbrenner und Schubumkehranlage. Bei hochbeanspruchten Bauteilen, wie Flügel-, Bugfahrwerk- und Seitenflossenanschluß, entschied man sich für geschmiedetes Leichtmetall und Stahl sowie in »warmen« Zellenbereichen für Titan.

Der aus dielektrischem Kunststoff gefertigte Radome kann mittels einiger Schnellverschlüsse gelöst und auf Gleitschienen nach vorn gezogen werden, so daß dann die komplette vordere Radarausrüstung frei zugänglich ist. Dem vorderen Schottspant folgt das druckbelüftete und klimatisierte Cockpit, das mit einem von Saab entwickelten Zero-Zero-Schleudersitz ausgestattet ist. Normalerweise wird die Klapphaube vor dem Zünden der Sitzraketen abgesprengt, der Pilot kann sich jedoch im Notfall auch durch die Verglasung schießen. An der nächsten Rumpfbaugruppe, die das Lufteinlaufsystem bildet und sehr schwierig zu fertigen ist, sind außen die beiden Stützflügel angeschlossen. Das Rumpfhinterteil trägt auf seiner Oberseite die nach links klappbare Seitenflosse mit kraftverstärktem Ruder und unten eine kleine Leitfläche aus GFK. Unmittelbar vor der Seitenflosse erfuhr die Rumpfoberseite während der Mustererprobung eine Änderung in Form einer wulstartigen Aufdickung. Dank dieser zellenseitigen Modifikation erreicht man bei gewissen Nutzlastkombinationen ein besseres strömungstechnisches Verhalten. Im vorderen Bereich des Rumpfhinterteils sind ferner vier Luftbremsen angeordnet, und zwar je eine zu beiden Seiten sowie unter dem Rumpf.

Außer der JA37 sind alle Versionen der Viggen mit einem der schubstärksten militärischen Turbofans der Welt ausgerüstet. Es handelt sich um eine Weiterentwicklung des zivilen Zweistromtriebwerks JT8D-22 von Pratt & Whitney, das in Schweden die Bezeichnung RM8A führt. Zur Leistungserhöhung wurde die Grundkonstruktion des JT8D erheblich verstärkt, ohne dabei die innere Aerodynamik zu verändern. Volvo Flygmotor entwickelte eine neue Nachbrennkammer mit drei Verbrennungszonen und einer stufenlos verstellbaren Schubdüse. Hinzu kam noch eine aus drei Teilschalen bestehende Schubumkehranlage im Ejektor des Rumpfhecks. Diese wird automatisch betätigt, sobald das Fahrwerk belastet wird, und lenkt den Gasstrahl nach vorn um. Das RM8A entwickelt einen Standschub von 6690 kp, der durch Nachverbrennung auf 11790 kp ansteigt. Der Luftdurchsatz liegt bei 144 kg/s, und das Einbaugewicht des 6160 mm langen Aggregats beträgt 2100 kg.

Die Kraftstoffanlage der Viggen besteht aus zwei Integralbehältern in den Flü-

Oben: *Im April 1977 nahm der taktische Viggen-Aufklärer SF37 bei der Flygflottilj 13 in Norrköping seinen aktiven Truppendienst auf.*

Bild linke Seite:
Außer der Flygflottilj 7 ist auch die in Söderhamn stationierte F 15 mit der AJ37 ausgerüstet. Hier zwei Maschinen dieser Staffel.

geln, einem Sattelbehälter über dem Triebwerk, je einem Behälter in den Rumpfseiten und einem weiteren Behälter hinter dem Cockpit, der jedoch beim Trainer SK37 entfällt. Die Kraftstoffzufuhr des Triebwerks erfolgt mit Hilfe einer elektrischen Pumpe aus dem Sattelbehälter, der seinerseits ständig von dem Nebenbehälter nachgefüllt wird. Der Betankungsstutzen befindet sich unter der rechten Flügelhälfte. Bei Bedarf kann an der zentralen Rumpfstation ein abwerfbarer Zusatzbehälter mitgeführt werden.
Das Fahrwerk der Viggen ist für eine maximale Sinkgeschwindigkeit von 5 m/s ausgelegt. Die servogesteuerte und zwillingsbereifte Bugeinheit (18×5,5) ist mittels der Seitenruderpedale steuerbar und wird nach vorn eingefahren. Die beiden Haupteinheiten sind mit Tandemrädern (26×6,6) versehen und werden nach innen eingefahren. Als Werkstoff kommt beim Fahrwerk vorwiegend hochfester Stahl zur Anwendung.
Aus Sicherheitsgründen weist die Hydraulikanlage der Viggen zwei voneinander unabhängige Systeme mit einem Arbeitsdruck von jeweils 210 kg/cm^2 auf Sie erhalten ihre Energie über je eine vom Triebwerk angetriebene Pumpe und eine elektrische Notpumpe. Das elektrische Bordnetz basiert auf einem flüssigkeitsgekühlten 60 kVA-Generator konstanter Drehzahl, der 210/115 V-Dreiphasen-Wechselstrom mit 400 Hz liefert. Die Notstromversorgung erfolgt über eine 6 kVA-Stauluftturbine, die bei Stromausfall oder bei ausgefahrenem Fahrwerk automatisch ausgeschwenkt wird. Den notwendigen 28 V-Gleichstrom liefern Bat-

terien und Gleichrichter.
Die Avionik der Viggen setzt sich aus fünfzig »schwarzen Kästen« zusammen. Sie hat ein Gesamtgewicht von ca. 600 kg und ist in fünf Räumen untergebracht. Zur Ausrüstung gehören u. a. folgende Geräte: Automatischer Leistungsregler, SRA-Blickfeld-Darstellungsgerät für die primären Flugwerte, AGA-Lageanzeiger und -Funkausrüstung, Arenco-Luftwertrechner mit Anzeigeinstrumenten, STC-Radarhöhenmesser, Doppler-Navigationsanlage von Decca, taktisches Blindlandesystem (TILS) von AIL sowie das Monopulsradar PS 37/A von LM Ericsson. Nahezu alle elektronischen Geräte sind auf den 75 kg schweren Digitalrechner CK 37 aufgeschaltet, der für ihre Funktionsprüfung und Überwachung im Flug wie am Boden programmiert ist. Das PS 37-Radar ist bis auf die Mikrowellenröhren volltransistorisiert. Der Parabolspiegel ermöglicht bei allen Einsatzarten eine Zielerfassung von höchster Genauigkeit. Zusätzlich kann das PS 37/A aber auch für die Navigation verwendet werden, wobei für den Tiefflug durch Einsatz eines kleinen Computers eine Terrainfolge-Funktion erzielt wird.
Erwähnenswert sind noch die außergewöhnlich guten Wartungseigenschaften der Viggen, die zur Erreichung einer möglichst hohen Einsatzbereitschaft von Entwurfsbeginn an berücksichtigt wurden. Über hundert Klappen- und Deckelöffnungen an Rumpf und Tragwerk gestatten einen leichten Zugang zu allen Systemen. Eine Bedienmannschaft von sieben Mann ist in der Lage, eine Viggen zwischen zwei Einsätzen in weniger als

An ihren sieben Flügel- und Rumpfstationen kann die Viggen bis zu 6000 kg Kampfmittel mitführen. Hier eine AJ37 der Flygflottilj 15 mit verschiedenen Waffen.

Am 4. Juni 1974 flog der erste von vier Prototypen des Viggen-Interceptors JA37. Dieses Bild läßt nicht nur die Oerlikon-Kanone unter dem Rumpf, sondern auch die vier Elevon-Betätigungen unter dem Flügel gut erkennen.

Die JA37 kann auch moderne Luft-Luft-Lenkwaffen mitführen. Hier die mit einem IR-Suchkopf ausgestattete RB.72 an der äußeren Rumpfstation und eine RB.71 Sky Flash an der inneren Flügelstation.

zehn Minuten wieder aufzutanken und zu bewaffnen. Unter Umständen genügen nur zehn Mannstunden/Flugstunde für die Wartung der Viggen, was im Vergleich zu einigen anderen Mustern dieser Klasse wesentlich weniger ist.

All dies zeigt, daß die Gesamtentwicklung des Mehrzweck-Kampfflugzeugs Viggen nicht nur das bisher technisch und finanziell aufwendigste Verteidigungsprogramm Schwedens, sondern gleichzeitig auch eine der ehrgeizigsten Flugzeugentwicklungen der Welt darstellt. Darüber hinaus waren die schwedischen Luftstreitkräfte bereits Mitte 1971 in der glücklichen Lage, ein einsatzbereites Mach-2-Kampfflugzeug der zweiten Generation in Dienst stellen zu können. Es gab mittlerweile zwar einige technische Pannen mit der Viggen, die man jedoch nach einer gründlichen Untersuchung wieder beheben konnte. Dieses einzigartige Muster, von dem letztlich mehr als 400 Maschinen der erwähnten Versionen gebaut werden sollen, nimmt im Reigen der weltbesten Kampfflugzeuge einen der vordersten Plätze ein.

SEPECAT Jaguar

Anfang der sechziger Jahre wurden in Frankreich Untersuchungen über ein modernes Nachfolgemuster der veraltenden taktischen Kampfflugzeuge und Strahltrainer Dassault Ouragan, Mystère IVA und Lockheed T-33 durchgeführt. Den 1964 ausgeschriebenen ECAT-Wettbewerb (Ecole de Combat et d'Appui Tactique) gewann im Januar 1965 die Firma Breguet mit ihrem Entwurf Br.121 vor Dassault (Cavalier), Potez (P.92), Nord Aviation (N.3600 Harpoon) und Sud Aviation (SA.12). Bei der Breguet Br.121 handelte es sich im Prinzip um eine Weiterentwicklung der zweistrahligen Br.1100, die man wiederum aus der Br.1001 Taon abgeleitet hatte. Breguet schlug von der Br.121, für die als Triebwerkanlage zwei Turboméca T.260 Turmolet geplant waren, gleich fünf Versionen für die verschiedensten Einsatzzwecke vor.
Inzwischen waren aber auch in Großbritannien die Bemühungen um ein modernes taktisches Kampfflugzeug ebenfalls ziemlich weit fortgeschritten. Nach dem Pflichtenheft AST.362 arbeiteten mehrere Zellenhersteller entsprechende Entwürfe aus. Das von der Preston Division der British Aircraft Corporation vorgelegte Projekt P.45 hatte die besten Aussichten. Es sah verschiedene ein- und zweistrahlige Versionen mit variabler Flügelgeometrie vor. Man verfolgte es jedoch aus mehreren Gründen nicht weiter und ließ es schließlich zugunsten einer gemeinsamen Entwicklung des französischen Vorschlags Br.121 wieder fallen.
1964 fanden diesbezügliche Gespräche statt, und es wurden auch entsprechende Spezifikationen ausgearbeitet. Im Mai 1965 unterzeichneten die Regierungen der beiden Länder ein Memorandum of Understanding bezüglich der gemeinsamen Entwicklung des neuen Kampfflugzeugs. Gleichzeitig verpflichteten sie sich zur Abnahme von vorerst je 150 Maschinen – eine Zahl, die im Laufe der nächsten Jahre noch erweitert wurde. Der Vertrag beinhaltete die Entwicklung, Erprobung und Indienststellung von fünf Versionen.

Am 8. September 1968 flog die Jaguar E.01, der erste von acht Prototypen.

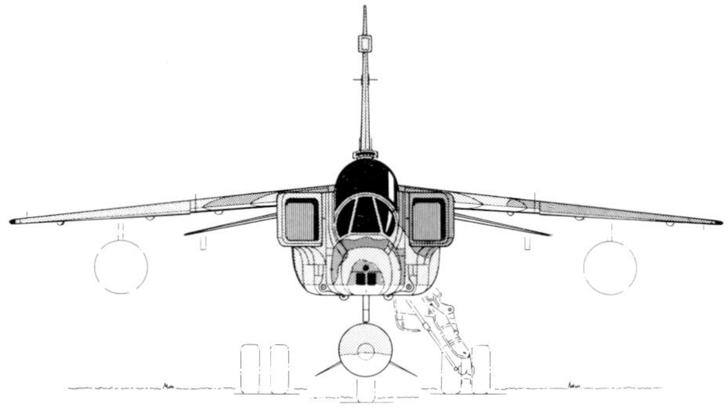

SEPECAT Jaguar GR Mk.1

No. 2 Squadron – RAF Laarbruch

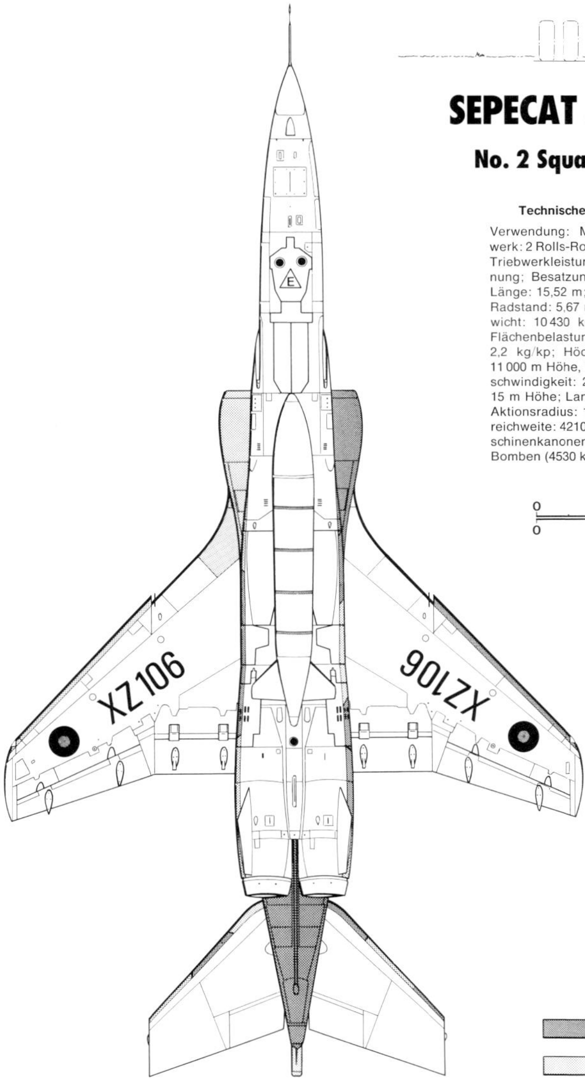

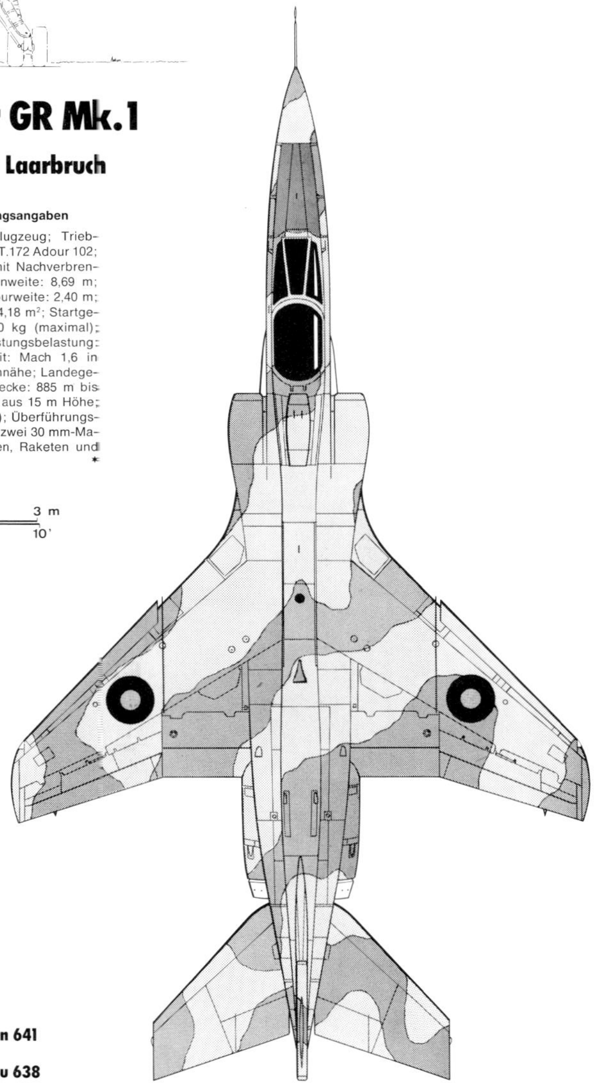

Technische Daten und Leistungsangaben

Verwendung: Mehrzweck-Kampfflugzeug; Triebwerk: 2 Rolls-Royce/Turboméca RT.172 Adour 102; Triebwerkleistung: 2 × 3240 kp mit Nachverbrennung; Besatzung: 1 Mann; Spannweite: 8,69 m; Länge: 15,52 m; Höhe: 4,89 m; Spurweite: 2,40 m; Radstand: 5,67 m; Flügelfläche: 24,18 m²; Startgewicht: 10 430 kg (normal), 14 500 kg (maximal); Flächenbelastung: 599 kg/m²; Leistungsbelastung: 2,2 kg/kp; Höchstgeschwindigkeit: Mach 1,6 in 11 000 m Höhe, Mach 1,1 in Bodennähe; Landegeschwindigkeit: 213 km/h; Startstrecke: 885 m bis 15 m Höhe; Landestrecke: 860 m aus 15 m Höhe; Aktionsradius: 1315 km (Hi-Lo-Hi); Überführungsreichweite: 4210 km; Bewaffnung: zwei 30 mm-Maschinenkanonen Aden, Lenkwaffen, Raketen und Bomben (4530 kg). *

0 1 2 3 m
0 5 10'

- **Dunkelgrün 641**
- **Dunkelgrau 638**
- **Hellgrau 627**

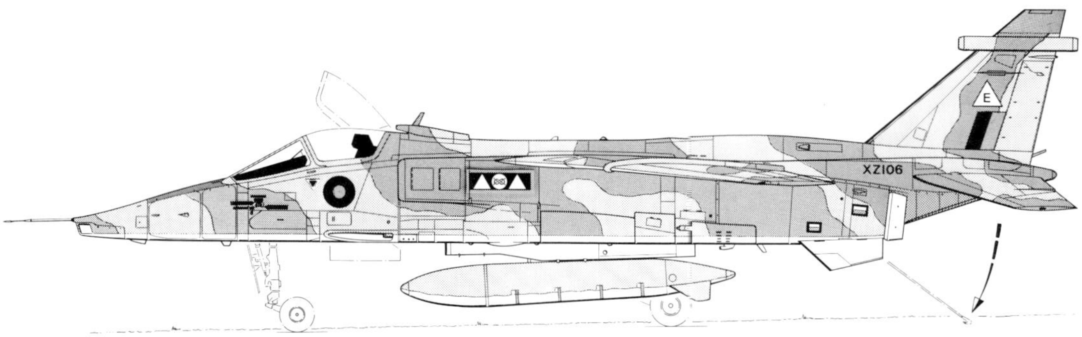

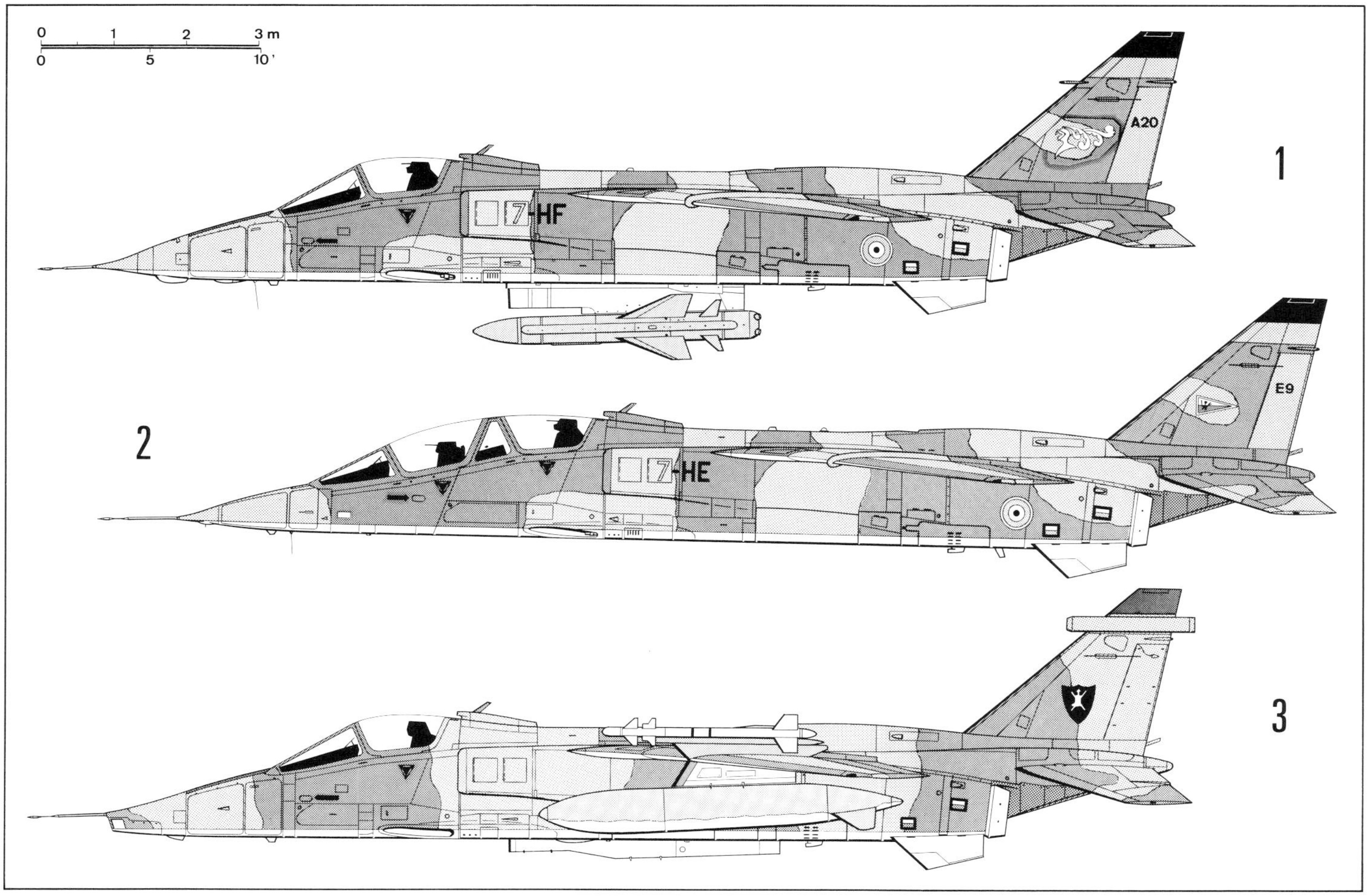

1: *Jaguar A20 – Armée de l'Air, Escadron de Chasse 1/7 Provence, St. Dizier 1973.* **2:** *Jaguar E9 – Armée de l'Air, Escadron de Chasse 3/7 Languedoc, Nancy-Ochey 1975.* **3:** *Jaguar S(0)1 – Sultan of Oman's Air Force, 6th Squadron, Thumrayt 1977.*

Davon entfielen auf Frankreich:

- E – Zweisitziger Fortgeschrittenen-trainer.
- A – Einsitziges taktisches Kampfflug-zeug.
- M – Einsitziges taktisches Marine-Kampfflugzeug.

Für Großbritannien waren folgende Versionen geplant:

- B – Zweisitziger Fortgeschrittenen-trainer.
- S – Einsitziges taktisches Kampfflug-zeug.

Man einigte sich ferner auf die Fertigung von acht Prototypen. Ähnlich wie bei der Zelle lief auch die Entwicklung des Triebwerks für das neue Baumuster ab. Während in Frankreich die Firma Turbomeca ihr T.260 entwickelte, arbeitete Rolls-Royce an einem mit RB.172 bezeichneten Aggregat der gleichen Schubklasse.

Im Juni 1966 wurde in Paris die SEPECAT gegründet, eine britisch-französische Organisation, die für die Koordinierung von Entwicklung, Fertigung und Vertrieb des nunmehr mit **Jaguar** bezeichneten Flugzeugs verantwortlich zeichnet. Hinzu kam noch die gemeinsame Entwicklung des Mantelstromtriebwerks RB.172/T.260 Adour unter der Leitung von Rolls-Royce/Turbomeca Ltd. mit Sitz in London. Im Mai 1967 absolvierte das erste Mustertriebwerk seinen ersten Prüfstandlauf. Dabei erreichte es bereits die maximale Schubleistung, und zwar ohne Nachverbrennung.

Die Regierungen Frankreichs und Großbritanniens erweiterten im Januar 1968 ihren Bedarf an der Jaguar auf jeweils 200 Maschinen. Nach der Überwindung zahlreicher Anfangsschwierigkeiten liefen Konstruktion und Fertigung der Prototypen bei BAC und Breguet relativ gut. Trotzdem waren es in erster Linie politisch und wirtschaftlich motivierte Streitigkeiten, die die Anfangsphase des Jaguar-Programms mehrfach verzögerten.

Am 17. April 1968 wurde in Velizy-Villacoublay der erste Prototyp – ein französischer Doppelsitzer **E.01** – aus der Endmontagehalle gerollt. Noch am selben Tag begann mit ersten Rollversuchen die Mustererprobung der Jaguar. Ihr Jungfernflug fand jedoch erst am 8. September 1968 im französischen Flugversuchszentrum Istres bei Marseille statt. Bereits einige Wochen später erreichte die aus Bernard Witt (Breguet) und Jimmy Dell (BAC) bestehende Besatzung mit der E.01 erstmals Überschallgeschwindigkeit. Die E.01 diente ausschließlich zur Untersuchung des allgemeinen aerodynamischen Verhaltens. Sie stürzte jedoch infolge eines Triebwerkfehlers am 26. März 1969 in der Nähe von Istres ab. Der zweite Prototyp – der französische Doppelsitzer **E.02** – flog am 11. Februar 1969. Seine Erprobung bestand vorwiegend aus Triebwerk-, Trudel- und Flatterversuchen. Ihm folgten am 29. März und 27. Mai 1969 zwei französische Einsitzer – **A.03** und **A.04.** Die beiden ersten Jaguar-

Als trägergestützte Version war die Jaguar M vorgesehen, deren Weiterentwicklung man jedoch zugunsten der Super Etendard einstellte. Hier die M.05 unmittelbar vor der Landung an Bord des Flugzeugträgers Clemenceau.

Prototypen für die Royal Air Force – einsitzige **S.06** und **S.07** – flogen am 12. Oktober 1969 und 12. Juni 1970 in Warton erstmals. Dazwischen lag am 14. November 1969 noch der Jungfernflug des Prototyps **M.05** der bordgestützten Jaguar-Version. Beim letzten der acht Musterflugzeuge handelte es sich um die **B.08,** einen zweisitzigen und bereits mit Serienvorrichtungen gefertigten RAF-Trainer, der am 30. August 1971 erstmals flog.
Abgesehen von einigen Schwierigkeiten mit der Triebwerkanlage verlief die Gesamterprobung der Jaguar zur vollen Zufriedenheit aller Beteiligten in Frankreich und Großbritannien. Sie umfaßte auch simulierte Decklandungen und -starts mit der M.05 auf dem Flugplatz Bedford im Juli 1970. Es folgte eine Versuchsreihe an Bord des französischen Flugzeugträgers Clemenceau. Obwohl die M.05 relativ gute Leistungen zeigte, wurde ihre Weiterentwicklung im Jahre 1972 zugunsten der Super Etendard endgültig eingestellt.
Naturgemäß erfuhr die Zelle der Jaguar im Laufe der Erprobung und Entwicklung einige Änderungen. Dazu gehörten zur Verbesserung der Längsstabilität auch zwei schräge Kielflossen unterhalb des Rumpfhinterteils sowie eine Verlängerung der Seitenflosse. Besonders gute Ergebnisse brachte die Waffenerprobung der Jaguar, an der mehrere Prototypen teilnahmen.
Dem regen Interesse der Luftstreitkräfte einiger Länder nach zu urteilen, hatte die Jaguar schon von Anfang an einen hohen Exportwert. Im Vergleich zu anderen Mustern kann man sie ohne weiteres in die Klasse der »preiswerten« Hochleistungs-Kampfflugzeuge einstufen. Aufgrund des weltweiten Bedarfs nach einem Kampfflugzeug dieser Kategorie kam im August 1974 die **Jaguar International** heraus. Sie unterscheidet sich als Exportversion von der standardmäßigen Jaguar in erster Linie durch schubstärkere Triebwerke und ist wegen ihrer besseren Manövriereigenschaften auch für den Luftkampf geeignet. Zum Einbau kommen zwei Adour RT.172-26 (Mk.8047) mit einem Nachverbrennungsschub von jeweils 3630 kp. Als Erprobungsträger für dieses schubstärkere Adour-Triebwerk diente die Jaguar S.03, deren Versuche insgesamt vierzehn Flüge in verschiedenen Konfigurationen beinhaltete.
Außerdem konnte bei der Jaguar International die Kampfmittelzuladung durch Mehrfachaufhängungen und zwei zusätzliche Außenstationen auf der Flügeloberseite beträchtlich erhöht werden. Diese ersetzen die normalen Grenzschichtzäune und sind für den Verschuß von Luft-Luft-Lenkwaffen des modernen Typs Matra R.550 Magic ausgelegt. Mit der modifizierten Jaguar S.07 konnten entsprechende Versuche bei Geschwindigkeiten bis Mach 0,9 erfolgreich durchgeführt werden. Außerdem kann die Jaguar International nun auch fünf Spezial-

bomben des Typs Matra Durandal mitführen, die mit Raketenantrieb ausgestattet sind und sich besonders gut für die Zerstörung betonierter Bodenziele eignen. Zur Bekämpfung von Schiffszielen lassen sich an drei Außenstationen wahlweise die Luft-See-Lenkwaffen Exocet, Kormoran oder Harpoon mitführen. Die Jaguar International verfügt ferner über das Mehrzweckradar Agave von Thomson-CSF, das mit einer zweisitzigen Jaguar B (XX568) im Flug erprobt wurde. Es war im vorderen Teil eines 1200-l-Zusatztanks installiert, kommt jedoch standardmäßig in der Rumpfspitze zum Einbau. Das System Agave ist in der Lage, Schiffe mittlerer Größe noch in 110 km und Luftziele in 24 km Entfernung einwandfrei zu erfassen.
Neben Ekuador und Indien interessieren sich vor allem Australien und die Türkei für die Jaguar International. Die Luftstreitkräfte des Oman erteilten Ende 1976 den ersten Auftrag, der auf zehn Einsitzer der Version S und zwei Doppelsitzer der Version B lautete. Anfang März 1977 wurden die ersten Maschinen via Toulouse und RAF Akrotiri nach Thumrayt im Oman überführt.
Doch zurück zu den vier Standardversionen der britisch/französischen Jaguar, deren Fertigung man bis in die achtziger Jahre hinein fortsetzen will. Als einsitzige Kampfversion der Armée de l'Air gilt die **Jaguar A**, die in Frankreich seit Juni 1973 bei der in St. Dizier (BA.113) stationierten EC 1/7 *Provence* im aktiven Truppendienst steht.
Sie ist mit zwei 30 mm-Maschinenkanonen des Typs DEFA 553 mit je 150 Schuß

Oben: *An ihren fünf Außenstationen kann die Jaguar bis zu 4530 kg Kampfmittel mitführen. Hier die britische S.07 (XW563) mit vier Raketenbehältern, vier Sprengbomben und einem Zusatztank.*

Bilder rechte Seite:
Als erste Einheit der Armée de l'Air rüstete ab Juni 1973 die in St. Dizier stationierte EC 1/7 Provence auf die Jaguar A und E um.

Start einer zweisitzigen Jaguar B (XX136), die sekundär auch für Kampfaufgaben verwendet werden kann. An den Außenstationen vier 1000 lb-Sprengbomben und ein 1200 l-Zusatztank.

A11
7-HL

bewaffnet. An ihren fünf Außenstationen kann sie militärische Lasten bis zu 4530 kg mitführen. Zu ihrer allgemeinen Ausrüstung gehören u. a. folgende Geräte: Zweikreisel-Plattform SFIM 250.1 (Flug), Dopplergerät EMD-RDN 72 mit Rechner Crouzet Typ 90 (Navigation), Zielgerät Thomson-CSF 121 und EMD-Rechner (Feuerleitung) sowie IFF-Gerät (Kennung). Die Jaguar A ist außerdem mit einem einziehbaren Flugbetankungsausleger und einem Schleudersitz des Typs Martin-Baker Mk.IV (Lizenz Messier-Hispano) ausgestattet. Der EC 7 (Escadre de Chasse) folgte die in Toul-Rosieres (BA.136) stationierte EC 11 sowie die EC 3 in Nancy-Ochey (BA.133) mit jeweils drei Escadrilles.

Bei der **Jaguar B** handelt es sich um die zweisitzige Trainerversion **T Mk.2** für die Royal Air Force mit sekundärer Eignung als taktisches Kampfflugzeug. Sie ist mit einer 30 mm-Maschinenkanone von Aden mit 150 Schuß bewaffnet und kann ebenfalls 4530 kg Kampfmittel mitführen. Es stehen ein digitales Navigations- und Waffenzielsystem (NAVWASS) von Marconi-Elliott und ein Blickfelddarstellungsgerät (HUD) von Smith Industries zur Verfügung. Die Jaguar B, die mit zwei Zero-Zero-Schleudersitzen des Typs Martin-Baker Mk.IX ausgestattet ist, kann ebenfalls im Flug betankt werden.

Wie die Jaguar A ist auch der französische Fortgeschrittenentrainer **Jaguar E** bewaffnet. Ferner verfügt er über die gleiche Navigations- und Feuerleitanlage, jedoch ohne Dopplergerät. Er ist innerhalb kurzer Zeit auf Luft-Luft-Betankung umrüstbar, und das Tandem-Cock-

Diese startende Jaguar S.02 (XX109) ist in ihrer Rumpfspitze mit einem Laser-Entfernungsmesser (LRMTS) ausgestattet. Außerdem erkennt man im oberen Teil der Seitenflosse die Antenne für das passive Radarwarngerät. An den Außenstationen zwei 1200 l-Zusatztanks und ein Aufklärungsbehälter.

Anläßlich der SBAC Air Show 1972 nahm diese zweisitzige Jaguar B (XW566) an den täglichen Flugvorführungen teil.

pit ist mit zwei Schleudersitzen Messier-Hispano Mk.4 ausgestattet.
Bleibt noch die **Jaguar S,** die einsitzige Kampfversion **GR Mk.1** der Royal Air Force. Sie steht seit Juni 1974 im aktiven Truppendienst, und allein in der Bundesrepublik Deutschland sind vier Jaguar-Squadrons stationiert: No. 2 in Laarbruch, Nos. 14, 17 und 31 in Brüggen. Für die Umschulung von Jaguar-Piloten ist die auf dem schottischen Stützpunkt RAF Lossiemouth stationierte No. 226 OCU (Operational Conversion Unit) mit zwei Training Squadrons zuständig. Als erste Einheit der Royal Air Force rüstete die No. 54 Squadron auf die Jaguar GR Mk.1 um. Sie verlegte im August 1974 auf ihren neuen Heimathorst RAF Coltishall, wo danach auch die Nos. 6 und 41 Squadrons stationiert wurden. Innerhalb der Royal Air Force ist die Aufstellung von insgesamt zwölf Jaguar-Squadrons mit einem Bestand von über 200 Maschinen vorgesehen, die bis Ende der achtziger Jahre zur ersten Garnitur gehören werden.
Die Jaguar GR Mk.1 der RAF ist mit zwei 30 mm-Maschinenkanonen mit je 150 Schuß bewaffnet und mit dem gleichen Navigations- und Waffenzielsystem der Jaguar B ausgestattet. Zusätzlich verfügt sie in der Rumpfspitze noch über einen Laser-Entfernungsmesser von Ferranti. Außerdem kann sie an ihrer zentralen Rumpfstation einen von BAC entwickelten Sonderbehälter mit verschiedenen Vinten-Kameras (F.95 und F.126) und Infrarot-Zeilenabtastung (IRLS) mitführen und als taktischer Aufklärer eingesetzt werden.

Oben: *Das obere Bild zeigt eine Phantom FGR Mk.2 (XV486) und eine Jaguar GR Mk.1 (XX762) der in RAF Brüggen stationierten No. 14 Sqdn. während der Umrüstung.*

Hauptaufgabe der in RAF Laarbruch stationierten No. 2 Sqdn. ist seit ihrer Aufstellung im Jahre 1912 die taktische Luftaufklärung. Hier eine Jaguar GR Mk.1 (XZ101) dieser Staffel.

Farbbilder rechte Seite:
Sepecat Jaguar T Mk.2 (XX136) – Royal Air Force, vier Schüttbomben (Flügel innen), zwei 1000 lb-Bomben (Flügel außen) und ein 1200 l-Zusatztank (Rumpf).

Fairchild A-10A – US Air Force, 355th Tactical Fighter Wing, Davis-Monthan AFB, Arizona 1977.

Die Piloten der Luftstreitkräfte beider Länder äußern sich stets zufriedenstellend über das allgemeine Flugverhalten der Jaguar. Beeindruckt sind sie vor allem von den hervorragenden Manövriereigenschaften dieser Maschine. Ihre sehr gute Stabilität um alle drei Achsen macht sie besonders bei Flügen in Bodennähe zu einer ausgezeichneten Schießplattform. Es steht außer Zweifel, daß die Jaguar, die nach offiziellen Angaben noch ein »langes Leben« vor sich hat, alle ihr zugedachten Aufgaben voll erfüllen wird. Sie ist ein bemerkenswert unkompliziertes Flugzeug ohne Tücken, das eine neue Größenordnung von Einsatzmöglichkeiten eröffnete. Als einen hervorragenden Beweis für die Zuverlässigkeit dieses Musters sollte man ferner die Tatsache ansehen, daß die No. 14 Squadron auch 1977 wieder die **Salmond Trophy,** einen alljährlich stattfindenden Navigations- und Bombenabwurf-Wettbewerb der Royal Air Force, gewinnen konnte, und zwar zum dritten Mal hintereinander.

XX
136

97

McDonnel Douglas F-15A Eagle – US Air Force, 7. Prototyp (71-0286), St. Louis, Missouri 1972.

Grumman F-14A Tomcat – Imperial Iranian Air Force, Calverton, Long Island 1976.

Oben: *Dornier/Dassault-Breguet Alpha Jet E1 – Armée de l'Air, Istres 1977.*

Bilder rechte Seite:
Als Erprobungsträger für die Luft-Luft-Lenkwaffe Matra R.550 Magic diente die Jaguar S.07 (XW563).

Am 7. März 1977 begann mit dem Start der ersten Jaguar S(0)1 die Auslieferung an die Luftstreitkräfte des Sultanats Oman.

Zu den beiden ersten Maschinen, die im März 1977 zum Oman überführt wurden, gehörte auch diese zweisitzige Jaguar B(0)1.

Fairchild A-10

Während des Krieges in Südostasien mußten die Amerikaner sehr bald feststellen, daß ihre veralteten Propellerflugzeuge A-1 Skyraider und A-26 Invader bei Close Air Support-Einsätzen (CAS) relativ wirksamer waren als die überschallschnellen Düsenjagdbomber. Schon im Herbst 1966 machte man sich in der obersten Führung der US Air Force Gedanken über ein modernes und kampfstarkes Nachfolgemuster dieser beiden von Douglas entwickelten Maschinen. Während die US Army ihre Hoffnungen nach wie vor auf den schwerbewaffneten Kampfhubschrauber setzt, stützt sich das US Marine Corps auf das VSTOL-Kampfflugzeug AV-8A Harrier. Die USAF ließ dagegen besondere OR-Untersuchungen über die Luftnahunterstützung (CAS) durchführen und arbeitete danach entsprechende Spezifikationen aus.
Anfang März 1967 gab das Systems Command der USAF seine AX-Forderungen (Attack Experimental) an 21 Firmen weiter und bat um entsprechende Vorschläge. Diese führten jedoch zu einer Revision der AX-Spezifikation, so daß man sie am 7. Mai 1970 erneut herausgab, diesmal an zwölf Zellenhersteller. Unter ihnen befanden sich auch Northrop und die Republic Division von Fairchild, die am 18. Dezember 1970 den Auftrag zur Fertigung und Erprobung von je zwei Musterflugzeugen mit den Bezeichnungen A-9A und A-10A erhielten. Bei der von Northrop entwickelten A-9A handelte es sich um einen einsitzigen Schulterdecker mit zwei Turbofans des Typs F102-LD-100 von Avco Lycoming. Die A-10A stellte dagegen einen einsitzigen Tiefdecker mit zwei am Rumpfhinterteil angeordneten Turbofans des Typs TF34-GE-100 von General Electric dar.

Aus dem AX-Wettbewerb der US Air Force ging nach einer Vergleichserprobung die Fairchild A-10 im Januar 1973 als Siegerin hervor.

▭ — FS.36375 - hellgrau

▭ — FS.36320 - dunkelgrau

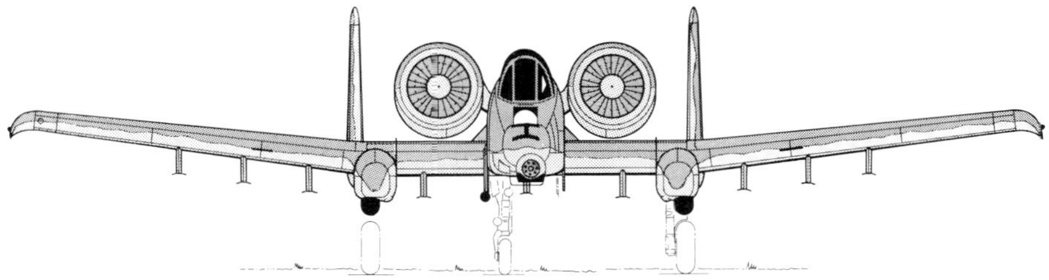

Fairchild A-10A

354th TFW - Myrtle Beach AFB, S.C., Mai 1977

Verwendung: Erdkampfflugzeug, Triebwerk: 2 General Electric TF34-GE-100, Triebwerkleistung: 2 × 4110 = 8220 kp, Besatzung: 1 Mann, Spannweite: 17,59 m, Länge: 16,57 m, Höhe: 4,48 m Spurweite: 5,34 m, Radstand: 5,59 m, Flügelfläche: 47,0 m², Rüstgewicht: 10872 kg, Zuladung: 10960 kg, Startgewicht: 21832 kg maximal, Flächenbelastung: 464 kg/m², Leistungsbelastung: 2,6 kg/kp, Höchstgeschwindigkeit: 682 km/h, Marschgeschwindigkeit: 634 km/h in 1520 m Höhe, Steiggeschwindigkeit: 30,5 m/s in Bodennähe, Startrollstrecke: 580–1370 m, Landerollstrecke: 340–660 m, Einsatzradius: 480 km (Close Air Support), 740 km (Reconnaissance), 982 km (Interdiction), Überführungsreichweite: 4010 km mit Luft-Luft-Betankung, Bewaffnung: eine 30 mm-MK General Electronic GAU-8/A Avenger mit 1350 Schuß, Kampfmittelzuladung: 8390 kg.

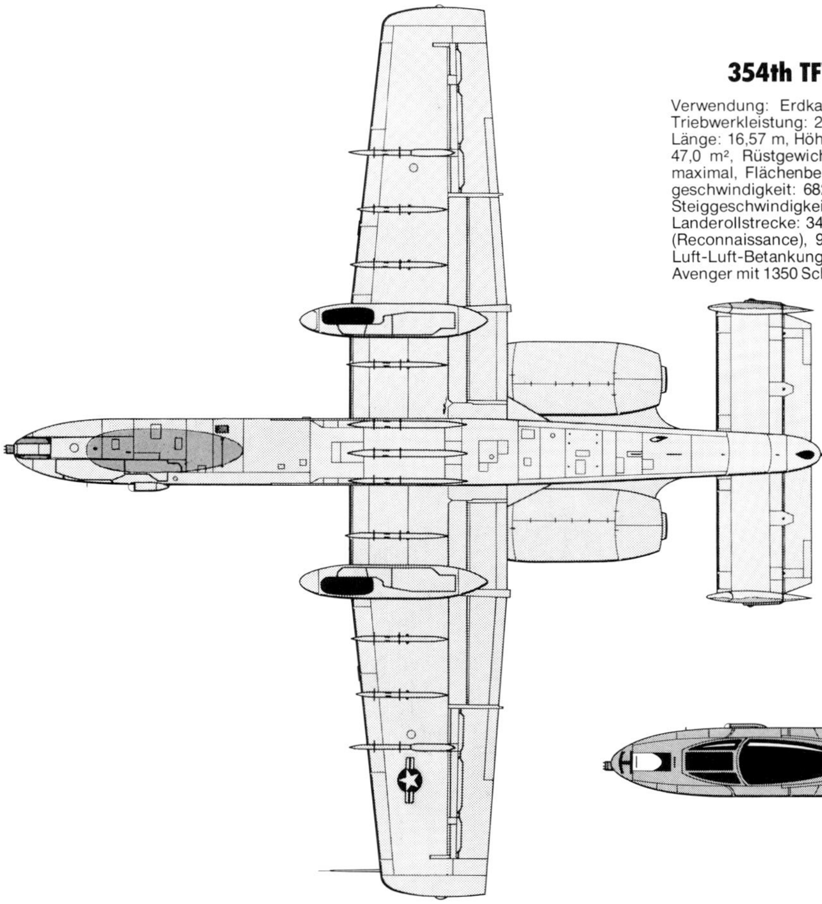

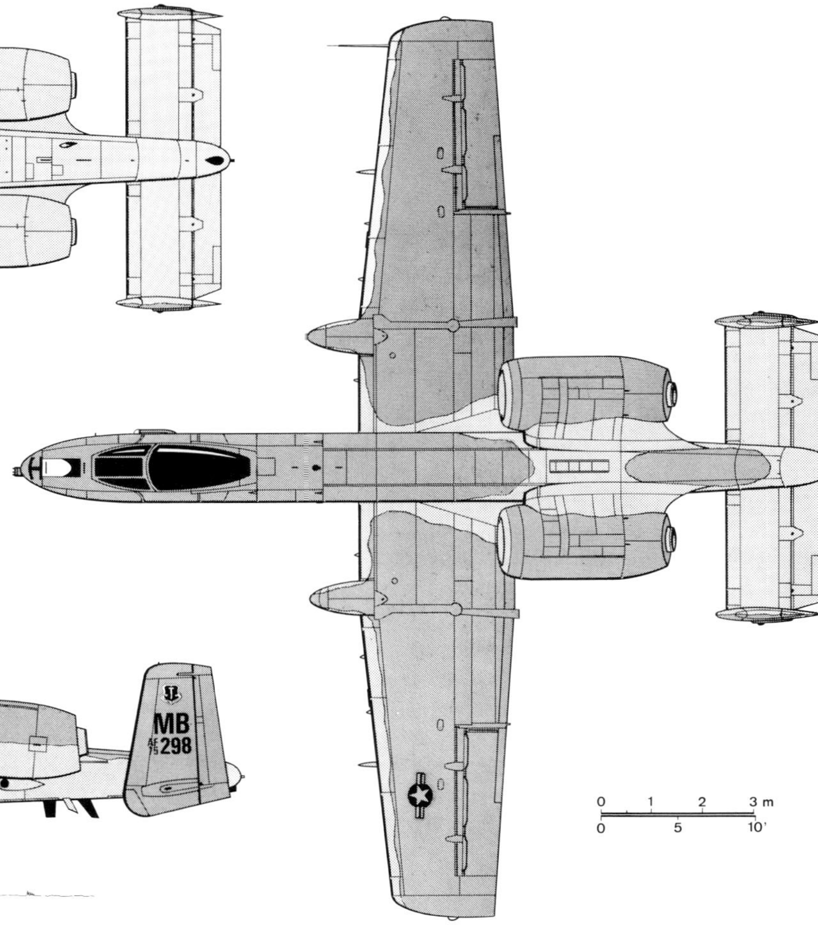

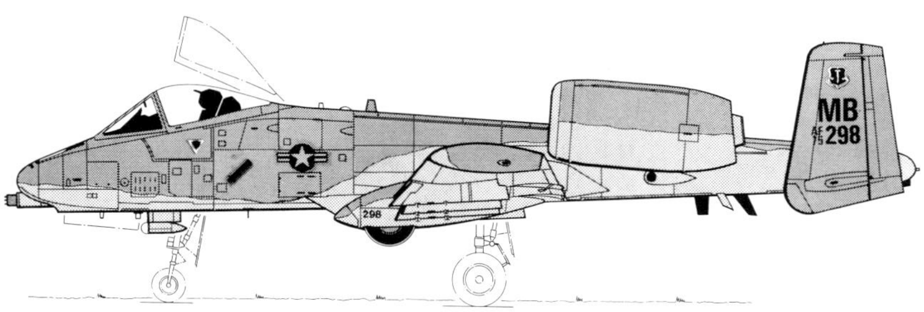

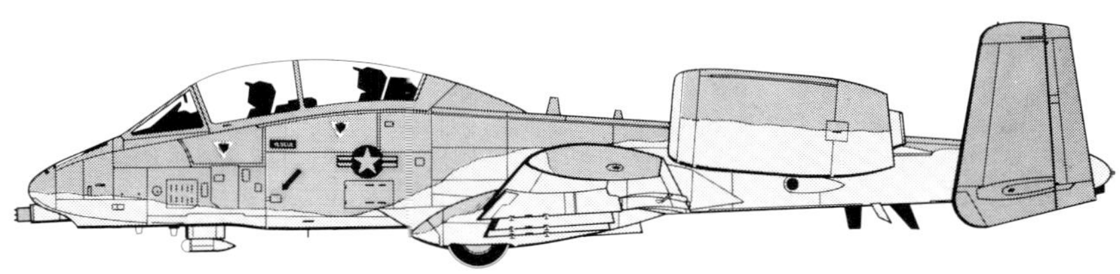

Fairchild A-10B

Am 10. Mai 1972 startete der erste Prototyp als **YA-10A** (71-1369) unter der Führung des Chef-Testpiloten Howard W. Nelson in Edwards AFB, California, zu seinem erfolgreichen Jungfernflug. Zwanzig Tage später konnte am 30. Mai auch die erste Northrop YA-9A (71-1367) ihren Erstflug absolvieren. Nach einer gründlichen Werkserprobung, bei der es in erster Linie um die Flugeigenschaften und -leistungen der beiden neuen Muster ging, übergab man alle vier Maschinen im Spätsommer 1972 der US Air Force. Diese führte mit den Konkurrenten eine Vergleichserprobung durch, die am 10. Oktober 1972 begann und insgesamt etwa 284 Flugstunden umfaßte. Dabei überprüften Piloten der USAF die Start-, Steig-, Sturzflug- und Landeleistungen sowie die Manövriereigenschaften besonders genau. Außerdem wurden in Edwards AFB auch Abwürfe mit Bomben verschiedener Kaliber und Schießübungen auf Bodenziele durchgeführt.
Nach der Auswertung aller Testergebnisse entschied sich die US Air Force am 18. Januar 1973 für die Fairchild A-10A und erteilte einen Auftrag zur Lieferung von zehn Vorserienmaschinen, der jedoch später auf sechs reduziert wurde. Den Differenzbetrag teilte man dem ersten Los zur Fertigung von 22 Serienflugzeugen zu. Gleichzeitig erhielt Fairchild noch einen Auftrag zur Erstellung bestimmter Baugruppen und -teile mit dem Ziel einer ab 1975 anlaufenden Fertigung von über 700 Serienflugzeugen, deren Stückpreis $ 1,7 Mio. möglichst nicht überschreiten sollte. Das Entwicklungsprogramm der A-10A stand von Anfang an im Kreuzfeuer heftiger Kritik. Lange Zeit gehörte die Firma Vought zu den erklärten Gegnern dieses Flugzeugs, die natürlich seinerzeit ihre A-7 Corsair II ins Geschäft bringen wollte. Sie konnte sogar ein Vergleichsfliegen erzwingen, das im Sommer 1974 zwischen den beiden Mustern in Fort Riley, Kansas, stattfand und zugunsten der A-10A ausfiel. Fairchild und auch die US Air Force konnten somit alle diesbezüglichen Angriffe erfolgreich abwehren. Es gelang, alle sechs Vorserienflugzeuge (73-1664 bis -1669) termingerecht abzuliefern, deren erstes am 18. Februar 1975 flog. Nach Angaben der Herstellerfirma konnte mit der Erprobung dieser sechs Maschinen endgültig der Beweis erbracht werden, daß die A-10A allen Forderungen der US Air Force voll entspricht. Dazu gehört u. a. auch

Oben: *Für die Einsatzerprobung wurden sechs Vorserienflugzeuge gebaut. Hier das erste von ihnen (73-1664) beim Start.*

Das untere Bild zeigt das erste Vorserienflugzeug der A-10A (73-1664) mit drei abwerfbaren Zusatztanks.

Bilder linke Seite:
Das obere Bild zeigt den ersten Prototyp YA-10A (71-1369) mit sechs Luft-Boden-Lenkwaffen des Typs AGM-65 Maverick an den inneren Flügelstationen.

Die Mustererprobung der A-10A fand größtenteils in Edwards AFB statt. Hier der mit verschiedenen Sprengbomben beladene zweite Prototyp (71-1370).

der für ein Flugzeug dieser Kategorie äußerst wichtige Wartungsaufwand, der bei 9,2 Mannstunden/Flugstunde liegen soll und während der Truppenerprobung um 30% unterschritten werden konnte. Als Vergleichswerte seien in diesem Zusammenhang 19,8 h für die Northrop F-5E Tiger II und 26 h für die Vought A-7 Corsair II genannt. Die A-10A liegt somit wartungsmäßig weit unter einigen vergleichbaren Mustern.
Am 1. April 1975 gab die US Air Force die Serienfertigung der A-10A frei, die seitdem in den Werken Farmingdale und Hagerstown auf vollen Touren läuft. Im Oktober 1975 startete die erste serienmäßige **A-10A** (75-0258) zu ihrem zweistündigen Jungfernflug. Damit begann ein Programm, das einschließlich der Entwicklung, Mustererprobung und sonstiger Aufgaben ein finanzielles Gesamtvolumen von $ 3,2 Mrd. hat und die Fertigung von über 730 Flugzeugen vorsieht. Den ursprünglich geplanten, monatlichen Ausstoß von zwei Flugzeugen konnte man im August 1976 erreichen. In der letzten Fertigungsphase soll diese Rate dann bei fünfzehn Maschinen liegen. Als erste Einheit begann die in Davis-Monthan AFB, Arizona, stationierte 333rd Tactical Fighter Training Squadron (TFTS) im Februar 1976 mit der Ausbildung von Fluglehrern für die A-10A. Sie erhielt für diesen Zweck die fünfte serienmäßige Maschine (75-0262). Außerdem rüstet das in Myrtle Beach AFB, South Carolina, stationierte 354th Tactical Fighter Wing (TFW) seit Februar 1977 von der A-7D Corsair II auf die neue A-10A um. Dieser Verband mit seinen drei

Oben: *Zur Reichweitenerhöhung kann die A-10A auch in der Luft betankt werden. Der Einfüllstutzen befindet sich auf der Oberseite des Rumpfvorderteils.*

Bilder linke Seite:
Mit den sechs Vorserienflugzeugen der A-10A wurde ab 1975 eine gründliche Erprobung unter Einsatzbedingungen durchgeführt. Hier die zweite Maschine (73-1665).

Hauptaufgabe des zweiten Vorserienflugzeugs (73-1665) waren Schießversuche mit der 30-mm-Kanone GAU-8/A. An ihren inneren Flügelstationen trägt sie noch eine fernsehgelenkte Hobos-Bombe (links) und eine lasergelenkte Mk.84-Bombe (rechts).

Squadrons – 353rd, 354th und 356th – wird im Laufe des Jahres 1978 voll einsatzbereit sein. In der Bundesrepublik Deutschland soll ab Oktober 1978 ein mit A-10A ausgerüsteter CAS-Verband der US Air Force stationiert werden, und zwar auf dem Fliegerhorst Sembach/Pfalz. Dem Vernehmen nach handelt es sich um die 70th Squadron des 347th Tactical Fighter Wing in Moody AFB, Georgia. Für 1980 ist die Verstärkung durch einen weiteren Verband vorgesehen.
Bei der Fairchild A-10A handelt es sich um einen einsitzigen, freitragenden Tiefdecker mit doppeltem Seitenleitwerk. Der einfachen Gestaltung aller Zellenbaugruppen schenkte man von Entwurfsbeginn an besondere Aufmerksamkeit. Bei der Auslegung des Rumpfes verzichtete man bewußt auf mehrfach gekrümmte Beplankungsfelder und griff weitgehend auf Normteile zurück. Ein großer Vorteil ist ferner, daß das Flügelmittelstück wegen seiner konstanten Profiltiefe und -dicke gleiche Rippen und Holmteile aufweist. Es ist als Einzelbaugruppe mit durchgehendem Torsionskasten ausgebildet und wird im unteren Bereich besonders kräftiger Spante des Rumpfmittelteils angeschlossen. Die Beplankung des relativ dicken Flügelmittelstücks besteht aus stranggepreßten Feldern. Die Außenflügel haben eine V-Stellung von jeweils +7°. An ihren Hinterkanten sind die äußeren Landeklappen und die als Spreizklappen ausgebildeten Querruder aufgehängt, die im Stech- und Sturzflug als Luftbremsen dienen. Besonders augenfällig sind die nach unten abgeknickten Flügelspitzen, die wesentlich zur Sta-

bilitätsverbesserung im Langsamflug beitragen. Das Cockpit der A-10A ist aus Gründen bester Rundum-Sichtverhältnisse für den Piloten hoch angeordnet. Die 38 mm dicke und mit der Zellenstruktur verbundene Titanpanzerung kam erst bei den Serienflugzeugen zur Anwendung. Als Panzerwanne schützt sie den Piloten relativ gut gegen Beschuß und Feuer. Die Vollsichthaube der Verglasung ist einteilig und kann hydraulisch nach hinten oben geöffnet werden.
Zu den konstruktiven Besonderheiten der A-10A gehört zweifellos ihre fest eingebaute Bewaffnung zur Bekämpfung gepanzerter Bodenziele. Dabei handelt es sich um die von General Electric entwickelte 30 mm-Kanone des Gatling-Typs GAU-9/A, die im November 1973 bei der ersten A-10A zum Einbau kam. Diese

Oben: *Dieses Bild der Unterseite des Rumpfvorderteils zeigt besonders deutlich den Einbau der 6 m langen 30 mm-Kanone GAU-8/A und die nach rechts versetzte Bugeinheit des Fahrwerks.*

Bilder rechte Seite:
Als erste Einheit der US Air Force rüstete die in Davis-Monthan AFB stationierte 333rd Tactical Fighter Training Squadron auf die A-10A um.

Anläßlich der SBAC Air Show 1976 wurde die A-10A erstmals in Europa öffentlich vorgeführt. Hier das siebte Serienflugzeug (75-0264) unmittelbar vor dem Start in Farnborough.

siebenläufige, um 2° geneigte Bordwaffe mit einem Einbaugewicht von 1725 kg beeinflußte die strukturelle Gestaltung des Rumpfvorderteils entscheidend. Besondere Flugversuche mit der panzerbrechenden Kanone verliefen größtenteils zufriedenstellend. Dazu gehörten am 13. November 1975 auch Schießversuche gegen verschiedene Panzer beim Fighter Weapons Center der USAF in Nellis AFB, Nevada, unter denen sich sogar ein sowjetischer T-62 befand. Anfangs bildete sich aufgrund ihrer hohen Kadenz (4000 Schuß/min) vor dem Flugzeug eine heiße Gaswolke, die von den beiden hochliegenden Triebwerken angesaugt wurde und zu Einlaufstörungen führte. Nach einigen Änderungen und Verbesserungen konnte dieser Mangel jedoch behoben und somit ein stabiles Betriebsverhalten der Triebwerke wieder erreicht werden. Die GAU-8/A verschießt nicht nur Hartkerngranaten mit panzerbrechender Wirkung, sondern auch Sprengbrandmunition.
Zusätzlich zu der schweren 30-mm-Kanone kann die A-10A noch eine beachtliche Anzahl militärischer Außenlasten mitführen, und zwar maximal bis zu 8390 kg an insgesamt elf Rumpf- und Flügelstationen. Dazu gehören neben Sprengbomben der Typen Mk.82 und Mk.84 auch Rockeye-Schüttbombenbehälter und Lenkwaffen des modernen Typs AGM-65 Maverick. Dieser von Hughes entwickelte Flugkörper ist 3540 mm lang und 215 kg schwer. Er hat eine maximale Reichweite von 48 km und wird gegenwärtig in der zweiten Version – AGM-65B – gefertigt. Die Maverick, die ein elektrooptisches Führungssystem aufweist, hat sich bei der Bekämpfung von gepanzerten Bodenzielen hervorragend bewährt. Sie kam in der Endphase des Südostasienkrieges sowie während des Yom-Kippur-Feldzugs im Jahre 1973 erfolgreich zum Einsatz. Zur weiteren Erhöhung ihrer Überlebensfähigkeit kann die A-10A verschiedene Eloka- und Infrarot-Geräte mitführen. Außerdem sollen 400 Maschinen zusätzlich mit einem Laser-Suchgerät des Typs AN/AAS-35 *Pave Penny* ausgerüstet werden. Dieses ist als Gondel an einem kurzen Pylon unter dem rechten Rumpfvorderteil aufgehängt. Mit Pave Penny ist der Pilot einer A-10A in der Lage, bis zu 16 km entfernte Ziele zu erfassen und mit Laserwaffen zu bekämpfen. Interessant ist die Tatsache, daß die Flugeigenschaften und -leistungen der A-10A durch die Außenlasten nur unwesentlich beeinträchtigt werden.

DM
DM
DM
USAF
50270
USAF
50268

DM
264
RUNWAY
25
264

Daran soll nach Angaben von Fairchild auch eine asymmetrische Anordnung nichts ändern.

Das besondere äußere Merkmal der A-10A ist ihre Triebwerkanlage. Sie besteht aus zwei Zweiwellen-Turbofans des General Electric-Typs TF34-GE-100, die einen Standschub von zusammen 8220 kp entwickeln. Sie sind am Rumpfhinterteil gut zugänglich angeordnet und untereinander austauschbar. Letzteres trifft auch zu für die Endscheiben des Seitenleitwerks, Höhenruder, inneren Landeklappen und die Einheiten des Hauptfahrwerks. Diese sind mit Niederdruckreifen und Bremskraftreglern ausgestattet und werden hydraulisch in besondere Unterflügelgondeln nach vorn eingezogen. Ihr Eigengewicht reicht somit im Notfall zum Ausfahren und Verriegeln völlig aus. Die beiden Räder sind im eingezogenen Zustand nur zur Hälfte abgedeckt, so daß die Zelle bei Not- und Bauchlandungen weitgehend unbeschädigt bleibt. Wegen des Einbaus der schweren, fast 6 m langen Bordkanone mußte die steuerbare und ebenfalls nach vorn einziehbare Bugeinheit aus der Rumpfmitte nach rechts versetzt werden. Die Betätigung der Steuerflächen erfolgt bei der A-10A über je zwei Aktuatoren mit getrennter Hydraulikversorgung. Sollte es zu einem Totalausfall der Hydraulik kommen, so ist eine Handsteuerung jederzeit möglich. Die Kraftstoffanlage der A-10A hat ein Fassungsvermögen von 4824 kg. Sie umfaßt getrennte Behälter in Rumpf und Flügel und ist auch für die Luftbetankung geeignet. Als Hauptbehälter gelten zwei selbstdichtende Tanks im

An ihren insgesamt elf Außenstationen kann die A-10A bis zu 8390 kg Kampfmittel mitführen. Dieses Bild läßt nicht nur sechs AGM-65 Maverick, zwölf lasergelenkte Rockeye-Schüttbombenbehälter und zwei lasergelenkte Mk.84-Bomben, sondern auch die ECM-Behälter ALE-37 und ALQ-119 erkennen. Im Vordergrund die Munition (1350 Schuß) der 30 mm-Kanone GAU-8/A Avenger.

Zusammen mit HueyCobra-Hubschraubern der US Army erprobte das Tactical Air Command der US Air Force Ende 1977 und im Rahmen des Unternehmens JAWS II neue Angriffstaktiken mit der A-10A. Dabei wurde auch ein neuer Sichtschutz in braun/grün untersucht, der als allseitige Flecktarnung ausgelegt ist. Hier eine Maschine dieses Typs (75-0258) mit verschiedenen Unterflügellasten.

Rumpfmittelteil, die ausgeschäumt und absolut beschußsicher sind. Für Überführungsflüge können an den Außenstationen drei abwerfbare 2271-l-Zusatztanks mitgeführt werden. Ihre maximale Reichweite liegt in diesem Fall bei über 4000 km.

Für Aufgaben der Gefechtsfeldüberwachung und den Einsatz als Forward-Air-Controller (FAC) schlägt Fairchild seit einiger Zeit auch eine zweisitzige Version mit der Bezeichnung **A-10B** vor. Man rechnet zwar vorerst nicht mit einer positiven Entscheidung, glaubt aber, daß die zweisitzige A-10B besonders den europäischen Verhältnissen gut entsprechen würde.

Mit der Fairchild A-10A wurde aufgrund klarer Forderungen der US Air Force ein Flugzeug entwickelt, das wegen der besonderen militärischen Situation auch in Europa dringend benötigt wird. Dieses Muster, das sich durch einige taktische Eigenschaften auszeichnet, besitzt einen hohen Kampfwert. Es dürfte durchaus in der Lage sein, die hohe eigene Unterlegenheit an gepanzerten Fahrzeugen gegenüber einem starken Gegner wieder auszugleichen und für die Erdkampfunterstützung der nächsten Jahre völlig neue Maßstäbe zu setzen. Außerdem ist es der US Air Force wegen der verhältnismäßig geringen Kosten ohne weiteres möglich, die A-10A in größeren Stückzahlen zu beschaffen.

McDonnell Douglas F-15 Eagle

Schon der Zweite Weltkrieg hat deutlich gezeigt, daß die Erringung der Luftüberlegenheit zum entscheidenden Faktor über den weiteren Verlauf eines militärischen Konflikts werden kann. Während der Kampfhandlungen in Korea lag dieser Wert nach der Indienststellung der legendären F-86 Sabre bei 12:1. In Vietnam sank er dann im Laufe der Zeit teilweise bis 2,5:1 ab, was führende Offiziere der US Air Force äußerst nachdenklich stimmte.

Die logische Antwort der USA auf verstärkte Anstrengungen in der sowjetischen Luftrüstung war im Jahre 1965 das sogenannte FX-Program (Fighter Experimental) zur Entwicklung eines Hochleistungsjägers für die zweite Hälfte der siebziger Jahre. Die Erringung und Sicherung der Luftüberlegenheit war von Anfang an als primäre Einsatzaufgabe des neuen Jägers vorgesehen. Voraussetzung dafür sind aber nicht nur beste Manövriereigenschaften, sondern ebenso gute Beschleunigungs- und Verzögerungswerte, und zwar im gesamten Flughöhenbereich. Außerdem erwartete man von dem sogenannten AS-Fighter (Air Superiority = Luftüberlegenheit) auch noch eine begrenzte Tauglichkeit für den Schlechtwettereinsatz. Acht amerikanische Zellenhersteller nahmen seinerzeit an dem sechsmonatigen Konstruktionswettbewerb für das Nachfolgemuster der F-4 Phantom II teil. McDonnell überwand nicht nur die erste Hürde, sondern wurde am 23. Dezember 1969 auch als Gewinner der FX-Ausschreibung bekanntgegeben. Schon eine Woche später erhielt die in St. Louis beheimatete Firma den Auftrag zur Fertigung und Erprobung von zwanzig Flugzeugen – achtzehn einsitzige **F-15A** und zwei zweisitzige **TF-15A.** Von diesen zwanzig Maschinen verblieben zwölf für die verschiedensten Versuchszwecke bei McDonnell Douglas, während die restlichen acht von der US

Am 26. Juni 1972 wurde der erste Prototyp der F-15 (71-0280) in St. Louis aus der Endmontagehalle gerollt und auf den Namen Eagle getauft.

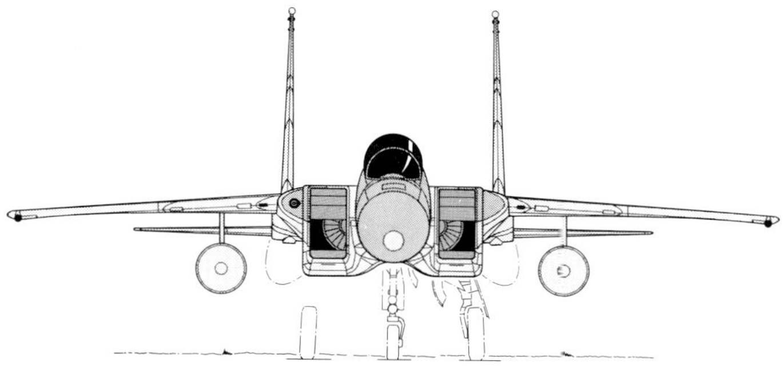

McDonnell Douglas TF-15A Eagle

36th TFW - Bitburg AB, Juni 1977

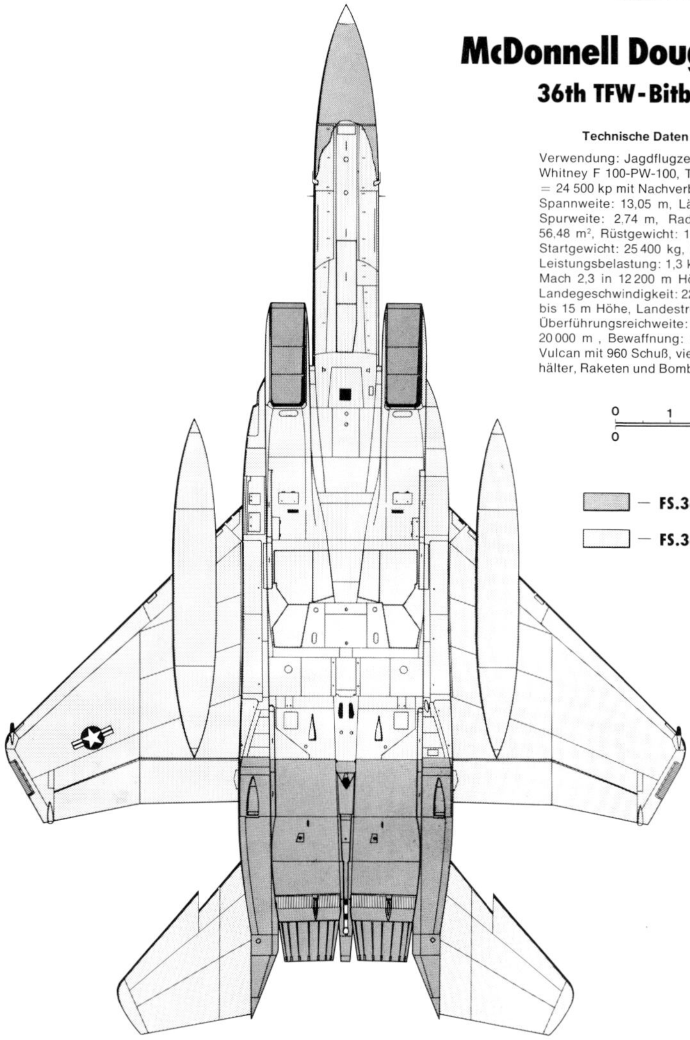

Technische Daten und Leistungsangaben

Verwendung: Jagdflugzeug (AS), Triebwerk: 2 Pratt & Whitney F 100-PW-100, Triebwerkleistung: 2 × 12 250 = 24 500 kp mit Nachverbrennung, Besatzung: 2 Mann, Spannweite: 13,05 m, Länge: 19,45 m, Höhe: 5,68 m, Spurweite: 2,74 m, Radstand: 2,32 m, Flügelfläche: 56,48 m², Rüstgewicht: 18 144 kg, Zuladung: 7256 kg, Startgewicht: 25 400 kg, Flächenbelastung: 449 kg/m², Leistungsbelastung: 1,3 kg/kp, Höchstgeschwindigkeit: Mach 2,3 in 12 200 m Höhe, Mach 1,2 in Bodennähe, Landegeschwindigkeit: 222 km/h, Startstrecke: < 600 m bis 15 m Höhe, Landestrecke: 1220 m aus 15 m Höhe, Überführungsreichweite: 4020 km, Dienstgipfelhöhe: 20 000 m, Bewaffnung: eine 20 mm-Kanone M 61 A-1 Vulcan mit 960 Schuß, vier AIM-7 F Sparrow, Waffenbehälter, Raketen und Bomben.

0 1 2 3 m
0 5 10'

— FS.36320 - dunkelgrau

— FS.36375 - hellgrau

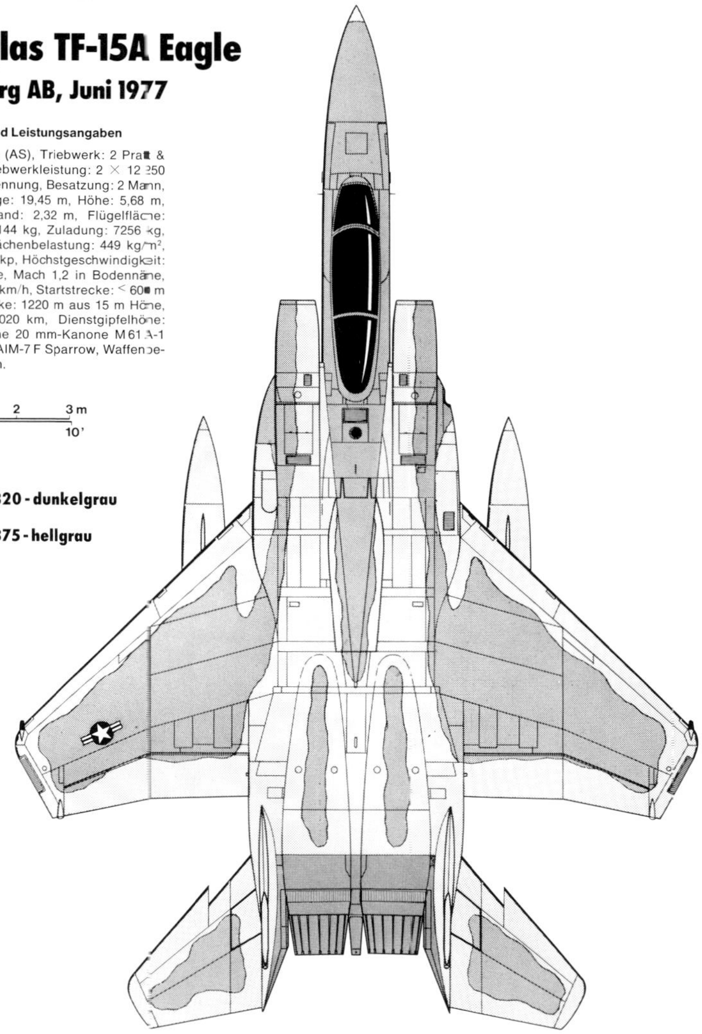

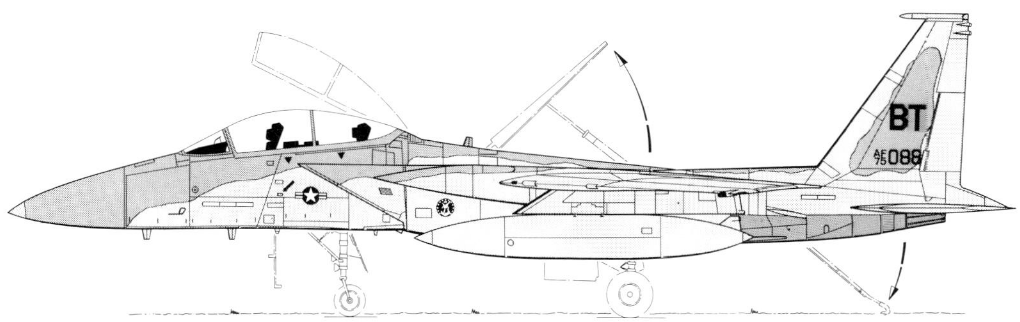

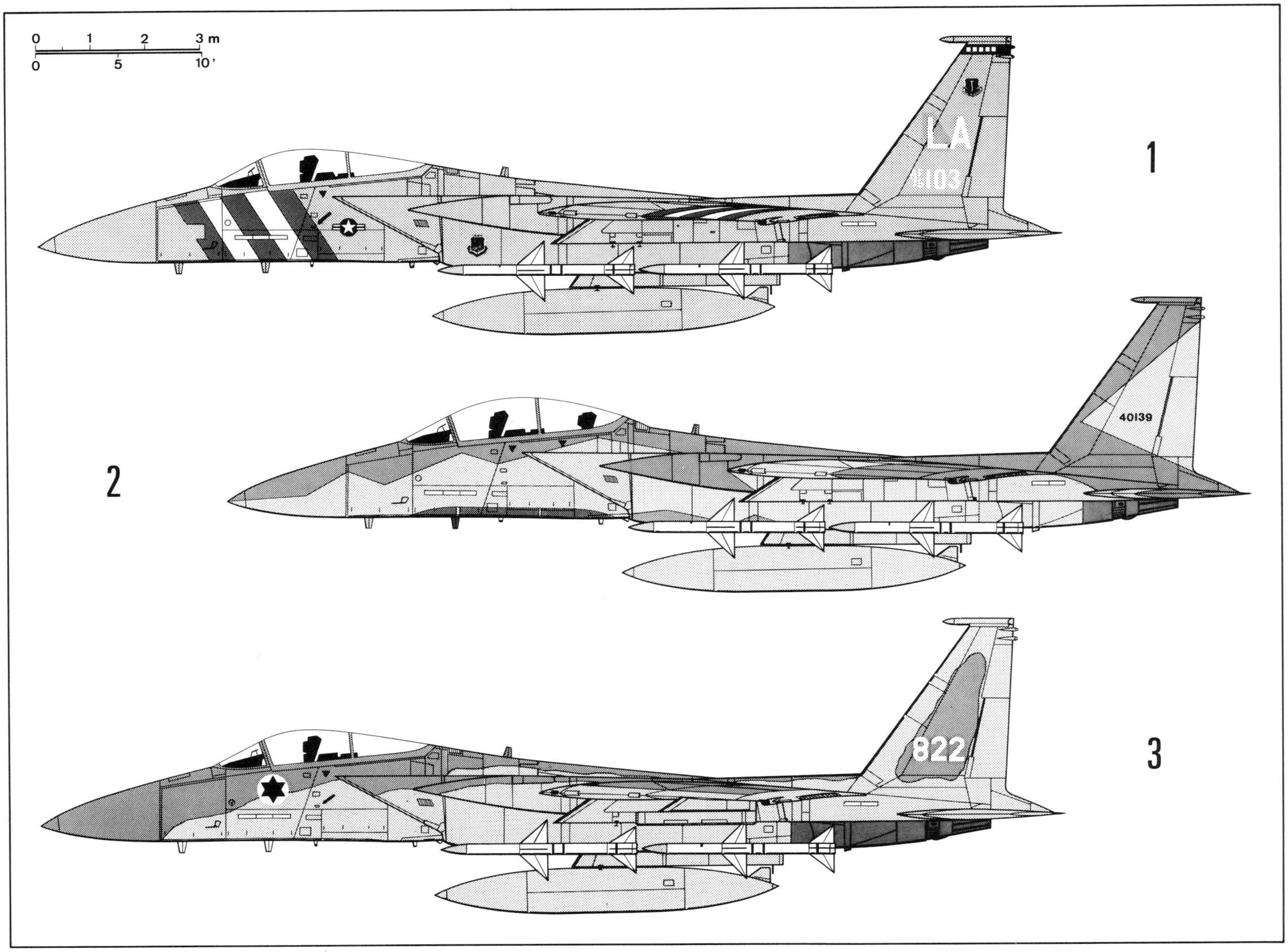

1: *F-15A – US Air Force, 58th Tactical Training Wing, Luke AFB 1976.* **2:** *TF-15A – US Air Force, 58th Tactical Training Wing, Luke AFB 1976.* **3:** *F-15A – Heil Ha'Avir Le Israel, 1977.*

Air Force übernommen wurden. Hinzu kamen noch drei Bruchzellen für statische und dynamische Versuche. Der zweite Auftrag umfaßte weitere dreißig Flugzeuge, die bis Mai 1975 gefertigt wurden und alle dem Tactical Air Command (TAC) der US Air Force zugewiesen wurden. Das Los 3 sah anfangs die Fertigung von 77 F-15A und TF-15A vor, wurde jedoch vom Senat um siebzehn Maschinen gekürzt. Die gegenwärtige Auftragslage liegt bei 729 Maschinen der Versionen F-15A und TF-15A für die USAF. Dies ergibt nach Angaben der Herstellerfirma einen durchschnittlichen Flyaway-Preis von $ 7,4 Mio. pro Flugzeug.

Nach einer Entwicklungszeit von über zwei Jahren verließ der erste Prototyp der F-15A (71-0280) am 26. Juni 1972 fristgemäß die Endmontagehalle in St. Louis. Anläßlich der Rollout-Zeremonie wurde das mit einem neuen hellblauen AS-Sichtschutz versehene Flugzeug auf den Namen *Eagle* getauft. Schon einen Monat später startete sie am 27. Juli 1972 unter der Führung des Chef-Testpiloten Irving L. Burrows in Edwards AFB zu ihrem 50minütigen Jungfernflug. Die nächsten Prototypen dienten in der Folgezeit den verschiedensten Erprobungszwecken. Als erste F-15A wurde der fünfte Prototyp (71-0284) mit einer 20 mm-Kanone des Gatling-Typs M.61A-1 Vulcan ausgerüstet. Der achte Prototyp (71-0287) wurde dagegen ausschließlich für Langsamflug- und Trudelversuche verwendet. Am 9. Juli 1973 flog als elfte Eagle auch die erste Maschine der zweisitzigen Trainerversion TF-15A (71-0290). Das Gesamtprogramm sieht die Auslieferung jeder siebten Maschine als Doppelsitzer vor.

Ende 1974 konnte man nach einer zweieinhalbjährigen und intensiven Mustererprobung mehr als 3300 Flüge verzeichnen. Zwanzig erfahrene Piloten des TAC und AFFCT (Air Force Flight Test Center) sowie von MDC hatten während dieser Zeit Gelegenheit, die F-15 Eagle zu fliegen. Alle waren von den überragenden Flugeigenschaften und -leistungen dieses Flugzeugs äußerst beeindruckt. Gleichzeitig lief bereits Ende 1974 das Umschulungstraining für die ersten Eagle-Piloten der USAF an, und am 14. November übernahm die in Luke AFB, Arizona, stationierte 555th Tactical Fighter Squadron (TFS) des Tactical Air Command die erste F-15A (73-0108). Diese Einheit, die zum 58th Tactical

Von der F-15 wurden insgesamt zwanzig Entwicklungsflugzeuge gebaut. Hier die sechste Maschine (71-0285) während eines Testfluges.

Training Wing (TTW) gehört, flog bis dahin die F-4C Phantom II. Als nächste Einheit erhielt das 1st Tactical Fighter Wing (TFW) in Langley AFB, Virginia, am 9. Januar 1976 seine ersten Eagles. Dieses Geschwader gilt übrigens als primärer Reserveverband aller zukünftigen Eagle-Einheiten. Das in Bitburg/Eifel stationierte 36th TFW begann Anfang 1977 mit der Umrüstung auf die F-15A. Am 5. Januar landeten auf der Piste dieses USAFE-Stützpunkts als Vorhut von insgesamt 72 Maschinen die beiden ersten F-15A (75-0049 und -0050). Die unter der Code-Bezeichnung *Ready Eagle* erfolgte Umrüstung von der F-4E auf die F-15A konnte im Herbst 1977 abgeschlossen werden, so daß das 36th TFW mit seinen drei Squadrons voll einsatzbereit ist. Das 57th TFW in Nellis AFB, Nevada, gilt innerhalb der US Air Force als zweiter Verband für das Besatzungstraining auf der F-15A. Das 49th Tactical Fighter Wing in Holloman AFB, New Mexico, erhielt im Oktober 1977 seine ersten F-15, und als vierter Einsatzverband rüstet das 33rd TFW in Eglin AFB, Florida, seit Herbst 1977 ebenfalls auf die Eagle um. Das TAC der US Air Force will insgesamt neunzehn Squadrons mit der F-15A ausrüsten und sie zusammen mit der F-16 einsetzen.

Seit langem interessieren sich die Luftstreitkräfte zahlreicher Länder für dieses außergewöhnliche Kampfflugzeug und die israelischen Heyl Ha'Avir gaben als erste 25 Maschinen in Auftrag. Diese Zahl wurde jedoch schon kurze Zeit danach auf sechzehn reduziert (14 F-15A und 2 TF-15A). Am 10. Dezember 1976 übergab man den Israelis die ersten drei Maschinen. Auch Japan entschied sich bei der Auswahl für einen neuen Abfangjäger für die F-15A, mußte jedoch die eigentliche Beschaffung von 123 Maschinen aus finanziellen Gründen vorerst zurückstellen. Bei McDonnell Douglas versucht man natürlich noch einige andere Länder für die Eagle zu interessieren. Dazu gehören neben Australien, Saudi-Arabien und Kanada auch Frankreich und die Bundesrepublik Deutschland.

Anläßlich der SBAC Air Show 1974 in Farnborough hatte die F-15 Eagle ihr europäisches Debüt. Die täglichen Flugvorführungen der Maschine – es handelte sich um die zweite TF-15A (71-0291) – dauerten zwar nur sechs Minuten, doch reichte dies zur Demonstration ihrer außergewöhnlichen Manövriereigenschaften völlig aus. Für den 4900 km lan-

gen Überführungsflug von Loring AFB, Maine, nach RAF Bentwaters in England benötigte sie 5,3 Stunden ohne Luftbetankung. Außer ihren drei standardmäßigen 2271-l-Zusatztanks verfügte sie allerdings noch über zwei neuartige Mehrzweckbehälter. Diese widerstandsarmen und mit FAST Pack Pallets (FAST = Fuel and Sensor Tactical) bezeichneten Behälter sind unterhalb des Übergangsbereichs Flügel-Rumpf beidseitig angeschlossen. Sie sind fast zehn Meter lang und nicht nur als Zusatztanks (2268 Liter JP-4), sondern auch als Aufklärungs- und ECM-Behälter verwendbar. Nach ihrer eindrucksvollen Demonstration in Farnborough wurde die TF-15A vom 9.–22. Dezember 1974 auch in Bitburg AB vorgeführt und von zahlreichen Piloten der USAFE geflogen. Am 23. Dezember kehrte sie schließlich über Andrews AFB, Maryland, nach St. Louis zurück.

Die außergewöhnlichen Flugleistungen der Eagle konnten am 16. Januar und 1. Februar 1975 erneut unter Beweis gestellt werden. An diesen beiden Tagen stellte eine F-15A (72-0119) im Rahmen des Unternehmens **Streak Eagle** in Grand Forks AFB, North Dakota, acht neue Steiggeschwindigkeits-Weltrekorde auf, und zwar:

* 3000 m – 27,57 s (Major Roger Smith)
* 6000 m – 39,33 s (Major Willard Mac Farlane)
* 9000 m – 48,86 s (Major Willard MacFarlane)
* 12 000 m – 59,38 s (Major Willard MacFarlane)
* 15 000 m – 77,02 s (Major David Peterson)
* 20 000 m – 122,94 s (Major Roger Smith)
* 25 000 m – 161,02 s (Major David Peterson)
* 30 000 m – 207,80 s (Major Roger Smith)

Zweifellos waren die letzten drei Rekorde von größerer Bedeutung, denn mit ihnen konnten immerhin die am 4. Juni 1973 von der sowjetischen E-266 aufgestellten Rekorde erheblich verbessert werden. Den drei Streak-Eagle-Piloten wurde für ihre außergewöhnliche fliegerische Leistung am 24. November 1975 die *Mackay Trophy 1974* verliehen. Das Startgewicht der Rekord-Eagle hatte man durch den Ausbau der kompletten Bewaffnung, einschließlich des Feuerleitradars, um fast

Oben: *Außer vier AIM-7F Sparrow III kann auch die TF-15A für AS-Einsätze unter jedem Flügel noch zwei AIM-9 Sidewinder mitführen.*

Das untere Bild zeigt die zweite TF-15A (71-0291) in Bicentennial Colors. In dieser Form wurde sie 1976 auch in Farnborough vorgeführt.

Bilder linke Seite:
Das obere Bild zeigt die zwölfte Eagle (71-0291), die gleichzeitig als zweiter Doppelsitzer flog. Im Übergangsbereich Flügel-Rumpf erkennt man den rechten Mehrzweckbehälter FAST Pack Pallet.

Anläßlich der SBAC Air Show 1974 in Farnborough nahm diese TF-15A (71-0291) an den täglichen Flugvorführungen teil.

2000 kg reduziert. Außerdem reichte der Kraftstoffvorrat der Maschine, die sogar ohne ihren hellblauen Sichtschutz flog, gerade für die von einem Computer errechneten Einsatzprofile aus. Fünfzehn Monate später holten sich die Sowjets jedoch die beiden letzten Rekorde wieder zurück. Alexander Fedotow benötigte am 17. Mai 1977 mit seiner E-266M für die Flughöhe von 25000 m nur 154 Sekunden und Pjotr Ostapenko für 30000 m sogar nur 189 Sekunden.
Obwohl die F-15A Eagle gewichtsmäßig der F-4 Phantom II sehr nahe kommt, ist sie in ihren Abmessungen doch etwas größer. Von ihrer allgemeinen technischen Auslegung her kann man sie ohne weiteres als konventionelles Flugzeug bezeichnen. Ihre Zelle besteht zu 35,8% aus Leichtmetall, während die Konstrukteure in Bereichen höherer Ermüdungs- und Temperaturbeanspruchungen auf Titan (26,9%) und moderne Verbundwerkstoffe (37,3%) zurückgriffen.
Das Cockpit der F-15A ist mit einem raketengestützten Schleudersitz des Typs Douglas Escapac II-C ausgestattet. Mit diesem vollautomatischen Leichtbausitz kann sich der Pilot im gesamten Flughöhenbereich und bei Geschwindigkeiten bis 1100 km/h retten. Die von Sierracin entwickelte Cockpit-Verglasung besteht aus Lexan, einem Mehrschichtenwerkstoff aus verklebtem Polycarbonat und Acrylglas. Die nach hinten oben zu öffnende Klapphaube – sie ist beim Doppelsitzer TF-15A etwas länger und starker gewölbt – bietet dem Piloten ausgezeichnete Sichtverhältnisse. Nach den gegenwärtig modernsten Erkenntnissen

wurde die Instrumentierung des Cockpits ausgelegt. Keines der im Flug zu bedienenden Geräte ist hinter den Ellenbogen des Piloten angeordnet.
Die Triebwerkanlage der Eagle besteht aus zwei Zweiwellen-Turbofans des Pratt & Whitney-Typs F100-PW-100. Dieses moderne Aggregat, das auch als Antrieb des Luftkampfjägers F-16 dient, gibt einen Nachverbrennungsschub von 12250 kp ab. Bei der Entwicklung des F100, das ein Einbaugewicht von 1360 kg hat, legte man weitgehend die mit dem J58 gesammelten Erfahrungen zugrunde. Dieses kommt bekanntlich beim strategischen Aufklärer Lockheed SR-71 zum Einbau und eignet sich für Geschwindigkeiten bis Mach 3 in Flughöhen über 24000 m. Die beiden F100-Triebwerke sind im Rumpfhinterteil nebeneinander liegend eingebaut. Sie sind ohne besondere Vorkehrungen untereinander austauschbar. Die beiden großvolumigen Lufteinläufe sind zu beiden Seiten des Rumpfes angeordnet. Mit ihren veränderlichen Eintrittsquerschnitten sorgen sie für optimale Strömungsverhältnisse in den Einlaufkanälen und vor den Triebwerken selbst. Ihren Kraftstoff führt die F-15 in vier selbstdichtenden Rumpf- und zwei integralen Flügelbehältern mit, die ein Fassungsvermögen von zusammen 5260 Litern haben. Hinzu kommen noch drei abwerfbare Zusatzbehälter an den Außenstationen und die bereits erwähnten FAST Pack Pallets.
Die integrierte Avionik der F-15 setzt sich aus mehreren Untersystemen zusammen. Sie ist völlig auf die besonderen Erfordernisse eines modernen Hochleistungs-

Oben: *An ihren fünf Außenstationen kann die F-15A mehr als 7250 kg Kampfmittel mitführen. Hier die vierte Maschine (71-0283) während entsprechender Versuche in Edwards AFB.*

Bilder rechte Seite:
Anfangs waren alle F-15 mit einem neuen hellblauen AS-Sichtschutz versehen, den man jedoch wieder aufgab.

Dieses Bild einer F-15A (72-0118) aus der Serienfertigung läßt die hochwertige aerodynamische Formgestaltung der Zelle gut erkennen.

Am 16. Januar und 1. Februar 1975 stellten drei Piloten der US Air Force mit dieser F-15A (72-0119) acht neue Steiggeschwindigkeits-Weltrekorde auf.

USAF
20117

USAF
20118

STREAK EAGLE

Oben: *Dem in Luke AFB, Arizona, stationierten 58th Tactical Training Wing wurden im November 1974 die ersten Eagle zugewiesen. Hier eine TF-15A (73-0110) mit dem Emblem des Geschwaders.*

Am 27. April 1977 landeten auf der Piste des Luftstützpunkts Bitburg/Eifel 23 Eagle der Versionen F-15A und TF-15A.

jägers zugeschnitten. Als ihr Herz gilt das von Hughes entwickelte Mehrzweck-Pulsdopplerradar AN/APG-63, das in allen Flughöhen und gegen jede Art von Zielen arbeitet. Es hat eine Reichweitenleistung von 160 km, verfügt über einen hohen Automationsgrad und entlastet somit den Piloten während eines Angriffs weitgehend. Die Eagle ist außerdem mit dem von Litton entwickelten Trägheits-Navigationssystem AN/ASN-109, einem Blickfeld-Darstellungsgerät (HUD) und einem digitalen Zentralrechner von IBM ausgestattet.
Primär ist die F-15 als Jagdflugzeug zur Erringung der Luftüberlegenheit ausgelegt. Sie konnte dies bei simulierten Abfangeinsätzen mehrfach erfolgreich nachweisen. Dazu gehörte auch eine im April 1974 in Edwards AFB unter äußerst realistischen Bedingungen durchgeführte Versuchsreihe, die zehn Tage dauerte und an der zwei F-15 teilnahmen. Aus insgesamt 47 Luftkämpfen, in deren Verlauf nicht nur die MiG-21, sondern auch die MiG-23 simuliert wurde, gingen die beiden Eagles 46mal als Sieger hervor. Offiziellen Angaben zufolge hatte allerdings auch das fliegerische Können ihrer Piloten einen großen Anteil an diesem Erfolg.
Standardmäßig verfügen beide Versionen der Eagle über eine 20 mm-Kanone des Gatling-Typs M.61-A1 Vulcan mit 940 Schuß. Sie ist außerhalb des rechten Lufteinlaufs eingebaut, so daß ein Ansaugen der Pulvergase durch das Triebwerk verhindert wird. Ursprünglich war die neue 25 mm-Kanone GAU-7A von Philco-Ford vorgesehen. Diese fünfläufi-

Bild rechte Seite:
Verbandsflug von drei F-15A Eagle der USAF. Man beachte den Zweifarben-Sichtschutz auf den Flügel- und Höhenleitwerk-Oberseiten.

ge Waffe, die hülsenlose Munition verschießt, hat eine Kadenz von 6000 Schuß/min. Sie war jedoch zu teuer, zu schwer und noch längst nicht einsatzreif. Außer der starren MK-Bewaffnung kann die Eagle für AS-Einsätze an ihren Rumpfstationen vier Luft-Luft-Lenkwaffen AIM-7F Sparrow III und an den inneren Flügelstationen je zwei AIM-9E/L Sidewinder mitführen. Als sekundärer Verwendungszweck der F-15 gilt die Bekämpfung von Bodenzielen. Sie ist in der Lage, an vier Flügelstationen und dem zentralen Rumpfpylon über 7250 kg Kampfmittel zu schleppen. Dazu gehören neben Laser-, EO- und IR-Varianten der Sprengbombe Mk.84 auch verschiedene Streubomben und moderne Luft-Boden-Lenkwaffen.
Zusätzlich zu den gegenwärtigen Versionen der Eagle wird es höchstwahrscheinlich auch bald einen taktischen Aufklärer mit der Bezeichnung **RF-15A** geben. Das Tactical Air Command der USAF fordert im Rahmen seines TFX-Program ein solches Flugzeug als Nachfolgemuster der veraltenden RF-4C Phantom II. McDonnell Douglas hat bereits entsprechende Vorschläge ausgearbeitet, nach denen die RF-15 A mit den modernsten Sensoren für die taktische Allwetteraufklärung bei Tag und Nacht ausgerüstet werden soll. All diese Systeme, von denen man einige bereits mit entsprechend umgerüsteten RF-4C und F-111F erfolgreich untersucht hat, lassen sich in den Rumpfflankenbehältern FAST Pack Pallets ohne viel technischen Aufwand unterbringen. Die RF-15A, die wie die RF-4C ebenfalls als Zweisitzer vorgese-

Die israelischen Luftstreitkräfte übernahmen am 10. Dezember 1976 die ersten drei von insgesamt 25 Eagle.

Nachdem das 36th TFW in Bitburg mit seinen 72 F-15A/TF-15A seit Herbst 1977 voll einsatzbereit ist, wird auch die in Soesterberg (Camp New Amsterdam) stationierte 32nd TFS ab Ende 1978 auf die Eagle umrüsten.

hen ist, kann somit sekundär auch noch für Kampfeinsätze verwendet werden. Sollte sie in dieser Form vom TAC akzeptiert werden, so könnte sie schon Anfang der achtziger Jahre ihren aktiven Truppendienst aufnehmen.
All dies zeigt, daß es sich bei der F-15 Eagle um ein sehr vielseitiges Kampfflugzeug handelt. Die hohe Dringlichkeitsstufe, unter der ihre Entwicklung von Anfang an stand, veranschaulicht die militärische Bedeutung dieses Musters. Ob die US Air Force über ihren Auftrag von 729 Maschinen hinausgehen wird, ist heute noch nicht abzusehen. Bei McDonnell Douglas rechnet man jedoch mit einer beträchtlichen Erhöhung, und man spricht schon jetzt von weiteren 500 Maschinen. Eins steht zweifellos fest, die F-15 Eagle wird bis um die Jahrhundertwende zur ersten Garnitur der US Air Force gehören und deren Luftverteidigungskomponente wesentlich verstärken.

Grumman F-14 Tomcat

Seit vielen Jahren gehört die in Bethpage auf Long Island beheimatete Firma Grumman zu den Hauptlieferanten von Flugzeugen für die US Navy. Bereits in den dreißiger Jahren entwickelte sie einige fortschrittliche Jagd-Doppeldecker mit ausgezeichneten Flugleistungen, und auch während des Zweiten Weltkrieges entstand bei Grumman eine Anzahl erfolgreicher Baumuster. Es sei hier nur an die berühmte »Katzenserie« erinnert – an die F4F Wildcat, F6F Hellcat, F7F Tigercat und F8F Bearcat – die echte Meilensteine in der Entwicklung kampfstarker Marinejäger darstellen. Diese Tradition konnte in der zweiten Hälfte der vierziger Jahre mit verschiedenen Strahlflugzeugen fortgesetzt werden. Der F9F Panther folgte die mit einem gepfeilten Tragwerk ausgerüstete F9F-6 Cougar sowie die XF10F Jaguar, die ab 1952 als Versuchsträger mit einem Tragwerk variabler Pfeilung flog. Ihre Erprobung lieferte wertvolle technische Daten und Erkenntnisse über die praktische Nutzung des Schwenkflügels.

In den fünfziger Jahren erhielten die Fighter Squadrons der US Navy die moderne F11F Tiger, die auf eine Höchstgeschwindigkeit von 1200 km/h kam. Bis Januar 1959 wurden von der F11F Tiger 199 Maschinen ausgeliefert. Als Grumman und General Dynamics im November 1962 den sogenannten TFX-Wettbewerb (Tactical Fighter Experimental) gewannen, begann die an Kontroversen reiche Geschichte des Schwenkflügel-Kampfflugzeugs F-111. Sie endete Mitte 1968 für Grumman mit dem Fertigungsstop

Der erste Prototyp der F-14A Tomcat (BuAerNo. 157980) startete am 21. Dezember 1970 in Calverton zu seinem Jungfernflug. Acht Tage später ging er jedoch durch Absturz verloren.

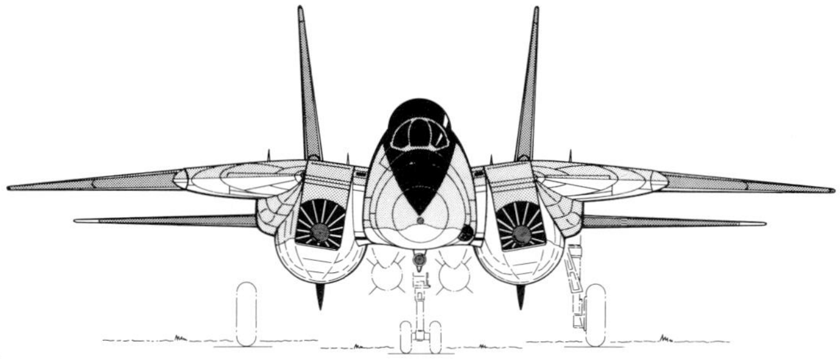

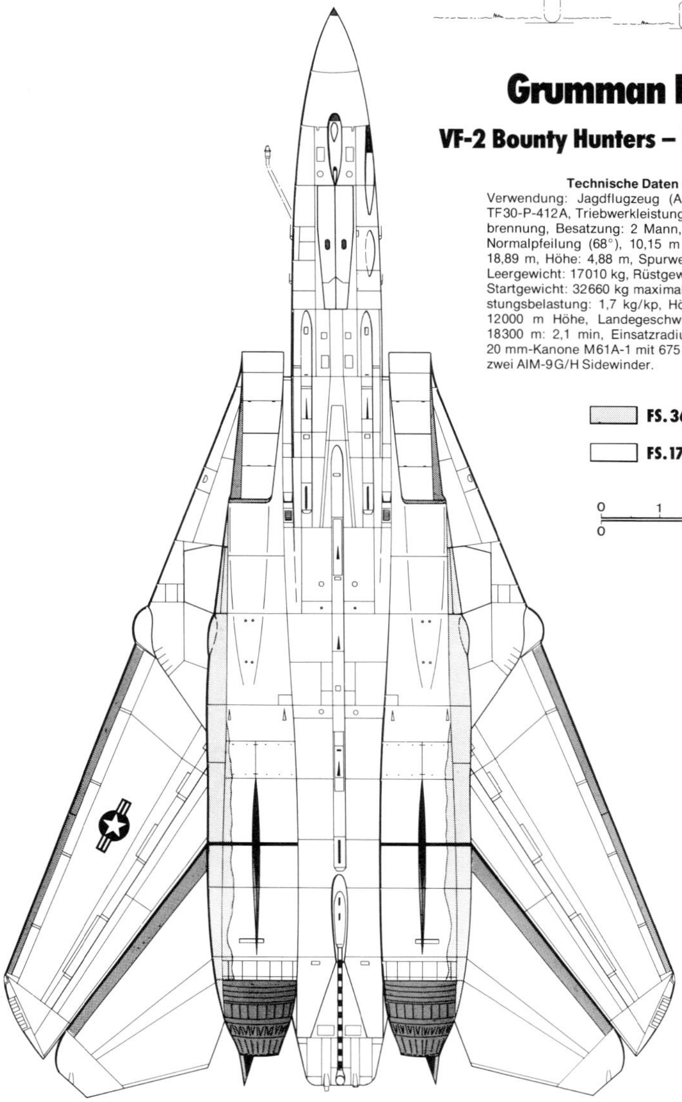

Grumman F-14A Tomcat

VF-2 Bounty Hunters – USS Enterprise, März 1975

Technische Daten und Leistungsangaben

Verwendung: Jagdflugzeug (AS), Triebwerk: 2 Pratt & Whitney TF30-P-412A, Triebwerkleistung: 2 × 9480 = 18960 kp mit Nachverbrennung, Besatzung: 2 Mann, Spannweite: 19,54 m, 11,63 m bei Normalpfeilung (68°), 10,15 m bei Maximalpfeilung (75°), Länge: 18,89 m, Höhe: 4,88 m, Spurweite: 4,90 m, Flügelfläche: 52,50 m², Leergewicht: 17010 kg, Rüstgewicht: 18176 kg, Zuladung: 14484 kg, Startgewicht: 32660 kg maximal, Flächenbelastung: 602 kg/m², Leistungsbelastung: 1,7 kg/kp, Höchstgeschwindigkeit: Mach 2,34 in 12000 m Höhe, Landegeschwindigkeit: 191 km/h, Steigzeit auf 18300 m: 2,1 min, Einsatzradius: 725 km (AS), Bewaffnung: eine 20 mm-Kanone M61A-1 mit 675 Schuß, sechs AIM-54A Phoenix und zwei AIM-9G/H Sidewinder.

FS. 36440 – hellgrau

FS. 17875 – weiß

0 1 2 3 m
0 5 10'

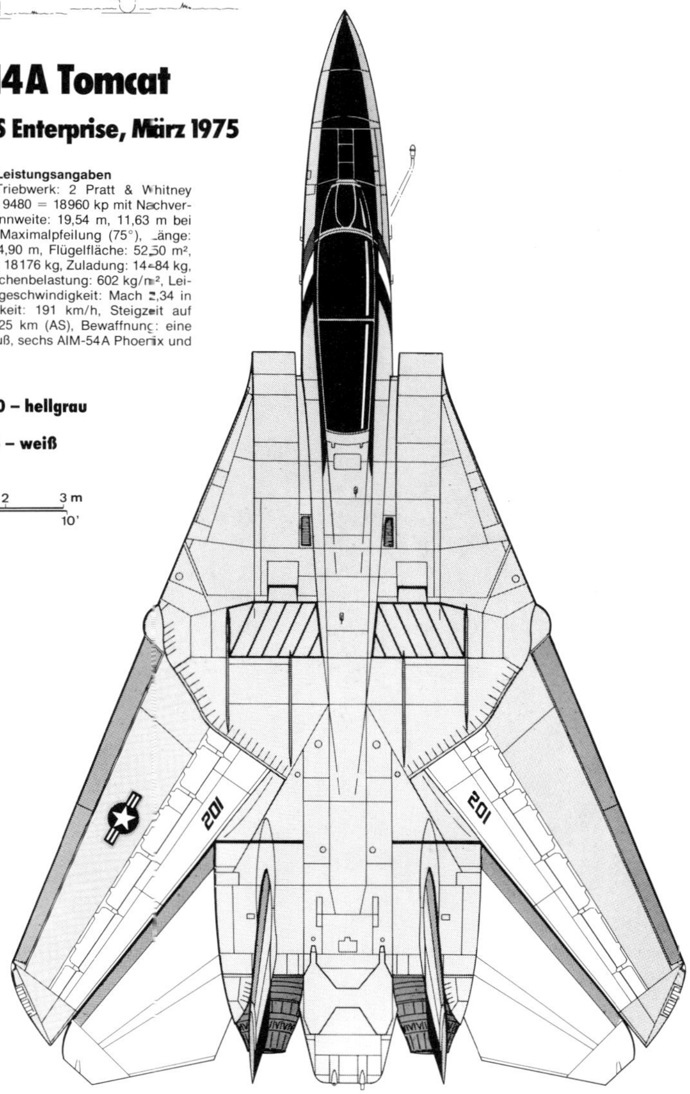

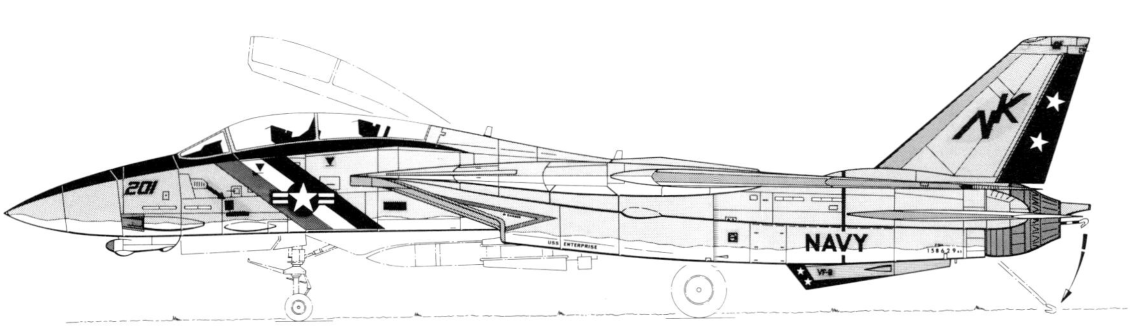

der von ihr entwickelten Navy-Version F-111B. Bereits im Oktober 1967 hatte Grumman mit seinem *Model 303* einen Alternativentwurf zur F-111B vorgeschlagen, bei dem es sich um einen bordgestützten Luftüberlegenheitsjäger mit Schwenkflügeln handelte. Er war mit einigen Hauptsystemen der F-111B ausgestattet, zu denen auch die Luft-Luft-Lenkwaffe Hughes AIM-54 Phoenix und das Feuerleitgerät AN/AWG-9 gehörten.
Nach der Vorlage mehrerer Vergleichsentwürfe gewann Grumman mit seinem *Model 303E* im Januar 1969 den Wettbewerb VFX-1 aus dem Jahre 1968 und erhielt danach den Auftrag zur Lieferung von zwölf Prototypen für die verschiedensten Versuchs- und Erprobungszwecke. Dem neuen Muster wurde daraufhin von der US Navy die Typenbezeichnung **F-14A** Tomcat zugewiesen. Während der Konstruktion entstanden bei Grumman mehrere Funktionsattrappen der wichtigsten Systeme, darunter auch eine mit EMMA (Engineering Mockup and Manufacturing Aid) bezeichnete Hauptattrappe im Maßstab 1:1. An EMMA ließen sich nicht nur fertigungstechnische Verbesserungsmöglichkeiten, sondern auch Modifikationswünsche der Navy ausarbeiten. Hinzu kam noch SITS, ein Systems Integration Test Stand der F-14, der Anfang 1970 an das Missile Center der Navy in Point Mugu, California, geliefert wurde und in erster Linie zur Systemintegration der kompletten F-14-Avionik diente. SITS kam bereits im Rahmen der Entwicklung des Eloka-Flugzeugs EA-6 Prowler erfolgreich zur Anwendung. Nicht zu vergessen ein mit den endgültigen Hochauftriebshilfen ausgestattetes 0,75:1-Modell der F-14, das im Windkanal des Ames Research Centers der NASA gründlich untersucht wurde.
Am 21. Dezember 1970 startete von der Piste des Grumman-Werkflugplatzes in Calverton auf Long Island der erste Prototyp der F-14A (BuAer No. 157980) zu seinem zehnminütigen Jungfernflug. Die mit zwei Turbofans des Typs TF30-P-412A ausgerüstete Maschine hatte dabei ein Startgewicht von 24270 kg. Sie benötigte beim Start eine Rollstrecke von nur 370 m und ihre Anfluggeschwindigkeit zur Landung lag bei 250 km/h. Anläßlich ihres zweiten Testfluges, der am 30. Dezember 1970 stattfand und bei dem die erste Tomcat erstmals auf Überschallgeschwindigkeit beschleunigt werden soll-

Oben: *Zur Erprobung des Lenkwaffensystems Hughes AWG-9/AIM-54 Phoenix beim Naval Missile Center in NAS Point Mugu diente u. a. die vierte F-14A (157983).*

Im Oktober 1972 übernahm die VF-124 Gun Fighters als Replacement Training Squadron (RTS) die ersten F-14A. Hier eine Maschine (158617) dieser Einheit.

Bild linke Seite:
Dieses Bild zeigt die zweite F-14A (157981) bei Betankungsversuchen mit der vierten A-6A Intruder (147867).

te, kam es in 5000 m Höhe zu Störungen im Hydrauliksystem, die kurz vor der Landung zum Absturz führten. Während die Maschine selbst völlig zerstört wurde, konnte sich die aus den Testpiloten William H. Miller und Robert K. Smyth bestehende Besatzung mit ihren Schleudersitzen retten. Um die Mustererprobung der F-14A schnell und zügig weiterführen zu können, wurde der zwölfte Prototyp (157991) entsprechend umgebaut und mit Nr.1X bezeichnet. Am 24. Mai 1971 flog dann auch die zweite F-14A (157981), deren primäre Aufgabe die Untersuchung bestimmter Flugzustände war. Bei der dritten F-14A (157982) handelte es sich um einen Demonstrator, während die vierte und fünfte (157983 und 157984) zur Erprobung des Lenkwaffensystems AWG-9/AIM-54 Phoenix beim NMC in NAS Point Mugu der Firma Hughes übergeben wurden. Weitere vier Maschinen folgten später.

Als Prototyp der geplanten **F-14B** gilt die siebte Tomcat (157986), die sich lediglich durch ihre Triebwerkanlage von der F-14A unterscheidet. Diese besteht aus zwei Pratt & Whitney-Turbofans des Typs F401-PW-400, die zusammen eine Schubleistung von 25490 kp mit Nachverbrennung entwickeln. Das F401-Aggregat gleicht in seinem inneren Aufbau weitgehend dem F100-PW100, wie es bei der McDonnell Douglas F-15A Eagle zum Einbau kommt. Am 12. September 1973 flog der erste von zwei Prototypen der F-14B, dessen Erprobung jedoch schon nach kurzer Zeit wieder eingestellt wurde. Die US Navy hat zwar bis heute noch keinen Auftrag für die F-14B *Super Tom-*

Oben: *Die täglichen Flugvorführungen der 22. F-14A (158617) gehörten zu den Höhepunkten des Aero Salons 1973 in Le Bourget.*

cat erteilt, man ist aber bei Grumman nach wie vor äußerst zuversichtlich. Allerdings sind als Triebwerkanlage noch zwei andere Muster im Gespräch, die sich aber noch im Stadium der frühen Entwicklung befinden. Es handelt sich um das General Electric F101X, das auf dem Aggregat des Überschallbombers B-1 basiert, und ein Allison-Triebwerk. Letzteres soll aus dem TF41 abgeleitet und mit Komponenten des Turbo-Union RB.199 versehen werden. Nach Ansicht von Grumman rechnet man mit einer Entscheidung der US Navy zugunsten der F-14B für die achtziger Jahre.
Im Rahmen des Wettbewerbs VFX-2 schlug Grumman der US Navy außerdem eine aus der F-14B abgeleitete und mit einer verbesserten Avionik ausgestattete Version mit der Bezeichnung **F-14C** vor, die jedoch bis heute nicht realisiert wurde. Bei der **F-14D** handelte es sich um einen Vorschlag aus dem Jahre 1975, der allein aus Kostengründen wieder zu den Akten gelegt werden mußte. Seinerzeit forderte die Navy für ihre Fighter Squadrons den besten amerikanischen Luftüberlegenheitsjäger und untersuchte in diesem Zusammenhang auch einen mit F-15N bezeichneten Vorschlag von McDonnell Douglas.
Zu den weiteren Abwandlungen der Tomcat gehörte noch die **F-14X,** eine als Leichtbaujäger ausgelegte Version mit einem Geschwindigkeitsbereich von Mach 0,5 bis 1,6. Sie war Grummans Beitrag am ACF-Wettbewerb der US Air Force, der ja bekanntlich von der General Dynamics F-16 gewonnen wurde. Erwähnen sollte man hier auch noch einen

Bild rechte Seite:
Gemäß ihrer Hauptaufgabe als Luftüberlegenheitsjäger kann die F-14A an ihren Außenstationen bis zu sechs Lenkwaffen des Typs AIM-54A Phoenix mitführen.

Sonderentwurf der F-14 für das IMI-Program (Improved Manned Interceptor) der USAF. Dieser wird zusammen mit der F-15A Eagle, einer modifizierten dreistrahligen RA-5C Vigilante und der gestreckten F-111X-7 auf seine Verwendbarkeit im Air Defense Command untersucht. Allerdings ist es um das Nachfolgemuster der F-106 Delta Dart in der letzten Zeit etwas ruhiger geworden. Darüber hinaus schlug Grumman der US Navy als Nachfolgemuster der RA-5C Vigilante einen Tomcat-Aufklärer mit der Bezeichnung **RF-14** vor. Neu ist ferner eine Tiefangriffsversion der Tomcat, die zu einem späteren Zeitpunkt als **A-14** die A-6 Intruder ablösen soll.

Doch zurück zur F-14A, deren restliche Prototypen für die verschiedensten Erprobungszwecke verwendet wurden. Im Juni 1972 stürzten gleich zwei Maschinen ab, eine über dem Naval Air Test Center in Patuxent River, Maryland, und eine andere in der Nähe des Naval Missile Center in Point Mugu, California. Vor der Zulassung der F-14A als Einsatzflugzeug führte die US Navy im Dezember 1972 sogenannte Navy Preliminary Evaluations (vorläufige Bewertungstests) durch, und zwar die NPE 3A in Point Mugu sowie die NPE 3B in Calverton. Im Frühjahr 1973 erfolgte schließlich die Freigabe der F-14A für den aktiven Truppendienst

Als erste Einheit der US Navy rüstete die in NAS Miramar bei San Diego, California, stationierte VF-124 *Gun Fighters* im Oktober 1972 auf die neue Maschine um. Dieser Verband fungierte in erster Linie als Replacement Training Squadron (RTS) für alle weiteren Tomcat-Besatzungen. Es folgten die VF-1 *Wolf Pack* und VF-2 *Bounty Hunters,* die ab September 1974 als erste einsatzfähige Tomcat-Squadrons an Bord des Flugzeugträgers USS Enterprise (CVN-65) stationiert wurden. Anfang 1975 rüsteten die VF-14 *Top Hatters* und VF-32 *Swordsmen* auf die F-14A um. Beide Squadrons kamen ab Juli 1975 an Bord der USS John F. Kennedy (CV-67) zum Einsatz.

Für das Besatzungstraining (RTS) erhielt die VF-101 *Grim Reapers* in NAS Oceana bei Norfolk, Virginia, im Dezember 1975 ebenfalls die Tomcat. Dort wurden in der Folgezeit die Squadrons VF-41 *Black Aces* und VF-84 *Jolly Rogers* von der F-4J Phantom II auf die Tomcat umgerüstet. Beide sind seit Anfang 1978 einsatzbereit und an Bord der USS Nimitz (CVN-68) stationiert, die gegenwärtig im

Mittelmeer kreuzt. Bis Ende 1977 konnte Grumman der US Navy 315 F-14A übergeben, die insgesamt achtzehn Tomcat-Squadrons aufstellen will. Dazu gehören auch die VF-24 *Checkertails,* VF-114 *Aardvarks,* VF-142 *Ghost Riders,* VF-143 *Puckin Dogs* und VF-211 *Checkmates.* Ursprünglich sollte auch das US Marine Corps zur Umrüstung von vier Phantom II-Squadrons achtzig F-14A erhalten. Obwohl das Besatzungstraining bei der VMFA-122 *Crusaders* bereits begonnen hatte, entschied sich das DoD im Herbst 1975 gegen die Indienststellung der Tomcat bei den Marines. Vorerst ist die Fertigung von 535 F-14A für die US Navy vorgesehen, deren letzte Mitte der achtziger Jahre ausgeliefert werden sollen.
Aufgrund ihrer außergewöhnlichen Flugleistungen und -eigenschaften hatte die F-14A von Anfang an auch einen hohen Exportwert. Schon im Januar 1974 entschied sich die Regierung des Iran wegen der ständig zunehmenden Luftraumverletzungen durch sowjetische Hochleistungsjäger für die Beschaffung von achtzig F-14A Tomcat. Dieser $ 900-Mio.-Auftrag beinhaltet auch das komplette Lenkwaffensystem AWG-9/AIM-54 Phoenix und sechzehn Simulatoren für das Routinetraining der Besatzungen und Mechaniker. Am 5. Dezember 1975 flog im Werk Calverton die erste iranische F-14A, und am 30. Dezember 1975 landeten auf dem nördlich von Isfahan gelegenen Luftstützpunkt Khatami die beiden ersten Maschinen. Alle iranischen F-14A erhalten bereits in den USA den Sichtschutz der IIAF. Während der Überführungsflüge zu ihren Heimatstützpunkten,

An den Pylons des festen Flügel/Rumpf-Übergangteils lassen sich je nach Einsatzart aber auch zwei AIM-7E Sparrow und zwei AIM-9G Sidewinder aufhängen.

Als erster einsatzbereiter Tomcat-Verband galt die Fighter Squadron VF-1 »Wolf Pack«. Hier eine Maschine dieser Einheit bei einem Routineflug über der Bucht von San Diego.

Anfang 1975 rüstete als eine der berühmtesten Navy-Squadrons auch die VF-14 »Top Hatters« auf die F-14A um, die danach auf dem Flugzeugträger USS John F. Kennedy (CV-67) stationiert wurde.

Das untere Bild zeigt eine F-14A der VF-1 »Wolf Pack« unmittelbar vor der Landung an Bord des Flugzeugträgers USS Enterprise (CVN-65).

in deren Verlauf nach Luftbetankungen in Torrejon/Spanien zwischengelandet wird, fungieren Piloten und Systems Operators der US Navy als Besatzungen. Die Übernahme aller achtzig Tomcat durch den Iran soll Mitte 1978 abgeschlossen sein.

Doch auch die Luftstreitkräfte einiger anderer Länder interessieren sich seit geraumer Zeit für die F-14A. Außer von australischen, saudi-arabischen und japanischen wurde die Tomcat bisher auch von deutschen und kanadischen Piloten unter Einsatzbedingungen geflogen. Obwohl die Tomcat wegen einiger Abstürze des öfteren gegroundet war, ist man bei Grumman weiterhin sehr zuversichtlich über die Zukunft dieses Flugzeugs. Man bemüht sich in enger Zusammenarbeit mit der US Navy ständig darum, alle Systeme der F-14A weiter zu verbessern und damit ihre Zuverlässigkeit im harten Einsatz auf den Flugzeugträgern zu erhöhen.

Bei der Grumman F-14A handelt es sich um einen zweisitzigen und zweistrahligen Schulterdecker mit einem Tragwerk variabler Pfeilung und doppeltem Seitenleitwerk. Ihr charakteristisches äußeres Merkmal sind die beiden in die Rumpfstruktur integrierten Triebwerkgondeln, deren großvolumige Lufteinläufe zur Erzielung optimaler Strömungsverhältnisse mit verstellbaren Rampen versehen sind. Die Triebwerkanlage der F-14A besteht aus zwei Turbofans des Pratt & Whitney-Typs TF30-P-412A, das man gegenüber dem Vorläufermuster P-12 u. a. mit verbesserten Nachbrennern ausstattete. Der innere Aufbau des P-412A beginnt mit ei-

nem dreistufigen Frontfan, dem ein neunstufiger Niederdruck- und ein siebenstufiger Hochdruckverdichter folgen. Für die Verbrennung des Luft/Kraftstoffgemischs sorgen acht ringförmig angeordnete Brennkammern mit je vier Duplex-Einspritzdüsen. Die Arbeitsturbine setzt sich aus einer gekühlten Hochdruck- und drei ungekühlten Niederdruckstufen zusammen. Es folgen der Nachbrenner und die konvergent-divergente Iris-Schubdüse, deren achtzehn Segmente mittels langhubiger Arbeitszylinder auf den jeweils erforderlichen Querschnitt gebracht werden. Das TF30-P-412A, dessen Trockengewicht bei 1800 kg liegt, entwickelt einen Nachverbrennungsschub von 9480 kp.
Das Cockpit der Tomcat ist mit zwei raketengestützten Zero-Zero-Schleudersitzen des Martin-Baker-Typs GRU-7A ausgerüstet. Den oberen Abschluß bilden der feste Windschutz mit seiner zentralen Panzerglas-Planscheibe und die einteilige, nach hinten oben zu öffnende Haube. Der Rumpf setzt sich aus dem Vorderteil mit Radom und Cockpit, dem Mittelteil mit der Kraftstoffanlage und dem widerstandsarmen Heckteil mit der oberen und unteren Bremsklappe zusammen.
Das Fahrwerk der F-14A hat eine Spurweite von 4,90 m. Es besteht aus einer nach vorn einziehbaren, zwillingsbereiften Bugeinheit und den beiden Haupteinheiten, die ebenfalls nach vorn eingezogen und im festen Flügel/Rumpf-Übergangsteil verriegelt werden. Die beiden Flügelhälften der Tomcat sind schwenkbar ausgelegt, und zwar in einem Normal-

Oben: *Zu den jüngsten Tomcat-Squadrons der US Navy gehört die VF-211 »Checkmates«, die dem Trägergeschwader CVW-9 unterstellt ist.*

Bilder rechte Seite:
Zwei F-14A der VF-143 »Puckin Dogs«, die an Bord des Flugzeugträgers USS America (CV-66) stationiert ist und zum Carrier Air Wing 6 (CVW-6) gehört.

Das untere Bild zeigt eine F-14A Tomcat der Fighter Squadron VF-2 »Bounty Hunters«, die wie die VF-1 zum CVW-14 gehört.

bereich von 20° für den Langsamflug bis zu 68° für hohe Geschwindigkeiten. Hinzu kommt mit 75° noch eine Überpfeilung, die allerdings nur zur besseren Unterbringung auf den Flugzeugträgern der US Navy dient. Das wichtigste und gleichzeitig größte Bauteil der gesamten Tomcat-Zelle ist der als Kraftstoffbehälter ausgelegte Flügelmittelkasten, der aus der Titanlegierung Ti-6A1-4V unter Verwendung des Elektronenstrahl-Schweißverfahrens gefertigt wird und dessen Drehpunkt-Mittenabstand bei 6,70 m liegt. Im Vergleich zu herkömmlichen Verfahren konnte man bei diesem durchgehenden Kasten etwa 500 kg Gewicht einsparen.

Als aerodynamische Hilfsmittel besonderer Art gelten zwei dreieckförmige »Glove Vanes« im vorderen Bereich der Flügelwurzel. Sie werden bei bestimmten Geschwindigkeiten ausgefahren, und zwar maximal bis zu 15°. Im hohen Überschallbereich dienen diese Hilfsflügel zur Verbesserung der Längsstabilität. Sie erzielen somit die gleiche Wirkung wie die nach vorn gezogenen Flügelwurzeln des strategischen Aufklärers SR-71 sowie der neuen Leichtbaujäger F-16 und F-18 Hornet.

Das Seitenleitwerk der F-14A wurde wegen der guten Manövriereigenschaften, die man für einen Luftüberlegenheitsjäger benötigt, doppelt ausgeführt. Der strukturelle Aufbau der beiden Flossen ist zweiholmig mit Honeycombnasen und -beplankung. Bei der Konstruktion der verstellbaren Höhenflossen griff man dagegen auf eine mehrholmige Struktur mit Borepoxyd-Beplankung zurück. Die-

Bilder folgende Seite 246:

Oben: *Eine der beiden Fighter Squadrons an Bord des Flugzeugträgers USS Kitty Hawk (CV-63) ist die VF-213 »Blue Lions«. Hier eine F-14A dieser zum CVW-11 gehörenden Einheit.*

Unten: *Zusammen mit dem Frühwarn- und Leitflugzeug Grumman Hawkeye stellt die Tomcat eine ideale Luftverteidigungskombination dar. Hier zwei F-14A der VF-32 »Swordsmen« und eine E-2C der VAW-125, die gemeinsam vom Flugzeugträger USS John F. Kennedy (CV-67) operieren.*

201
NAVY
VF-213
USS KITTY HAWK
NH

205
203
AB
NAVY
752
9107

3-863

NAVY

Bilder vorige Seite 247:
Oben: *Am 5. Dezember 1975 flog bei Grumman in Calverton die erste F-14A mit dem Sichtschutz und den Kennzeichen der Imperial Iranian Air Force (IIAF).*

Unten: *Das Bild zeigt eine F-14A (160384) der VF-84 »Jolly Rogers«, die in NAS Oceana, Virginia, aufgestellt wurde und an Bord des Flugzeugträgers USS Nimitz (CVN-68) zum Einsatz kommt.*

ser moderne Verbundwerkstoff kommt noch bei einigen anderen amerikanischen Hochleistungsflugzeugen zur Anwendung.
Primäre Einsatzaufgabe der F-14A Tomcat ist die Erkämpfung und Erhaltung der Luftüberlegenheit, d. h. sie muß potentiellen Gegnern überlegen sein. Außer einer fest eingebauten 20 mm-Kanone des General Electric-Typs M.61-A1 Vulcan mit 676 Schuß kann sie zusätzlich die verschiedensten Luft-Luft-Lenkwaffen mitführen: vier AIM-7E/F Sparrow und vier AIM-9G/H Sidewinder oder sechs AIM-54A Phoenix und zwei Sidewinder. Um aber auch als Jagdbomber eingesetzt werden zu können, ist an den Außenstationen die Mitnahme von verschiedenen Kampfmitteln möglich.
Das von Hughes entwickelte Lenkwaffen-

Seit Anfang 1978 ist auch die Fighter Squadron VF-41 »Black Aces« einsatzbereit. Sie ist zusammen mit der VF-84 »Jolly Rogers« an Bord des Flugzeugträgers USS Nimitz (CVN-68) stationiert.

Wie die US Force führt auch die US Navy eingehende Versuche für neue Tarnschemen durch. Hier eine F-14A mit einem aus drei Grautönen bestehenden Segment-Sichtschutz.

Von der geplanten F-14B Super Tomcat wurde lediglich diese Maschine gebaut, bei der es sich um die entsprechend umgerüstete siebte F-14A (157986) handelte.

system AIM-54A Phoenix umfaßt das Feuerleitgerät AWG-9, den Starter LAU-93A und den Flugkörper selbst. Bei der Phoenix handelt es sich um eine radargelenkte Waffe, die bereits für die aufgegebene F-111B vorgesehen war. Sie hat eine Länge von 3,96 m und ist 380 kg schwer. Die Flugerprobung dieser mit einem Feststoff-Raketenmotor und einem großen Brisanzsprengkopf ausgerüsteten Lenkwaffe begann im Jahre 1965. Nach mehreren Versuchsreihen, die man größtenteils auf der US Navy Pacific Missile Range in Point Mugu durchführte, wurde am 17. März 1967 erstmals eine AIM-54 von einer F-111B abgefeuert.

Die Gesamtentwicklung der Phoenix, die seit Frühjahr 1974 einsatzbereit ist verlief ohne nennenswerte Schwierigkeiten, und die Erfolgsrate aller von der F-14A bisher abgefeuerten Flugkörper liegt bei fast 90 Prozent. Die Wirksamkeit der Phoenix konnte anläßlich zahlreicher »Scheinluftkämpfe« mit simulierten sowjetischen Hochleistungsflugzeugen wiederholt nachgewiesen werden. Dieses Waffensystem ist so ausgelegt, daß es auch den Luftkriegsanforderungen der achtziger Jahre voll gerecht wird.

Dornier/Dassault-Breguet Alpha Jet

Nach dem Zweiten Weltkrieg wurde den Luftstreitkräften verschiedener Länder immer wieder das sogenannte »Westentaschen«-Kampfflugzeug vorgeschlagen. Bereits Ende 1944 entwickelte die Firma Heinkel mit der einstrahligen He 162 ein solches Muster, das aber nicht mehr zum Einsatz kam. Einen weiteren gelungenen Schritt auf dem Weg zum leichten und entfeinerten Kampfflugzeug stellt die Douglas A-4 Skyhawk dar, deren Serienfertigung erst Ende 1978 ausläuft. Die allgemeine Tendenz ging jedoch eindeutig in Richtung immer schwererer und komplizierterer Waffensysteme, was in Fachkreisen vielfach der Gegenstand heftiger Diskussionen war. Erst Ende der sechziger Jahre schien sich diesbezüglich eine Wende anzubahnen.

Aus entsprechenden Untersuchungen der Firma Dornier in den Jahren 1967/68 ging klar hervor, daß die deutsche Luftwaffe in der zweiten Hälfte der siebziger Jahre ein neues Trainingsflugzeug benötigen würde. Alle Überlegungen und Studien führten schließlich zum Projekt Do P 375, das sich besonders durch die Anwendung der Modulbauweise und variierbare Flugeigenschaften auszeichnete. Durch letztere wollte man eine möglichst weitgehende Anpassung an die Einsatzmuster erreichen. Vorgesehen waren eine Unterschall- und eine Überschallversion mit verschiedenen Flügeln bei gleicher Rumpfausführung. Nach der Vorlage des Projekts im BMVg konzentrierten sich die Arbeiten ab Oktober 1968 auf ein reines Unterschallflugzeug herkömmlicher Konzeption. Im Jahre 1969 erhielt Dornier einen Studienauftrag zur Ausarbeitung eines Grundentwurfs für einen relativ einfachen Strahltrainer mit sekundärer Eignung für den Erdkampf. Etwa zur gleichen Zeit befaßte man sich aber auch in Frankreich mit dem Problem der Beschaffung eines modernen Strahltrainers für die Armee de l'Air ab 1977/78. Im Januar 1969 einigten sich die Firmen Dornier und Breguet,

Am 26. Oktober 1973 startete der erste Prototyp des Alpha Jet in Istres zu seinem erfolgreichen Jungfernflug.

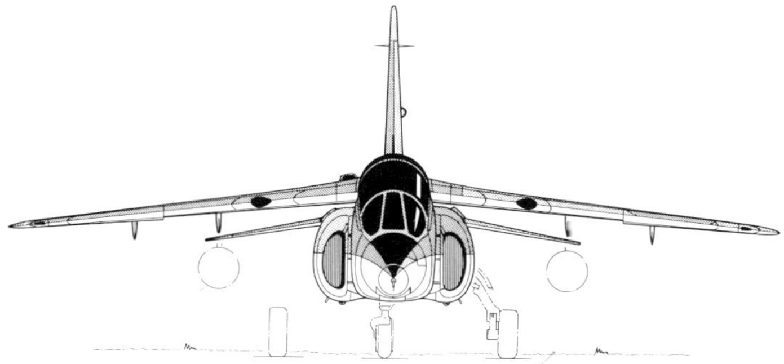

Dornier/Dassault-Breguet Alpha Jet

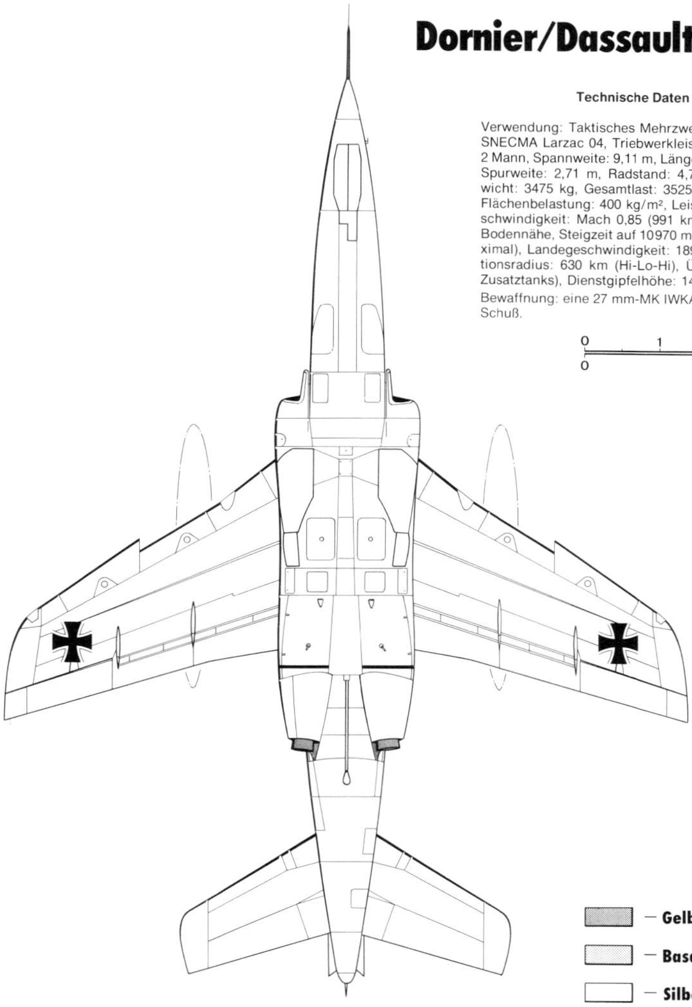

Technische Daten und Leistungsangaben

Verwendung: Taktisches Mehrzweckflugzeug, Triebwerk: 2 Turboméca/SNECMA Larzac 04, Triebwerkleistung: 2×1350 = 2700 kp, Besatzung: 2 Mann, Spannweite: 9,11 m, Länge: 12,28 m ohne Staurohr, Höhe: 4,19 m, Spurweite: 2,71 m, Radstand: 4,71 m, Flügelfläche: 17,50 m², Leergewicht: 3475 kg, Gesamtlast: 3525 kg, Startgewicht: 7000 kg (maximal), Flächenbelastung: 400 kg/m², Leistungsbelastung: 2,6 kg/kp, Höchstgeschwindigkeit: Mach 0,85 (991 km/h), Steiggeschwindigkeit: 59 m/s in Bodennähe, Steigzeit auf 10970 m: 8,0 min, Startrollstrecke: 1[illegible]50 m (maximal), Landegeschwindigkeit: 189 km/h, Flugdauer: 3 h (maximal), Aktionsradius: 630 km (Hi-Lo-Hi), Überführungsreichweite: 30[illegible]7 km (mit Zusatztanks), Dienstgipfelhöhe: 14000 m, Außenlast: 2235 kg (maximal), Bewaffnung: eine 27 mm-MK IWKA-Mauser in Do-Rumpfbehälter mit 150 Schuß.

0 1 2 3 m
0 5 10'

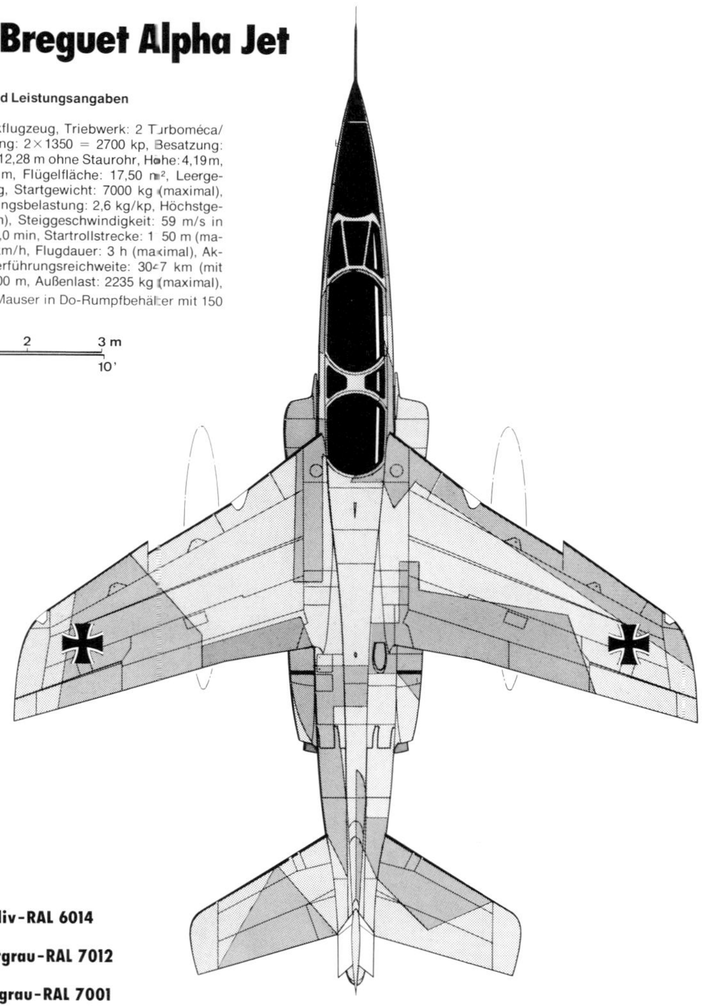

— **Gelboliv-RAL 6014**

— **Basaltgrau-RAL 7012**

— **Silbergrau-RAL 7001**

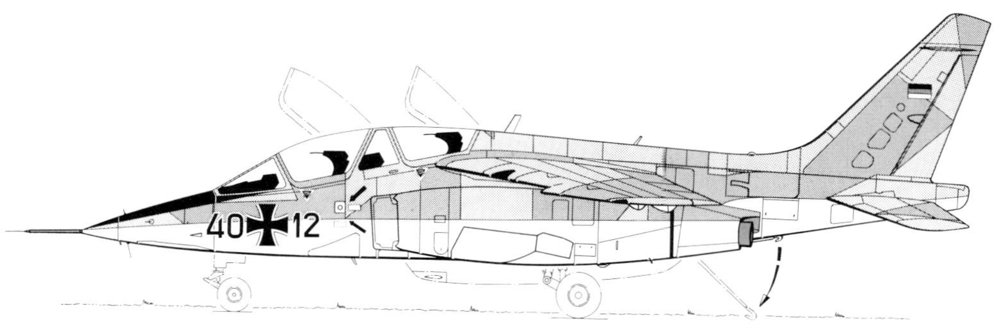

alle diesbezüglichen Projektarbeiten gemeinsam weiterzuführen. Aufgrund einer entsprechenden Vereinbarung zwischen den Regierungen der beiden Länder wurde schließlich im Mai 1969 ein Wettbewerb ausgeschrieben. Daran beteiligten sich in der Folgezeit neben Dornier/Breguet mit ihrer TA 501 (Trainer Attack Breguet 126 + Do P 375 = TA 501) auch MBB/Aérospatiale mit ihrem Entwurf E 650 Eurotrainer. Hinzu kam im Februar 1970 noch ein dritter Bewerber, die von VFW/Fokker konzipierte T 291, die jedoch ebenso wie der Eurotrainer aus dem Rennen ausschied.
Am 23. Juli 1970 erhielten die Firmen Dornier und Dassault-Breguet den Auftrag zur gemeinsamen Durchführung der Definitionsphase des Vorschlags TA 501, in deren Verlauf sich Frankreich für einen reinen Strahltrainer – von der Anfangs- bis zur Waffenschulung – entschied. Deutschland wählte dagegen das neu zu entwickelnde Flugzeug als Nachfolgemuster der Fiat G.91/R3. Um Doppelarbeiten von vornherein auszuschließen, einigte man sich bei beiden Versionen auf eine Grundkonzeption. Im Februar 1971 konnte man die Definitionsphase abschließen, und noch im Herbst desselben Jahres kamen beide Firmen überein, die eigentlichen Entwicklungsarbeiten auf eigenes Risiko in Angriff zu nehmen. Der offizielle Startschuß fiel nämlich erst am 16. Februar 1972, er bedeutete die Fertigung und Erprobung von vier Prototypen, einer Zelle für statische Versuche und eines Rumpfes für Ermüdungstests. Während die Wettbewerbsunterlagen größtenteils noch bei Dornier in Friedrichshafen erstellt wurden, verlagerte sich danach der Schwerpunkt mehr und mehr nach St. Cloud bei Paris. Zur Erzielung einer größtmöglichen Effektivität bei weitestgehender Parität legte man zunächst die Bauaufteilung fest und fror diese ein. Man kam dabei zu folgender Lösung:

* Dornier – Rumpfhinterteil, Flügel und Leitwerk.
* Dassault-Breguet – Rumpfvorderteil, Rumpfmittelteil und Rumpfmontage.

Lediglich die Endmontage wird bei den Serienflugzeugen wie bei den Prototypen in Deutschland und Frankreich erfolgen. Dies bedeutet u. a., daß jede der beiden Firmen einen 50%igen Entwicklungs- und Fertigungsanteil an dem mittlerweile mit **Alpha Jet** bezeichneten Flugzeug

Oben: *Am 17. Januar 1974 wurde der Prototyp 02 nach Istres überführt, wo die Mustererprobung des Alpha Jet stattfindet. Hier beide Maschinen während eines Testfluges.*

Bilder linke Seite:
Der bei Dornier gefertigte Prototyp 02 (D-9594) flog am 9. Januar 1974 in Oberpfaffenhofen erstmals.

Das untere Bild zeigt die 02 am 16. Januar 1974 auf der Kompensierscheibe in Oberpfaffenhofen.

hat. Gegenüber der französischen Trainerversion weist die deutsche LNU-Ausführung folgende Unterschiede auf: vier statt zwei Unterflügelstationen, ein Fanghaken, ein steuerbares Bugrad, ein verstärktes Radbremssystem mit Gleitschutzvorrichtung und eine abweichende Avionik. Zur letzteren gehört u. a. ein Radar-Höhenmesser sowie eine umfangreichere Waffenelektronik. Außerdem ist die deutsche Version des Alpha Jet nur für Einsätze von betonierten Pisten vorgesehen.
Während der Gesamtentwicklung kam es naturgemäß mehrfach zu Änderungen und Verbesserungen in der aerodynamischen Auslegung der Zelle. Insgesamt wurden zwölf Modelle unterschiedlicher Größe in zehn verschiedenen Windkanälen untersucht. Die Auslegung des Tragwerks erforderte hinsichtlich überlegener Flugeigenschaften besonders intensive Bemühungen. Erwähnt sei hier auch, daß man den Rumpf mit seiner unkonventionellen Formgebung fast ausschließlich analytisch festlegte. Damit konnte der Strak für die automatischen Zeichenanlagen, die Reißbretter der Konstrukteure und schließlich auch für die Bänder der NC-Maschinen unmittelbar übernommen werden. Bei den Hauptforderungen hinsichtlich der Struktur des Alpha Jet standen robuste Ausführung und lange Lebensdauer eindeutig im Vordergrund. Für die Trainingsversion erreichte man 10000 und für die LNU-Version 5000 Flugstunden, was bei der gegenwärtigen Ausnutzung von Flugzeugen dieser Kategorie einem Zeitraum von maximal zwanzig Jahren entspricht.

Alle Berechnungen der Struktur wurden durch kleinere und größere Teilversuche bei Dornier und Dassault-Breguet ergänzt, während man die Fahrwerks- und Bruchzellenversuche bei dem französischen CEAT und der deutschen IABG durchführte.
Ein besonderes Merkmal in der Gesamtentwicklung des Alpha Jet ist der schnelle und reibungslose Ablauf aller Arbeiten. Demzufolge konnte der vormontierte **Prototyp 01** schon anläßlich des Pariser Aero Salons 1973 im Werk St. Cloud Fachleuten vorgestellt werden. Die Maschine wurde danach ins französische Flugversuchszentrum Istres bei Marseille überführt. Es folgten System- und Schwingungsversuche, und am 26. Oktober 1973 startete sie unter der Führung des Testpiloten Jean-Marie Saget von Dassault-Breguet zu ihrem Jungfernflug – sechs Monate vor Vertragstermin. Er dauerte 46 Minuten und verlief zur vollen Zufriedenheit aller Beteiligten. Saget erreichte während des Erstflugs bereits eine Höchstgeschwindigkeit von 560 km/h sowie eine Flughöhe von 6000 m und konnte 4 g-Kurven erfliegen. Alle Bordsysterne arbeiteten einwandfrei, und Saget war auch mit den Flugeigenschaften der Maschine sehr zufrieden. Mit dem ersten Alpha Jet wurde nach seiner Anfangserprobung beim Triebwerkhersteller Turboméca/SNECMA eine einjährige Flugversuchsreihe durchgeführt. Sie diente ausschließlich zur Anpassung des Serientriebwerks Larzac 04 und zur Ermittlung exakter Schub/Widerstandswerte.
Am 9. Januar 1974 absolvierte auch der

Oben: *Anläßlich der SBAC Air Show 1974 in Farnborough nahm der Prototyp 03 (F-ZWRV) an den täglichen Flugvorführungen teil.*

Mit dem Sichtschutz der Luftwaffe und den Kennzeichen 40+01 gilt der Prototyp 03 als Ausgangsmuster der LNU-Version des Alpha Jet.

Bild rechte Seite:
An seinen Außenstationen kann der Alpha Jet bis zu 2235 kg Kampfmittel mitführen. Im Vordergrund der Kanonenbehälter mit der Mauser BK.27.

alpha jet 04
D-9595

trainer
alpha jet 04

Oben: *Mit dem Prototyp 03 wurden im September 1975 bei der E-Stelle 61 in Manching Fanghakenversuche durchgeführt.*

Bilder linke Seite:
Am 11. Oktober 1974 flog in Oberpfaffenhofen auch der vierte und letzte Prototyp des Alpha Jet (D-9595).

Der Prototyp 04 (F-ZWRX) erhielt während seiner Erprobung einen blau-weiß-roten Anstrich. In dieser Form wurde die Maschine auf der deutschen Luftfahrtschau 1976 in Hannover vorgeführt.

bei Dornier gefertigte **Prototyp 02** (D-9594) des Alpha Jet in Oberpfaffenhofen seinen ersten Werkstattflug. Projektpilot Dieter Thomas blieb mit der Maschine 35 Minuten in der Luft, und während dieses Fluges gab es keinerlei Schwierigkeiten. Am 17. Januar 1974 wurde sie nach Istres überführt, wo sie zusammen mit dem Prototyp 01 weiter erprobt wurde. Vier Monate später flog am 6. Mai 1974 in Istres auch der **Prototyp 03** (F-ZWRV), und wiederum saß Dieter Thomas am Steuerknüppel. Die Maschine erhielt den Sichtschutz der Luftwaffe sowie die Kennzeichen 40 + 41 und galt in dieser Form als Ausgangsmuster der deutschen Luftnahunterstützungs-Version. Im September 1975 wurden mit dieser Maschine bei der E-Stelle 61 in Manching Fanghakenversuche durchgeführt.

Der **Prototyp 04** (D-9595 – F-ZWRX) wurde bei Dornier in Oberpfaffenhofen endmontiert und am 11. Oktober 1974 von Dieter Thomas erstmals geflogen. Er entsprach weitgehend der französischen Trainerversion und diente in erster Linie für Struktur- und Systemversuche, ging jedoch am 23. Juni 1976 nach Bodenberührung in Mont-de-Marsan durch Absturz verloren.
Bis November 1977 konnte mit allen vier Prototypen des Alpha Jet eine Erprobungsdauer von fast 1750 Flugstunden erreicht werden. Dazu gehörten neben statischen und dynamischen Bruchzellenversuchen in Frankreich und Deutschland auch Ermüdungstests mit einigen Baugruppen bezüglich deren Lebensdauer. Anfang 1976 begannen schließlich die Vorbereitungen für die Serienferti-

Dieses Bild zeigt den Alpha Jet mit vier Behältern des Typs LRF.1, die jeweils mit 36 Luft-Boden-Raketen des Kalibers 2,75″ bestückt sind.

gung des Alpha Jet, der bereits am 30. September 1975 endgültig »Grünes Licht« erteilt worden war.
Im Sommer 1977 lieferte Dornier seinen Anteil zur Endmontage des ersten Serienflugzeugs an Dassault-Breguet, das am 4. November 1977 in Istres zu seinem erfolgreichen Jungfernflug startete. Es führt die Bezeichnung **Alpha Jet E** und entspricht in seiner Auslegung dem Trainer der Armée de l'Air. Im Laufe des Früh sommers 1978 sollen in Oberpfaffenhofen auch die ersten Serienflugzeuge der deutschen LNU-Version – **Alpha Jet A** – fliegen. Den monatlichen Ausstoß von anfangs zehn bis zwölf Flugzeugen will man ab 1978 auf sechzehn erhöhen.
Vorgesehen ist die Fertigung von 175 Alpha Jet für die Luftwaffe und 200 für die Armée de l'Air. Hinzu kommt noch Belgien, das sich im September 1973 für die Beschaffung von 33 Maschinen der Version **Alpha Jet 1B** als Nachfolgemuster der Lockheed T-33 entschied. Sechzehn Maschinen wurden im Herbst 1975 fest bestellt, für die restlichen siebzehn sicherte man sich das Vorkaufsrecht. Zu den weiteren Interessenten des Alpha Jet gehörte zeitweise auch die Türkei, die jedoch im Oktober 1977 der italienischen MB.339 den Vorzug gab. Dem Vernehmen nach beabsichtigt auch Ägypten eine Beschaffung des Alpha Jet für seine Luftstreitkräfte. 200 Maschinen der LNU-Version sollen in Lizenz gefertigt werden. Besonderes Interesse am Alpha Jet zeigt seit einiger Zeit aber auch die US Navy. Diese benötigt ab Mitte der achtziger Jahre dringend ein modernes Nachfolgemuster ihrer veraltenden

Prototyp 02 (D-9594) mit zwei 310 l-Zusatztanks (Stationen 1 und 6), vier BL.755-Streubomben (Stationen 2, 3, 4 und 5) und dem Kanonenbehälter an der zentralen Rumpfstation (7).

Kampftrainer Rockwell International T-2 Buckeye und McDonnell Douglas TA-4 Skyhawk. Da der Alpha Jet in seiner Gesamtkonzeption den Forderungen der US Navy voll entspricht, werden ihm von Fachleuten hervorragende Aussichten eingeräumt. Das neue Muster wird im Rahmen des VTX-Wettbewerbs ausgewählt, an dem auch die britische HS.1182 Hawk teilnimmt, und dann ab 1984 in Dienst gestellt. Hinzu kam 1977 die Bestellung von jeweils sechs Maschinen durch die afrikanischen Staaten Togo und Elfenbeinküste, die ab Oktober 1980 ausgeliefert werden. Außerdem sicherte sich letzterer das Vorkaufsrecht für weitere sechs Alpha Jet.
Nachdem die Armée de l'Air im Juli 1978 ihre ersten Alpha Jets übernimmt, werden der E-Stelle 61 in Manching, der TSLW 3 in Faßberg sowie der WaSLW 50 in Fürstenfeldbruck die ersten Maschinen zugewiesen. Letztere wird danach in JaboG 49 umbenannt und ab Februar 1979 als erste Alpha-Jet-Einheit der Luftwaffe einsatzbereit sein. Anfang 1981 werden auch die LeKG 41 in Husum und 43 in Oldenburg von der G.91/R3 auf die Alpha Jet umrüsten und dann ebenfalls den Status von Jagdbombergeschwadern erhalten – JaboG 41 und JaboG 43. Hinzu kommt noch ein Teil des deutschen Ausbildungskommandos auf dem Flugplatz Decimomannu in Sardinien.
Im Rahmen seiner Zivilen Komponenten Programme (ZKP) beauftragte das BMFT die Firma Dornier bereits Ende 1974 mit der Entwicklung eines superkritischen Flügels (SKF). Damit sollen die Auswirkungen der verbesserten transonischen

alpha jet 01
DANGER
SAUVETAGE

Oben: *Mit den beiden abwerfbaren 310 l-Zusatztanks hat der Alpha Jet eine Überführungsreichweite von 3047 km.*

Bild linke Seite:
Dieses Bild des Prototyps 01 läßt nicht nur einige militärische Unterflügellasten, sondern auch den Rumpfbehälter mit der DEFA 553-Kanone erkennen.

Tragwerkauslegung auf die Leistungsfähigkeit von Kampfflugzeugen untersucht werden. Als Erprobungsträger wurde der Alpha Jet ausgewählt, der sich wegen seiner Schulterdeckerkonzeption besonders gut für diese Aufgabe eignet. Der Versuchsflügel unterscheidet sich nicht nur durch superkritische Profile vom Serienflügel, sondern auch durch Manöverklappen an den Vorder- und Hinterkanten. Seine Geometrie bleibt wegen der Schwerpunkt- und Neutralpunkt-Verhältnisse unverändert. Lediglich die Flügelwurzeln werden bis in den Bereich der hinteren Cockpithaube vorgezogen. Ferner entfällt der sogenannte »Sägezahn« in den Vorderkanten des Serienflügels. Windkanalversuche mit einem 1:5-Modell verliefen vielversprechend und auch alle anderen Vorarbeiten konnten bereits abgeschlossen werden. Mit Flugversuchen ist jedoch vorerst nicht zu rechnen, da der Totalverlust des Prototyps 04 sowie nachträgliche Änderungen eine Verlängerung der Mustererprobung zur Folge hatten und somit bis heute keine Maschine zur Umrüstung auf den superkritischen Flügel zur Verfügung gestellt werden konnte.

Bei Dornier befaßt man sich außerdem schon seit 1971 mit einer kontinuierlichen Verbesserung einiger Alpha-Jet-Baugruppen. Dabei griff man besonders auf die moderne KFK-Bauweise (karbonfaserverstärkter Kunststoff) zurück, führten die beiden, im oberen Bereich des Rumpfhinterteils angeordneten Luftbremsen in KFK aus und übernahm sie nach zufriedenstellenden Versuchen mit dem Prototyp 03 für die Serienflugzeuge.

Andere Baugruppen, wie Landeklappen, Höhen- und Seitenruder, werden gegenwärtig ebenfalls in KFK-Bauweise entwickelt und man beabsichtigt, diese auch am Tragwerk versuchsweise anzuwenden.

Mit dem Alpha Jet ist ferner eine Erprobung bezüglich der Anwendung einer direkten Seitenkraftsteuerung (DFSC = Direct Side Forces Control) vorgesehen. Diese ermöglicht eine seitliche Versetzung des Flugzeugs ohne Lageänderungen. Entweder geschieht dies über einen lageänderungsfreien Schiebeflug ohne Kursänderungen oder über eine schiebefreie Kursänderung bei konstanter Roll- und Nicklage. Damit läßt sich eine Erhöhung der Treffergenauigkeit im Luft-Boden-Einsatz, eine Erweiterung des Manöverspektrums im Luft-Luft-Einsatz und eine Erleichterung bei Starts und Landungen mit Seitenwind erreichen. Bei einer entsprechenden Auslegung hinsichtlich Steuerflächen und Steuermodus lassen sich mit dieser neuen Technik einfache und ohne aufwendige Regler realisierbare Steuerungsprinzipien entwickeln. Mit der direkten Seitenkraftsteuerung ließen sich die Manövriereigenschaften des Alpha Jet nicht nur als Trainer, sondern auch als Erdkämpfer zweifellos noch weiter verbessern.

Von seiner allgemeinen Auslegung her stellt der Alpha Jet einen freitragenden Schulterdecker mit einfachem Heckleitwerk dar. Das Tragwerk mit einer aerodynamischen Fläche von 17,50 m² ist geteilt. Es weist eine V-Form von −6° auf und seine Streckung liegt bei 4,8. Die Pfeilung auf der t/4-Linie beträgt 26°, während die der Flügelnasen bei 31° im inneren und bei 34° im äußeren Bereich liegen. Letztere sind aus Wartungsgründen abnehmbar und jeweils mit einem Landescheinwerfer sowie einem »Sägezahn« versehen. Der strukturelle Aufbau des Tragwerks zeigt einen klassischen Zweiholmer, dessen Torsionskasten aus gefrästen Rippen und Beplankungsbahnen besteht und der als integraler Kraftstoffbehälter dient. Jede der beiden Flügelhälften ist an ihrer Unterseite zur Mitnahme von Außenlasten mit Stationen ausgestattet – mit zwei bei der französischen sowie mit vier bei der deutschen und belgischen Version.

Das einfache Seitenleitwerk besteht aus einer verhältnismäßig großen, dreiholmigen Flosse und einem schmalen Ruder. Im oberen Bereich liegen außen zwei VOR-Antennen und unter der GFK-Abschlußkappe eine der beiden VHF-Antennen. Das einteilige Höhenleitwerk mit negativer V-Form ist tiefer angeordnet als das Tragwerk, was gute Stabilitätseigenschaften um die Nickachse garantiert.

Der Rumpf des Alpha Jet setzt sich aus folgenden drei Hauptbaugruppen zusammen: Rumpfvorderteil mit druckdichtem Cockpit und Bugfahrwerk, Rumpfmittelteil mit Kraftstoffbehältern, Hauptfahrwerk und Lufteinläufen, sowie Rumpfhinterteil mit Triebwerken, Luftbremsen und Heckleitwerk. In der Rumpfspitze ist vor dem Schottspant und über dem Bugfahrwerkanschluß ein halbkugelförmiger Behälter mit 10 l Flüssigsauerstoff eingebaut. Die vier Prototypen des Alpha Jet erhielten jeweils zwei Zero-Zero-Schleudersitze des älteren Typs Martin-Baker Mk.4, während in den Serienflugzeugen der moderne Sitz Stencel S-III-S zum Einbau kommt. Belgien entschied sich dagegen für den Martin-Baker Mk.10. Grundsätzlich kann sich jedes Besatzungsmitglied »durch die geschlossene Haube schießen«. Die Cockpitverglasung besteht aus einem festen Windschutz mit Planscheibe und zwei nach hinten oben zu öffnenden Hauben. Ihre Gestaltung bietet der höhenunterschiedlich angeordneten Besatzung ausgezeichnete Sichtverhältnisse nach vorn und den Seiten.

Zu beiden Seiten des Rumpfes sind die großvolumigen und mit Grenzschichtschneiden versehenen Lufteinläufe angeordnet. Sie führen den im Rumpfhinterteil nebeneinander eingebauten Triebwerken das Arbeitsmedium Luft über seitliche Kanäle zu. Die Triebwerkanlage des Alpha Jet besteht aus zwei Turbofans des französischen Typs Larzac 04 von Turboméca/SNECMA, an deren Serienfertigung auf deutscher Seite die Firma MTU in München und KHD in Köln beteiligt sind. Es hat ein Einbaugewicht von 275 kg, entwickelt einen Standschub von 1350 kp und zeichnet sich durch einen besonders niedrigen spezifischen Kraftstoffverbrauch aus. Dieser liegt bei 0,70 kg/kph, so daß auch in Bodennähe längere Flüge möglich sind. Ein weiteres besonderes Merkmal des Larzac 04 ist seine Auslegung in Modulbauweise, was eine einfache Wartung ermöglicht. Hinzu kommt noch, daß sein günstiger Einbau im Alpha Jet auch die Möglichkeit einer späteren Umrüstung auf schubstärkere Varianten ohne aufwendige strukturelle Änderungen zuläßt.

Die Kraftstoffanlage des Alpha Jet hat ein Fassungsvermögen von 1900 Liter bei der deutschen LNU-Version und 1380 Liter bei der französischen Trainerversion. Sie besteht aus Integralbehältern im Rumpfmittelteil und in den Torsionskästen der beiden Flügelhälften. Außerdem ist zur Reichweitenerhöhung die Mitnahme eines abwerfbaren 310-l-Zusatzbehälters unter jedem Flügel (Station 1 und 6) möglich. Die Betankung der Anlage erfolgt entweder über einen Druckstutzen oder mittels Schwerkraft über einen Stutzen im linken oberen Übergangsbereich der Flügelwurzel zum Rumpf.

Die mit Niederdruckreifen versehenen Bug- und Haupteinheiten des Alpha-Jet-Fahrwerks sind als sogenannte Schwinghebel-Konstruktionen ausgeführt. Sie sind nach vorn hydraulisch einziehbar, was den Vorteil hat, daß bei einem völligen Ausfall der Hydraulikanlage alle drei Einheiten durch Schwerkraft ausfahren und verriegeln. Die günstig ausgelegte Fahrwerkgeometrie und das Schulterdeckertragwerk erlauben Hängewinkel bis 25° sowie Querneigungswinkel bis 39°. Dies alles garantiert auch bei schwierigsten Landemanövern einen hohen Sicherheitsgrad.

Die Versorgung des Alpha Jet mit elektrischer und hydraulischer Energie erfolgt über jeweils zwei voneinander unabhängige Systeme. Dies bedeutet, daß bei Ausfall eines der beiden Triebwerke ein sicherer Betrieb weiterhin möglich ist. Eine 36 Ah-Pufferbatterie und die beiden 9 kW-Generatoren an den Triebwerken liefern 28-V-Gleichstrom, während zwei statische Umformer gewisse Geräte mit Wechselstrom versorgen.

Die Navigations- und Waffenzielanlage des Alpha Jet besteht aus folgenden Komponenten: TACAN, VOR/ILS und Marker, Kurskreisel, Radar-Höhenmesser, Doppler-Radar und ein Blickfeld-Darstellungsgerät (HUD) für die LNU-Version. Für den Funksprechverkehr ist eine UHF/VHF-Anlage bzw. für die LNU-Version eine UHF/VHF-Notanlage vorhanden. Zur Erzielung einer möglichst optimalen Wartung wurde die Anordnung all dieser Geräte an 1:1-Ausrüstungsattrappen genau untersucht.

Für Schießübungen und taktische Einsätze kann der Alpha Jet an der zentralen Rumpfstation einen von Dornier entwikkelten Behälter mitführen, der bei der französischen Trainerversion mit einer 30 mm-Revolverkanone des Typs DEFA 553 (150 Schuß) bestückt ist. Die deutsche LNU-Version wird dagegen mit einer 27 mm-Trommelkanone des Typs Mauser BK 27 (150 Schuß) bewaffnet. Bei

Am 4. November 1977 flog in Istres als Alpha Jet E das erste aus der Serienfertigung stammende Flugzeug.

letzterer handelt es sich um die gegenwärtig modernste Bordkanone, deren Kadenz bei 1700 Schuß/min liegt. Sie kommt auch im europäischen Mehrzweck-Kampfflugzeug Tornado zum Einbau. Je nach Einsatzart kann der Alpha Jet an seinen vier bzw. zwei Unterflügelstationen die verschiedensten militärischen Außenlasten mitführen – vom 12,7-mm-MG-Behälter mit 250 Schuß über Spreng-, Streu- und Napalmbomben bis hin zu Behältern mit Luft-Boden-Raketen. Vorgesehen ist außerdem noch ein von Dornier entwickelter Sonderbehälter mit verschiedenen Kameras für die Gefechtsfeldaufklärung. Dieser in Modulbauweise ausgelegte Pod eignet sich neben der Ausrüstung mit optischen und optronischen Geräten aber auch für die Aufnahme von rein elektronischen Sensoren.

Abschließend kann man sagen, daß der Alpha Jet alle an ihn gestellten taktischen Forderungen voll erfüllt und daß er mit seiner dreifachen Kampfkraft ein echtes Nachfolgemuster der Fiat G.91/R3 darstellt. Seine Indienststellung bei der Armée de l'Air ab Juli 1978 und danach bei der Luftwaffe hat demnach ihre volle Berechtigung.

General Dynamics/FW F-16

Wenn in der gegenwärtigen Planung der US Air Force alles wie vorgesehen abläuft, dann wird das 388th Tactical Fighter Wing in Hill AFB, Utah, schon Anfang 1979 als erster Einsatzverband von der F-4D Phantom II auf die neue F-16 umrüsten. Das zum Tactical Air Command gehörende Geschwader wird zu einem späteren Zeitpunkt einen Sollbestand von 102 F-16A/B haben. Dreißig Maschinen werden allerdings in der Anfangsphase einer Training Squadron angehören, deren Hauptaufgabe die Erprobung der F-16 unter Einsatzbedingungen ist. Die Auftragslage dieses Jägers der nächsten Generation, den die USAF zusammen mit der F-15 Eagle einsetzen will, beläuft sich auf fast 2000 Maschinen der Versionen **F-16A** (einsitzig) und **F-16B** (zweisitzig). Hinzu kommt noch der Bedarf der Luftstreitkräfte einiger anderer Länder, zu denen neben Griechenland, Australien, Japan, Kanada, Spanien, Südkorea auch Israel, Jordanien, die Türkei und der Iran gehören. Ende 1977 lag der potentielle Gesamtbedarf an einem Flugzeug in der Größenordnung und Leistungsklasse der F-16 bei fast 4000 Maschinen.

Die Geschichte dieses einzigartigen Flugzeugs, dem nach Ansicht vieler Fachleute eine unvergleichliche Zukunft bevorsteht, reicht zurück bis in das Jahr 1971. Zu dieser Zeit forderte die US Air Force einen relativ einfachen Hochleistungsjäger, zu dessen primären Merkmalen überlegene Manövriereigenschaften – superior dogfight capabilities – gehören sollten. Nach einem Vorwettbewerb erhielten die Herstellerfirmen Ge-

Am 2. Februar 1974 startete die erste F-16 (72-01567) unter der Führung von Phil Oestricher in Edwards AFB zu ihrem erfolgreichen Jungfernflug.

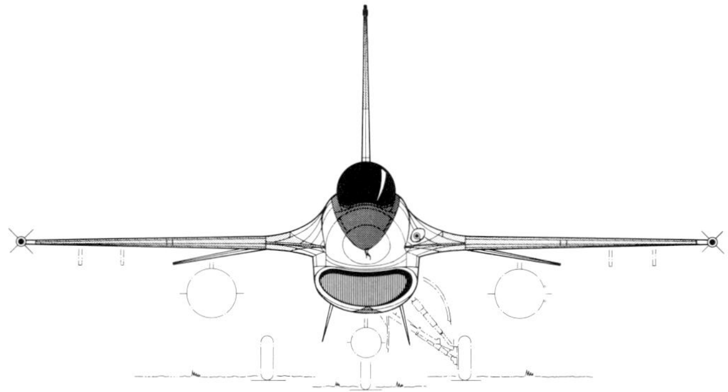

General Dynamics/FW YF-16

1. Prototyp - Serial No. 72-01567, Juli 1974

Technische Daten und Leistungsangaben

Verwendung: Jagdflugzeug und Jagdbomber, Triebwerk: 1 Pratt & Whitney F100-PW-100(3), Triebwerkleistung: 11325 kp mit Nachverbrennung, Besatzung 1 Mann, Spannweite: 9,45 m ohne, 10,01 m mit zwei AIM-9, Länge: 14,32 m mit Staurohr, Höhe: 5,01 m, Spurweite 2,66 m, Flügelfläche: 27,87 m², Leergewicht: 6775 kg, Gesamtlast: 8105 kg, Startgewicht: 14880 kg maximal, Flächenbelastung: 533 kg/m², Leistungsbelastung: 1,3 kg/kp, Höchstgeschwindigkeit: Mach 2,2 in 11000 m Höhe, Einsatzradius: >885 km (Air Superiority), Überführungsreichweite: >4000 km, Dienstgipfelhöhe: 18300 m, Bewaffnung: eine 20-mm-Kanone M61A-1 Vulcan mit 512 Schuß und zwei AIM-9E Sidewinder, Kampfmittelzuladung: 6915 kg.

0 1 2 3 m
0 5 10'

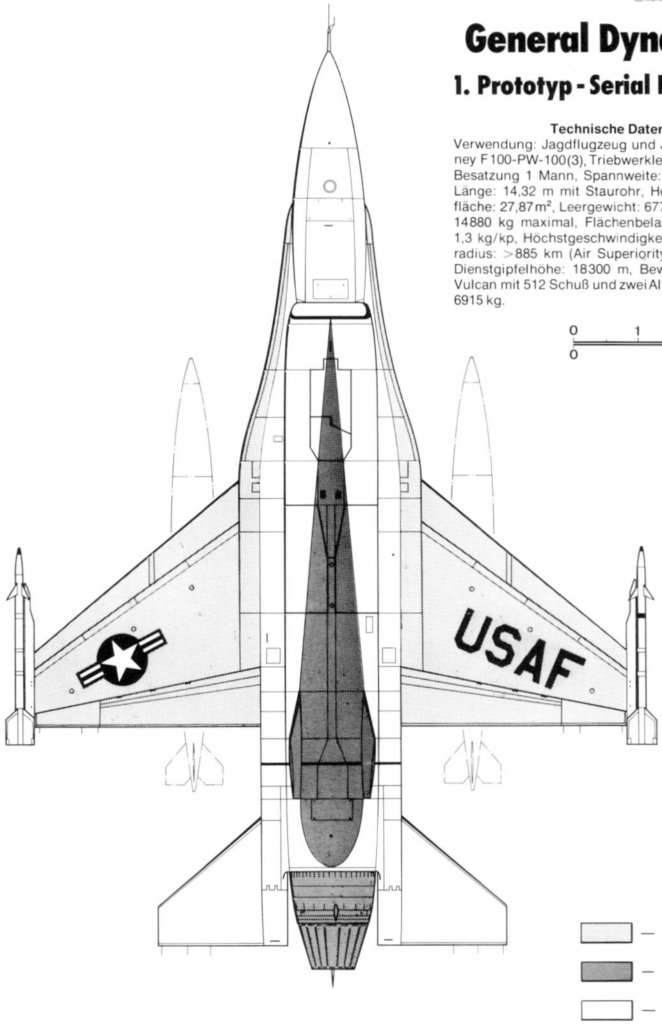

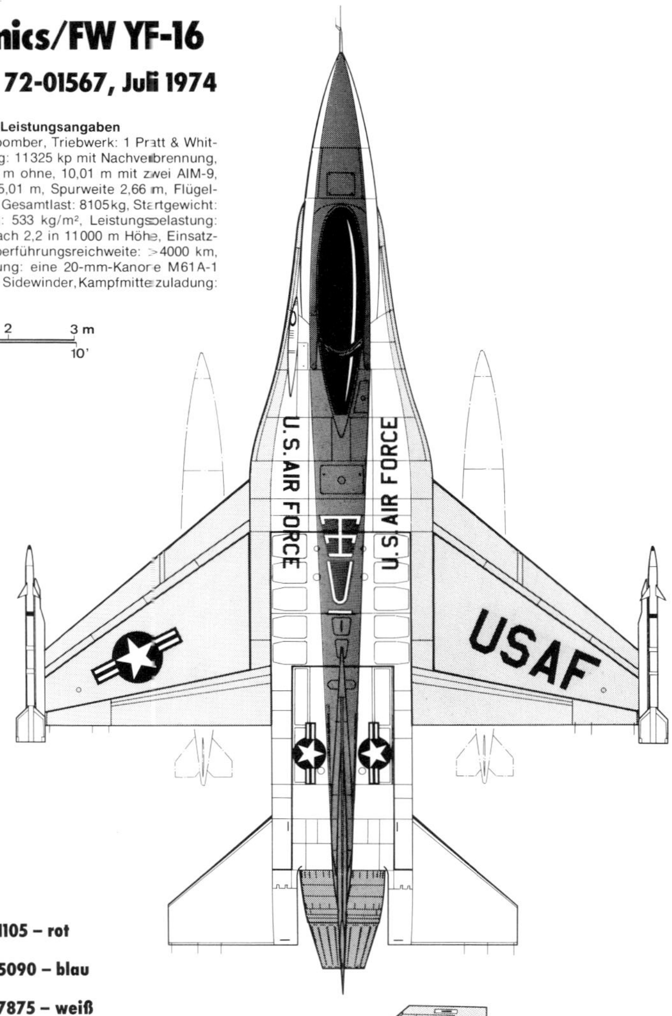

– **FS.11105 – rot**

– **FS.15090 – blau**

– **FS.17875 – weiß**

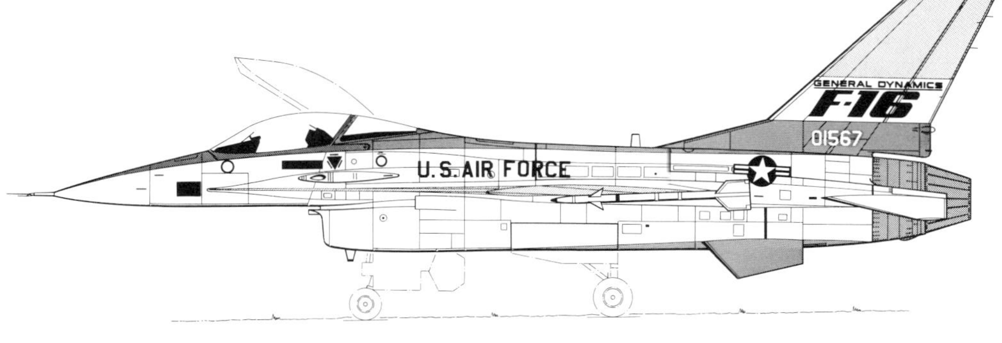

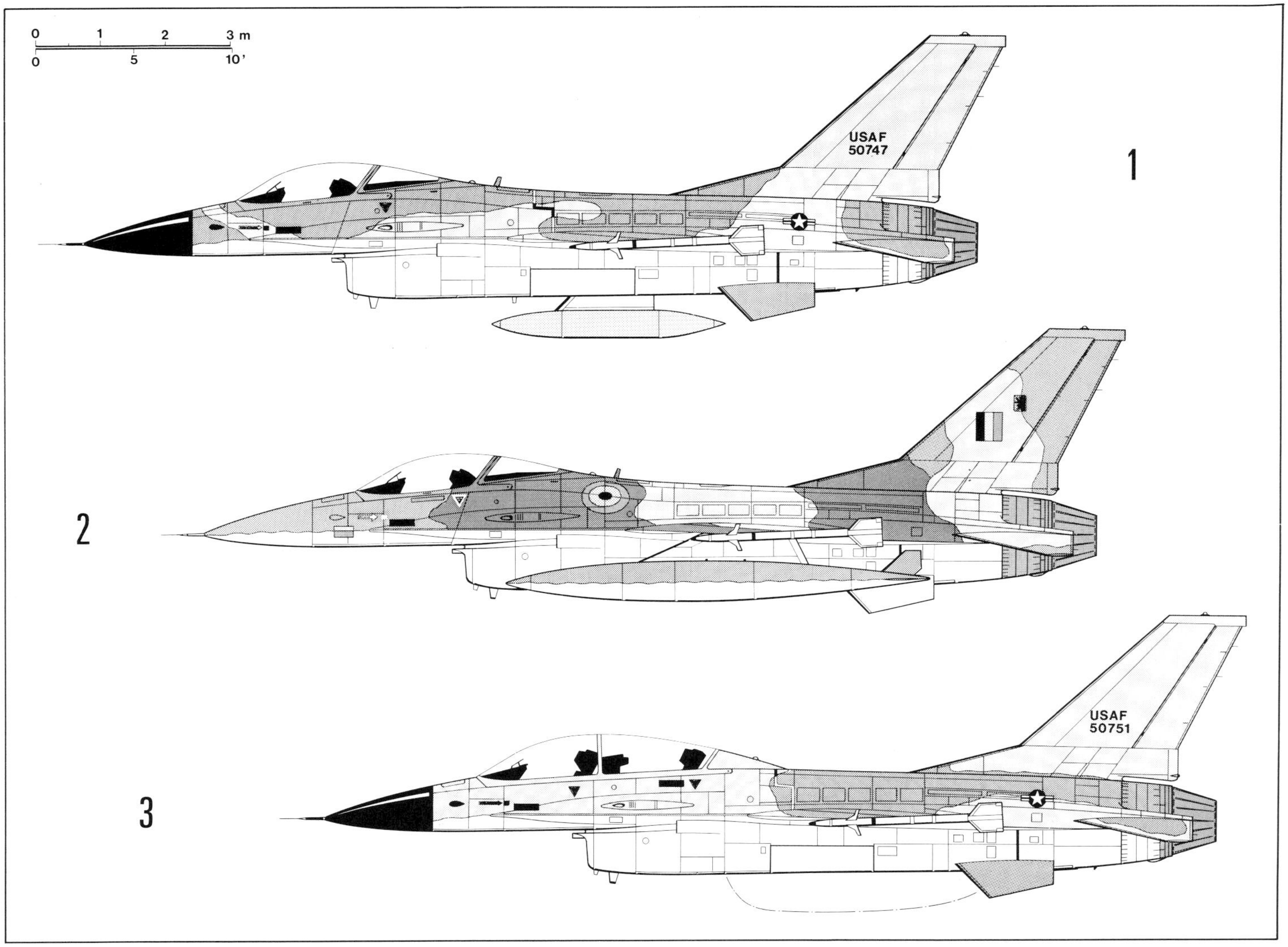

1: *F-16A – US Air Force, 3. Vorserienflugzeug, Mai 1977.* **2:** *F-16A – Force Aérienne Belge, 1980.* **3:** *F-16B – US Air Force, 4. Vorserienflugzeug, August 1977.*

neral Dynamics in Fort Worth und Northrop in Hawthorne im April 1972 den Auftrag zur Fertigung und Flugerprobung von je zwei Maschinen ihrer eingereichten Entwürfe Model 401 und P.600.

Im Gegensatz zum letzteren, dessen Konzeption weitgehend auf dem Projekt P-530 Cobra basierte, stellte das Model 401 einen völlig neuen Entwurf dar. Es erhielt die Typenbezeichnung F-16, und sein Musterbau erfolgte bei der Convair Aerospace Division in Fort Worth, Texas. Ende Oktober 1973 konnte die Endmontage des ersten Prototyps abgeschlossen werden, und nach der Funktionsprüfung aller Bordsysteme wurde die erste YF-16 (72-01567) an Bord einer Lockheed C-5A Galaxy nach Edwards AFB überführt.

Am 2. Februar 1974 startete die Maschine unter der Führung von Philip Oestricher, dem Cheftestpiloten für das F-16-Programm, zu ihrem erfolgreichen Jungfernflug. Ihren inoffiziellen Erstflug hatte sie mit einer unfreiwilligen Platzrunde schon am 20. Februar absolviert. Nach der ersten Phase ihrer Flugerprobung und eindrucksvollen Vorführungen in Europa wurde sie als CCV-Versuchsträger umgebaut. Mit zwei zusätzlichen Steuerflächen (Strakes) unterhalb des Lufteinlaufs nahm sie am 16. März 1976 ihre Flugerprobung wieder auf. Ihr folgte am 9. Mai 1974 der zweite Prototyp (72-01568). Beide Maschinen konnten bis März 1977 eine aus 820 Flügen bestehende Mustererprobung mit 975 Flugstunden hinter sich bringen. Dazu gehörten auch Testflüge mit doppelter Schallgeschwindigkeit in verschiedenen Höhen und zahlreiche Luftbetankungen. Im letzteren Fall betrug der längste Flug neun Stunden (!). Die abschließende Phase der ACF-Erprobung (Air Combat Fighter) in Edwards AFB bestand in erster Linie aus Waffenversuchen. Dabei wurden nicht nur Luft-Luft-Lenkwaffen der Typen Sidewinder (AIM-9) und Sparrow (AIM-7) und die M.61-Kanone abgefeuert, sondern auch Mk.82-, Mk.83- und Mk.84-Bomben abgeworfen.

Während der gesamten Flugerprobung, die für die YF-16 ein voller Erfolg war, wurden beide Maschinen von fünfzehn Piloten geflogen. Am 13. Januar 1975 gab die US Air Force ihre Entscheidung im Wettbewerb um den Lightweight Fighter (LWF) bekannt. Sie gab der YF-16 den Vorzug gegenüber der von Northrop entwickelten YF-17. Während des Aero Salons 1975 war die erste YF-16 einer der fliegerischen Höhepunkte. Sie wurde in dessen Verlauf erstmals auch in Europa

Im Gegensatz zum blau-weiß-roten ersten Prototyp erhielt die zweite YF-16 (72-01568) einen neuen Zweifarben-Sichtschutz in hellblau/weißgrau, den man jedoch bald wieder aufgab.

einer breiten Öffentlichkeit vorgestellt und beeindruckte nicht nur den Fachmann durch ihre außergewöhnlichen Manövriereigenschaften. Auch in der statischen Schau gehörte sie zu den am meisten umlagerten Flugzeugen des Salons. Ihr inoffizielles Debüt in Europa hatte die YF-16 jedoch schon einige Wochen vorher, denn sie unternahm seinerzeit eine Demonstrationstour in den Ländern, die auf der Suche nach einem Starfighter-Nachfolger waren – Norwegen, Dänemark, Belgien und die Niederlande. Hier konnte sie sich schließlich gegen stärkste Konkurrenz in Form der Mirage F.1 International und der AJ37E Viggen durchsetzen und den sogenannten »Kampfflugzeug-Wettbewerb des Jahrhunderts« gewinnen. Die erwähnten vier Länder werden insgesamt 348 Serienflugzeuge der Versionen F-16A/B beschaffen, deren erstes schon Anfang 1979 ausgeliefert werden soll. Sie teilen sich wie folgt auf: Norwegen 72, Dänemark 58, Niederlande 102 und Belgien 116. Hinzu kommt noch der Iran, dessen Luftstreitkräfte vorerst 160 Maschinen der Versionen A/B erhalten werden, und zwar ab Anfang 1980.

Von der amerikanischen Standardversion wird sich die europäische F-16 nur wenig unterscheiden. Sie wird allerdings nicht über den Anschluß für Flugbetankungen verfügen und im hinteren Bereich der Seitenflossenwurzel einen Bremsschirm erhalten. Darüber hinaus sollen einige Geräte der allgemeinen Ausrüstung und Avionik dem europäischen Standard angepaßt werden. Bezogen auf die Gesamtfertigung von 2000 Flugzeugen liegt der Flyaway-Preis einer F-16 bei $ 5,3 Mio.

Doch zurück zu General Dynamics, der Herstellerfirma der F-16, der dem Vernehmen nach nunmehr der Weg zu einem großen, weltweiten Markt geöffnet ist. Außer den genannten interessieren sich die Luftstreitkräfte weiterer Länder für dieses Flugzeug, zu denen auch die der Bundesrepublik Deutschland gehören sollen. Die seit langem angestrebte und immer wieder diskutierte Standardisierung von Fluggerät innerhalb der NATO sei erst dann wirklich sinnvoll, wenn auch die deutsche Luftwaffe die F-16 beschaffe (!).

Gleichzeitig mit ihrer Entscheidung zugunsten der F-16 gab die US Air Force eine Vorserie von fünfzehn Maschinen in Auftrag, die allerdings bald auf acht reduziert wurde – sechs einsitzige F-16A

und zwei doppelsitzige F-16B. Am 20. Oktober 1976 wurde die erste Maschine (75-0745) in Fort Worth aus der Halle gerollt, und am 8. Dezember startete sie zu ihrem ersten Flug. Gegenüber den beiden Prototypen weist sie einige Änderungen und Verbesserungen auf, zu denen besonders eine Verlängerung des Rumpfvorderteils um 330 mm, sowie eine Vergrößerung der Flächen des Tragwerks (+7,1 Prozent) und Höhenleitwerks (+15,3 Prozent) gehört. Am 24. Februar 1977 flog die zweite F-16A (75-0746), die seitdem in erster Linie für Versuche zur strukturellen Belastbarkeit verwendet wird. Auch die dritte F-16A (75-0747) ließ nicht lange auf sich warten, denn sie startete am 3. Mai 1977 zu ihrem Erstflug. Sie dient ausschließlich als »Avionik-F-16«, wird aber auch für Flatterversuche eingesetzt.

Als erster Zweisitzer mit der Bezeichnung F-16B gilt die 75-0751, die am 8. August 1977 erstmals flog und die seitdem zur Erprobung der Flugeigenschaften und -leistungen, aber auch für Waffenversuche verwendet wird. Ende 1977 akzeptierte die USAF die vierte F-16A (75-0748), die am 17. Oktober 1977 flog und ab Herbst 1978 im Rahmen des Programms *Seek Eagle* eingehend erprobt werden soll. Dabei wird es primär um die Flugeigenschaften bei voller Waffenzuladung gehen, die ja inzwischen beträchtlich erhöht wurde und bei fast 4800 kg liegt. Hinzu kommen noch drei abwerfbare Zusatztanks, so daß die maximale Außenlastkapazität 6915 kg beträgt. Die fünfte F-16A (75-07 49) ist ausschließlich für verschiedene Klimaversuche vor-

Das obere Bild zeigt die zweite YF-16 mit zwei Mk.84-Sprengbomben beim Hochgeschwindigkeitsflug in Bodennähe.

Nach der Beendigung ihrer Anfangserprobung wurde die erste YF-16 als CCV-Versuchsträger umgebaut. Unterhalb des Lufteinlaufs erkennt man die um ±25° drehbaren Strakes, mit denen u. a. auch ein seitlicher Kursversatz ohne Gierbewegungen möglich ist.

General Dynamics/FW F-16A – US Air Force, 1. und 2. Vorserienflugzeug (75-0745 vorn und 75-0746 hinten), Fort Worth, Texas 1977.

Panavia Tornado P.07 (98+06) – MBB-Erprobungsträger für Avionik, Hannover-Langenhagen 1976.

Bild rechte Seite:
Hawker Siddeley Hawk T Mk.1 – Royal Air Force, 1. Prototyp (XX154), Dunsfold 1975.

XX154

Northrop YF-17 (72-01570) – US Navy, Research & Development-Flugzeug für McDonnell Douglas/Northrop F-18A Hornet, Palmdale 1977.

Zur Bekämpfung gepanzerter Bodenziele kann die F-16 entsprechende Luft-Boden-Lenkwaffen mitführen. Hier sind an den Außenstationen 2 und 6 des zweiten Prototyps sechs AGM-69 Maverick aufgehängt.

gesehen. Mit den beiden nächsten Vorserienflugzeugen (75-0750 und -0752) will man vor allem gründliche Wartungs- und Zuverlässigkeitstests durchführen. Die letzte von ihnen ist dann als F-16B wieder ein Zweisitzer.

Inzwischen ist aber auch das multinationale Programm der Serienfertigung der F-16 angelaufen, und nach der Terminplanung sollen schon im Juli 1978 die ersten Maschinen ausgeliefert werden. Es dauerte fast zwei Jahre, bis sich die Firmen in den einzelnen, am F-16-Programm beteiligten Ländern über die gemeinsame Fertigung im Detail geeinigt hatten. Alle diesbezüglichen Verträge konnten jedoch im Mai 1977 unterzeichnet werden. An der Gesamtfertigung der F-16 sind u. a. folgende uropäische Firmen beteiligt: Fokker-VFW (Rumpfmittelteil, Querruder und Vorflügel), Fairey (Rumpfhinterteil und Seitenleitwerk), SABCA (Flügel), Fabrique Nationale (Triebwerkteile und -montage), Per Udsen (Flügelpylons), Nordisk (1400-Liter-Zusatztanks) und DAF (Fahrwerk). Hinzu kommen noch zahlreiche Zulieferfirmen für die allgemeine Ausrüstung und Bewaffnung. Zwei Taktstraßen wurden in Europa für die Endmontage eingerichtet, eine bei Fokker-VFW in Schiphol bei Amsterdam und eine zweite bei Fairey/SABCA in Gosselies bei Brüssel. Beide Firmengruppen sind auch für die spätere Betreuung der F-16 verantwortlich. In den genannten Werken ist 1979 die Endmontage von dreißig Maschinen geplant. Sechzig weitere sollen 1980 geliefert werden, und zwar mit einem monatlichen Ausstoß von sechs Maschinen,

U.S.A.
GENERAL DYNAMICS
F-16
01568

GENERAL DYNAMICS
F-16

Oben: *Dieses Flugbild der ersten F-16A (75-0745) läßt das aufgedickte Rumpfvorderteil deutlich erkennen. Unterhalb des Cockpits die Flaggen der am Gesamtprogramm beteiligten Länder.*

Bilder linke Seite:
Mit der zweiten YF-16 untersucht GD seit Herbst 1977 die Mitnahme von zwei weiteren Luft-Luft-Lenkwaffen des Typs AIM-7 Sparrow an neuentwickelten Fahrwerkklappenpylons.

Sparrow-Schießversuche mit der 72-01568 fanden im November 1977 über China Lake, California, statt. Die US Air Force beabsichtigt jedoch nicht, ihre F-16A/B mit Sparrows auszurüsten.

während die Fertigungsrate bei General Dynamics in Fort Worth bei fünfzehn Maschinen liegt, die man noch vor 1982 erreichen will. Die Koninklijke Nederlandse Luchtmacht (KNL) will schon 1979 in Leeuwarden die erste Staffel aufstellen, und die europäische Serienfertigung der F-16 wird fünf Jahre später auslaufen.
Über die Weiterentwicklung der Gesamtkonzeption der F-16 macht man sich in Fort Worth schon seit einiger Zeit Gedanken und hat auch bereits Vorschläge ausgearbeitet. Die Modifikation des ersten Prototyps (72-01567) als CCV-Erprobungsträger war diesbezüglich nur ein erster Schritt auf dem Weg zu Jagdflugzeugen mit noch besseren Manövriereigenschaften. Erwähnenswert sind aber vor allem die Bemühungen von GD um die Verwirklichung eines taktischen Aufklärers mit der vorläufigen Bezeichnung **RF-16.** Parallel zueinander untersucht man gegenwärtig die Anordnung von modernen Recce-/ECM-Systemen im Rumpf und in Pods. Hinzu kommt noch die Verwendung der F-16 als Interceptor mit Luft-Luft-Lenkwaffen des Typs AIM-7 Sparrow. Diese können nach der Anordnung von modifizierten Flügelstationen (Nr. 3 und 7), aber auch von neuentwickelten Fahrwerkklappenpylons abgefeuert werden.
Darüber hinaus konstruierte man bei GD als Rüstsatz einen neuen Lufteinlauf mit variabler Geometrie und untersucht auch neuartige Mehrzweckbehälter, die im oberen oder unteren Übergangsbereich der Flügel zum Rumpf vorgesehen sind. Wie die FAST Pack Pallets der F-15 Eagle können in diesen widerstandsarmen

0-30240
UTAH AIR GUARD
U.S.
F-16

Oben: *Am 3. Mai 1977 flog auch die dritte F-16A (75-0747). Sie erhielt als erste Maschine das neue Westinghouse-Radar und wird in erster Linie für Avionikversuche verwendet.*

Bilder linke Seite:
Zur Verbesserung ihrer Reichweitenleistungen kann die F-16A/B auch im Flug betankt werden. Hier hängt das erste Vorserienflugzeug am Boom einer KC-97L der Utah ANG.

Das untere Bild zeigt die zweite F-16A (75-0746) mit achtzehn 500 lb-Bomben (Mk.82) an den Flügelstationen. Dies entspricht einer Last von 4077 kg.

Sonderbehältern nicht nur Kraftstoff (> 2000 Liter), sondern auch Waffen und ECM-Geräte installiert werden.
Bei dem Flugzeugmuster F-16 handelt es sich um einen einstrahligen Mitteldecker mit einfachem Seitenleitwerk. Hinsichtlich der Forderung nach extrem guten Flugeigenschaften im Kurvenkampf weist dieses Flugzeug einige aerodynamische Besonderheiten auf. Primär ins Auge fallen dabei die weit nach vorn gezogenen, scharfkantigen Flügelwurzeln. Sie erzeugen wirbelzopfartige Strömungen und sorgen zusammen mit automatischen Vorflügeln für optimale Auftriebsverhältnisse des Tragwerks. Dies gilt nicht nur bei hohen Anstellwinkeln im Langsamflug, sondern auch im Überschallbereich. Bei der Auswahl des Profils entschieden sich die Aerodynamiker in Fort Worth nach eingehenden Windkanalversuchen für das NACA 64A-204. Der in seiner Struktur konventionell aufgebaute Flügel hat eine Nasenpfeilung von 40° und ein Seitenverhältnis von 3,0. Auffallend großflächig ist die Seitenflosse ausgelegt, die ebenfalls einen hohen Anteil an den außergewöhnlich guten Dogfight Capabilities der F-16 hat. Hinzu kommen an der Unterseite des Rumpfhecks noch zwei nach außen geneigte Kielflossen, zwischen denen zur Verkürzung der Landerollstrecke ein Fanghaken angeordnet ist. Das Rumpfheck selbst ist beiderseits der Schubdüse als oberes und unteres Bremsklappenpaar mit einem Öffnungswinkel von 60° ausgebildet. Die beiden Pendelruder des Höhenleitwerks, das eine Spannweite von 5,49 m und eine V-Stellung von −10° hat, sind untereinan-

USAF
50747

Oben: *Als erster Zweisitzer flog am 8. August 1977 das vierte Vorserienflugzeug (75-0751). Es führt die Bezeichnung F-16B und ist mit einem dritten LV-Sichtschutz versehen. Noch 1978 soll diesbezüglich eine endgültige Entscheidung fallen.*

Start der dritten F-16A und ersten F-16B in Edwards AFB zu einem gemeinsamen Testflug.

Bilder linke Seite:
Mit der dritten F-16A wird gleichzeitig auch ein neuer Zweifarben-Sichtschutz in dunkleren graublauen Farben untersucht.

Das untere Bild der dritten F-16A läßt den Verlauf des LV-Sichtschutzes (Low Visibility) auf den Oberseiten gut erkennen.

der austauschbar. Bei der Konstruktion der beiden Ruderhälften griff man auf die gewichtssparende KFK-Bauweise mit Honeycombkernen aus Leichtmetall zurück.
Außer einer elektrischen Impulssteuerung (Fly-by-wire) in vierfach ausfallsicherer Ausführung zählt auch das Cockpit zu den technischen Neuheiten der F-16. Es ist serienmäßig mit einem Zero-Zero-Schleudersitz des von McDonnell Douglas entwickelten Typs ACES (Advanced Conception Ejection Seat) ausgestattet, während die beiden Prototypen jeweils über einen Escapac IH-8 von MDD verfügen. Er ist um 30° nach hinten geneigt und läßt den Piloten die hohen Beschleunigungskräfte im engen Kurvenflug und Luftkampf besser ertragen. Für die Verglasung der Cockpithaube wählte man einen von Sierracin entwickelten Plastikwerkstoff auf Polycarbonat-Basis. Die blasenförmige Haube ist einteilig und gestattet nach Aussagen aller Piloten beste Rundumsichtverhältnisse. Ihre Dicke mußte im Laufe der Zeit aus Festigkeitsgründen von 9,5 mm auf 19 mm erhöht werden. Das Cockpit dürfte in seiner Gesamtauslegung beispielhaft sein.
Als Triebwerk wählte man für die F-16 den Turbofan F100-PW-100(3) von Pratt & Whitney, der eine Schubleistung von 6400 kp ohne und 11325 kp mit Nachverbrennung entwickelt. Dieses Aggregat dient bekanntlich auch als Antrieb des zweistrahligen Kampfflugzeugs F-15 Eagle. Der maulförmige Lufteinlauf ohne Regelklappen befindet sich an der Unterseite des Rumpfes, dessen elliptischer Querschnitt in diesem Bereich unten ab-

Oben: *Dieses Bild der ersten F-16B verdeutlicht den ausgezeichneten Tarneffekt ihres Zweifarben-Sichtschutzes.*

Bild linke Seite:
An ihren Außenstationen kann die F-16A/B bis zu 6915 kg Kampfmittel mitführen. Hier das komplette Arsenal, bestehend aus Bomben verschiedener Kaliber, Raketenbehältern, Sonderwaffen und Mavericks.

geflacht und somit der Einlaufströmung angepaßt ist. Die Kraftstoffanlage der F-16 besteht aus Rumpf- und Flügelbehältern mit einem Fassungsvermögen von 3160 kg. Zur Reichweitenverlängerung kann sie jedoch an ihren Außenstationen noch drei abwerfbare Zusatzbehälter mitführen und auch im Flug betankt werden. Der Füllstutzen befindet sich auf der Rumpfoberseite, unmittelbar vor dem Auslauf der Seitenflosse. Die Fähigkeit für Langstrecken-Überführungsflüge der F-16 konnte der zweite Prototyp (72-01568) am 20. Mai 1977 nachweisen. Col. Jim Rider benötigte für die über 4000 km lange Strecke von Edwards AFB, California, nach Andrews AFB, Maryland, im Nonstopflug ohne Nachtanken nur knappe vier Stunden.

Die beiden nach vorn einziehbaren Haupteinheiten des Fahrwerks mit ihren 25,5×8-14-Rädern haben eine Spurweite von 2,66 m. Die Bugeinheit (18×5,5-8) wird dagegen nach hinten eingezogen und unterhalb des Lufteinlaufkanals verriegelt. Es wurde von Menasco entwickelt und ist mit einem Gleitschutzsystem ausgestattet. Außerdem sind achtzig Prozent der Hauptfahrwerkteile untereinander austauschbar.

Herzstück der Avionik ist das Feuerleitradar 296-1B, mit dem sich Westinghouse gegenüber dem von Hughes ausgearbeiteten Vorschlag letztlich durchsetzen konnte. Es ist für den Luft-Luft- und Luft-Boden-Betrieb geeignet und besteht aus sechs schnell auswechselbaren Hauptkomponenten, zu denen u. a. neben einem Computer auch eine Planar-Antenne gehört. Diese ist am ersten Spant des

Rumpfvorderteils angeschlossen, während die meisten Geräte der Avionik leicht wartbar dahinter eingebaut sind. Die um zwei Achsen bewegliche Antenne fiel etwas größer als erwartet aus, so daß man das Rumpfvorderteil der F-16 ab den Vorserienflugzeugen abändern mußte. Das Radarsystem hat eine Reichweite bis zu 148 km, und seine mittlere Funktionslebensdauer wird im Stadium der fortgeschrittenen Entwicklung bei 1000 Stunden liegen.

Das normale Startgewicht der F-16 als Luftkampfjäger liegt bei 10320 kg, was gegenüber der YF-16 eine Erhöhung um fast vier Prozent bedeutet. Doch trotz mehr Kraftstoff und weiterer Außenstationen konnte man das Zellengewicht auch ohne die größere Anwendung moderner Faserwerkstoffe niedrig halten. 80,6 Prozent der gesamten Struktur bestehen aus Leichtmetallegierungen, während sich der Rest aus Stahl, Titan und exotischen Werkstoffen zusammensetzt. Als Erdkämpfer bringt die F-16 mit fast 15000 kg schon erheblich mehr auf die Waage. An ihren insgesamt neun Außenstationen kann sie eine beachtliche Zahl militärischer Lasten mitführen, und zwar bis zu einem Gesamtgewicht von 6915 kg. Dazu gehören neben Sprengbomben und Raketenbehältern auch moderne Luft-Boden-Lenkwaffen des Typs AGM-69 Maverick und Eloka-Behälter der Typen AN/ALQ-119 und -131. Für den Luftkampf und den Beschuß von Erdzielen ist die F-16A/B standardmäßig mit einer 20-mm-Kanone des Gatling-Typs M.61-A1 Vulcan bewaffnet. Sie ist im linken Übergangsbereich des Flügels zum Rumpf

Der Iran entschied sich am 27. Oktober 1976 für die F-16A/B und gab 160 Maschinen (128 Ein- und 32 Doppelsitzer) in Auftrag, deren erste ab Mitte 1980 ausgeliefert werden. Hier die Zeichnung einer F-16A mit den Kennzeichen der Imperial Iranian Air Force.

Die vierte F-16A (75-0748) flog am 17. Oktober 1977 erstmals. Sie wurde drei Wochen später nach Edwards AFB überführt, wo sie im Rahmen des Programms Seek Eagle eingehend erprobt wird. Dabei geht es in erster Linie um die Flugeigenschaften bei voller Waffenzuladung.

Die israelischen Luftstreifkräfte erhalten vorerst 75 Maschinen der Versionen F-16A/B. Dieses Artists Impression zeigt eine F-16A in den Farben der Heil Ha'Avir über der vorchristlichen Felsenfestung Mass'ada am Toten Meer.

starr eingebaut, und ihr trommelförmiger Munitionsbehälter mit 512 Schuß befindet sich im oberen Rumpfbereich unmittelbar hinter dem vorderen Kraftstoffbehälter. General Dynamics untersuchte aber auch den Einbau der europäischen Bordkanonen Mauser BK.27, DEFA 553 und Oerlikon KCA, die jeweils ohne Schwierigkeiten in dem vorhandenen Raum installiert werden können.
Abschließend muß man feststellen, daß die F-16 zweifellos erst am Anfang ihrer Entwicklung steht und daß sie mit an Sicherheit grenzender Wahrscheinlichkeit bis gegen Ende dieses Jahrhunderts in weiteren Versionen gebaut wird.

Panavia Tornado (MRCA)

Die Geschichte des europäischen Mehrzweck-Kampfflugzeugs Panavia Tornado, dem bisher größten und kostspieligsten Verteidigungsvorhaben Westeuropas, geht zurück bis in das Jahr 1967. Zu dieser Zeit stand endgültig fest, daß man das sogenannte AVS-Projekt nicht realisieren würde. Wegen einer neuen, geänderten NATO-Konzeption ließ man diesen auch mit A-400 bezeichneten Entwurf eines VSTOL-Nachfolgemusters der F-104G wieder fallen und wandte sich dem Neuen Kampfflugzeug (NKF) zu. Doch auch dieses kam über sein Projekt- und Attrappenstadium nicht hinaus und verschwand wieder in den Panzerschränken. Zur selben Zeit stellte man auch in einigen anderen europäischen Ländern ähnliche Untersuchungen an. Die British Aircraft Corporation und Dassault arbeiteten seinerzeit den Entwurf eines Schwenkflügeljägers (AFVG) aus, der auf der P.45 und Mirage V basierte. Er verblieb jedoch ebenfalls im Reißbrettstadium und wurde nicht verwirklicht. Auf französischer Seite entschied man sich damals für die Mirage G.3, so daß die Engländer plötzlich alleinstanden.
Anfang 1968 beschlossen die Luftwaffenchefs von fünf Nationen – Bundesrepublik Deutschland, Italien, Belgien, Kanada und die Niederlande – die Ausarbeitung militärischer Forderungen für ein Nachfolgemuster des Starfighters. Bereits im Mai 1968 fand in Rom eine Konferenz statt, auf der man sich über ein Programm zur gemeinsamen Entwicklung des Mehrzweck-Kampfflugzeugs **MRCA 75** (Multi Role Combat Aircraft) grundsätzlich einigte. An dieser Konferenz, die als einer der ersten Meilensteine in der Geschichte des europäischen Kampfflugzeugs anzusehen ist, nahmen auch einige Beobachter der Royal Air Force teil. Es war gleichzeitig ein bemerkenswerter erster Versuch, zu einer Standardisierung von militärischem Fluggerät in Europa zu gelangen.
Mittlerweile hatten deutsche und briti-

Am 14. August 1974 startete von der Piste des Fluplatzes Manching/Ingolstadt der erste Tornado-Prototyp P.01 (D-9591) zu seinem Jungfernflug. Die Kennzeichen der Maschine wurden vor einiger Zeit abgeändert, sie lauten seitdem 98 + 04.

Panavia Tornado (MRCA)

Technische Daten und Leistungsangaben

Verwendung: Mehrzweck-Kampfflugzeug, Triebwerk: 2 Turbo-Union RB. 199-34 R, Triebwerkleistung: 2×3860 kp ohne, 2×6580 kp mit Nachverbrennung, Besatzung: 2 Mann, Spannweite: 13,90 m bei 25° Pfeilung, 8,36 m bei 6[illegible]° 24 Pfeilung, Länge: 17,23 m mit Staurohr, Höhe: 5,68 m, Spurweite: 3,10 m, Radstand: 5,27 m, Flügelfläche: 31,0 m², Rüstgewicht: 12700 kg, Zuladung: 10800 kg, Startgewicht: 23500 kg maximal, Flächenbelastung: 758 kg/m², Leistungsbelastung: 1,7 kg/kp, Höchstgeschwindigkeit: Mach 2,2 in 11000 m Höhe, Mach 1,1 in Bodennähe, Aktionsradius: 1200 km (Hi-Lo-Hi), Überführungsreichweite: 4830 km, Dienstgipfelhöhe: 15300 m, Bewaffnung: zwei 27 mm-MK IWKA-Mauser mit 250 Schuß, Kampfmittelzuladung: 8200 kg maximal.

0 1 2 3 m
0 5 10'

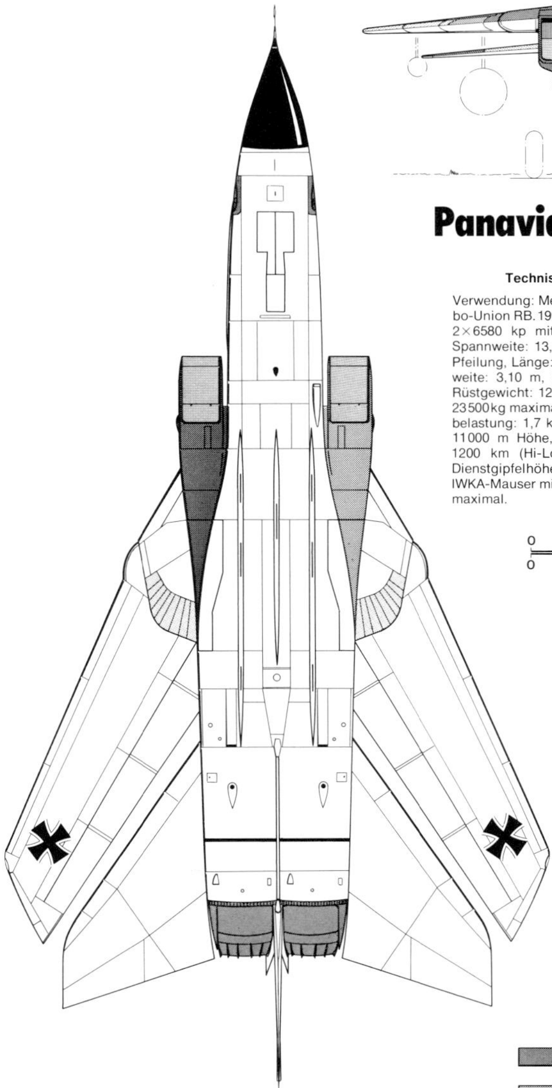

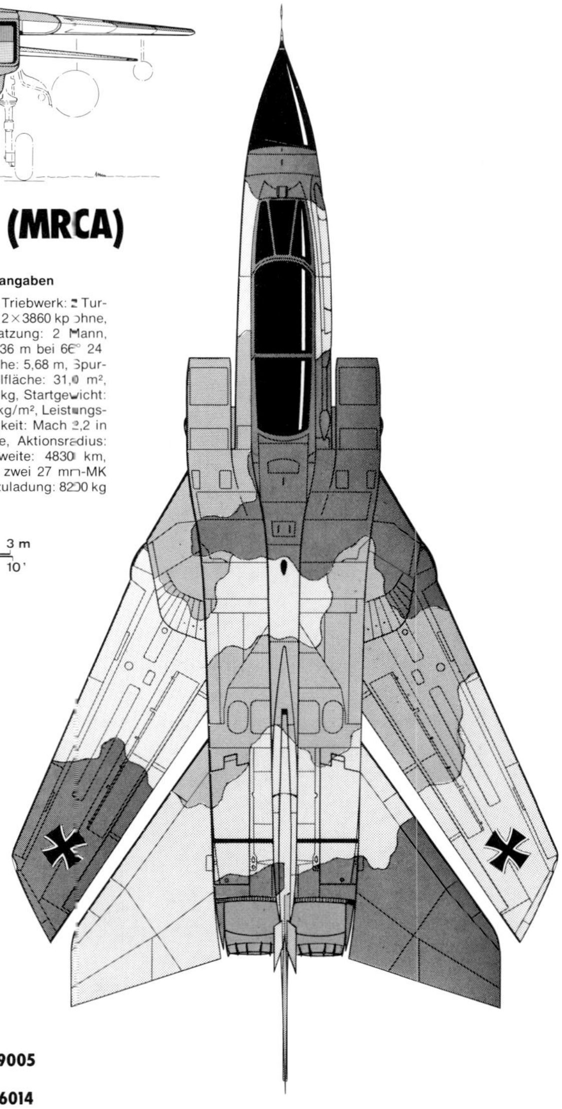

— **Schwarz – RAL 9005**

— **Gelboliv – RAL 6014**

— **Basaltgrau – RAL 7012**

— **Silbergrau – RAL 7001**

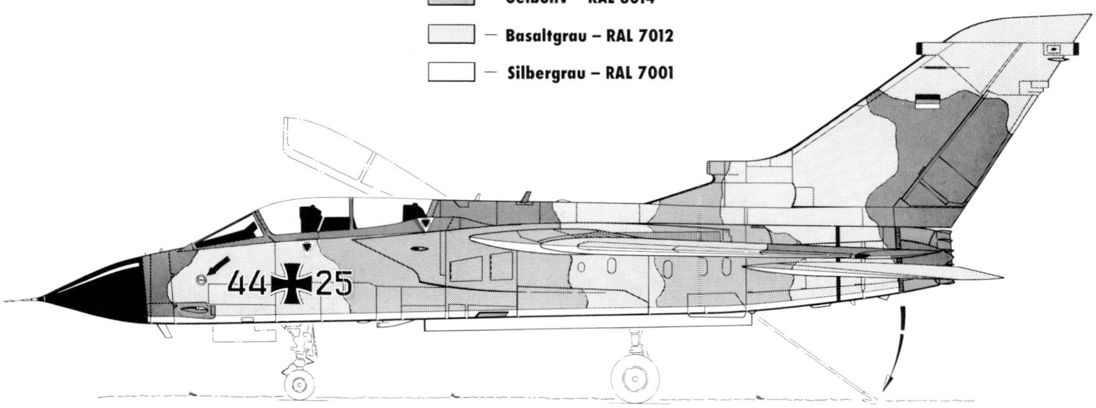

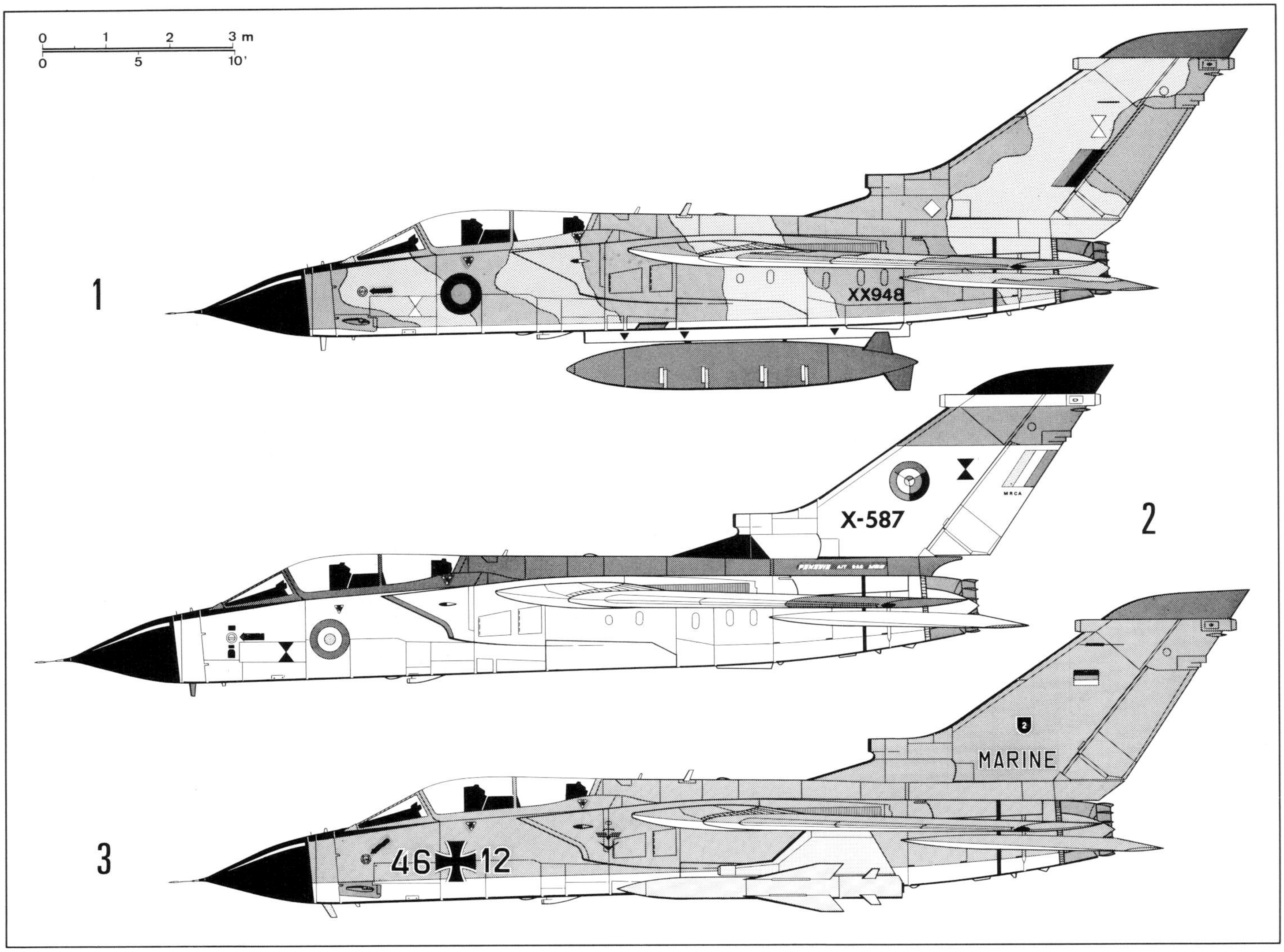

1: *Tornado P.06 (XX948) – BAC Warton.* **2:** *Tornado P.09 (X.587) – Aeritalia, Turin-Caselle.* **3:** *Tornado – Marinefliegergeschwader 2, Eggebeck.*

sche Regierungsstellen erste Kontakte zueinander aufgenommen, um auch die Royal Air Force für das europäische Kampfflugzeug zu gewinnen. Aufgrund eines dringenden Bedarfs für eine solche Maschine erklärten sich die Engländer schließlich zur Mitarbeit bereit und unterzeichneten am 17. Juli 1968 zusammen mit der Bundesrepublik Deutschland, den Niederlanden und Italien das sogenannte »Memorandum of Understanding«. Damit war in der Entwicklungsgeschichte des MRCA 75 ein weiterer, entscheidender Schritt getan. Aus verschiedenen Gründen traten Belgien und Kanada noch im gleichen Jahr vom MRCA-Programm zurück, und im Sommer 1969 schieden auch die Niederlande aus.

Den verbliebenen MRCA-Partnern ging es in der Folgezeit nun in erster Linie darum, alle Forderungen und Wünsche der Truppe auf einen gemeinsamen Nenner zu bringen. Am 31. März 1969 wurde mit Sitz in München die Panavia Aircraft GmbH gegründet, womit auch das Problem der Systemführung übernational geregelt war. Die Triebwerkfrage konnte nach einigem Hin und Her ebenfalls befriedigend gelöst werden. Während die Engländer von Anfang an für das neue RB.199 von Rolls-Royce plädierten, schlug der deutsche Partner das TF30 von Pratt & Whitney vor. Man einigte sich schließlich auf den britischen Dreiwellen-Turbofan, dessen Entwicklung mit der im September 1969 gegründeten Turbo-Union Ltd. endgültig sichergestellt werden konnte. Die Turbo-Union ging aus Rolls-Royce, der MTU und Fiat hervor und hat ihren Hauptsitz in Filton, während sich in München ein Kontaktbüro befindet. Die neue Firmengruppe zeichnet für die Triebwerkanlage des neuen Kampfflugzeugs verantwortlich. Sie ist neben der Panavia und IWKA-Mauser einer der drei Hauptauftragnehmer der regierungsseitigen Organisation NAMMA (NATO MRCA Development and Production Management Agency).

Der gemeinsamen Entwicklung des Flugzeugs, das man zeitweise auch *Panther* nannte, stand praktisch nichts mehr im Wege, und man konnte nun auch die einzelnen Phasen festlegen: Definition, Konstruktion und Fertigung. Anfang 1969 wurde die Bezeichnung MRCA 75 offiziell in **Panavia 100** (Einsitzer) und **Panavia 200** (Zweisitzer) abgeändert, für die innerhalb der drei Luftstreitkräfte verschiedene Einsatzaufgaben vorgesehen waren. Aus vielerlei Gründen verzichtete man im März 1970 jedoch auf die einsit-

Dieses Bild zeigt die P.01 im langsamen Vorbeiflug während der Demonstration am 21. September 1974 in Manching, zu der zahlreiche Gäste aus dem In- und Ausland geladen waren.

zige MRCA-Version, wobei man neben einer Konzentration der Entwicklungskapazität und einer Kostenminderung u. a. auch die Vorteile der Flugsicherheit eines Zweisitzers besonders hervorhob. Die Aufgabenstellung der Panavia 200 blieb dadurch allerdings so gut wie unverändert. Hinzu kam schließlich noch ihre Verwendbarkeit als taktischer Aufklärer und Trainer.

Nach dem Ausscheiden der Niederlande wurde das Entwicklungsprogramm wie folgt aufgeteilt: MBB 42,5 Prozent (Rumpfmittelteil und Flügelmittelkasten), BAC 42,5 Prozent (Rumpfvorderteil und -hinterteil) und Aeritalia 15 Prozent (Tragwerk). Die erste Entwicklungsphase begann im Juli 1970, und schon vier Monate später konnte man die Fertigung der Prototypen aufnehmen. Zur Durchführung einer eingehenden Mustererprobung unter den verschiedensten Bedingungen sah man von Anfang an die Erstellung von neun Maschinen vor.

Am 14. August 1974 startete von der Piste des Flugplatzes Manching/Ingolstadt der erste Prototyp **P.01** (D-9591) unter der Führung von Paul Millett (BAC) und Nils Meister (MBB) zu seinem 33minütigen Jungfernflug. Er diente anfangs in erster Linie der Flugeigenschaftserprobung sowie dem Nachweis der Funktionstüchtigkeit der wichtigsten Bordsysteme. Außerdem wurden mit dieser Maschine im Sommer 1975 vorläufige Leistungsmessungen vorgenommen. Anläßlich ihres sechsten Fluges erreichte die P.01 am 12. September mit Mach 1,15 in 10675 m Höhe erstmals Überschallgeschwindigkeit. Am 21. September 1974 wurde sie in Manching auch offiziell vorgestellt – am Boden und in der Luft. Damals entschied man sich auch für die endgültige Bezeichnung des MRCA und gab ihm den Namen *Tornado.* Seitdem dient die P.01 der Triebwerkerprobung, und im Mai 1977 wurde sie auf zwei schubstärkere RB.199-34R der Version -3 umgerüstet.

Die bei der British Aircraft Corporation in Warton/Lancashire gefertigte **P.02** (XX946) flog am 30. Oktober 1974 erstmals, und auch mit ihr konnten in der Folgezeit alle vorgegebenen Erprobunsziele plangemäß erreicht werden. Dazu gehörten neben Flatterversuchen zur Erweiterung des zulässigen Flugbereichs auch die Erprobung mit Außenlasten sowie im Juli 1975 die Flugbetankung durch eine Victor K Mk.2 (XL191) der Royal Air Force. Ergänzend zu ihren normalen Aufgaben diente die P.02

Hauptaufgabe der P.01 war anfangs die Flugeigenschaftserprobung. Außerdem führte man mit ihr auch erste Leistungsmessungen durch. Hier die Maschine mit ausgefahrenen Luftbremsen.

gleichzeitig noch als fliegender Prüfstand für das RB.199-34R-2.
Auch der dritte Tornado-Prototyp – die **P.03** (XX947) – wurde bei der BAC in Warton endmontiert. Er erhielt den Dreifarben-Sichtschutz der RAF und flog erstmals am 5. August 1975. Diese Maschine verfügte als erstes MRCA über die Doppelsteuerung der Trainerversion. Sie diente primär zur Erprobung der Überzieh- und Trudeleigenschaften und weist einen bedeutend höheren Ausrüstungsgrad auf. Schon die ersten Testflüge zeigten, daß die P.03 auch vom zweiten Sitz einwandfrei zu steuern ist. Am 4. Oktober 1976 kam sie jedoch während einer Landung bei schwerem Regen durch »Aquaplaning« von der Runway ab, wurde beschädigt und fiel für die nächsten drei Monate aus. Die aus Tim Ferguson und Ray Woollett bestehende Besatzung kam bei diesem Unfall mit dem Schrekken davon.
Als zweiter bei MBB endmontierter Prototyp startete am 2. September 1975 die **P.04** (D-9592) in Manching zu ihrem Erstflug. Ihre primäre Aufgabenstellung war und ist die Erprobung der MRCA-Avionik, die der Tornado bekanntlich Allwetter-Kampfeinsätze im geländefolgenden Tiefstflug ermöglicht. Das Terrainfolge-Radar stammt von der amerikanischen Herstellerfirma Texas Instruments, die mit einer entsprechend modifizierten Convair 240 eingehende Versuche durchführte. Die Funktionstüchtigkeit des Avioniksystems konnte die vierte Tornado schon nach ihren ersten TF-Flügen nachweisen. Am 15. September 1977 wurde die P.04 auf dem Flugplatz des

Als erster britischer Tornado-Prototyp gilt die P.02 (XX946), die bei der BAC in Warton endmontiert wurde. Sie flog am 30. Oktober 1974 erstmals und zu ihren Aufgaben gehörten auch Flugversuche mit Außenlasten. Hier ist sie mit zwei 1500 l-Zusatztanks und vier 1000 lb-Bomben ausgerüstet.

Marinefliegergeschwaders 1 in Jagel/Schleswig erstmals vorgestellt. Sie war mit dem graublauen Marine-Sichtschutz versehen und trug die Kennzeichen 98+05. Außerdem hatte man sie zur Sichtbarmachung der Aufgabenstellung der Marine-Tornados mit vier Luft-See-Lenkwaffen des Typs Kormoran ausgerüstet.

Am 5. Dezember 1975 absolvierte die bei der Aeritalia endmontierte **P.05** (X-586) in Caselle/Turin unter der Führung von Pietro Trevisan ihren 45minütigen Erstflug. Sie war für eine umfangreiche Erprobung mit Außenlasten vorgesehen, die sie jedoch erst Ende 1977 nach ihrer Reparatur fortsetzen konnte. Die P.05 wurde nämlich am 23. Januar 1976 bei einer harten Landung schwer beschädigt und fiel damit für längere Zeit aus. Ihre Erprobungsaufgaben übertrug man größtenteils der P.02.

Der sechste Tornado-Prototyp, die **P.06** (XX948), flog am 20. Dezember 1975 unter der Führung von David Eagles in Warton erstmals. Er erhielt als erste Tornado zwei 27 mm-Trommelkanonen des Typs IWKA-Mauser BK.27, die unterhalb des Cockpitbodens untergebracht sind. Erste Schießversuche mit dieser neuentwickelten Bordkanone, deren Kadenz bis zu 2000 Schuß/min elektronisch regelbar ist, fanden bereits Anfang 1976 in England statt. Die P.06 wurde darüber hinaus auch für Versuchsabwürfe mit Bomben verschiedener Kaliber verwendet. Am 30. März 1976 flog in Manching die **P.07** (98+06), die als drittes deutsches MRCA gilt und mit einem neuen Sichtschutz der Luftwaffe versehen ist. Ihre

Oben: *Im September 1977 wurde die P.04 (98+05) in den Farben der Marineflieger vorgestellt. Hier trägt sie an ihren Außenstationen vier Luft-See-Lenkwaffen des Typs AS.34 Kormoran.*

Bilder linker Seite:
Mit der P.02 führte man im Juli 1975 auch erste Flugbetankungsversuche durch. Hier hängt sie am Tanktrichter einer Victor K Mk.2 (XL191).

Das untere Bild zeigt die P.03 (XX947), die man als erste Tornado mit dem Dreifarben-Sichtschutz der Royal Air Force versah.

Hauptaufgabe war anfangs der Nachweis von Leistungsdaten des Avioniksystems, während es bei der P.04 lediglich um Funktionsnachweise ging. Damit trat die Mustererprobung der Tornado bereits in eine erste entscheidende Phase ein, denn die Fähigkeit zum automatischen TF-Flug ist eine der wichtigsten Voraussetzungen für den Allwettereinsatz der Tornado.
Als nächster Prototyp startete am 15. Juli 1976 in Warton die **P.08** (XX949) zu ihrem Erstflug. Sie gilt wie die P.04 und P.07 als »Avionik-Tornado«, nahm zeitweise aber auch an der Waffenerprobung teil. Am 27. September 1976 wurde die P.08 während eines Testfluges beschädigt, nachdem sich aufgrund von Schwingungen ein Deckel des Rumpfvorderteils gelöst und die Cockpithaube durchschlagen hatte. Hinzu kam noch ein Defekt im Lufteinlauf mit dem nachfolgenden Ausfall eines der beiden Triebwerke. Tim Ferguson konnte jedoch die Maschine in Warton glatt landen.
Am 5. Februar 1977 flog in Caselle/Turin auch der letzte der neun Prototypen – die **P.09** (X-587). Als Besatzung fungierten während des 76minütigen Fluges Pietro Trevisan und Manlio Quarantelli. Die P.09 wurde bei der Aeritalia endmontiert und wird in erster Linie für Flatterversuche mit Außenlasten verwendet. Im Juli 1977 weilte sie für Hochtemperaturtests auf dem Flugplatz Decimomannu/Sardinien. Eine zehnte, nicht flugfähige Maschine dient in Warton ausschließlich statischen Versuchen.
Den erwähnten neun Prototypen folgen sechs Vorserienflugzeuge, deren erstes

Als erste Tornado aus der italienischen Fertigung gilt die P.05 (X-586), die am 5. Dezember 1975 flog. Sie wurde jedoch schon sechs Wochen später bei einer harten Landung schwer beschädigt und konnte ihre Flugerprobung erst Ende 1977 wieder aufnehmen.

als **P.11** (98+01) am 5. Februar 1977 in Manching flog. Im Cockpit der Maschine befanden sich während des 69minütigen Flugs Hans-Friedrich Rammensee (Pilot) und Manfred Schreiber (Navigator). Hauptaufgabe der P.11 ist die weitere Untersuchung der Flugleistungen mit Außenlasten sowie die Verbesserung der Start- und Landeeigenschaften. Hinzu kam im Sommer 1977 die Tiefflugerprobung im Überschallbereich auf einer Teststrecke über der Nordsee. Die P.11 war während dieser Zeit beim MFG 1 in Jagel stationiert und absolvierte bis zu drei Flüge täglich. Nach offiziellen Angaben verliefen diese Versuche zur vollen Zufriedenheit aller Beteiligten.
Neben den Marinefliegern hatte 1977 auch die Royal Air Force Gelegenheit, die Tornado etwas näher kennenzulernen. Zwei britische Prototypen (P.06 und P.08) sowie die zweite Vorserienmaschine (P.12) waren Ende August 1977 für zwei Wochen auf dem RAF-Stützpunkt Valley stationiert, wo die Gesamterprobung der Tornado unter anderen Bedingungen fortgesetzt wurde. Dazu gehörten auch Testflüge der P.06 mit acht 1000-lb-Bomben. Mit diesen ersten Truppenversuchen konnte bereits nachgewiesen werden, daß sich die Tornado auch wartungstechnisch und logistisch völlig problemlos in den Betrieb eines Einsatzgeschwaders einfügt.
Am 14. März 1977 flog in Warton auch das zweite Vorserienflugzeug – die **P.12** (XZ630). Die Erstflüge der restlichen vier Maschinen – **P.13 bis P.16** – sind für 1978/1979 vorgesehen. Sie werden ebenfalls für die weitere Verbesserung der

Die in Warton endmontierte P.06 (XX948) erhielt als erste Tornado zwei 27 mm-Kanonen des neuentwickelten Typs IWKA-Mauser BK 27. Hier trägt sie an den Rumpfstationen 3 und 5 zwei 1500 Liter-Zusatztanks.

Flugeigenschaften und -leistungen verwendet. Darüber hinaus sind in den drei Partnerländern zusätzliche Truppenversuche geplant. Bis Ende August 1977 hatten die neun Prototypen und zwei Vorserienmaschinen der Tornado insgesamt 1144 Testflüge mit 1218 Stunden absolviert.

Für das Besatzungstraining ist auf dem RAF-Stützpunkt Cottesmore/Leicestershire die Aufstellung einer Operational Conversion Unit (OCU) vorgesehen, genannt Tri-National Tornado Training Establishment (TTTE). Sie soll bereits Anfang 1980 mit ersten Kursen ihre Tätigkeit aufnehmen. Hinzu kommt noch eine Joint Weapons Conversion Unit (JWCU) auf dem RAF-Stützpunkt Honington/Suffolk. Außerdem will man in Schottland noch eine Tiefstflugstrecke einrichten und auch Decimomannu/Sardinien in die Ausbildung und das spätere Routinetraining der Tornado-Piloten miteinbeziehen.

Im Juli 1976 sprachen sich die Regierungen der drei am Tornado-Programm beteiligten Länder für die Gesamtfertigung von 809 Serienflugzeugen aus – Bundesrepublik Deutschland 324, Großbritannien 385 und Italien 100. Sie gaben gleichzeitig vierzig Maschinen in Auftrag, 17 für die Luftwaffe und 23 für die Royal Air Force. Ein Jahr später erfolgte am 31. Mai 1977 die Freigabe des zweiten Fertigungsloses, das 110 Tornados umfaßt, und zwar für Luftwaffe und Marineflieger (40), Royal Air Force (55) und Aeronautica Militare (15). Die ersten deutschen Flugzeuge des zweiten Fertigungsloses werden ab Mitte 1980 ihrer eigentlichen

Bestimmung übergeben, und im Mai 1981 wird das MFG 1 in Jagel als erster deutscher Einsatzverband vom Starfighter auf die Tornado umrüsten. Ihm folgt zu einem späteren Zeitpunkt das MFG 2 in Eggebeck. Beide werden letztlich über insgesamt 112 Maschinen verfügen. Als Hauptaufgabe der Marine-Tornados gilt die Bekämpfung von Seezielen im Nord- und Ostseeraum, sowie die Zerschlagung amphibischer Streitkräfte eines landenden Gegners. Hinzu kommen noch die Allwetter-Hochseeaufklärung bis in das Gebiet der östlichen Ostsee und ECM-Einsätze mit verschiedenen Sensoren.
Die Luftwaffe wird ihre vier, mit dem Starfighter ausgerüsteten Jagdbombergeschwader Boelcke (Nörvenich), 32 (Lechfeld), 33 (Memmingen) und 34 (Büchel) ab Juni 1982 auf die Tornado umrüsten. Ab Anfang 1983 soll das JaboG 31 Boelcke einsatzbereit sein und im Herbst 1988 die komplette Umrüstungsphase abgeschlossen sein. Die Tornados der Luftwaffe sind für folgende Einsatzaufgaben vorgesehen:

* Gefechtsfeldabriegelung (Battle Field Interdiction)
* Gesamtabriegelung (Interdiction/Strike)
* Bekämpfung von Luftstreitkräften am Boden (Counter Air)
* Heeresunterstützung aus der Luft (Close Air Support)
* Luftaufklärung (Reconnaissance)
* Erkämpfung der Luftüberlegenheit und Selbstverteidigung (Air Superiority)
* Abfangjagd (Interception)

Sie werden dafür nicht nur mit konventionellen Waffen ausgerüstet sein, denn

Anläßlich der SBAC Air Show 1976 nahm die P.06 an den täglichen Flugvorführungen teil. Dieses Bild zeigt sie unmittelbar nach dem Start von der Piste in Farnborough.

Die Tornado kann an ihren sieben Außenstationen bis zu 8200 kg Kampfmittel mitführen. Dieses Bild zeigt die P.06 mit acht 1000-lb-Bomben.

solche der nächsten Generation befinden sich teilweise schon im Stadium der fortgeschrittenen Entwicklung. Zu ihnen gehören neben einer neuen Version der Bündelbombe BL.755 auch die Streubombenwaffe MW.1 sowie neue Abstandswaffen mit Flächenwirkung. Auch die deutschen Tornados können zur Reichweitenverlängerung im Flug betankt werden, allerdings nur nach dem sogenannten Buddy-Verfahren.

Die Royal Air Force will ebenfalls ab 1980 mit der Aufstellung der ersten Tornado-Einheiten beginnen. Nach und nach sollen die bewährten, aber veralteten Muster Buccaneer und Vulcan der Nos. 9, 12, 15, 16, 35, 44, 50, 101 und 617 Squadrons durch Tornados ersetzt werden. Ihre Aufgabenstellung gleicht weitgehend der deutschen, d. h. primär sind Interdiction/Strike-Einsätze mit den verschiedensten Waffen vorgesehen, von denen einige allerdings noch nicht truppenreif sind.

Im März 1976 entschied sich die Royal Air Force für die Beschaffung eines Tornado-Interceptors, der ausschließlich dafür vorgesehen ist, den weiten Luftraum um die britischen Inseln gegen Angriffe abzuschirmen. Die Air Defense Variant (ADV), von der ab 1984 insgesamt 165 Maschinen in Dienst gestellt werden sollen, gleicht zu achtzig Prozent der IDS-Version (Interdiction/Strike). Von letzterer werden somit für die RAF nur noch 220 Maschinen gebaut. Wegen der Unterbringung zusätzlicher Avionikgeräte und einer Erhöhung der Kraftstoffkapazität mußte der Rumpf um 1,20 m verlängert werden. Außerdem verzichtete man auf

die linke Mauser-Kanone. Zur Standardbewaffnung der ADV-Tornado werden neben zwei AIM-9L Sidewinder auch vier Sky Flash gehören, die von Hawker Siddeley Dynamics aus der amerikanischen AIM-7E Sparrow abgeleitet wurde. Mit diesen modernen Lenkwaffen ist die ADV-Tornado durchaus in der Lage, auch in großen Höhen einfliegende MiG-25 Foxbat abzufangen. Da sie allgemein als Nachfolgemuster der Lightning F Mk.3/6 und Phantom FGR Mk.2 gilt, ist damit zu rechnen, daß auch die in RAF Wildenrath stationierten zwanzig Maschinen des letzteren Typs der Nos. 19 und 92 Squadrons durch die ADV-Tornado ersetzt werden. Vier Entwicklungsflugzeuge sind geplant, deren erstes als A.01 schon 1979 fliegen soll.

Im Januar 1977 bekräftigte Italien durch einen Beschluß der Nationalversammlung seine uneingeschränkte Mitwirkung an der Serienfertigung der Tornado. Gleichzeitig wurde erneut betont, daß die auf Italien entfallende Stückzahl von hundert Maschinen als absolutes Minimum anzusehen ist und die Aufstellung bzw. Umrüstung von nur vier Verbänden zulasse. Im Führungsstab der Aeronautica Militare ist man sich schon lange darüber im klaren, daß die Tornado in den achtziger Jahren das wichtigste Kampfflugzeug sein wird. Ab 1981 werden der AMI die ersten Serienflugzeuge zugewiesen. Nach der Umschulung der Besatzungen in RAF Cottesmore soll die zur 6° Stormo CB *Alfredo Fusco* gehörende und in Ghedi stationierte 154° Gruppo als erster Verband umgerüstet werden. Hauptaufgabe der italienischen

Die Tornado P.07 (98+06) wurde während der Deutschen Luftfahrtschau 1976 in Hannover erstmals vorgeführt. Sie überraschte mit einem neuen Vierfarben-Sichtschutz der Luftwaffe.

Das untere Bild zeigt die siebte Tornado (98+06) mit einem »Sonderbehälter« an der zentralen Rumpfstation.

Als zweites Vorserienflugzeug der Tornado gilt die in Warton gefertigte P.12 (XZ630), die am 14. März 1977 erstmals flog. Dieses Bild zeigt die Maschine bei einem typischen »IDS-Einsatz« in Bodennähe.

Tornados, zu denen auch zwölf Trainer gehören werden, wird die Bekämpfung von Land- und Seezielen sowie die taktische Aufklärung sein. Sie sind ebenfalls für die Luftbetankung geeignet.
Seit einiger Zeit bemüht man sich in verstärktem Maße darum, die Tornado auch zu exportieren, und hat dabei besonders Australien und Kanada in solche Überlegungen mit einbezogen. Die Luftstreitkräfte des letzteren Landes benötigen in den achtziger Jahren dringend ein modernes Nachfolgemuster der CF-5, CF-101 Voodoo und CF-104 Starfighter. Dem Vernehmen nach hat die IDS/ADV-Tornado neben der F-15 Eagle die besten Chancen gegenüber fünf weiteren Typen, zu denen u. a. auch schon die Super Mirage 4000 gehört. Mit einer diesbezüglichen Entscheidung und gleichzeitigen Auftragserteilung der Kanadier wird gegen Ende 1978 gerechnet. Die Panavia Aircraft GmbH will der kanadischen Flugzeugindustrie dabei weitgehend entgegenkommen und sie nicht nur an der Fertigung der kanadischen Tornados, sondern sogar am gesamten Programm beteiligen. Dieselben Vorschläge gelten auch für Australien, das sich ebenfalls für die Tornado interessiert, und man darf gespannt sein, wie die endgültige Entscheidung der beiden Länder ausfällt.
Bei dem Flugzeugmuster Tornado handelt es sich um einen zweistrahligen Schulterdecker mit nahe der Längsachse liegenden Schwenklagern für das Tragwerk variabler Pfeilung. Die Zelle besteht aus sechs Baugruppen, die in den Vertragsländern entwickelt und gefertigt werden: Rumpfvorderteil mit Cockpit

(BAC), Rumpfmittelteil mit Flügelschwenkkasten (MBB), Rumpfhinterteil (BAC), Tragwerk mit Vorflügeln, Klappen und Spoilern (Aeritalia), Seitenflosse mit Ruder (BAC) sowie kombiniertes Höhen- und Querruder (BAC).
Das Rumpfvorderteil zeigt vorn einen groß bemessenen und nach rechts klappbaren Radom für das Angriffsradar und eine Terrainfolgeantenne. In dem nachfolgenden Raum ist ein Luftwertrechner untergebracht. Das mit vollautomatischen Zero-Zero-Schleudersitzen des Martin Baker-Typs Mk.10A ausgestattete Cockpit ist für eine zweiköpfige Besatzung ausgelegt: Pilot (vorn) und Kampfbeobachter (hinten). Aus Gründen einer möglichst einfachen Wartung der einzelnen Instrumente ist der dreiteilige Windschutz nach vorn klappbar. Die für die Besatzung lebensnotwendige Sauerstoffanlage liefert entweder ein normales Luftgemisch oder reinen Sauerstoff. Der Behälter mit einem Fassungsvermögen von 10 Liter Flüssigsauerstoff (LOX) ist im Rumpfvorderteil links eingebaut. Unterhalb des Cockpitbodens ist auch die zwillingsbereifte Bugeinheit (18×5,5) des Fahrwerks nach vorn einziehbar angeschlossen. Zur Veränderung des Anstellwinkels bei Kurzstarts (+3°) kann das Federbein um 290 mm höhenverstellt werden.
Besondere Beachtung verdient das Rumpfmittelteil der Tornado, das in seinem oberen Bereich den Flügelmittelkasten mit Schwenkmechanimus und darunter das komplette Lufteinlaufsystem sowie die ebenfalls nach vorn einziehbaren Haupteinheiten des breitspurigen Fahrwerks enthält. Letztere sind mit Mitteldruckreifen (30×11,5–14,5) versehen und erlauben auch Einsätze von mattenbelegten Behelfsflugplätzen. Im Rumpfmittelteil ist ferner ein großer Teil des Kraftstoffs in Sackbehältern untergebracht. Während der Entwicklung des Flügelmittelkastens erwies sich eine aus hochfesten Titanlegierungen nach dem Elektronenstrahl-Schweißverfahren gefertigte Konstruktion als die leichteste. Ein Problem besonderer Art war allerdings die Auslegung bzw. Abdichtung der rumpfseitigen Schlitze, die zur Aufnahme bestimmter Flügelbereiche in allen Schwenklagen notwendig sind. Nach umfangreichen Versuchen entwikkelte man schließlich ein aus Luftbälgen bestehendes, pneumatisches System und legte dabei ähnliche Arbeiten der BAC zugrunde. Dank dieser »Flügeltaschendichtung« entstehen beim Verändern des Pfeilwinkels keinerlei Luftwirbel, d. h. der Rumpf ist in diesem Bereich stets aerodynamisch sauber.
Das Rumpfhinterteil dient in erster Linie zur Aufnahme der beiden Triebwerke sowie des Hilfsenergieaggregats (APU) und der Stromgeneratoren. Es trägt aber auch das großflächige Seitenleitwerk und das kombinierte Höhen-/Querruder, auch Taileron genannt. Unmittelbar hinter der Trennstelle Rumpfmittelteil/-hinterteil ist beiderseits des Seitenflossenauslaufs je eine großdimensionierte Luftbremse angeordnet. Außerdem verfügt die Tornado zur Verkürzung ihrer Landerollstrecke an der Unterseite des Rumpfhecks über einen Fanghaken.
Die beiden Flügelhälften stellen den italienischen Fertigungsanteil der Tornado dar. Zu ihnen gehören auch die Vorflügel sowie die Doppelspalt-Lande- und -Störklappen. Ihr Schwenkbereich liegt zwischen 25° und 66,4°. Zur Auftriebserhöhung während der Landung sind an der Unterseite des festen Übergangsbereichs der Flügelwurzel zum Rumpf Krüger-Klappen eingebaut.
Bei den Triebwerken der Tornado handelt es sich um zwei Dreiwellen-Turbofans des Typs RB.199-34R, die zusammen eine Schubleistung von 7720 kp ohne und 13160 kp mit Nachverbrennung entwickeln. Die Flugerprobung dieses Triebwerks begann nach eingehenden Prüfstandversuchen am 19. April 1973 mit einem entsprechend umgebauten Vulcan-Bomber (XA903). Mittlerweile existieren vom RB.199-34R bereits vier Versionen und das -04 entspricht weitgehend der ersten Serienausführung Mk.101. Von ihr wurden bereits 400 Aggregate in Auftrag gegeben, deren erste im Mai 1979 eingebaut werden sollen. Das RB.199-34R besteht aus dreizehn Modules, die jeweils ohne Nachjustierung der rotierenden Teile voll auswechselbar sind. Es verfügt über eine hervorragende Wartbarkeit und entspricht in seiner Leistungscharakteristik auch den Erfordernissen einiger neuer Flugzeugprojekte anderer Hersteller.
Das Arbeitsmedium Luft wird den beiden nebeneinanderliegenden Aggregaten über zwei getrennte Einlaufkanäle zugeführt. Die keilförmigen Lufteinläufe sind etwas nach unten geneigt und zur optimalen Luftzuführung mit einem vollautomatisch arbeitenden Rampenregelsystem versehen. Dem Haupttriebwerk folgen der Nachbrenner und die verstellbare Schubdüse. Die Schubumkehranlage besteht aus zwei schalenförmigen Klappen, die durch einen Stellmechanismus in den Gasstrahl geschwenkt werden und ihn nach vorn umlenken. Die Kraftstoffanlage der Tornado verteilt sich auf zwei Behältergruppen im Rumpf und die integralen Flügelbehälter. Hinzu kommt bei allen RAF-Tornados noch ein Integralbehälter in der Seitenflosse. Zur Reichweitenverlängerung können an den Außenstationen 2–6 noch verschiedene Zusatzbehälter mitgeführt werden. Die Betankung der Kraftstoffanlage erfolgt über einen einzigen NATO-Normalanschluß in Augenhöhe auf der rechten Rumpfseite. Außerdem kann die Tornado bei Bedarf und innerhalb kurzer Zeit auf der rechten Seite des Rumpfvorderteils mit einem schwenkbaren Flugbetankungsausleger versehen werden.
Die Tornado ist als erstes militärisches Serienflugzeug mit einer vollelektrischen Impulssteuerung und automatischen Stabilisierung ausgestattet. Dieses auch mit Primary Flight Control System (PFCS) bezeichnete System besteht aus einem elektronisch-hydraulischen und einem hydromechanischen Teil. Es regelt und dämpft die Drehgeschwindigkeit des Flugzeugs um alle drei Achsen und trimmt es zusätzlich aus. Hinzu kommt noch eine Sekundärsteuerung (SFCS), die für optimale Eigenschaften bei Start, Flugmanövern und Landung sorgt. Dazu gehört nicht nur das Aus- und Einfahren der Klappen, Vorflügel und Luftbremsen, sondern auch das Schwenken der beiden Flügelhälften.
Wesentliche Neuerungen kennzeichnen auch das digitale Avionik-Verbundsystem, das um einen Zentralrechner integriert und mit den gegenwärtig modernsten Geräten ausgestattet ist. Dazu gehören u. a. neben einem Bodenbildradar und einer Trägheitsplattform noch ein automatisches Waffenauslösegerät sowie ein kombiniertes Radar- und Kartenbildsystem. Letzteres erlaubt dem Kampfbeobachter, gespeicherte Ausschnitte der Navigationskarten des Einsatzgebietes mit dem jeweiligen Radarbild auf seinem Scope in Deckung zu bringen. Die Tornado ist somit weitgehend unabhängig von vorbereiteten Flugstrecken.
Als wichtigstes Untersystem für den Streckenflug ist das Terrainfolge-Führungssystem anzusehen, dessen Aufgabe es ist, die Tornado bei hohen Geschwindigkeiten und in geringen Höhen dem Profil der Erdoberfläche folgend zu führen. Es verfügt über zwei Betriebsarten: vollautomatisch mit Autopilot,

Von der Air Defense Variant (ADV) der Tornado will die Royal Air Force ab Mitte der achtziger Jahre insgesamt 165 Maschinen in Dienst stellen. Diese Artists Impression zeigt sie beim Abfeuern einer Sky Flash-Lenkwaffe.

wobei der Flugzeugführer nur Überwachungsfunktionen auszuüben hat, oder manuell durch ihn, wobei er dazu eine vom Autopiloten erzeugte Flugführungsanzeige benutzt. Das Terrainfolgesystem der Tornado ähnelt in seiner Funktion weitgehend dem des amerikanischen Bombers Rockwell B-1.

Zusammenfassend muß man feststellen, daß bisher alles getan wurde, um den Luftstreitkräften und Marinefliegern der drei am MRCA-Programm beteiligten Länder ab 1981 ein »maßgeschneidertes« Mehrzweck-Kampfflugzeug übergeben zu können, das sie zur Erfüllung ihrer vielschichtigen Aufgaben dringend benötigen. Darüber hinaus leistet die Tornado auch einen äußerst wertvollen wirtschaftlichen Beitrag in den drei Ländern, denn nach Erreichen der vollen Fertigungsrate werden im Gesamtprogramm immerhin fast 70000 Arbeitskräfte bis weit in die achtziger Jahre hinein beschäftigt sein.

Hawker Siddeley Hawk

Seit vielen Jahren erfolgt die Ausbildung von Strahlflugzeugführern für die Royal Air Force auf den technisch wie militärisch veralteten Baumustern Jet Provost T Mk.3A und Mk.5A, Hunter T Mk.7 und FGA Mk.9 und Gnat T Mk.1. Verantwortlich für die Ausbildung ist das RAF Training Command, das im Jahre 1968 aufgestellt wurde und über fast 500 Flugzeuge der verschiedensten Typen verfügt. Dazu gehören auch 132 leichte Kolbenmotor-Trainer des Typs Scottish Aviation Bulldog T Mk.1, auf dem alle angehenden Piloten der RAF ihre ersten fliegerischen Erfahrungen sammeln.

Bezüglich eines modernen Nachfolgemusters der erwähnten drei Strahltrainer gab die Royal Air Force im Oktober 1970 ihre Forderungen bekannt. Das Ministry of Defence (MoD) arbeitete daraufhin entsprechende Spezifikationen aus, die es im Rahmen eines Entwurfswettbewerbs an die Zellenhersteller weitergab. Daran beteiligte sich außer der British Aircraft Corporation (BAC) mit ihrem Projekt P.59 auch Hawker Siddeley mit dem Vorschlag **HS.1182**. Nach der gründchen Überprüfung der eingereichten Unterlagen akzeptierte das MoD letztlich im Oktober 1971 den von Hawker Siddeley ausgearbeiteten Entwurf. Im März 1972 wurde auch das Triebwerk ausgewählt. Anfangs war noch das Rolls-Royce Viper im Gespräch, man entschied sich jedoch endgültig für den britisch/französischen Zweikreiser Adour ohne Nachverbrennung. Außerdem gab das MoD schon im März 1972 bei Hawker Siddeley 175 Serienflugzeuge der Version **Hawk T Mk.1** in Auftrag.

Abgesehen vom trinationalen MRCA-Programm stellte die Entwicklung des Schul- und Erdkampfflugzeugs Hawk das bedeutendste nationale Vorhaben der letzten zehn Jahre in England dar. Die britische Luftfahrtindustrie hatte diesen Auftrag auch bitter nötig, denn seit 1965

Am 12. August 1974 wurde die erste Hawk (XX154) in Dunsfold/Surrey aus der Endmontagehalle gerollt.

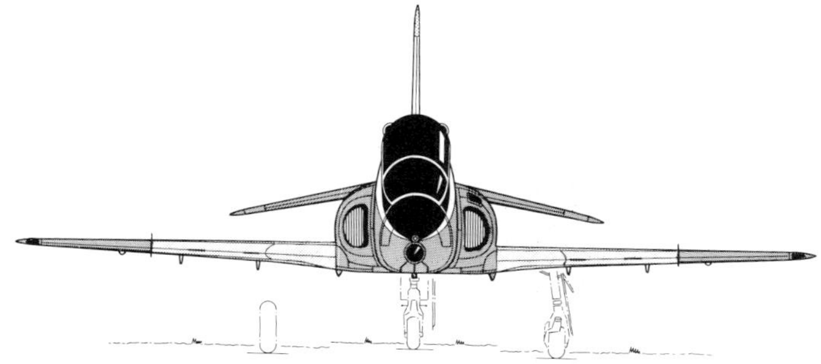

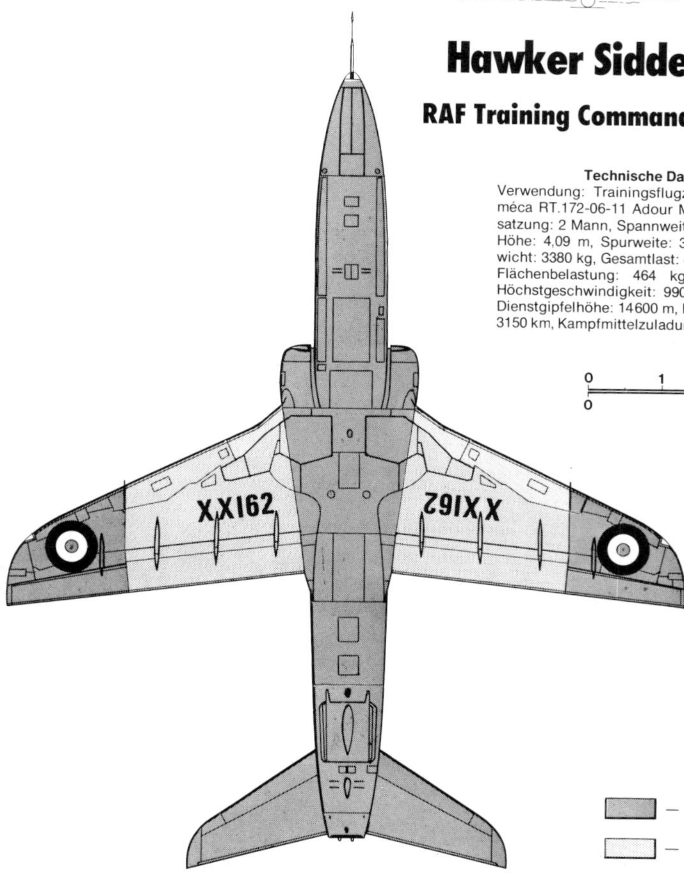

Hawker Siddeley Hawk T Mk.1

RAF Training Command – Valley, November 1976

Technische Daten und Leistungsangaben
Verwendung: Trainingsflugzeug, Triebwerk: 1 Rolls-Royce/Turboméca RT.172-06-11 Adour Mk.151, Triebwerkleistung: 2380 kp, Besatzung: 2 Mann, Spannweite: 9,39 m, Länge: 11,96 m mit Staurohr, Höhe: 4,09 m, Spurweite: 3,34 m, Flügelfläche: 16,69 m², Leergewicht: 3380 kg, Gesamtlast: 4370 kg, Startgewicht: 7750 kg max mal, Flächenbelastung: 464 kg/m², Leistungsbelastung: 3,2 kg/kp, Höchstgeschwindigkeit: 990 km/h, Steigzeit auf 9140 m: 6,3 min, Dienstgipfelhöhe: 14600 m, Flugdauer: 2 h, Überführungsreichweite: 3150 km, Kampfmittelzuladung als Waffentrainer: 2265 kg.

0 1 2 3 m
0 5 10'

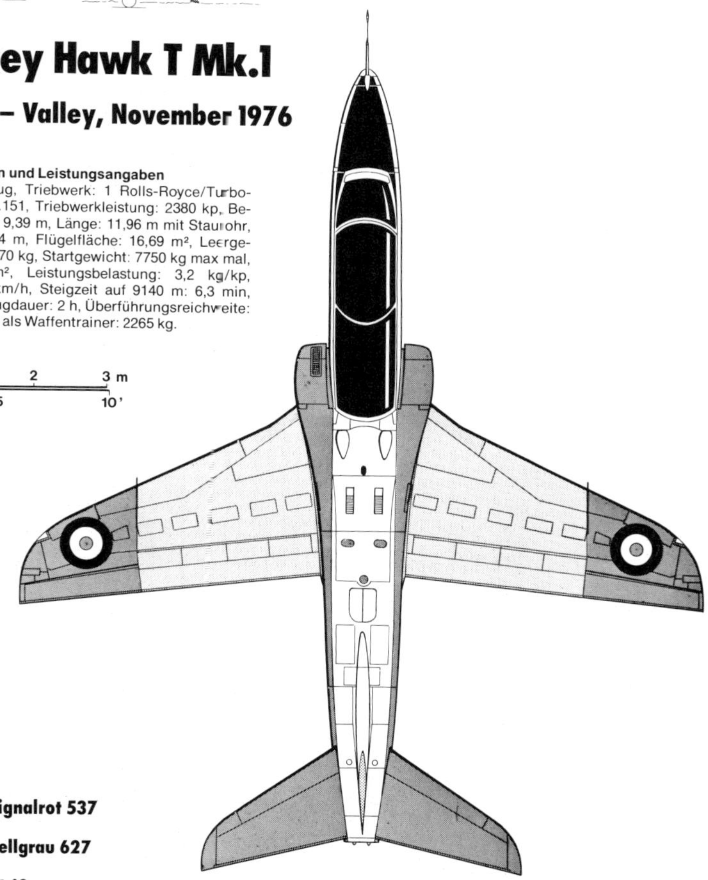

- Signalrot 537
- Hellgrau 627
- Weiß

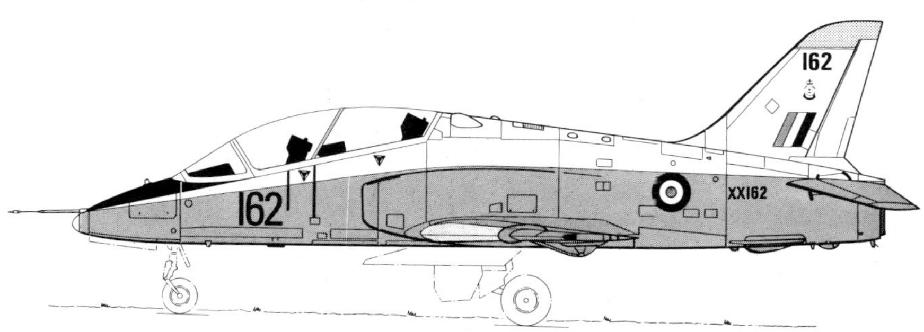

HS Hawk GR Mk.2

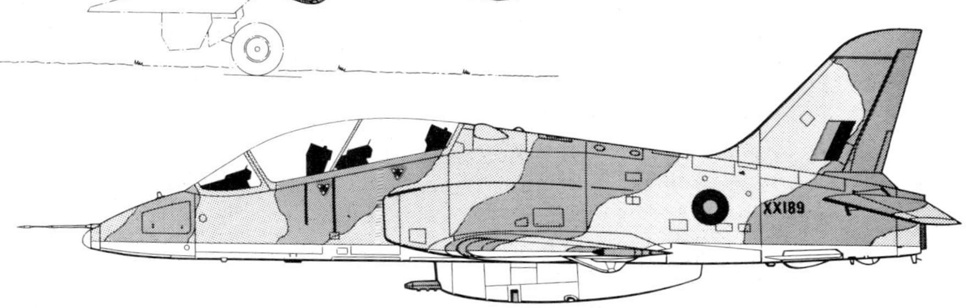

XX154

Oben: *Dieses Bild zeigt die ersten vier Hawk (XX154, XX156, XX157 und XX158) beim Verbandsflug.*

Bilder linke Seite:
Die Mustererprobung der Hawk begann mit dem Erstflug der XX154 am 21. August 1974.

Die zweite Hawk (XX156) erhielt den Standard-Sichtschutz der Royal Air Force und vier Unterflügelstationen, an denen auf diesem Bild Raketenbehälter des Typs Matra 155 aufgehängt sind.

hat sie kein eigenes Militärflugzeug mehr entwickelt. Über den MoD-Auftrag hinaus, hofft Hawker Siddeley weitere Maschinen fertigen zu können. Der weltweite Bedarf an einem Flugzeug dieser Kategorie wird allgemein auf fast 5000 Maschinen geschätzt. An ernsthaften Interessenten mangelt es keineswegs, denn außer Australien ist auch Ägypten im Gespräch, das die Hawk sogar in Lizenz fertigen möchte. Bezüglich ihres Exports hat man bereits einen äußerst wichtigen Schritt nach vorn getan, denn die Hawk ist das erste britische Flugzeug, das nach dem metrischen Maßsystem (SI) konstruiert wurde. Als Ersatz der veralteten französischen Trainer Fouga CM-170 Magister entschied sich Finnland Ende 1976 für die Beschaffung der HS Hawk. Diese Entscheidung erfolgte nach der vergleichenden Bewertung mit den Konkurrenzmustern Alpha Jet (Deutschland/Frankreich), MB.326 und MB.339 (Italien) und Saab 105S (Schweden). Die finnischen Luftstreitkräfte haben vorerst dreißig Maschinen in Auftrag gegeben, die ab Anfang 1979 als Trainer und Erdkämpfer in Dienst gestellt werden sollen.

Während der Entwurfsphase wurde die HS.1182 mehrfach abgeändert und verbessert. Man verlegte nicht nur die beiden Lufteinläufe weiter nach unten, sondern gab dem einteiligen, ungedämpften Höhenruder eine negative V-Stellung von 19°. Der Schubvektor des Adour-Triebwerks ist gegenüber der Flugzeug-Längsachse um 3° nach unten geneigt. Dieses mit Mk.151 bezeichnete Aggregat, das aus dem standardmäßigen Mk.101

Oben: *Dieses Bild zeigt die achte Hawk (XX162) unmittelbar nach dem Start. Sie wurde während der SBAC Air Show 1976 erstmals in Farnborough vorgeführt.*

Bilder linke Seite:
An ihren fünf Außenstationen kann die Hawk bis zu 2270 kg Kampfmittel mitführen. Hier sind es fünf 1000-lb-Sprengbomben.

Die Mustererprobung der Hawk umfaßt insgesamt 500 Flugstunden. Hier die erste (oben) und dritte Maschine (vorn).

abgeleitet wurde, entwickelt eine Schubleistung von 2380 kp.
Ursprünglich war vorgesehen, die HS.1182 ausschließlich für das Anfangstraining von Kampfpiloten zu verwenden. Man arbeitete jedoch die Spezifikationen entsprechend um, so daß die Maschine nun auch als Erdkämpfer eingesetzt werden kann. Für das Waffentraining und den Beschuß gepanzerter Luft/Bodenziele steht ein 30 mm-Kanonenbehälter zur Verfügung, der als Rüstsatz an der zentralen Rumpfstation mitgeführt werden kann. Auf ein ursprünglich vorgesehenes, fest eingebautes 7,62 mm-MG verzichtete man bald wieder. An insgesamt fünf Außenstationen kann die Hawk bis zu 2270 kg Kampfmittel mitführen. Dazu gehören neben Sprengbomben und Napalmbehältern aber auch moderne Luft-Luft-Lenkwaffen und Raketen verschiedener Kaliber. Mit all diesen Waffen wäre die Hawk durchaus in der Lage, auch einfliegende Tiefangriffsflugzeuge wirksam bekämpfen zu können.
Am 12. August 1974 wurde die erste Hawk-Mustermaschine (XX154) auf dem Flugplatz Dunsfold/Surrey aus der Endmontagehalle gerollt und der internationalen Presse vorgestellt. Zehn Tage später startete sie am 21. August unter der Führung des HS-Cheftestpiloten Duncan M. Simpson zu ihrem 53minütigen Jungfernflug. Diese Maschine, die anläßlich der SBAC Air Show 1974 erstmals auch in Farnborough vorgeführt wurde, dient Hawker Siddeley seitdem als werkseigener Versuchsträger für die verschiedensten Zwecke, wie z. B. Flatter- und allgemeine Flugeigenschaften.

Die zweite Hawk (XX156) erhielt den Standard-Sichtschutz der Royal Air Force und vier Unterflügelstationen. Im Rahmen ihrer Tropenerprobung unternahm sie im Juni 1975 eine zusätzliche Demonstrationstour in den Mittleren Osten und wurde dabei auch den Luftstreitkräften Ägyptens vorgeführt. Anfang 1976 befanden sich insgesamt sechs Hawk in der Mustererprobung, mit denen ein Programm von 500 Flugstunden durchgeführt wurde. Die beiden letzten Maschinen (XX159 und XX160) wurden beim Aircraft & Armament Experimental Establishment (A&AEE) in Boscombe Down, Wiltshire, unter Einsatzbedingungen getestet und für ihre Musterzulassung vorbereitet. Als Ausgangsmuster der Exportversion und Demonstrator dient die mit den zivilen Kennzeichen G-HAWK versehene achte Maschine (XX162).

Während der Mustererprobung kam es naturgemäß zu einigen Änderungen und Verbesserungen an der Zelle. So konnte man z. B. ein unangenehmes Überziehverhalten durch das Anbringen von Grenzschichtzäunen beseitigen. Bezüglich ihrer Flugleistungen übertraf die Hawk alle Erwartungen. Von den Piloten, die sie bisher geflogen haben, wird sie als äußerst temperamentvoll, aber gutmütig bezeichnet. Mit dem Adour-Triebwerk und den einzelnen Systemen der allgemeinen Ausrüstung hatte man bisher keine Schwierigkeiten. Im Horizontalflug kommt die Hawk auf eine Höchstgeschwindigkeit von 990 km/h, was einer Machzahl von 0,87 entspricht. Nach Angaben von Hawker Siddeley verfügt sie

Oben: *Während ihrer Verwendung als Demonstrator war die G-HAWK mit einem Zweifarben-Sichtschutz in Braun versehen.*

Bild rechte Seite:
Die zweite Hawk (XX156) unternahm im Juni 1975 eine Demonstrationstour in den Mittleren Osten. Dieses Bild zeigt sie über den Pyramiden von Gizeh.

über ausgezeichnete Kunstflugeigenschaften, die ja auch für den Luftkampf nach wie vor von größter Wichtigkeit sind. Die *Red Arrows,* das offizielle Aerobatic Team der Royal Air Force, werden schon 1979 von der veraltenden Gnat auf die moderne Hawk umrüsten. Im November 1976 übernahm die No. 4 Flying Training School in RAF Valley, Anglesey, die ersten vier Hawk-Trainer. Die bewaffnete Version soll zu einem späteren Zeitpunkt der Tactical Weapons Unit des Strike Commands in RAF Brawdy, South Wales, übergeben werden.
Bei der HS Hawk handelt es sich um einen freitragenden Tiefdecker in Ganzmetallbauweise, dessen Flügel auf der t/4-Linie um 21,5° gepfeilt ist. Das Dikkenverhältnis verringert sich von 10,9% im Wurzelbereich auf 9% am Randkappenprofil. Die Flügelgeometrie wurde nach den neuesten aerodynamischen Erkenntnissen ausgelegt. Der strukturelle Aufbau zeigt einen zweiholmigen Torsionskasten mit integral gefräster Beplankung, der ausschließlich zur Aufnahme von Kraftstoff (836 l) dient. Durch einen zusätzlichen Nasenholm, der etwa auf der halben Spannweite am Vorderholm angeschlossen ist, entstand im Wurzelbereich der jeweilige Raum für die nach innen einziehbaren Haupteinheiten des Fahrwerks. Die Verbindung des kompletten, einteiligen Tragwerks mit der Rumpfstruktur erfolgt über sechs Bolzen aus hochfestem Stahl.
Den Hawk-Rumpf legte man in der klassischen Halbschalen-Bauweise aus. Das Cockpit für die zweiköpfige Besatzung ist mit Zero-Zero-Schleudersitzen des Typs Martin-Baker Mk.10B und einer kompletten Doppelsteuerung ausgestattet. In die nach rechts klappbare, einteilige Cockpithaube ist eine Sprengschnur (Miniature Detonating Chord) eingebaut, die vor dem Herausschießen der Sitze automatisch zündet. Sie sprengt die Verglasung auf und gibt somit den ungehinderten Weg nach oben frei (21°). Zwischen dem schrägen Abschlußspant des Cockpits und der Vorderseite des 823-l-Kraftstoffbehälters im Rumpfmittelteil sind Sauerstoff- und Stickstoff-Flaschen sowie ein Feuerlöschgerät aufgehängt. Ein über dem Kraftstoffbehälter eingebautes Klimagerät mit seitlichen Lufteinläufen versorgt das Cockpit und die Besatzung ständig mit Frischluft.
Die Serienfertigung der Hawk läuft gegenwärtig in den Werken Kingston,

164
165
167
168
162
164

162
162

Oben: *Im Vordergrund dieses Bildes der vierten Hawk (XX158) erkennt man den Behälterrüstsatz mit der 30 mm-Aden-Kanone und hundert Schuß Munition. Beide Hawk-Versionen können ihn zur Bekämpfung von gepanzerten Zielen an ihrer zentralen Rumpfstation mitführen.*

Bilder linke Seite:
Die No. 4 Flying Training School in RAF Valley übernahm im November 1976 die ersten Hawk T Mk.1.

Hauptaufgabe der Hawk T Mk.1 ist die Ausbildung von Strahlflugzeugführern für die Royal Air Force. Hier die achte Maschine (XX162) mit dem rot-weißen Sichtschutz des Training Command.

Brough (Tragwerk mit Querrudern und Landeklappen, Höhen- und Seitenleitwerk), Hamble (Rumpfmittelteil, -heck, Cockpithaube und Windschutz) auf vollen Touren. Ihre Endmontage erfolgt in Kingston und das Einfliegen auf dem Flugplatz Dunsfold. Die monatliche Fertigungsrate der Hawk, deren Flyaway-Preis unter £ 1,0 Mio. liegt, beträgt seit 1977 vier Maschinen. Gemessen an der gegenwärtigen Auftragslage wird das Fertigungsprogramm gegen Ende 1980 abgeschlossen sein. Mit an Sicherheit grenzender Wahrscheinlichkeit wird es jedoch nicht bei der genannten Stückzahl bleiben. Darüber hinaus arbeitet man bei Hawker Siddeley schon jetzt an der Weiterentwicklung der Hawk. Unter mehreren Vergleichsentwürfen befindet sich auch eine einsitzige Version, die mit zusätzlicher Ausrüstung in erster Linie als Erdkämpfer, aber auch als Raumschutzjäger vorgesehen ist.
Alles in allem stellt die Entwicklung der Hawk ein äußerst aussichtsreiches Programm dar. Dies gilt insbesondere für den Export, denn gegenüber ihrem eigentlichen Konkurrenzmuster Alpha Jet konnte sie aufgrund einer bedeutend besseren Abstimmung zwischen Industrie und Regierung einen Vorsprung von zwei Jahren erzielen.

McDonnell Douglas/Northrop F-18 Hornet

In den achtziger Jahren wird die US Navy ein neues Kampfflugzeug in Dienst stellen und damit ihre seit vielen Jahren bewährten Muster F-4 Phantom II und A-7 Corsair II ersetzen. Sie entschied sich am 2. Mai 1975 für die Beschaffung des von McDonnell Douglas/Northrop vorgeschlagenen Musters F-18 und gab diesem den Vorzug gegenüber dem *Model 1600,* einer von General Dynamics/Vought aus der einstrahligen F-16 abgeleiteten Trägerversion. Wegen der ständig ansteigenden Entwicklungskosten der Grumman F-14 Tomcat forderte die US Navy Anfang 1974 und im Rahmen ihres VFAX-Programms ein neues »preiswertes« Kampfflugzeug. Außer einer vereinfachten F-14 und einer modernisierten F-14 wurde seinerzeit auch eine bordgestützte Version der F-15 Eagle vorgeschlagen. Ende 1974 lenkte die US Navy jedoch ihre Aufmerksamkeit mehr und mehr auf die beiden am ACF-Wettbewerb der US Air Force teilnehmenden Muster YF-16 von General Dynamics und YF-17 von Northrop. Jeweils zwei Prototypen wurden einer Flugerprobung unter widrigsten Bedingungen unterzogen. Die von GD in Fort Worth entwickelte YF-16 gewann schließlich im Januar 1975 den ACF-Wettbewerb und wird von der US Air Force Anfang der achtziger Jahre in Dienst gestellt.

Dies bedeutete jedoch nicht das Ende der zweistrahligen YF-17. Vielmehr diente sie als Ausgangsmuster der bordgestützten Weiterentwicklung F-18, mit deren Entwurfsarbeiten ein gemeinsames Team von McDonnell Douglas und Northrop im Oktober 1974 begann. Ihre fortschrittliche Konzeption wurde dabei weitgehend beibehalten und lediglich den besonderen Forderungen der US Navy angepaßt. Hierzu gehörten neben der Eignung für den Einsatz von Trägerdecks auch bessere Reichweitenleistungen und Langsamflugeigenschaften. Man vergrößerte die Spannweite des Tragwerks auf 11,43 m (ohne Sidewinder) und bildete die Außenflügel ab Querruderanschluß nach oben klappbar aus. Außerdem wurden die Nasen beider Flügelhälften mit je einem »Sägezahn«

Am 9. Juni 1974 startete die erste YF-17 (72-01569) unter der Führung von Cheftestpilot Hank Chouteau in Edwards AFB zu ihrem 61minütigen Jungfernflug.

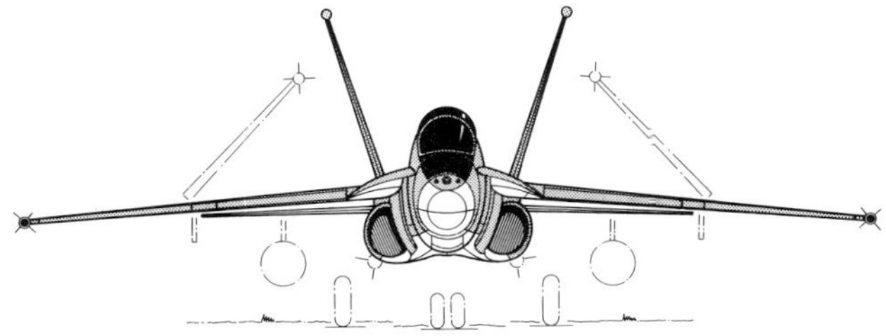

McDonnell Douglas/Northrop F-18

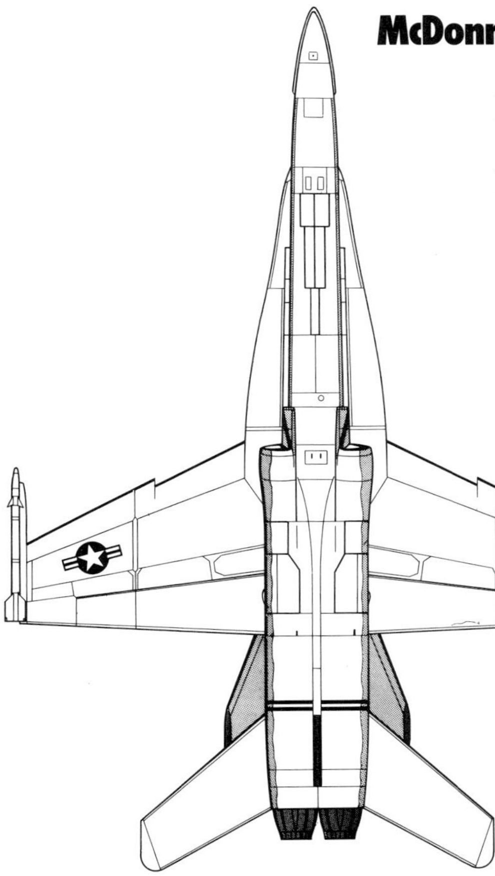

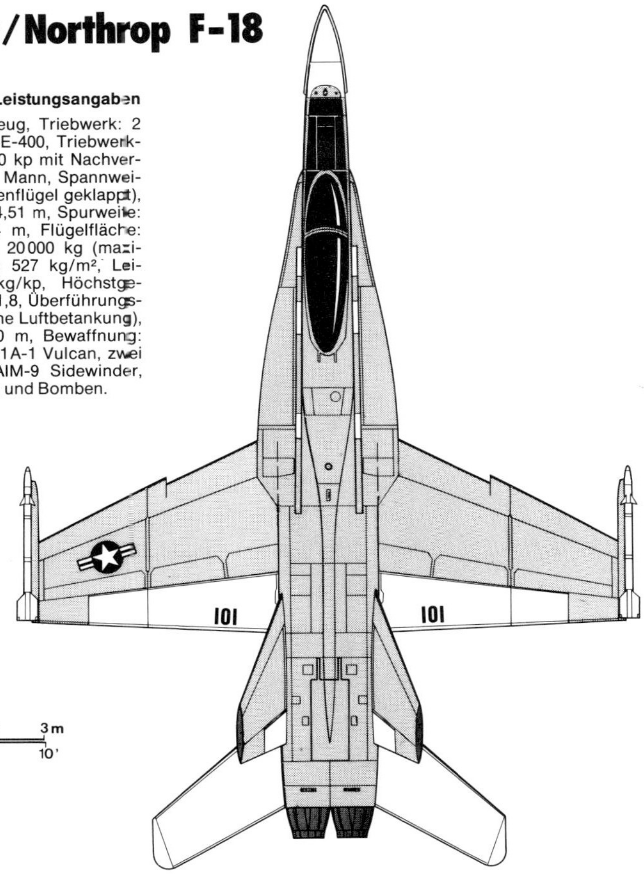

Technische Daten und Leistungsangaben

Verwendung: Jagdflugzeug, Triebwerk: 2 General Electric F404-GE-400, Triebwerkleistung 2 × 7250 = 14500 kp mit Nachverbrennung, Besatzung: 1 Mann, Spannweite: 11,43 m, 7,62 m (Außenflügel geklappt), Länge: 17,08 m, Höhe: 4,51 m, Spurweite: 3,16 m, Radstand: 5,24 m, Flügelfläche: 38,00 m², Startgewicht: 20000 kg (maximal), Flächenbelastung: 527 kg/m², Leistungsbelastung: 1,3 kg/kp, Höchstgeschwindigkeit: > Mach 1,8, Überführungsreichweite: 3700 km (ohne Luftbetankung), Dienstgipfelhöhe: 15000 m, Bewaffnung: eine 20 mm-Kanone M61A-1 Vulcan, zwei AIM-7 Sparrow, zwei AIM-9 Sidewinder, Waffenbehälter, Raketen und Bomben.

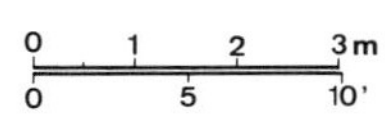

— **FS.36440 – hellgrau**

— **FS.17875 – weiß**

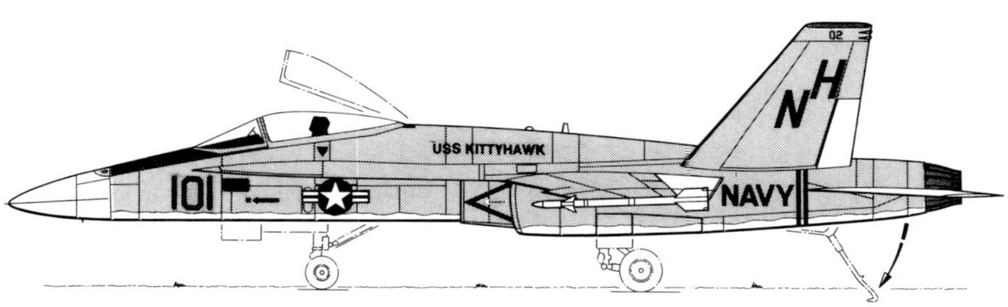

TF-18

YF-17
U.S. AIR FORCE

USAF

Oben: *Bis Mitte Januar 1975 absolvierten die beiden Prototypen der YF-17 ein siebenmonatiges Erprobungsprogramm mit 330 Flugstunden.*

Bilder linke Seite:
Beide Prototypen der YF-17 (72-01569 und 72-01570) nahmen am ACF-Wettbewerb der US Air Force teil, den die einstrahlige F-16 gewann.

Das untere Bild läßt die Flügelgeometrie und die weit nach vorn gezogenen Wurzeln mit den Grenzschichtschlitzen besonders gut erkennen. Es vermittelt aber auch einen Eindruck über die ausgezeichneten Rundum-Sichtverhältnisse des Piloten.

versehen, so daß sich eine Vergrößerung der aerodynamischen Fläche um 12 Prozent ergab. Die bisherige mechanisch/hydraulische Flugsteuerung der YF-17 wurde durch ein modernes elektrisches System (Fly-by-wire) ersetzt und der interne Kraftstoffvorrat auf ein Fassungsvermögen von 4760 kg erhöht. Hinzu kommen zur weiteren Verbesserung der Reichweitenleistungen noch drei abwerfbare Zusatztanks an den Außenstationen. All dies und weitere Änderungen hatten naturgemäß auch eine Gewichtserhöhung zur Folge. Das normale Startgewicht der F-18 stieg auf 16200 kg an, während ihr maximales Startgewicht für bordgestützte Strike-Einsätze sogar bei 22700 kg liegen wird.
Als Standardbewaffnung dient der F-18 eine im Rumpfvorderteil fest eingebaute 20 mm-Kanone des sechsläufigen Gatling-Typs M.61-A1 Vulcan mit 400 Schuß. An ihren neun Außenstationen kann sie zur Erfüllung ihrer Einsatzaufgaben bis zu 5900 kg Kampfmittel mitführen. Dazu gehören neben zwei AIM-7 Sparrow an den äußeren Rumpfstationen auch zwei AIM-9 Sidewinder an den Flügelspitzen sowie verschiedene Sprengbomben, Waffen- und Sonderbehälter. McDonnell Douglas entwickelte zusammen mit dem Bureau of Ordnance der US Navy neuartige, widerstandsärmere Waffenpylons. Außerdem wird die F-18 zur Verbesserung ihre taktischen Einsatzmöglichkeiten ein modernes Blickfeld-Darstellungsgerät (HUD) erhalten.
Aus der erwähnten Gewichtserhöhung resultierte bei General Electric schon ziemlich früh die Weiterentwicklung des

01569
NORTHROP
YF-17
USAF
U.S. AIR FORCE

53135
NORTHROP
YF-17
USAF

Oben: *Im Rahmen einer Versuchsreihe der US Navy erhielt die zweite YF-17 (72-01570) einen hellblau-weißen Sichtschutz, den man jedoch wieder aufgab.*

Anläßlich der SBAC Air Show 1976 nahm die zweite YF-17 mit einem dunkelblau-weißen Sichtschutz der US Navy an den täglichen Flugvorführungen in Farnborough teil.

Bilder linke Seite:
Das Seitenleitwerk der YF-17 wurde aus Stabilitätsgründen doppelt ausgeführt. An den Flügelspitzen je eine Luft-Luft-Lenkwaffe AIM-9 Sidewinder.

Zur Verbesserung ihrer Reichweitenleistungen kann die Hornet auch im Flug betankt werden. Hier der erste Prototyp am Boom einer KC-135A.

YF101-Triebwerks der YF-17 zum F404-GE-400. Bei diesem Aggregat handelt es sich um einen in Einwellenbauweise ausgelegten Zweikreiser mit einem Nachverbrennungsschub von 7250 kp und einem Einbaugewicht von 962 kg. Bei einem Gesamtschub von 14500 kp und dem normalen Startgewicht von 16200 kg ergibt sich somit ein Leistungsverhältnis von 0,89:1. Der innere Aufbau des F404 zeigt vorn einen dreistufigen Bläser, einen siebenstufigen Hochdruckverdichter, eine Arbeitsturbine mit einer Hochdruck- und einer Niederdruckstufe sowie einen modifizierten Nachbrenner. Dieser verfügt über einen sogenannten »Daisy Mixer«, der den Abgasen aus der Arbeitsturbine zur Erhöhung des Nachverbrennungsschubs kalte Nebenstromluft hinzufügt. Die beiden Aggregate sind im Rumpfhinterteil nebeneinander liegend eingebaut. Sie sind untereinander austauschbar, und jedes ist mit einem Airframe Mounted Auxiliary Drive System (AMAD) ausgestattet, das seinerseits für den Antrieb der Kraftstoff- und Hydraulikpumpen sorgt.

Im Januar 1977 lief das erste Versuchstriebwerk einen Monat vor dem offiziellen Termin bei General Electric auf dem Prüfstand. Ihm folgte vier Wochen später das zweite Aggregat. Ein drittes F404 nahm im Frühjahr 1977 beim Naval Air Propulsion Test Center in Trenton, New Jersey, die simulierte Höhenerprobung auf.

Nach Angaben der Herstellerfirmen wird die Höchstgeschwindigkeit der F-18 bei Mach $1{,}8^+$ liegen und ihre Anfluggeschwindigkeit bei Trägerlandungen

Oben: *Anfang 1977 wurde die zweite YF-17 mit einem neuen Dreifarben-Sichtchutz der US Navy versehen.*

210 km/h betragen. Neben Zuverlässigkeit und Überlebensfähigkeit gehörte von Anfang an auch eine gute Wartbarkeit zu den Hauptaufgaben der Konstrukteure bei der Auslegung der F-18. So läßt sich z. B. eines der beiden Triebwerke in nur 21 Minuten auswechseln, und den einteiligen Windschutz kann man zur besseren Wartung der Instrumente nach vorn klappen. Außerdem sind die Flügelbehälter der Kraftstoffanlage explosionssicher ausgeschäumt und alle Kraftstoffleitungen selbstdichtend. Der Wartungsaufwand der F-18 liegt bei 11,02 Mannstunden/Flugstunde.

Am 22. Januar 1976 gab die US Navy endgültig »Grünes Licht« für das NSF-Programm (Naval Strike Fighter) und erteilte damit dem Firmenkonsortium McDonnell Douglas/Northrop den Auftrag zur vollen Entwicklung der F-18 Hornet. Sie befürwortet zunächst zwei Hauptversionen, und zwar den Luftkampf- und Begleitjäger **F-18A** als Nachfolgemuster der F-4 Phantom II sowie den Jagdbomber **A-18A** als Ersatz der A-7 Corsair II. Darüber hinaus wird es für das Besatzungstraining aber auch einen Zweisitzer **(TF-18A)** und einen mit verschiedenen Kamera-Rüstsätzen bestückten taktischen Aufklärer **(RF-18)** geben. Von letzterem werden gegenwärtig einige Vergleichsentwürfe als unbewaffnete Ein- und Zweisitzer untersucht.

McDonnell Douglas wurde mit 70 Prozent des Entwicklungsprogramms der A/F-18 als Hauptauftragnehmer bestimmt. Die in St. Louis beheimatete Firma ist außerdem für alle bordgestützten Versionen verantwortlich. Die restlichen 30 Prozent

Bild rechte Seite:
Während des Pariser Aero Salons 1977 wurde die zweite YF-17 erstmals als Prototyp der F-18 Hornet vorgestellt. Auch in Le Bourget gehörten ihre täglichen Flugvorführungen zu den Höhepunkten.

sprach man Northrop zu, die für alle landgestützten Versionen der Hornet zuständig ist. Während der Serienfertigung, die nach der Terminplanung schon Ende 1978 anlaufen soll, wird sich dieses Verhältnis jedoch etwas verschieben: McDonnell Douglas 60 Prozent und Northrop 40 Prozent. Der gegenwärtige Auftragsbestand liegt bei 800 Maschinen der erwähnten Versionen, die bis 1990 auszuliefern sind und von denen die US Marines etwa 175 Maschinen erhalten werden. Bezogen auf diese Stückzahl beträgt der Flyaway-Preis einer F-18A etwa $ 6,0 Mio., während eine F-14A Tomcat mehr als das Doppelte kostet. Die monatliche Fertigungsrate soll Mitte der achtziger Jahre mit neun Maschinen ihren Höchststand erreichen. Jede neunte Hornet wird als zweisitzige TF-18 geliefert, die bis auf ein verlängertes Cockpit ohne HUD der einsitzigen Version gleicht. Ende 1981 will die US Navy mit dem Umschulungstraining der Besatzungen und Techniker beginnen und Mitte 1982 die ersten Hornets in Dienst stellen. Sie beabsichtigt bis 1990 zwölf ihrer Flugzeugträger mit je einer F-14A- und drei A/F-18A-Squadrons auszurüsten. Zur Erprobung unter den verschiedensten Einsatzbedingungen werden jedoch vorerst elf Musterflugzeuge der A/F-18 gebaut, deren erstes Mitte 1978 fliegen soll. Darunter befinden sich neben zwei Jägern und Trainern auch sieben Jagdbomber. Namhafte Sprecher der US Navy bezeichnen die Hornet wegen der außergewöhnlichen Manövriereigenschaften ihres Ausgangsmusters als ein Kampfflugzeug der Superlative. Die fortschrittliche Konzeption der von Northrop entwickelten YF-17 war zweifellos ausschlaggebend bei der Bewertung der einzelnen Punkte im NSF-Wettbewerb durch die US Navy.

Wie bereits erwähnt, zeichnet Northrop für alle landgestützten Versionen der Hornet verantwortlich. Sie leitet gegenwärtig aus dem Grundentwurf eine solche Maschine mit der Bezeichnung **F-18L** Cobra ab, bei der es sich aber nur um eine parallele Weiterentwicklung der YF-17 handelt. Sie wird sich in einigen Punkten von der bordgestützten A/F-18 unterscheiden. Man verzichtete nicht nur auf die faltbaren Außenflügel und den Fanghaken, sondern auch auf die »Sägezähne« des Tragwerks. Obwohl man das Leergewicht um fast 6000 kg herabsetzen konnte, erhält sie pro Flügelhälfte noch eine Außenstation für mi-

litärische Lasten. An den äußeren Flügelstationen ist statt der beiden Sidewinder die Mitnahme von zwei AIM-7 Sparrow vorgesehen. Die F-18L, die in ihrer technischen Auslegung bis auf die erwähnten Änderungen weitgehend der bordgestützten Hornet entspricht, wird als Triebwerkanlage ebenfalls zwei F404-Turbofans erhalten. Zusätzlich sei hier nochmals an den sogenannten Hybridflügel erinnert, der in seinen Grundzügen einen Deltaflügel mit starker Annäherung an den Pfeilflügel darstellt. Die weit nach vorn gezogenen und stark gepfeilten Vorderkanten dienen in erster Linie der Auftriebserhöhung und der Herabsetzung des schädlichen Widerstands. Außerdem tragen sie zur Verbesserung des allgemeinen Steuerverhaltens während des Kurvenkampfes bei. Beide Flügelhälften sind mit automatischen Vorflügeln und Klappen ausgestattet.
Im Bereich der Triebwerk-Lufteinläufe sind die aus Verbundwerkstoffen gefertigten Flügelwurzeln mit sogenannten Grenzschichtschlitzen versehen. Diese garantieren dem trudelsicheren Tragwerk optimale Strömungsverhältnisse im gesamten Geschwindigkeitsbereich und in allen Flugzuständen. Die aerodynamische Wirksamkeit des von Northrop entwickelten Tragwerks konnte bereits mit den beiden Prototypen der YF-17 voll nachgewiesen werden, deren erster (72-01569) am 9. Juni 1974 flog.
Nach Angaben von Northrop sollen von der F-18L vorerst fünf Musterflugzeuge gebaut werden, deren erstes unmittelbar nach Anlaufen der Hornet-Erprobung zu seinem Jungfernflug starten soll. Hinsichtlich der landgestützten Cobra ist man bei Northrop äußerst zuversichtlich, denn das weltweite Marktpotential für ein neues Mehrzweck-Kampfflugzeug dieser Größenordnung und Leistungsklasse ist ähnlich groß wie bei der F-5A/E Tiger. Hinzu kommt ihre Kostengünstigkeit, so daß sie in den achtziger Jahren durchaus zu einem ernsthaften Konkurrenten einiger anderer Muster werden könnte. Die Luftstreitkräfte einiger Länder haben bereits ihr Interesse an der Cobra bekundet. Zu ihnen gehört neben dem Iran, der diese Maschine in Lizenz fertigen möchte, nach jüngsten Informationen auch die Bundesrepublik Deutschland.

Oben: *Dieses Bild zeigt den »Hornet-Prototyp« zusammen mit einer F-5E Tiger II, die von der US Navy für das Luftkampftraining ihrer Fighter Pilots verwendet wird.*

Bilder rechte Seite:
Auch Northrop bewirbt sich mit seinem Vorschlag CF-18L Cobra um den Auftrag für ein neues Kampfflugzeug, das die Canadian Armed Forces in den achtziger Jahren dringend benötigen.

Diese Artists Impression zeigt zwei F-18A Hornet über dem Flugzeugträger USS Dwight D. Eisenhower (CVAN-69).

CANADA
NORTHROP

NAVY
NAVY
69

Literaturquellen

BÜCHER

Anderson, Fred: Northrop – An Aeronautical History, Los Angeles 1976
Green, William: The Worls Guide to Combat Planes, Volume I und II, London 1966
Green, William: The Observers Soviet Aircraft Directory, London 1975
Mason, Francis: Hawker Aircraft since 1920, London 1971
Swanborough, Gordon: US Military Aircraft since 1909, London 1973
Swanborough, Gordon: US Navy Aircraft since 1911, London 1976
Taylor, John W. R.: Jane's all the World's Aircraft, 4 Bände, London
Thetford, Owen: Aircraft of the Royal Air Force since 1918, London 1976
Wood, Derek: Project Cancelled, London 1975

ZEITSCHRIFTEN
UND ANDERE PERIODIKA

Air International, monatlich, London/England
Aviation International, vierzehntäglich, Paris/Frankreich
Aviation Week, wöchentlich, New York/USA
Famous Aircraft of the World (KOKU-FAN Special), monatlich, Tokio/Japan
Flight International, vierzehntäglich, London/England
FLUG REVUE + flugwelt international, monatlich, Stuttgart
Interavia, monatlich, Genf/Schweiz
Internationale Wehrrevue, zweimonatlich, Genf/Schweiz